Evangelische Erwachsenenbildung

Evangelische Bildungsberichterstattung

Herausgegeben vom
Comenius-Institut

Band 3

Comenius-Institut (Hrsg.)

Evangelische Erwachsenenbildung

Empirische Befunde und Perspektiven

Autor/in:
Nicola Bücker, Andreas Seiverth

Mit einem Beitrag von Peter Schreiner

Waxmann 2019
Münster · New York

Die Erstellung dieses Bandes wurde von der Evangelischen Kirche in Deutschland (EKD) und dem Gesamtverband für Kindergottesdienst in der EKD e. V. in dankenswerter Weise unterstützt.

Bibliografische Informationen der Deutschen Nationalbibliothek
Die Deutsche Nationalbibliothek verzeichnet diese Publikation in der Deutschen Nationalbibliografie; detaillierte bibliografische Daten sind im Internet über http://dnb.dnb.de abrufbar.

Evangelische Bildungsberichterstattung, Bd. 3

ISSN 2512-4293
ISBN 978-3-8309-4001-2

© Waxmann Verlag GmbH, Münster 2019
Steinfurter Straße 555, 48159 Münster

www.waxmann.com
info@waxmann.com

Umschlaggestaltung: Inna Ponomareva, Düsseldorf
Satz: Sabrina Settle, Comenius-Institut
Druck: Elanders GmbH, Waiblingen

Gedruckt auf alterungsbeständigem Papier,
säurefrei gemäß ISO 9706

Printed in Germany

Alle Rechte vorbehalten. Nachdruck, auch auszugsweise, verboten.
Kein Teil dieses Werkes darf ohne schriftliche Genehmigung des
Verlages in irgendeiner Form reproduziert oder unter Verwendung
elektronischer Systeme verarbeitet, vervielfältigt oder verbreitet werden.

Inhalt

Vorwort 9

I. Bildungsbericht

1. Evangelische Bildungsberichterstattung: zur Einführung 13
1.1 Hintergrund 13
1.2 Konzeptionelle Grundlagen.. 14
1.3 Einzelne Projekte und Projektstruktur............................ 17

2. Einführung in den Bildungsbericht zur evangelischen
   Erwachsenenbildung... 19
2.1 Zielsetzung und Ausgangslage 19
2.2 Begriffsbestimmung und Grundlagen des Bildungsberichts 20
2.3 Institutioneller Binnenpluralismus als Charakteristikum
    von evangelischer Erwachsenenbildung............................ 21
2.4 Die beteiligten Landeskirchen und Erwachsenen-
    bildungsorganisationen.. 23
2.5 Eine Vertiefungsstudie zum Bildungsbericht 27
2.6 Aufbau des Bildungsberichts und der Vertiefungsstudie 28

3. Evangelisches Bildungshandeln mit Erwachsenen
   in Einrichtungen der DEAE: Befunde aus der Verbundstatistik 29
3.1 Einführung.. 29
3.2 Entwicklung der DEAE-Statistik und der Weiterbildungsstatistik
    im Verbund 29
3.3 Datengrundlage: Erfassung, Umfang und Grenzen................... 31
3.4 Leitende Fragestellungen 34
3.5 Rechtsformen, Aufgabenschwerpunkte und Finanzstrukturen 36
3.6 Personalstruktur.. 46
3.7 Thematische Veranstaltungsprofile 59
3.8 Zwischenfazit 70

4. Evangelisches Bildungshandeln mit Erwachsenen in ausgewählten
   Regionen: Ergebnisse der Anbietererfassungen 77
4.1 Einführung.. 77
4.2. Methodisches Vorgehen... 78
4.3 Das Kategoriensystem zur Anbietererfassung...................... 82
4.4 Ergebnisse der Anbietererfassungen 100
4.5 Eindrücke aus der Praxis – Ergebnisse der Experteninterviews
    zum evangelischen Bildungshandeln mit Erwachsenen 127
4.6 Zwischenfazit 149

5.	Gesamtfazit und Ausblick	155
5.1	Zusammenfassung zentraler Ergebnisse	155
5.2	Ausblick: Weiterentwicklungen in der Bildungsberichterstattung zu evangelischer Erwachsenenbildung	158

Literatur ... 161

Verzeichnis der Abbildungen ... 166

Verzeichnis der Tabellen ... 168

Anhang ... 170
Tabellen ... 170
Leitfaden für die Experteninterviews im Rahmen der Anbietererfassungen ... 197

II Vertiefungsstudie: Programmplanung in sieben Einrichtungen der evangelischen Erwachsenen- und Familienbildung

1.	Einführung	201
2.	Theoretische Rahmung	202
3.	Methodisches Vorgehen	205
4.	Erwachsenenbildung der Evangelischen Gemeinde zu Düren	209
4.1	Allgemeine Einrichtungsmerkmale	209
4.2	Programmplanungshandeln: Beteiligte, Aktivitäten und Handlungsorientierungen	210
4.3	Programmanalyse	212
4.4	Zusammenfassende Betrachtungen	214
5.	Evangelisches Familienbildungswerk Moers	216
5.1	Allgemeine Einrichtungsmerkmale	216
5.2	Programmplanungshandeln: Beteiligte, Aktivitäten und Handlungsorientierungen	217
5.3	Programmanalyse	219
5.4	Zusammenfassende Betrachtungen	221
6.	Evangelische Familien-Bildungsstätte Wolfenbüttel	223
6.1	Allgemeine Einrichtungsmerkmale	223
6.2	Programmplanungshandeln: Beteiligte, Aktivitäten und Handlungsorientierungen	224
6.3	Programmanalyse	226
6.4	Zusammenfassende Betrachtungen	228

7.	EEB Geschäftsstelle Hannover	230
7.1	Allgemeine Einrichtungsmerkmale	230
7.2	Programmplanungshandeln: Beteiligte, Aktivitäten und Handlungsorientierungen	231
7.3	Programmanalyse	233
7.4	Zusammenfassende Betrachtungen	235
8.	Evangelisches Erwachsenenbildungswerk Westfalen und Lippe e.V.	237
8.1	Allgemeine Einrichtungsmerkmale	237
8.2	Programmplanungshandeln: Beteiligte, Aktivitäten und Handlungsorientierungen	238
8.3	Programmanalyse	241
8.4	Zusammenfassende Betrachtungen	244
9.	Regionalstelle Nord der EEB Thüringen – die Evangelische Stadtakademie „Meister Eckhart" in Erfurt	246
9.1	Allgemeine Einrichtungsmerkmale	246
9.2	Programmplanungshandeln: Beteiligte, Aktivitäten und Handlungsorientierungen	247
9.3	Programmanalyse	249
9.4	Zusammenfassende Betrachtungen	250
10.	Augustinerkloster zu Erfurt	252
10.1	Allgemeine Einrichtungsmerkmale	252
10.2	Programmplanungshandeln: Beteiligte, Aktivitäten und Handlungsorientierungen	253
10.3	Programmanalyse	255
10.4	Zusammenfassende Betrachtungen	257
11.	Fazit	259
11.1	Zusammenfassung zentraler Ergebnisse und weiterführende Überlegungen	259
11.2	Anregungen für weitere Forschungsprojekte	270
11.3	Anregungen für die Weiterentwicklung von evangelischem Bildungshandeln mit Erwachsenen	272

Literatur	275
Verzeichnis der Tabellen und Abbildungen	279
Anhang	280
Leitfaden für die Experteninterviews zum Programmplanungshandeln	280
Kodierleitfaden für die Programmanalysen	282
Mitglieder der Arbeitsgruppe, der Projektsteuerungsgruppe und des Wissenschaftlichen Beirats	288
Autorin und Autoren	289

Vorwort

Die Erwachsenenbildung gehört zu den wichtigsten Arbeitsfeldern evangelischen Bildungshandelns. Ihr Horizont kann in dreifacher Hinsicht bestimmt werden:

(1) Sie richtet sich mit ihren Angeboten an einzelne Menschen, innerhalb und außerhalb der evangelischen Kirche. (2) Sie will mit ihren Angeboten zu einer zukunftsfähigen Gesellschaft und zu einem Zusammenleben in Frieden und Gerechtigkeit beitragen. Dies tut sie in einem zunehmend pluralen, multireligiösen und multikulturellen sozialen Kontext, in dem Bildungsangebote, die individuelle Mündigkeit und eine gemeinsam zu gestaltende Demokratie fördern, eine immer größere Rolle spielen. (3) Sie ist sowohl Teil von Kirche als auch Teil staatlich geförderter Bildung. Mit Angeboten religiöser Bildung ermöglicht sie Sprachfähigkeit, Verständnis und die Förderung von konstruktiven Haltungen. Sie übernimmt damit wichtige Aufgaben der Kommunikation des Evangeliums und beteiligt sich an Debatten um die gesellschaftliche Verortung von Religion. Aufgabe der evangelischen Erwachsenenbildung ist es, die durchaus ambivalente Verbindung von Glaube und Vernunft und die Erfahrung von Transzendenz öffentlich und intellektuell redlich zu vertreten.

Mit dem vorliegenden Bildungsbericht werden Strukturen der evangelischen Erwachsenenbildung erstmals umfassend empirisch gestützt dargestellt. Die Studie hat einen explorativen Charakter, da es für diesen Bereich evangelischer Bildungsverantwortung bislang nur eine begrenzte Datenlage gibt. Die Studie ist wegweisend im Blick auf die Perspektive und den Gegenstand des Berichtes, denn sie bezieht sich nicht nur auf die Institutionen und Veranstaltungen evangelischer Erwachsenenbildung, die im Rahmen des öffentlich geförderten Weiterbildungssystems zu verorten sind, sondern explizit auch auf den Teil der Arbeit, der im kirchlichen Feld beispielsweise in Verbänden der Frauen- und Männerarbeit, in landeskirchlichen Fortbildungsinstituten oder in anderen evangelischen Initiativen und Gruppen stattfindet. Es wird unterschieden in Einrichtungen mit Erwachsenenbildung als Hauptaufgabe und in solche mit Erwachsenenbildung als Nebenaufgabe. Damit leistet der Bildungsbericht – zumindest in Bezug auf einzelne Landeskirchen – eine Darstellung sowohl der staatlich geförderten als auch der nicht staatlich geförderten evangelischen Erwachsenenbildung.

Insgesamt kann der Bildungsbericht dazu dienen, umfassend auf die Bedeutung der evangelischen Erwachsenenbildung in Wissenschaft und Öffentlichkeit hinzuweisen und dadurch zur Sichtbarkeit dieses Arbeitsfeldes beizutragen.

Der Bericht ist Teil der Evangelischen Bildungsberichterstattung (EBiB), die in einer zweiten Projektphase von 2014 bis 2018 vom Comenius-Institut in Zusammenarbeit mit dem Kirchenamt der Evangelischen Kirche in Deutschland und weiteren Kooperationspartnern realisiert wurde. Das Teilprojekt zur evangelischen Erwachsenenbildung wurde unter der Leitung des Comenius-Instituts durchgeführt.

Der Bildungsbericht zur evangelischen Erwachsenenbildung konnte nur mit der Unterstützung von zahlreichen Kooperationspartnern realisiert werden. Allen voran ist den vier Landeskirchen bzw. Erwachsenenbildungsorganisationen zu danken, die an den Teilstudien mit großem finanziellem und personellem Engagement, u.a. in der projektbegleitenden Arbeitsgruppe, mitgewirkt haben: der Evangelischen Kirche in Mitteldeutschland mit der EEB Thüringen (Thomas Ritschel), der Konföderation evangelischer Kirchen in Niedersachsen mit der EEB Niedersachsen (Dr. Melanie Beiner), der Evangelischen Landeskirche von Westfalen mit dem Evangelischen Erwachsenenbildungswerk Westfalen-Lippe (Günter Boden) und dem Evangelischen Erwachsenenbildungswerk Nordrhein (Gerrit Heetderks). Unser Dank gilt auch den weiteren Mitgliedern der projektbegleitenden Arbeitsgruppe (Dr. Marion Fleige, Deutsches Institut für Erwachsenenbildung, Michael Glatz, DEAE, Maike Kittelmann, Comenius-Institut, und Antje Rösener, Evangelisches Erwachsenenbildungswerk Westfalen-Lippe), ebenso wie den vier Projektmitarbeiterinnen für ihre Mitwirkung an den Anbietererfassungen bzw. an der Vertiefungsstudie: Josephine Hage, Maike Kittelmann, Dr. Barbara Pühl und Verena Wellnitz.

Darüber hinaus geht ein herzlicher Dank an Ingrid Ambos und Thomas Lux vom Deutschen Institut für Erwachsenenbildung für ihre umfassende Unterstützung bei der Auswertung der Verbundstatistik und der Interpretation der Ergebnisse. Nicht zuletzt sei den Leiterinnen und Leitern bzw. den Mitarbeitenden der sieben Einrichtungen gedankt, die sich für die Vertiefungsstudie zur Verfügung gestellt und detaillierte Einblicke in die Rahmenbedingungen und Arbeitsprozesse ihrer Institutionen gewährt haben.

Die Evangelische Bildungsberichterstattung wird von einer Projektsteuerungsgruppe begleitet, in der Vertreterinnen und Vertreter der Konferenz der Referentinnen und Referenten für Bildungs-, Erziehungs- und Schulfragen in den Gliedkirchen der EKD (BESRK), kirchlicher Verbände sowie des Vorstandes des Comenius-Instituts mitwirken. Die Geschäftsführung liegt bei der Bildungsabteilung der EKD. Seit 2018 berät zudem ein Wissenschaftlicher Beirat die Evangelische Bildungsberichterstattung.

Von der intensiven Zusammenarbeit mit den genannten Personen und Gremien konnte die Bildungsberichterstattung zur evangelischen Erwachsenenbildung überaus profitieren; auch ihnen sei an dieser Stelle für ihre Unterstützung gedankt.

Ein besonderer Dank gilt den Mitarbeiterinnen und Mitarbeitern des Comenius-Instituts, Dr. Nicola Bücker und Andreas Seiverth, die beide für die Erstellung des Berichtes verantwortlich waren, Andreas Seiverth auch noch über seine Zeit als wissenschaftlicher Mitarbeiter des Instituts hinaus, wie auch an Sabrina Settle für die sorgfältige Erstellung der Druckvorlage und der grafischen Aufbereitung der Daten. Ein Dank geht auch an Beate Plugge vom Waxmann Verlag für die gewohnt professionelle Beratung und Begleitung der Drucklegung des Bandes in der Reihe Evangelische Bildungsberichterstattung.

Prof. Dr. Dr. h.c. Friedrich Schweitzer
Tübingen, Vorsitzender des Vorstandes des Comenius-Instituts

Dr. Peter Schreiner
Münster, Direktor des Comenius-Instituts

1. Evangelische Bildungsberichterstattung: zur Einführung

Nicola Bücker/Peter Schreiner

1.1 Hintergrund

Lange Zeit wurden die Rahmenbedingungen und Strukturen evangelischen Bildungshandelns allenfalls in regional und thematisch stark begrenztem Umfang erfasst. EKD-weite empirisch fundierte Informationen über das Spektrum evangelischer Bildungsangebote, über Teilnehmendenzahlen sowie zur Personalausstattung und zu Entwicklungstendenzen in evangelischen Bildungseinrichtungen und Gemeinden waren kaum vorhanden. Die Etablierung eines deutschlandweiten Bildungsmonitorings, zu dem der seit 2006 im Zweijahresrhythmus erscheinende nationale Bildungsbericht „Bildung in Deutschland" gehört, hat jedoch auch in der Evangelischen Kirche in Deutschland (EKD) ein verstärktes Interesse an einer datengestützten Darstellung ihrer Bildungsaktivitäten hervorgerufen. Als Konsequenz wurde das Comenius-Institut zunächst mit der Erstellung einer Machbarkeitsstudie beauftragt, die 2008 vorgelegt wurde und Möglichkeiten zur Durchführung einer Evangelischen Bildungsberichterstattung aufzeigte.[1]

Auf der Grundlage dieser Studie empfahl die EKD-Synode im November 2008 die Erstellung eines Bildungsberichts für die Teilbereiche evangelischer Religionsunterricht, evangelische Schulen und evangelische Tageseinrichtungen für Kinder. In einer ersten Projektphase führte das Comenius-Institut zwischen 2009 und 2012 drei Pilotstudien zu den genannten Bereichen durch, von denen 2014 der Bericht zu Ev. Tageseinrichtungen für Kinder auch veröffentlicht wurde.[2] Die Pilotstudie zu evangelischen Schulen zeigte indes vor allem, wie lückenhaft sich die Datenlage in diesem Bildungsbereich damals darstellte, so dass in der EKD eine eigene „Statistik Evangelische Schulen" aufgebaut wurde.[3] Die Pilotstudie zum evangelischen Religionsunterricht schließlich lieferte wertvolle Einsichten in die Art und Struktur der vorliegenden Daten in den verschiedenen Landeskirchen, verdeutlichte aber auch, wie schwierig sich die Aufbereitung der Daten angesichts deren großer Heterogenität gestaltet. Wie bei den evangelischen Schulen wurde aus diesem Grund von einer Veröffentlichung der Pilotstudie abgesehen.

Trotz dieser Schwierigkeiten, die bei Pilotstudien auftreten können, zeigten alle drei Studien das große Erkenntnispotenzial, das eine datengestützte Dokumentation evangelischen Bildungshandelns für Praktikerinnen und Praktiker,

---

1 Vgl. Elsenbast u.a. (2008).
2 Vgl. Comenius-Institut (2014).
3 Vgl. EKD; WAES (2016).

Bildungsbericht

Wissenschaftlerinnen und Wissenschaftler und nicht zuletzt für kirchenpolitisch Verantwortliche liefert. Entsprechend wurde vom Rat der EKD die Fortsetzung des Projekts in einer zweiten Phase von 2014 bis 2018 bewilligt, die von der EKD finanziell gefördert und vom Comenius-Institut umgesetzt wird.

1.2 Konzeptionelle Grundlagen

Nach einer Definition des Konsortiums Bildungsberichterstattung, die sich im wissenschaftlichen Diskurs etabliert hat, meint Bildungsberichterstattung

> „die kontinuierliche, datengestützte Information der Öffentlichkeit über Rahmenbedingungen, Verlaufsmerkmale, Ergebnisse und Erträge von Bildungsprozessen. Sie macht das Bildungsgeschehen in der Gesellschaft transparent und ist damit Grundlage für Zieldiskussionen und politische Entscheidungen."[4]

Ein zentrales Produkt der deutschlandweiten Bildungsberichterstattung ist der bereits erwähnte *nationale Bildungsbericht,* dem das Konzept der „Bildung im Lebenslauf" als inhaltliche Leitlinie dient. Entsprechend werden alle Bereiche von der frühkindlichen Bildung bis zur Erwachsenenbildung in den Untersuchungen berücksichtigt, wobei die einzelnen Berichte jeweils ein Schwerpunktthema wie Inklusion, Migration oder Wirkungen und Erträge von Bildung behandeln.[5] Außerdem umfassen die Darstellungen soweit wie möglich formale, non-formale und informelle Bildungsorte. Dabei liegt dem nationalen Bildungsbericht ein Bildungsverständnis zugrunde, das sich an der Verwirklichung der Ziele „individuelle Regulationsfähigkeit", „gesellschaftliche Teilhabe und Chancengleichheit" sowie „Bereitstellung von Humanressourcen" orientiert. Methodisch erfolgt die Beschreibung der Bildungsorte über statistische Kennziffern oder „Indikatoren", die Informationen zu Beschäftigten und Teilnehmenden, Lehr-Lern-Prozessen sowie Erträgen und Wirkungen von Bildungshandeln zusammenfassen.[6] Die Funktion des nationalen Bildungsberichts wird vor allem in der Bereitstellung von evidenzbasierten Informationen gesehen, die bildungspolitische Entscheidungen unterstützen können. Konkrete politische Handlungsempfehlungen sollen demgegenüber nicht ausgesprochen werden.[7]

Die *evangelischen Bildungsberichte* orientieren sich in ihrer grundsätzlichen konzeptionellen und methodischen Ausrichtung an einigen der Leitlinien des nationalen Bildungsberichts. Sie verfolgen das allgemeine Ziel, datengestützte Informationen über Rahmenbedingungen, Strukturen, Inhalte und Entwick-

---

4   Konsortium Bildungsberichterstattung (2005), S. 2.
5   Vgl. Autorengruppe Bildungsberichterstattung (2018); Konsortium Bildungsberichterstattung (2005).
6   Vgl. Döbert (2009); Konsortium Bildungsberichterstattung (2005).
7   Vgl. DIPF (2016); Döbert (2009).

lungstendenzen sowie mögliche Erträge evangelischen Bildungshandelns im Lebenslauf bereitzustellen, die auch kirchenpolitisch Verantwortliche in ihren Entscheidungen zur Weiterentwicklung der verschiedenen Bildungsbereiche unterstützen können. Diese Informationen werden überwiegend über statistische Kennziffern, also quantifizierend, erhoben und dargestellt. Wie beim nationalen Bildungsbericht werden zudem formale und non-formale Bildungsorte berücksichtigt, während informelle Bildungsbereiche aufgrund der Schwierigkeiten, die bei deren empirischer Untersuchung entstehen – man denke beispielsweise an die religiöse Familienerziehung, zu der kaum verlässliche Befunde vorliegen – (zunächst) nicht berücksichtigt werden. Schließlich sieht auch die evangelische Bildungsberichterstattung von konkreten Handlungsempfehlungen ab und strebt stattdessen die Identifizierung von Potenzialen und Herausforderungen in den einzelnen Bildungsbereichen an – wenngleich die Grenzen zwischen den in beiden Fällen auf die praktische Anwendung bezogenen Interpretationsformen sicherlich fließend sind. In jedem Fall sind evangelische wie nationale Bildungsberichte vor allem deskriptiv ausgerichtet und damit nicht gleichzusetzen mit Berichten aus Forschungsprojekten, die der kausalanalytischen Prüfung und Weiterentwicklung von Theorien dienen.[8]

Trotz einer grundsätzlichen Orientierung an der nationalen Bildungsberichterstattung stellt die evangelische Bildungsberichterstattung ein eigenständiges Projekt dar, das sich von seinem nationalen „Vorbild" unterscheidet. Dies bedingen schon die sehr viel weiterreichenden Ressourcen und der ungleich größere Umfang der nationalen Bildungsberichterstattung. Die geringere strukturelle und personelle Ausstattung der evangelischen Bildungsberichterstattung hat unter anderem zur Folge, dass eine umfassende Untersuchung aller evangelischen Bildungsorte, die in einen gemeinsamen Bildungsbericht mündet, nicht möglich ist. Als Alternative wurde die Erstellung von separaten Berichten zu einzelnen Bildungsfeldern gewählt, wodurch neben praktischen Erfordernissen auch der Tatsache Rechnung getragen wird, dass sich die Datenlage in den verschiedenen Bereichen evangelischen Bildungshandelns äußerst unterschiedlich darstellt. Beispielsweise kann der Bildungsbericht zu evangelischen Kindertagesstätten auf die amtliche Kinder- und Jugendhilfestatistik zurückgreifen, während in anderen Handlungsfeldern wie gottesdienstlichen Angeboten mit Kindern oder evangelische Schulseelsorge nur sehr wenige EKD-weite Daten vorliegen. Als Folge wurde hier die Erhebung eigener Daten über Umfragen notwendig. Dieser Umstand erhöht auf der einen Seite den Arbeitsaufwand, ermöglicht auf der anderen Seite aber auch eine größere Flexibilität für eine sachgemäße Darstellung des jeweiligen Bildungsbereichs und die Untersuchung von Aspekten, wie z.B. die subjektiven Einschätzungen von Beschäftigten, die in amtlichen Statistiken

---

8   Vgl. Klieme u.a. (2006); Rürup (2008).

üblicherweise nicht zur Verfügung stehen. Darüber hinaus sind im Rahmen der evangelischen Bildungsberichterstattung auch (wenige) qualitative Studien entstanden, die bislang wenig erforschte Dimensionen evangelischen Bildungshandelns sichtbar zu machen. Sie ist somit – nolens volens – in ihrem methodischen Vorgehen weniger auf statistische Auswertungen festgelegt als der nationale Bildungsbericht.

Außerdem muss beachtet werden, dass die vorliegenden bzw. die eigens erstellten Statistiken vor allem die sogenannte „Input-Dimension" von evangelischem Bildungshandeln beschreiben, also Informationen zu den Beschäftigten, den Teilnehmenden sowie zu institutionellen Rahmenbedingungen und zur Ausgestaltung der Bildungsangebote liefern.[9] Die empirische Untersuchung von Prozessen und Wirkungen evangelischen Bildungshandelns bedarf eines aufwendigen methodischen Designs, das über den Rahmen einer Bildungsberichterstattung hinausgeht.

Neben den verschiedenen methodischen Herangehensweisen lassen sich auch hinsichtlich des zugrunde gelegten Bildungsverständnisses Unterschiede zwischen nationaler und evangelischer Bildungsberichterstattung feststellen.

Zwar sind auch für die evangelische Bildungsberichterstattung die Zieldimensionen von individueller Regulationsfähigkeit und gesellschaftlicher Teilhabe bedeutsam, aber sie werden in einem theologischen Begründungszusammenhang sowie in einem spezifisch evangelischen Sinne aufgenommen. Bei der evangelischen Bildungsberichterstattung spielt ein evangelisches Bildungsverständnis als „Fundamentalkategorie der Subjektivität" mit dem Fokus auf den Einzelnen in seiner Selbsttätigkeit und Selbstreflexivität eine tragende Rolle. Bildung umfasst den lebenslangen, prinzipiell offenen Prozess der Subjektwerdung des Menschen, der sich in „Individualität, Sozialität und Mitkreatürlichkeit vollzieht".[10] „Die evangelische Kirche versteht Bildung als *Zusammenhang von Lernen, Wissen, Können, Wertbewusstsein, Haltungen (Einstellungen) und Handlungsfähigkeit im Horizont sinnstiftender Deutungen des Lebens.*"[11]

Evangelisches Bildungshandeln bezieht sich bei alldem auf die Kommunikation des Evangeliums und damit auf die Erschließung christlicher Glaubensüberzeugungen und ihrer Lebensrelevanz im Generationenzusammenhang und im institutionellen Zusammenhang christlicher Gemeinde sowie von Bildungseinrichtungen in kirchlicher als auch in staatlicher Trägerschaft.[12] Zugleich bezieht sich evangelisches Bildungshandeln auf Menschen in allen Lebensbereichen sowie auf das Gemeinwesen insgesamt. Nach evangelischem Verständnis orientiert sich Bildung am Menschen als Individuum im Gegenüber zu Gott, den anderen

---

9   Zu Input- und anderen Indikatoren vgl. Klieme u.a. (2006).
10 Biehl (1991), S. 579.
11 Kirchenamt der EKD (2003), S. 66 [Hervorhebung im Original].
12 Vgl. Kirchenamt der EKD (2009); Schweitzer (2016).

Menschen und der Welt. Der Mensch als Person gestaltet und verantwortet sein Leben in Selbstbestimmung und Freiheit vor Gott. Evangelische Bildungsverantwortung thematisiert Fragen gelingenden Lebens in Bezug auf den individuellen Lebenslauf und das Gemeinwohl, auf Chancengerechtigkeit und das Leben in der Einen Welt. Es geht um die Befähigung zur Orientierung, um kritische Zeitanalyse und um eine aktive, im Glauben sowie ethisch begründete und verantwortete Gestaltung menschlichen Lebens im Dialog. Bildung ist nach evangelischem Verständnis immer auch religiöse Bildung. Religiöse Bildung wird als eine konstitutive Dimension allgemeiner Bildung angesehen, die dazu befähigt, die Wirklichkeit und das eigene Leben im sinnstiftenden Horizont des christlichen Glaubens zu deuten und zu gestalten, im Dialog mit Menschen unterschiedlicher ethnischer und kultureller Prägungen sowie anderer religiöser Einstellungen zu leben (Pluralitätsfähigkeit) und ein Miteinander verantwortlich zu gestalten.

1.3 Einzelne Projekte und Projektstruktur

Die zweite Projektphase der Evangelischen Bildungsberichterstattung umfasst fünf Studien zu folgenden Bildungsbereichen:
- gottesdienstliche Angebote mit Kindern mit einer erstmaligen repräsentativen Befragung unter Mitarbeitenden in allen evangelischen Landeskirchen;[13]
- evangelische Tageseinrichtungen für Kinder, basierend auf einer Auswertung der amtlichen Kinder- und Jugendhilfestatistik;[14]
- evangelisches Bildungshandeln mit Erwachsenen mit einer explorativen Anbietererfassung, statistischen Auswertungen sowie Fallanalysen zu sieben Erwachsenenbildungseinrichtungen (vorliegender Bericht);
- evangelische Schulseelsorge mit einer Befragung der durch die landeskirchlichen Einrichtungen qualifizierten Schulseelsorgerinnen und Schulseelsorger (noch laufendes Projekt);
- evangelischer Religionsunterricht mit einer vergleichenden Auswertung von Daten zu den teilnehmenden Schülerinnen und Schülern, den Lehrkräften sowie der Unterrichtsversorgung in den acht Landeskirchen, die bereits an der Pilotstudie in der ersten Phase der Bildungsberichterstattung beteiligt waren (noch laufendes Projekt).

Die Evangelische Bildungsberichterstattung wird von einer Projektsteuerungsgruppe begleitet, die aus Vertreterinnen und Vertretern der gliedkirchlichen Referentinnen und Referenten für Bildung, Erziehung und Schule (BESRK), der an den Teilstudien beteiligten Verbände, der EKD sowie des Vorstands des Comenius-Instituts besteht. Die Geschäftsführung liegt bei der Bildungsabteilung

---

13 Vgl. Comenius-Institut (2018a).
14 Vgl. Comenius-Institut (2018b).

der EKD. Ziel der Gruppe ist die kirchenpolitische Absicherung des Projektes. Die Projektsteuerungsgruppe berät die einzelnen Teilprojekte hinsichtlich ihrer Konzeption und Durchführung und benennt die Mitglieder der übrigen Gremien des Projekts. Zu diesen gehören ein Wissenschaftlicher Beirat, der die Projekte hinsichtlich forschungsrelevanter Fragen berät, und projektbegleitende Arbeitsgruppen zu den Teilstudien, in denen Wissenschaftlerinnen und Wissenschaftler sowie Fachleute aus dem jeweiligen Bildungsfeld vertreten sind. Die Leitung des Gesamtprojekts liegt beim Comenius-Institut.

2. Einführung in den Bildungsbericht zur evangelischen Erwachsenenbildung

2.1 Zielsetzung und Ausgangslage

Mit der vorliegenden Studie wird die evangelische Erwachsenenbildung zum ersten Mal Gegenstand einer wissenschaftlichen Untersuchung, die das Ziel verfolgt, die Strukturen dieses kirchlichen Handlungsfelds empirisch gestützt möglichst umfassend darzustellen. Dadurch soll den kirchenpolitisch Verantwortlichen Orientierungswissen zur Weiterentwicklung des Bildungsbereichs bereitgestellt werden. Zwar wurden zu einzelnen Aspekten der institutionell verfassten evangelischen Erwachsenenbildung bereits verschiedene Studien durchgeführt;[15] diese waren jedoch zumeist entweder darauf ausgerichtet, in einem praktischen Sinn unmittelbar in das System der evangelischen Erwachsenenbildung zu intervenieren und institutionelle Verbesserungen und Innovationen zu bewirken,[16] oder sie dienten als Teil der Erwachsenenbildungsforschung der Weiterentwicklung von wissenschaftlichen Theorien in diesem Bereich.[17]

Vor diesem Hintergrund stellt der erste Bildungsbericht zur evangelischen Erwachsenenbildung eine Pilotstudie dar, die in weiten Teilen auch explorativen Charakter hat. Dies liegt vor allem an der begrenzten Datenlage in diesem Bildungsbereich, die bereits in der Machbarkeitsstudie zur Evangelischen Bildungsberichterstattung festgestellt wurde.[18] Einige Informationen zu institutionellen Rahmenbedingungen und inhaltlichen Veranstaltungsschwerpunkten liefert die Statistik der Deutschen Evangelischen Arbeitsgemeinschaft für Erwachsenenbildung (DEAE), dem Dachverband der evangelischen Erwachsenenbildung. In dieser werden Einrichtungen erfasst, die entweder direkt als öffentliche Weiterbildungsanbieter anerkannt sind und entsprechend über die Weiterbildungsgesetze der Bundesländer finanziell gefördert werden oder durch ihre Verbindung mit einer Landesorganisation an deren Anerkennung partizipieren. Ein großer Teil evangelischer Erwachsenenbildungsarbeit findet jedoch auch außerhalb des

---

15 Anlässlich des 40-jährigen Jubiläums der DEAE wurde eine erste umfängliche Dokumentation vorgelegt (vgl. Seiverth; DEAE [2002]). Diese enthält neben einer Reihe von thematischen Essays und historischen konzeptionellen Texten die Selbstportraits einiger Einrichtungen und Programmbeschreibungen aus der Sicht von Mitarbeitenden.
16 Vgl. Jütting (1992); Bergold u.a. (2000).
17 Vgl. z.B. die Untersuchung von Fleige (2011) zu Lernkulturen, die Studie zum Programmplanungshandeln von Gieseke (2000) oder die Analyse von Einrichtungsprogrammen von Seitter (2013).
18 Vgl. Elsenbast u.a. (2008).

öffentlich geförderten Weiterbildungssystems statt, beispielsweise in Verbänden der Frauen- und Männerarbeit, in landeskirchlichen Fortbildungsinstituten oder in eigenständigen evangelischen Initiativen und Arbeitskreisen. Zu diesem Bereich liegen bislang kaum empirisch fundierte Angaben vor, obwohl er für die oben angesprochene und hier angestrebte umfassende Darstellung des kirchlichen Handlungsfelds „evangelische Erwachsenenbildung" konstitutiv ist. Entsprechend zielt der vorliegende Bildungsbericht sowohl auf die Darstellung der öffentlich geförderten als auch der nicht geförderten evangelischen Erwachsenenbildung – wobei letzteres nur in Bezug auf einzelne Landeskirchen möglich war (vgl. Kap. 2.4).

2.2 Begriffsbestimmung und Grundlagen des Bildungsberichts

Die grundsätzliche Entscheidung, den Untersuchungsgegenstand „evangelische Erwachsenenbildung" über die öffentlich geförderte Erwachsenenbildung hinaus zu erweitern, impliziert ein erhebliches terminologisches Problem, weil dadurch Institutionen in den Blick kommen, die sich in einem ordnungspolitischen Sinne nicht der „evangelischen Erwachsenenbildung" zurechnen lassen. Die Abgrenzung des so erweiterten Bildungsbereichs von anderen kirchlichen Handlungsfeldern stellt somit eine besondere Herausforderung dar, auf die in Kap. 4.3.2 näher eingegangen wird. Um zu verdeutlichen, dass in dem vorliegenden Bildungsbericht neben öffentlich anerkannten und geförderten Erwachsenenbildungseinrichtungen auch öffentlich nicht geförderte berücksichtigt werden, wird im Folgenden zur Bezeichnung des gesamten Bereichs der Begriff *professionelles Bildungshandeln mit Erwachsenen in evangelischen Organisationen* verwendet, der um der Lesbarkeit willen mit Termini wie „evangelischer Erwachsenenbildung", „evangelisches Bildungshandeln mit Erwachsenen", „evangelischer Erwachsenenbildungsarbeit" u.ä. abgekürzt wird. Wird ausschließlich auf die Gruppe der durch Weiterbildungsmittel öffentlich geförderten Einrichtungen oder die Gruppe der Einrichtungen, die nicht entsprechend dieser Regelungen anerkannt und gefördert werden, Bezug genommen, wird dies im Text explizit erwähnt.

Der Intention einer umfassenden Darstellung von professionellem Bildungshandeln mit Erwachsenen in evangelischen Organisationen folgend basiert der Bildungsbericht auf zwei separaten Studien. Zum einen wurde das vorhandene Datenmaterial der *DEAE-Statistik* zum ersten Mal umfassend im Kontext einer wissenschaftlichen Untersuchung genutzt und zu diesem Zweck systematisch ausgewertet.[19] Dies geschah soweit wie möglich im Vergleich mit den Daten des „Verbunds Weiterbildungsstatistik", zu dem die DEAE-Statistik gehört (vgl.

---

19 Die Studie von Pehl (2002) konzentriert sich auf die Auswertung eines Teils der DEAE-Statistik, und zwar auf die Analyse der Veranstaltungsdaten.

Kap. 3.1). Wie eingangs erläutert, beziehen sich diese Darstellungen ausschließlich auf Einrichtungen der (unmittelbar oder mittelbar) öffentlich anerkannten und geförderten evangelischen Erwachsenenbildung. Um auch die evangelische Erwachsenenbildungsarbeit zu erfassen, die in Einrichtungen außerhalb des öffentlich geförderten Weiterbildungssystems geleistet wird, wurden zum anderen *exemplarische Anbietererfassungen* in verschiedenen Landeskirchen durchgeführt, die die institutionelle Infrastruktur von evangelischem Bildungshandeln mit Erwachsenen so umfänglich wie möglich dokumentieren (vgl. Kap. 4). Diese Anbietererfassungen wurden durch Experteninterviews ergänzt, die Auskunft zur Situation von evangelischer Erwachsenenbildung vor Ort und insbesondere zum Verhältnis zwischen öffentlich geförderter und nicht geförderter evangelischer Erwachsenenbildungsarbeit geben. Mit den Anbietererfassungen wurden zwei Ziele verfolgt: Wie oben erwähnt sollen sie zunächst den Umfang und die Struktur eines kirchlichen Verantwortungsbereichs abbilden, über den bisher kein hinreichendes und differenziertes empirisches Wissen existiert. Darüber hinaus können sie ein Angebot dazu sein, die Grundgesamtheit an Einrichtungen, die der aktuellen DEAE-Statistik zugrunde liegt, zu erweitern. Diese könnte sich damit zu einem Berichtswesen evangelischer Erwachsenenbildung entwickeln, das auch Anbieter umfasst, die in ihrer gegenwärtigen Form aus organisationstechnischen, aber auch aus systematischen Gründen in der DEAE-Statistik nicht berücksichtigt werden.

2.3 Institutioneller Binnenpluralismus als Charakteristikum von evangelischer Erwachsenenbildung

Zum besseren Verständnis des Untersuchungsgegenstands soll im Folgenden kurz auf den institutionellen Binnenpluralismus eingegangen werden, der durch die gemeinsame Gestaltung von evangelischer Erwachsenenbildung durch öffentlich geförderte und nicht geförderte Einrichtungen entsteht und diesen Bildungsbereich charakterisiert. Dazu soll dessen historische Entwicklung in aller Kürze skizziert werden, auch um zu verdeutlichen, warum eine möglichst umfassende Dokumentation aller Institutionalformen dieses kirchlichen Handlungsfelds unabhängig von ihrem „Förderstatus" sinnvoll ist.

Eine entscheidende Wegmarke bei der Entwicklung des institutionellen Binnenpluralismus der evangelischen Erwachsenenbildung stellt der öffentlich geförderte Ausbau des Bereichs der Erwachsenen- und Weiterbildung zum vierten Sektor des Bildungswesens dar, der in den 1960er und 1970er Jahren in der Bundesrepublik Deutschland stattgefunden hat.[20] Ausgangspunkt dieses Prozesses war das Gutachten des Deutschen Ausschusses für das Erziehungs- und Bil-

---

20 Vgl. Siebert (2009), S. 59-85.

dungswesen „Empfehlung zur Situation und Aufgabe der deutschen Erwachsenenbildung" (1960), durch das die verbandspolitische Organisation von Trägern der Erwachsenenbildung in der DEAE initiiert wurde, um dadurch eine effektive Beteiligung der Evangelischen Kirche am institutionellen, durch die öffentliche Hand geförderten Ausbau der Erwachsenenbildung zu ermöglichen. Diese Beteiligung erfolgte nicht ohne Widerstand: So wurde der Evangelischen Kirche selbst und der DEAE, die sich im August 1961 mit Unterstützung der EKD und landeskirchlicher Akteure konstituiert und 1963 in Vereinsform organisiert hatte, von Seiten des Deutschen Volkshochschul-Verbandes die Berechtigung und Legitimität bestritten, ein öffentlich artikulierbares Verständnis und eine sichtbare Praxis von ‚Erwachsenenbildung' vertreten zu können.[21] In diesem Kampf um öffentliche und politische Anerkennung fiel der DEAE daher die Aufgabe zu, für die Evangelische Kirche ein öffentlich-diskursives Verständnis von evangelischer Erwachsenenbildung zu artikulieren, das auch die Legitimationsgrundlage dafür abgeben konnte, dass sich die Evangelische Kirche neben anderen gesellschaftlichen Großgruppen in einer pluralen Trägerlandschaft als gleichberechtigter institutioneller Akteur einer öffentlich anerkannten Erwachsenenbildung behaupten konnte und die Einrichtungen der evangelischen Erwachsenenbildung öffentliche Fördermittel erhalten konnten.

Damit ist die bildungspolitische Ausgangskonstellation bezeichnet, die dazu führte, dass in den institutionellen kirchlichen Binnenpluralismus der „Status öffentlich anerkannter Erwachsenenbildungseinrichtungen" als ein formales Unterscheidungsprinzip eingeführt wurde. Durch die Orientierung an den staatlichen Anerkennungskriterien als Bedingung der finanziellen Förderung entwickelte sich zusammen mit den neuen institutionellen Organisationsformen der „evangelischen Bildungswerke" und ihren landespolitischen Vertretungsorganisationen ein *funktionales Trägerverständnis der evangelischen Landeskirchen und ein in öffentlichen Fachdiskursen diskursiv vertretbares Professionsverständnis von evangelischer Erwachsenenbildung*. Dies war zugleich die Bedingung dafür, dass evangelische Erwachsenenbildung sowohl als Teil der öffentlich anerkannten und geförderten Erwachsenenbildung als auch im Gesamtgefüge der sich ausdifferenzierenden Weiterbildung in der Bunderepublik als ein wesentlicher Akteur anerkannt wurde. Unabhängig davon wurde in evangelischen Verbänden und in anderen Institutionalformen wie Kirchengemeinden oder Pastoralkollegs Bildungsarbeit mit Erwachsenen praktiziert, die sich nicht an staatlichen Anerkennungskriterien orientieren bzw. nicht durch entsprechende Legitimationsdiskurse rechtfertigen musste. Als Folge davon muss sich die öffentlich geförderte evangelische Erwachsenenbildung institutionell und programmatisch sowohl an

---

21 Zum Hintergrund und zu den entsprechenden Dokumenten vgl. die Hinweise in Seiverth (2013).

den Kriterien der Erwachsenenbildungsgesetze der Bundesländer als auch an den Maßgaben der Landeskirchen als ihrer Trägerorganisationen orientieren und verantworten, während die nicht öffentlich geförderte evangelische Erwachsenenbildung ausschließlich der landeskirchlichen Verantwortung unterliegt. Vor dem Hintergrund, dass sich die evangelischen Kirchen auch als zivilgesellschaftliche Bildungsinstitutionen mit einem öffentlichen Bildungsauftrag verstehen und ihre gesellschaftliche Relevanz sich auch daran bemisst, welchen Beitrag sie zum Bildungssystem in Deutschland leisten, liegt es im gesamtkirchlichen Interesse, die Anbieter von Bildungsarbeit mit Erwachsenen in einem umfassenden und einheitlichen Darstellungssystem zu beschreiben. Dieses Darstellungssystem kann dann die empirische und systematische Grundlage dafür abgeben, die professionelle Bildungsarbeit mit Erwachsenen in evangelischen Organisationen in öffentlichen Berichtssystemen zu berücksichtigen und sie als ein gemeinsames Handlungsfeld kirchlicher Leitungsverantwortung wahrzunehmen.

2.4 Die beteiligten Landeskirchen und Erwachsenenbildungsorganisationen

Vor Beginn des Projekts zur Erstellung des vorliegenden Bildungsberichts wurden alle Landeskirchen durch die Bildungsabteilung des Kirchenamts der EKD und das Comenius-Institut über das Vorhaben einer Berichterstattung zur evangelischen Erwachsenenbildung informiert und zu einer Beteiligung eingeladen. Dieser Einladung sind die Evangelische Kirche in Mitteldeutschland (EKM), die Evangelische Landeskirche von Westfalen (EKvW) und die Konföderation evangelischer Kirchen in Niedersachsen gefolgt. Außerdem hat sich das Evangelische Erwachsenenbildungswerk Nordrhein (EEB Nordrhein) an dem Projekt beteiligt. Für die beiden Landeskirchen und die Konföderation wirkten die jeweiligen Landes- bzw. Dachorganisationen der evangelischen Erwachsenenbildung an dem Projekt mit und waren wie das EEB Nordrhein durch ihre Leiterinnen und Leiter in der projektbegleitenden Arbeitsgruppe vertreten: die Evangelische Erwachsenenbildung Thüringen (EEB Thüringen) für die mitteldeutsche Landeskirche, das Evangelische Erwachsenenbildungswerk Westfalen und Lippe e.V. (EEB Westfalen-Lippe) für die westfälische Landeskirche und die Evangelische Erwachsenenbildung Niedersachsen (EEB Niedersachsen) für die Konföderation evangelischer Kirchen in Niedersachsen.

Im Folgenden werden die an der Bildungsberichterstellung beteiligten Landeskirchen und Erwachsenenbildungsorganisationen hinsichtlich ihrer geografischen Lage, ihrer allgemeinen Struktur sowie der Bevölkerung in ihrem Zuständigkeitsgebiet kurz vorgestellt.

2.4.1 Die Evangelische Kirche in Mitteldeutschland und die Evangelische Erwachsenenbildung Thüringen[22]

Die Evangelische Kirche in Mitteldeutschland ist die einzige ostdeutsche Landeskirche, die sich an dem Projekt zur Bildungsberichterstellung beteiligte. Sie ist 2009 aus einer Fusion der früheren Evangelisch-Lutherischen Kirche in Thüringen und der Evangelischen Kirche der Kirchenprovinz Sachsen hervorgegangen und ist in 37 Kirchenkreise und mehr als 3.000 Kirchengemeinden gegliedert. Die EKM erstreckt sich zum größten Teil auf die beiden Bundesländer Thüringen und Sachsen-Anhalt, reicht aber auch in die beiden angrenzenden Bundesländer Brandenburg und Sachsen. Zudem liegt auf dem Gebiet des Bundeslandes Thüringen eine Exklave der Evangelischen Kirche Kurhessen-Waldeck. Im Jahr 2015, dem Untersuchungsjahr der Anbietererfassungen (vgl. Kap. 4.2.2), leben 4.296.213 Menschen auf dem Gebiet der EKM, was einer Bevölkerungsdichte von etwa 123 Personen pro km^2 entspricht.[23] Insgesamt sind 17,4 % der Bevölkerung in der EKM evangelisch; nach Bundesländern betrachtet liegt dieser Anteil in Sachsen-Anhalt bei 12,7 % und in Thüringen bei 22,2 %.

Die Evangelische Erwachsenenbildung Thüringen (EEB Thüringen) ist eine rechtlich unselbstständige Einrichtung der Evangelischen Kirche in Mitteldeutschland und der Evangelischen Kirche von Kurhessen-Waldeck[24], in der mehr als 100 Anbieter von evangelischer Erwachsenenbildung zusammengeschlossen sind. Gleichzeitig ist sie eine durch den Freistaat Thüringen öffentlich anerkannte Landesorganisation. Im Verbund mit der EEB im Land Sachsen-Anhalt stellt sie die EEB in der EKM dar. Die EEB Thüringen gliedert sich in vier Regionalstellen in Altenburg, Erfurt[25], Jena und Walterhausen, die von der Landesgeschäftsstelle in Erfurt geleitet werden.

---

22 Vgl. Evangelische Kirche in Mitteldeutschland (2018) und eeb Thüringen (o.J.). Für alle Angaben zur Bevölkerung, zur Bevölkerungsdichte und zum Anteil der Evangelischen in den einzelnen Landeskirchen bzw. Bundesländern vgl. Evangelische Kirche in Deutschland (2017) und Statistisches Bundesamt (2017).
23 Da keine genauen Angaben zur Fläche der EKM vorliegen, kann die Bevölkerungsdichte nur geschätzt werden. Grundlage ist eine Auskunft des Kirchenamts der EKM, das die Fläche auf ca. 35.000 km^2 schätzt.
24 Die doppelte Trägerschaft ergibt sich aufgrund der oben angesprochenen Exklave der kurhessischen Kirche in Thüringen.
25 Die Regionalstelle Nord in Erfurt, die Evangelische Stadtakademie „Meister Eckhart", ist eine der sieben Einrichtungen, die im Rahmen der Vertiefungsstudie untersucht wurden (vgl. Vertiefungsstudie, Kap. 9).

2.4 Die beteiligten Landeskirchen und Erwachsenenbildungsorganisationen

2.4.2 Die Konföderation evangelischer Kirchen in Niedersachsen und die Evangelische Erwachsenenbildung Niedersachsen[26]

Zur Konföderation evangelischer Kirchen in Niedersachsen haben sich 1971 fünf evangelische Kirchen zusammengeschlossen, um die Interessen der Kirchen gegenüber dem Land Niedersachsen zu vertreten und Gemeinschaftsaufgaben wahrzunehmen: die Evangelisch-lutherische Landeskirche in Braunschweig, die Evangelisch-lutherische Landeskirche Hannovers, die Evangelisch-Lutherische Kirche in Oldenburg, die Evangelisch-Lutherische Landeskirche Schaumburg-Lippe und die Evangelisch-reformierte Kirche. Das Gebiet der Konföderation entspricht weitgehend dem des Bundeslands Niedersachsen, allerdings hat die Landeskirche in Braunschweig zwei Exklaven in Sachsen-Anhalt. Die Bevölkerung auf dem Gebiet der Konföderation umfasst 2015 insgesamt 8.045.207 Menschen, wobei mit über sechs Millionen der weitaus größte Teil im Bereich der hannoverschen Landeskirche lebt.[27] Es folgen die oldenburgische Landeskirche mit knapp über einer Million Einwohnern und die braunschweigische Landeskirche mit etwa 822.000 Einwohnern. Die Landeskirche Schaumburg-Lippe ist mit einer Bevölkerung von gut 91.000 Einwohnern deutlich kleiner. Die Bevölkerungsdichte liegt im Bundesland Niedersachsen bei 166 Einwohnern pro km^2; der evangelische Bevölkerungsanteil beträgt 45,7 %, was in etwa auch den Anteilen in den einzelnen Landeskirchen entspricht – mit Ausnahme der Landeskirche Schaumburg-Lippe, in der 58,2 % der Bevölkerung evangelisch sind.

Die Evangelische Erwachsenenbildung Niedersachsen ist eine der insgesamt sieben vom Land Niedersachsen geförderten Landeseinrichtungen für Erwachsenenbildung. Sie wird von der Konföderation evangelischer Kirchen in Niedersachsen getragen und ist in insgesamt 13 regionale Geschäftsstellen untergliedert. Die Leitung liegt bei der Landesgeschäftsstelle in Hannover.

2.4.3 Die Evangelische Landeskirche von Westfalen und das Evangelische Erwachsenenbildungswerk Westfalen-Lippe e.V.[28]

Die Evangelische Landeskirche von Westfalen, die nach 1945 als eigenständige Kirche aus der Evangelischen Kirche der Altpreußischen Union hervorgegangen ist, umfasst das nordöstliche Gebiet des Bundeslandes Nordrhein-Westfalen mit

---

26 Vgl. Konföderation evangelischer Kirchen in Niedersachsen (o.J.) und Evangelische Erwachsenenbildung Niedersachsen (o.J.).

27 In der Bevölkerungszahl der hannoverschen Landeskirche ist auch die Bevölkerung der Evangelisch-reformierten Kirche enthalten, die keine Territorialkirche ist, sich aber vor allem auf dem Gebiet der hannoverschen Landeskirche befindet. Eine eindeutige Zuordnung der Bevölkerung zu einer der beiden Kirchen ist nicht möglich.

28 Vgl. Evangelische Kirche von Westfalen (o.J.[a]; o.J.[b]) und Evangelisches Erwachsenenbildungswerk Westfalen und Lippe e.V. (2018). Für den Gebietsumfang

Bildungsbericht

den Regierungsbezirken Münster, Arnsberg und Detmold (ohne den Kreis Lippe). Auf ihrem Gebiet leben 2015 7.909.759 Menschen, was einer Bevölkerungsdichte von 392 Einwohnern pro km² entspricht. Der Anteil der evangelischen Bevölkerung liegt 2015 bei 29,2 %. Die EKvW ist in 494 Kirchengemeinden gegliedert, die in 28 Kirchenkreisen zusammengeschlossen sind. Über die Beteiligung des Evangelischen Erwachsenenbildungswerks Westfalen und Lippe e.V. ist auch die Lippische Landeskirche indirekt in das Projekt involviert, deren Gebiet weitgehend dem Kreis Lippe im Regierungsbezirk Detmold entspricht. Auf dem Gebiet der Lippischen Landeskirche leben 347.760 Menschen, von denen 47,8 % evangelisch sind.

Das Evangelische Erwachsenenbildungswerk Westfalen und Lippe e.V. mit Sitz in Dortmund ist ein gemeinnützig anerkannter Verein, der für das Gebiet der Evangelischen Kirche von Westfalen und der Lippischen Landeskirche zuständig ist.[29] Mitglieder des Vereins sind 35 regionale Bildungswerke sowie weitere Institute und Organisationen. Das EEB Westfalen-Lippe ist eine nach dem Weiterbildungsgesetz des Landes Nordrhein-Westfalen anerkannte Einrichtung der Weiterbildung und nimmt im Sinne einer Dachorganisation die Aufgaben evangelischer Erwachsenenbildung in der öffentlich verantworteten Weiterbildung wahr. Das Bildungswerk ist Mitglied in der „EEB Nordrhein-Westfalen", einer öffentlich anerkannten Landesorganisation der Weiterbildung, die die bildungspolitischen Interessen der evangelischen Erwachsenenbildung gegenüber dem Land vertritt.

2.4.4 Das Evangelische Erwachsenenbildungswerk Nordrhein[30]

Die Projektbeteiligung des Evangelischen Erwachsenenbildungswerks Nordrhein erfolgte in eigener Verantwortung mit Zustimmung der Evangelischen Kirche im Rheinland, zu der das Erwachsenenbildungswerk gehört. Das Zuständigkeitsgebiet des EEB Nordrhein erstreckt sich auf das Territorium der rheinischen Landeskirche, das zum Bundesland Nordrhein-Westfalen gehört, und umfasst somit die Regierungsbezirke Düsseldorf und Köln. Im Jahr 2015 leben hier 9.587.900 Menschen, sodass die Bevölkerungsdichte bei 755 Einwohnern pro km² liegt. Von der Bevölkerung sind 21,4 % evangelisch.

---

    der westfälischen Landeskirche, der als Grundlage für die Berechnung der Bevölkerungsdichte dient, vgl. Evangelische Kirche von Westfalen (o.J.[c]).

29 Das EEB Westfalen-Lippe ist eine der sieben Einrichtungen, die im Rahmen der Vertiefungsstudie untersucht wurden (vgl. Vertiefungsstudie, Kap. 8).

30 Vgl. Evangelisches Erwachsenenbildungswerk Nordrhein (o.J.). Für die Angaben zur Bevölkerung, zur Fläche als Grundlage für die Berechnung der Bevölkerungsdichte und zum Anteil Evangelischer vgl. Evangelische Kirche im Rheinland (2018a und 2018b).

Das EEB Nordrhein ist eine nach dem Weiterbildungsgesetz des Landes Nordrhein-Westfalen anerkannte Einrichtung der Weiterbildung. Trägerverein ist der eingetragene Verein „eeb Nordrhein e.V.", in dem sich kirchliche Körperschaften, Vereine und Verbände zur Förderung der evangelischen Erwachsenen- und Familienbildung zusammengeschlossen haben. Wie das EEB Westfalen-Lippe ist das EEB Nordrhein Mitglied in der Landesorganisation „EEB Nordrhein-Westfalen". Sitz des Erwachsenenbildungswerks ist Düsseldorf. Zum EEB Nordrhein gehören 12 Zweigstellen der allgemeinen Weiterbildung in zehn Kirchenkreisen, darunter eine Stadtakademie, vier Familienbildungswerke sowie Einrichtungen der Diakonie.

2.5 Eine Vertiefungsstudie zum Bildungsbericht

Wie auch andere Bildungsberichte ist der vorliegende Bericht zur evangelischen Erwachsenenbildung vor allem an der Beschreibung der allgemeinen Strukturen und Gegebenheiten ausgerichtet, die ein bestimmtes Bildungsfeld charakterisieren und in deren Rahmen Bildungshandeln stattfindet (vgl. Kap. 1.2). Das Agieren von einzelnen Akteuren, ihre Wahrnehmungen und Deutungsmuster können mit den auf quantifizierende Aussagen abzielenden Instrumentarien eines Bildungsberichts nicht erfasst werden und gehören auch nicht zu dessen Untersuchungsgegenstand – was allerdings in der *scientific community* nicht unumstritten ist.[31]

In dem Projekt zur Erstellung des Bildungsberichts zur evangelischen Erwachsenenbildung wurde diese übliche Beschränkung auf die Erhebung bzw. Auswertung von statistischen Daten an zwei Stellen überschritten: zum einen durch die oben erwähnten Experteninterviews, die die Anbietererfassungen flankieren (vgl. Kap. 4.5); und zum anderen durch eine vergleichend angelegte Fallstudie[32] zu insgesamt sieben Erwachsenenbildungseinrichtungen, die zeigen soll, wie evangelisches Bildungshandeln mit Erwachsenen in unterschiedlichen institutionellen Kontexten geschieht und von diesen beeinflusst wird. Die Bedeutung dieser Fallstudie bzw. Vertiefungsstudie liegt vor allem darin, einige der zentralen Erkenntnisse des Bildungsberichts beispielhaft auf Einrichtungsebene zu untersuchen und dadurch zu konkretisieren, z.B. die Ausgestaltung der vielfältigen Kooperationen zwischen öffentlich geförderten und nicht geförderten Einrichtungen der evangelischen Erwachsenenbildung oder die Auswirkungen von unterschiedlichen Institutionalformen und regionalen Kontexten auf die Bildungsarbeit. Dabei liegt der Fokus der Vertiefungsstudie auf einem zentralen Bestandteil der Bildungsarbeit mit Erwachsenen, und zwar auf der *Programmplanung*. Mit dieser Schwerpunktsetzung steht die Studie gleichzeitig im Kontext

---
31 Vgl. Rürup (2008).
32 Zum Forschungsdesign von Fallstudien siehe beispielsweise Harrison u.a. (2017) oder Hering; Schmidt (2014).

eines etablierten Gebiets der erwachsenenbildungswissenschaftlichen Forschung und stellt somit eine Scharnierstelle zwischen deskriptiv angelegter Bildungsberichterstattung und kausalanalytisch bzw. interpretativ-erklärend angelegten Forschungsprojekten dar (vgl. Kap. 1.2). Entsprechend dient die Vertiefungsstudie zumindest in Ansätzen auch dazu, vorhandene Theorien zur Programmplanung an den untersuchten Fällen zu überprüfen und durch neue Erkenntnisse anzureichern.[33]

2.6 Aufbau des Bildungsberichts und der Vertiefungsstudie

Wie eingangs beschrieben basiert der Bildungsbericht auf zwei Studien. Zunächst werden die Ergebnisse der Auswertung der DEAE- und Verbundstatistik präsentiert, nachdem die Statistik selbst und ihre Datengrundlage vorgestellt wurden (vgl. Kap. 3). Dieser Teil des Bildungsberichts liefert Erkenntnisse zur öffentlich geförderten evangelischen Erwachsenenbildung in der gesamten EKD, die in einem ausführlichen Zwischenfazit zusammengefasst und hinsichtlich ihrer Implikationen für die weitere Forschung sowie für die Weiterentwicklung von evangelischer Erwachsenenbildungsarbeit diskutiert werden. Im Anschluss folgt eine Darstellung der Anbietererfassungen mit ihrem methodischen Vorgehen und den zentralen Ergebnissen, die Einblicke in die Gesamtstruktur von öffentlich geförderter und nicht geförderter evangelischer Erwachsenenbildung in ausgewählten Regionen erlauben (vgl. Kap. 4). Auch diese Studie wird durch ein ausführliches Zwischenfazit mit einer Zusammenfassung der Ergebnisse, Forschungsdesiderata und Anregungen für die Praxis evangelischer Erwachsenenbildungsarbeit abgeschlossen. Im Gesamtfazit des Berichts werden schließlich die Erkenntnisse aus beiden Studien zusammengeführt (vgl. Kap. 5).

Die Vertiefungsstudie, die im Anschluss an den Bildungsbericht präsentiert wird, beginnt mit einem kurzen Abriss des theoretischen Hintergrunds und des methodischen Vorgehens der Untersuchung, bevor die sieben Einrichtungen der Erwachsenen- und Familienbildung hinsichtlich ihrer institutionellen Merkmale, ihrer Programme sowie der Programmplanung ihrer hauptamtlichen pädagogischen Mitarbeitenden vorgestellt werden. Im Schlussteil werden die Befunde der Einzeluntersuchungen vergleichend zusammengefasst und analog zum Bildungsbericht hinsichtlich ihrer Konsequenzen für mögliche Folgeuntersuchungen und für das praktische evangelische Bildungshandeln mit Erwachsenen diskutiert.

---

33 Vgl. Hering; Schmidt (2014).

3. Evangelisches Bildungshandeln mit Erwachsenen in Einrichtungen der DEAE: Befunde aus der Verbundstatistik

3.1 Einführung

In diesem Kapitel werden die Ergebnisse einer Sonderauswertung der DEAE- bzw. Verbundstatistik präsentiert, die das Deutsche Institut für Erwachsenenbildung (DIE) im Auftrag des Comenius-Instituts für die Jahre 2007 bis 2014 bzw. 2015 vorgenommen hat.[34] Dabei werden zum einen die Einrichtungen der DEAE mit denen des Gesamtverbundes verglichen, soweit es die Datenlage zulässt. Zum anderen wird ein Vergleich zwischen west- und ostdeutschen DEAE-Einrichtungen gezogen, um Gemeinsamkeiten und Unterschiede zwischen beiden Regionen darzustellen.

Im Folgenden wird zunächst kurz auf die historische Entwicklung der DEAE- und Verbundstatistik eingegangen, bevor die Datengrundlage und die leitenden Fragestellungen der Auswertungen beschrieben werden. Anschließend werden Ergebnisse zu den institutionellen Rahmenbedingungen der Einrichtungen, ihrer Personalstruktur sowie ihrer thematischen Veranstaltungsprofile präsentiert. Ein Zwischenfazit schließt das Kapitel ab.

3.2 Entwicklung der DEAE-Statistik und der Weiterbildungsstatistik im Verbund[35]

Das Statistik-System der DEAE wurde im Jahr 1975 begründet. Es ist auf unmittelbare Weise an die Konstitutionsbedingungen der damals neu entstandenen „Evangelischen Bildungswerke" gebunden, die durch die Ländergesetzgebung zur Erwachsenen- und Weiterbildung ermöglicht wurden (vgl. Kap. 2.3). Die statistischen Daten wurden bis zum Jahr 2000 durch die Bildungswerke und andere anerkannte Einrichtungen erhoben und über die Landesorganisationen der evangelischen Erwachsenenbildung an die DEAE als Zentralstelle weitergeleitet. Sie spiegeln auf der Ebene der Bundesländer einerseits das Ergebnis der in den Einrichtungen der Erwachsenenbildung geleisteten Arbeit wider; sie bilden andererseits aber zugleich die Berechnungsgrundlage für die öffentlichen Mittelzuweisungen, für die es in den einzelnen Bundesländern unterschiedliche

---

34 Die Daten zum Personal konnten nur bis 2014 ausgewertet werden (vgl. Kap. 3.6). Die Ergebnisse aller Auswertungen des DIE bilden die Grundlage für die nachfolgenden Darstellungen und Interpretationen. Diese wurden vom Comenius-Institut tabellarisch und grafisch aufbereitet und in Teilen durch eigene Berechnungen ergänzt.

35 Vgl. Deutsches Institut für Erwachsenenbildung (o. J.).

Berechnungsmodalitäten gibt und für die insbesondere Informationen zu den durchgeführten Veranstaltungen relevant sind. Aufgrund dieser Funktion war die DEAE-Statistik ursprünglich als „Veranstaltungsstatistik"[36] angelegt, für die die Einrichtungen Angaben zur Anzahl der Veranstaltungen, zu Teilnahmezahlen (d.h. „Belegungen" einer Veranstaltung durch einen Teilnehmenden) und zur Anzahl der Unterrichtsstunden (à 45 Minuten) übermitteln mussten.[37]

An den Diskursen und politischen Aushandlungsprozessen, die zur Etablierung eines „Systems öffentlich anerkannter Erwachsenenbildung" (in den westlichen Bundesländern) geführt haben, war die DEAE als bildungspolitischer Dachverband beteiligt (vgl. Kap. 2.3). Die sozusagen „realpolitische" Entscheidungs- und Aushandlungsebene sind jedoch die Bundesländer, bei denen die Gestaltungskompetenz für die Erwachsenen- und Weiterbildung liegt. In der bildungspolitischen Gestaltungsautonomie der Bundesländer liegt auch der Grund dafür, dass es kein länderübergreifendes statistisches Erhebungssystem gibt. Die Datenerhebung ist somit eine durch die oben genannte öffentliche Mitfinanzierung begründete zusätzliche Aufgabe der lokalen und regionalen Erwachsenenbildungseinrichtungen und begründet eine wichtige Zentralstellenfunktion der Landesorganisationen der evangelischen Erwachsenenbildung. Bei ihnen liegt daher die Verantwortung für die Erhebung und die Aufbereitung der Daten nach länderspezifisch geregelten Vorgaben. Sie sind dabei auf die kooperative Mitwirkung und Unterstützung ihrer Mitgliedseinrichtungen angewiesen, die die organisatorische Basis für das DEAE-Statistiksystem bilden.[38]

Mit Blick auf die Bereitstellung von verbandsübergreifenden Informationen zur Erwachsenenbildung in Deutschland war es ein erheblicher Fortschritt, dass sich im Jahr 2000 fünf Verbände der öffentlich anerkannten allgemeinen Erwachsenenbildung unter der Federführung des DIE zu einem *Verbund Weiterbildungsstatistik* zusammenschlossen: Bundesarbeitskreis Arbeit und Leben e.V. (BAK AL), Deutsche Evangelische Arbeitsgemeinschaft für Erwachsenenbildung (DEAE) e.V., Katholische Erwachsenenbildung Deutschland – Bundesarbeitsgemeinschaft e.V. (KEB), Arbeitskreis deutscher Bildungsstätten e.V. (AdB) und Deutscher Volkshochschul-Verband e.V. (DVV) als assoziierter Kooperations-

---

36 Pehl (2002), S. 213.
37 Im Gegensatz dazu ist die Mitfinanzierung der Erwachsenenbildungseinrichtungen durch die kirchlichen Träger nicht an statistische Veranstaltungsdaten (bzw. Leistungsnachweise) gebunden. Ein innerorganisatorischer (binnenkirchlicher) Grund dafür ergibt sich aus der Tatsache, dass auf EKD-Ebene nur ein statistisches Erhebungssystem existiert, das sich auf die Aktivitäten der Kirchengemeinden bezieht (vgl. Evangelische Kirche in Deutschland [2018a]).
38 Vgl. Seiverth (2007).

partner.[39] Der AdB beteiligte sich allerdings 2009 nicht an der Verbundstatistik und beendete 2013 seine Mitwirkung vollständig.[40]

Als entscheidende methodische Erneuerung im Vergleich zur reinen Veranstaltungsstatistik der DEAE werden seit der Etablierung der Verbundstatistik zusätzlich zu den Veranstaltungsdaten die *institutionellen Anbieter bzw. die Einrichtungen* der evangelischen Erwachsenenbildung und Angaben zu ihren institutionellen Merkmalen statistisch erfasst – was einige Probleme hinsichtlich der Bestimmung des Begriffs der Einrichtung mit sich bringt (s. u.).

Die Erfassungsbögen der Verbundstatistik sind seit ihrer Gründung zweimal überarbeitet worden. Die letzte Überarbeitung erfolgte in dem Projekt „Große Revision der DIE-Anbieter-/Angebotsstatistiken" (StaRe), das vom BMBF gefördert und unter Koordination des DIE von 2014 bis 2018 durchgeführt wurde.[41]

3.3   Datengrundlage: Erfassung, Umfang und Grenzen

Grundsätzlich ist im Kontext einer Bildungsberichterstattung, die darauf abzielt, das professionelle Bildungshandeln mit Erwachsenen in evangelischen Organisationen tendenziell vollständig zu erfassen und abzubilden, bei einer systematischen Nutzung der DEAE-Statistik zu beachten, dass diese primär die *öffentlich geförderten Anbieter* (nach den jeweiligen Erwachsenen- und Weiterbildungsgesetzen anerkannte „Einrichtungen") und Informationen zu deren Strukturen und Angeboten erfasst. Die DEAE-Statistik unterliegt dadurch sozusagen „systembedingten Restriktionen", da die ihr zugrundeliegende Erhebungspraxis den jeweiligen Vorgaben der Bundesländer und ihren Förderbedingungen entsprechen muss. Um das deshalb bis heute primär als „Förderstatistik" praktizierte und verwendete Erhebungsverfahren zu einer umfassenden „Leistungsstatistik" auszubauen und damit auch die Angebote und Veranstaltungsformen zu erfassen, die nicht im Sinne der Erwachsenenbildungsgesetze anerkannt und gefördert werden, müssten die kirchlichen Träger der Erwachsenenbildung ein genuines und nachhaltiges Interesse an der Veranstaltungs- und damit der thematischen Angebotsstatistik sowie der Personal- und Finanzstatistik der evangelischen Erwachsenenbildung entwickeln.[42] An dieser Stelle kann dieser Sachverhalt und die

---

39   Grundlage hierfür war ein vom Bundesministerium für Bildung und Forschung gefördertes Projekt des DIE, an dem die oben genannten Verbände beteiligt waren.

40   Die nicht erfolgte Teilnahme des AdB in 2009 und ab 2013 fällt aufgrund der geringen Anzahl an beteiligten Einrichtungen kaum ins Gewicht und verändert die Ergebnisse für den Verbund nicht. Von 2007 bis 2012 beteiligten sich in jedem Jahr zwischen 30 und 38 Einrichtungen des AdB an der Statistik.

41   Vgl. Deutsches Institut für Erwachsenenbildung (2018) und Ambos u.a. (2018).

42   Eine erste Ausweitung der Erfassung auf nicht förderfähige Angebote erfolgte im Zuge der o.g. Statistik-Revision. Im gesamten Verbund werden nach der Revision

damit verbundenen Grenzen der DEAE-Statistik lediglich konstatiert werden, auch um die prinzipielle Reichweite der Statistik zu beschreiben.

Im Rahmen der Verbundstatistik ist die Datenerhebung so organisiert, dass die verbandsspezifischen Systeme grundsätzlich bestehen bleiben, d.h. die Daten der Erwachsenenbildungseinrichtungen können von den Verbänden weiterhin mit jeweils eigenen Erfassungsbögen erhoben werden, bevor sie anschließend vom DIE für eine verbandsübergreifende Darstellung auf Grundlage eines gemeinsamen Merkmalskerns aufbereitet werden. In der DEAE werden die Erfassungsbögen von den Einrichtungen auf lokaler und regionaler Ebene ausgefüllt und über die Landesorganisationen (Landesarbeitsgemeinschaften) der evangelischen Erwachsenenbildung an das DIE weitergeleitet. Dabei besteht die Praxis, dass manche Einrichtungen über sogenannte „Sammelbögen" die Daten von mehreren Einrichtungen zusammengefasst übermitteln. Auf dieser Grundlage liegen mit der DEAE-Statistik seit 2001 und mit der Verbundstatistik seit 2002 jährlich erhobene Daten vor, die eine Auswertung auf drei Ebenen erlauben, und zwar für die Bundesländer, für die beteiligten Verbände und für Deutschland gesamt.[43]

Folgende Merkmale werden in der DEAE-Statistik und in teilweise modifizierter Form in den übrigen Verbandsstatistiken erhoben:
– institutionelle Rahmenbedingungen der Einrichtungen (u.a. Rechtsform, Aufgabenschwerpunkte, Übernachtungsbetrieb);
– Finanzierung (Art und Höhe der Einnahmen und Ausgaben);
– Personal (u.a. Art der Beschäftigung, Beschäftigungsumfang, Funktionen, Geschlecht);
– Zahl der Veranstaltungen und der Unterrichtsstunden;
– Themenbereiche der Veranstaltungen;
– Zahl der Teilnehmenden an den Veranstaltungen (differenziert nach Geschlecht);
– Zielgruppen der Veranstaltungen.

Mit der oben angesprochenen Erweiterung der Erhebungsmerkmale um die Kategorie der „Anbieter" und damit der institutionellen Organisationsformen der evangelischen Erwachsenenbildung ergibt sich das Problem, dass keine allgemein verbindliche Definition des Begriffs der „Einrichtung" existiert und der Begriff unterschiedlich angewendet wird. In der DEAE-Statistik wird bisher so ver-

---

    Leistungen in der Weiterbildungsberatung und Kompetenzfeststellung berücksichtigt; bei der DEAE werden zusätzlich die Beratung von Gremien und Betreuungsleistungen erfasst.

43 Landeskirchenspezifische Auswertungen gibt es nur für die Evangelische Landeskirche in Baden und die Evangelische Landeskirche in Württemberg. Zusätzlich existiert die Möglichkeit, Auswertungen auf der Ebene von einzelnen Einrichtungen vorzunehmen, die aber faktisch nicht genutzt wird.

3.3 Datengrundlage: Erfassung, Umfang und Grenzen

fahren, dass mit dem Begriff alle in der Öffentlichkeit als eigenständige Anbieter von Bildungsangeboten für Erwachsene auftretenden Akteure gemeint sind, unbeschadet der Tatsache, dass es sich bei manchen um Zweig- oder Regionalstellen von Landesorganisationen handelt, denen allein der juristische Status einer „öffentlich anerkannten und geförderten Erwachsenenbildung*einrichtung*" zukommt.[44] Die *Grundgesamtheit der Einrichtungen* ergibt sich im Fall der DEAE daher aus der Anzahl der in den Landesorganisationen zusammengeschlossenen Mitgliedseinrichtungen (überwiegend Bildungswerke) bzw. deren Zweig- oder Regionalstellen. Demgegenüber zählt der Volkshochschul-Verband die zahlreichen Zweigstellen von Volkshochschulen nicht als eigenständige Einrichtungen. Aus diesem Grund wäre ein Vergleich der Einrichtungszahlen von DEAE und Volkshochschul-Verband bzw. der Gesamtheit der Verbände irreführend und wird im Folgenden nicht gezogen. Darüber hinaus gibt es auch innerhalb der DEAE keine einheitliche Verwendung des Einrichtungsbegriffs, da die Strukturen der DEAE je nach Landeskirche hinsichtlich der Organisationsformen der Einrichtungen sehr heterogen sind, was sich auch in der Statistikerfassung widerspiegelt. Vor diesem Hintergrund ist ein Vergleich der Zahl der DEAE-Einrichtungen nach Bundesländern wenig aussagekräftig und kann auch auf aggregierter Ebene für Ost- und Westdeutschland nur einer ersten Einschätzung der Größenverhältnisse dienen (vgl. Kap. 3.5).

Ausgangspunkt und damit erstes Bezugsjahr der im Folgenden vorgestellten Auswertungen der DEAE- und Verbundstatistik sind die Daten des Jahres 2007, weil ab diesem Jahr von einem konsolidierten Erhebungsverfahren ausgegangen werden kann, nachdem eine Reihe organisatorischer Schwierigkeiten überwunden und die verbandspolitische Akzeptanz der Beteiligung am Verbund Weiterbildungsstatistik und der damit verknüpften Dienstleistungsverpflichtungen des Verbandes (der DEAE) hinreichend entwickelt waren. Die Datengrundlage des vorliegenden Berichts wurde also vor der letzten Revision der Erfassungsbögen generiert (vgl. Kap. 3.2) und ist von den dort beschlossenen Änderungen noch nicht berührt.

Abbildung 1 zeigt die Gesamtzahl an Einrichtungen der DEAE sowie die Anzahl an Einrichtungen, für die statistische Angaben übermittelt wurden und die somit in die Auswertungen eingegangen sind. Wie oben beschrieben, liefern diese Angaben aufgrund des uneinheitlich verwendeten Einrichtungsbegriffs allerdings nur einen ersten Eindruck von der tatsächlichen Einrichtungszahl und ihrer Entwicklung in den vergangenen Jahren. Demnach ist die Anzahl

---

[44] Als Beispiel sei hier auf die „Evangelische Erwachsenenbildung Hannover" verwiesen, die eine von dreizehn Zweigstellen der durch das Land Niedersachsen allein als *Einrichtung der Erwachsenenbildung* anerkannten „Evangelischen Erwachsenenbildung Niedersachsen" darstellt. In der Statistik werden jedoch alle dreizehn Regionalstellen als „Einrichtungen" gezählt.

an Erwachsenenbildungseinrichtungen in der DEAE zwischen 2007 und 2015 leicht zurückgegangen, und zwar um 24 Einrichtungen und damit um 5 %. Die Beteiligungsquote an der DEAE-Statistik liegt in diesen Jahren gleichbleibend bei etwa 83 %, was auf eine Etablierung der DEAE-Statistik als Instrument zur Datenerfassung auf Einrichtungsebene schließen lässt.

Abb. 1: Anzahl der DEAE-Einrichtungen und Beteiligung an der DEAE-Statistik

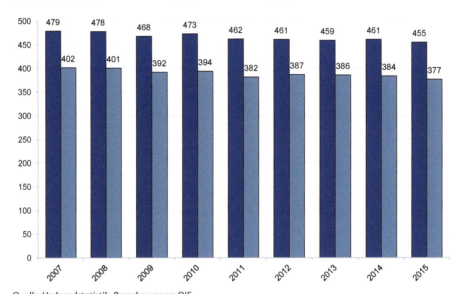

Quelle: Verbundstatistik; Berechnungen: DIE

Die Differenz zwischen der Grundgesamtheit und den ausgewerteten Einrichtungen ergibt sich u.a. aus dem Umstand, dass aus verschiedenen Gründen aus den Bundesländern Hamburg und Schleswig-Holstein keine Daten zu den Einrichtungen der evangelischen Erwachsenenbildung vorliegen. Seit der Umstellung auf eine Anbieterstatistik werden ihre Einrichtungen jedoch im Interesse einer Abbildung der tatsächlich existierenden evangelischen Erwachsenenbildungseinrichtungen in der Grundgesamtheit mitgezählt. Wenn sie herausgerechnet würden, ergäbe sich ein höherer Auswertungsgrad von annähernd 90 %.

3.4 Leitende Fragestellungen

Die Beschreibung und Interpretation der vorliegenden Angaben, die sich, wie oben ausgeführt, nur auf öffentlich anerkannte und geförderte Einrichtungen der evangelischen Erwachsenenbildung und deren „abrechnungsfähige" Veranstaltungen beziehen, orientieren sich an drei leitenden Fragestellungen, die für eine auch theoretisch und praktisch fruchtbare Verwendung der statistischen Daten zur evangelischen Erwachsenenbildung bedeutsam sind:

3.4 Leitende Fragestellungen

1. Wie stellt sich das Leistungs- und Angebotsprofil evangelischer Erwachsenenbildung und die institutionelle Infrastruktur der Anbieterorganisationen (Rechtsform, Finanzierung, Personal) im Gesamtspektrum öffentlich verantworteter Erwachsenen- und Weiterbildung dar? Zur Beantwortung dieser Frage wird soweit wie möglich die Verbundstatistik als Vergleichsfolie herangezogen.
2. Wie wirkt sich die historisch und politisch bedingte Ungleichzeitigkeit in der Entwicklung evangelischer Erwachsenenbildung im wiedervereinigten Deutschland aus? Um diese Frage zu klären, wird für alle Parameter ein Ost-West-Vergleich vorgenommen, in dem die „alten Bundesländer" den „neuen" Bundesländern (einschließlich Berlin) gegenübergestellt werden.
3. Welche Veränderungen lassen sich im Zeitverlauf beobachten und worauf lassen sie sich zurückführen? Dieser Frage wird dadurch Rechnung getragen, dass Zeitreihen für die Jahre 2007 bis 2014 bzw. 2015 vorgestellt und vorsichtig interpretiert werden.

Eine Bemerkung zu den vorsichtigen Interpretationshinweisen, die an die Beschreibungen der Daten anschließen, ist vorab notwendig: Diese erste Auswertung der DEAE-Statistik bezieht sich grundsätzlich auf die für den Verband aggregierten Daten. Die Analysen werden nicht durch eine Untersuchung der Daten und Entwicklungen auf der Ebene der Bundesländer bzw. Landeskirchen vertieft, obgleich diese auch für diese Ebene verfügbar sind. Damit wird sowohl einer DEAE-internen Vereinbarung entsprochen, die eine vergleichende Darstellung nach Bundesländern und Landeskirchen ausschließt, als auch dem objektiven Problem, dass sich die institutionellen und gesetzlichen Bedingungen für die Gestaltung der Infrastruktur der Erwachsenenbildungseinrichtungen zum Teil erheblich unterscheiden. Ein zahlenmäßiger einfacher Vergleich zwischen den Bundesländern und Landeskirchen und eine Analyse der Zusammenhänge zwischen unterschiedlichen Parametern (Personal, Finanzierung, Angebotsumfang, usw.) für schlussfolgernde Beschreibungen erscheint daher aus sachlichen Gründen aktuell nicht vertretbar.

Demgegenüber scheint eine aggregierte Differenzierung zwischen west- und ostdeutschen Einrichtungen sinnvoll zu sein, da davon ausgegangen werden muss, dass die Daten, die sich auf die DEAE insgesamt beziehen, durch die westlichen Bundesländer so weitgehend bestimmt werden, dass das empirische Bild der evangelischen Erwachsenenbildung durch diese definiert wird. Der West-Ost-Vergleich erhält daher die spezifische Funktion, die anhand der statistischen Daten rekonstruierbare Infrastruktur und ihre Entwicklung in Ostdeutschland im Zeitverlauf zu erfassen.

3.5 Rechtsformen, Aufgabenschwerpunkte und Finanzstrukturen

Um einen Eindruck von der Anzahl an Erwachsenenbildungseinrichtungen der DEAE und ihrer regionalen Verteilung zu vermitteln, zeigt Tabelle 1 sowohl die Gesamtzahl an Einrichtungen im Jahr 2015 als auch ihre Zugehörigkeit zu West- und Ostdeutschland.

Tab. 1: Anzahl der DEAE-Einrichtungen in West- und Ostdeutschland (2015)

	Einrichtungen		An der Statistik beteiligte Einrichtungen	
	Anzahl	*%*	*Anzahl*	*%*
DEAE gesamt	455	100,0	377	100,0
DEAE Westdeutschland	344	75,6	277	73,5
DEAE Ostdeutschland	111	24,4	100	26,5

Quelle: Verbundstatistik; Berechnungen: DIE und eigene Berechnungen

Von den Einrichtungen der DEAE ist 2015 der überwiegende Teil in Westdeutschland lokalisiert (knapp 76 %) – was bedeutet, dass die institutionelle Infrastruktur der DEAE wesentlich durch ihre westdeutschen Einrichtungen bestimmt wird. Darüber hinaus zeigt die Tabelle, dass die allgemeine Beteiligung an der DEAE-Statistik in Ostdeutschland höher ausfällt als in Westdeutschland, wodurch der Anteil der ostdeutschen Einrichtungen in den Gesamtauswertungen für die DEAE leicht steigt.[45]

Wie oben erläutert, werden die Einrichtungen innerhalb der Verbundstatistik nicht einheitlich gezählt, sodass ein Vergleich der Einrichtungszahlen der einzelnen Verbände nicht möglich ist. Aus diesem Grund soll an dieser Stelle der Hinweis darauf genügen, dass der Deutsche Volkshochschul-Verband mit Abstand den größten Anteil an Einrichtungen im Gesamtverbund stellt und die Angaben für diesen somit dominiert.[46]

Im Folgenden werden die institutionellen Bedingungen der Bildungsarbeit mit Erwachsenen dargestellt, indem auf die Rechtsformen der Einrichtungen, ihren Aufgabenschwerpunkt sowie ihre Einnahmen- und Ausgabenstrukturen eingegangen wird.

---

45 Trotz dieser allgemein hohen Beteiligungsrate liegen zu einer Reihe von einzelnen Merkmalen nur wenige Angaben von ostdeutschen Einrichtungen vor (s. u.).
46 Vgl. Horn; Lux; Ambos (2017).

3.5.1 Rechtsformen

Abb. 2: Rechtsformen der Einrichtungen: DEAE und Gesamtverbund (2015, in %)

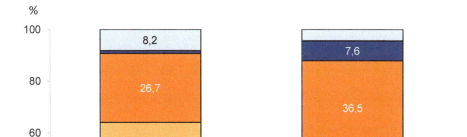

DEAE: n=281; Gesamtverbund: n=1.653. Quelle: Verbundstatistik; Berechnungen: DIE → Tab. A1[47]

Sowohl bei der DEAE als auch bei der Gesamtheit der Verbände sind 2015 die Mehrheit aller Erwachsenenbildungseinrichtungen Körperschaften des öffentlichen Rechts. Bei der DEAE liegt deren Anteil bei fast zwei Dritteln aller Einrichtungen, beim Verbund bei knapp über der Hälfte. Es folgt jeweils die Gruppe der eingetragenen Vereine, die beim Gesamtverbund um etwa zehn Prozentpunkte größer ist als bei der DEAE. Beim Verbund sind zudem GmbHs und sonstige private Träger etwas stärker vertreten als bei der DEAE, die demgegenüber einen höheren Anteil an Einrichtungen mit „anderer Rechtsform" vorweist.

Das für 2015 dargestellte Verhältnis zwischen den unterschiedlichen Rechtsformen ist für die DEAE und für die Gesamtheit der Verbände auch in den vorangegangenen Jahren festzustellen (vgl. Tab. A1 im Anhang): Körperschaften

---

47 Die zu den Grafiken gehörenden Tabellen sind im Anhang dokumentiert. Angaben zu der Anzahl an Einrichtungen, die für die verschiedenen Bereiche Informationen übermittelt haben, finden sich in Tabelle A18 im Anhang.

Bildungsbericht

des öffentlichen Rechts sind stets am stärksten vertreten, jeweils gefolgt von eingetragenen Vereinen als zweitgrößte Einrichtungsgruppe. Dabei gibt es im Gesamtverbund in allen Jahren mehr Vereine als in der DEAE, die ihrerseits einen größeren Anteil an Körperschaften des öffentlichen Rechts vorweist. Die übrigen Rechtsformen spielen demgegenüber weder bei der DEAE noch beim Gesamtverbund eine wesentliche Rolle.

Dieser Befund zeigt deutlich, dass der Aufbau und die institutionelle Reproduktion eines „Systems der öffentlich anerkannten Erwachsenen- und Weiterbildung" auf zwei „institutionellen Standbeinen" beruht: Dieses System ist zum einen an die juristische Trägerschaft durch Institutionen gebunden, denen der Status von „Körperschaften des öffentlichen Rechts" zukommt, wie dies für die Trägerschaft der Volkshochschulen durch die Kommunen und für die der beiden konfessionellen Dachverbände durch die Landeskirchen bzw. Diözesen gilt. Das zweite „institutionelle Standbein" ist die Rechtsform von gemeinnützigen Vereinen.

Abb. 3: Rechtsformen der Einrichtungen: DEAE in West- und Ostdeutschland (2015, in %)

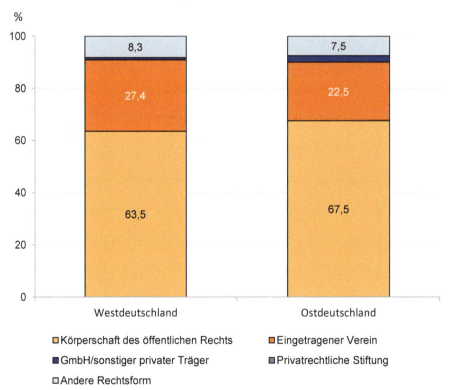

Westdeutschland: n=241; Ostdeutschland: n=40. Quelle: Verbundstatistik; Berechnungen: DIE → *Tab. A2*

Wie Abbildung 3 zeigt, ähneln sich die Erwachsenenbildungseinrichtungen der DEAE in West- und Ostdeutschland hinsichtlich ihrer Rechtsform. In beiden Landesteilen bestimmen Körperschaften des öffentlichen Rechts zu etwa zwei Dritteln das Bild, gefolgt von eingetragenen Vereinen. Andere Rechtsformen sind demgegenüber weit seltener vorzufinden. Dieses Bild ist seit 2007 nahezu unverändert, wobei in Ostdeutschland stets die Körperschaften des öffentlichen Rechts etwas häufiger und eingetragene Vereine etwas seltener vorkommen als in den westdeutschen Bundesländern (vgl. Tab. A2 im Anhang).

Der große Anteil an DEAE-Einrichtungen, die Körperschaften öffentlichen Rechts sind, ist auf die *unmittelbare Trägerschaft der Landeskirchen* zurückzuführen – welche ihrerseits als Körperschaften des öffentlichen Rechts verfasst sind und den in der Öffentlichkeit als selbstständig agierende Akteure auftretenden Organisationen der Erwachsenenbildung den juristischen Status *unselbstständiger Einrichtungen* verleihen.[48]

3.5.2 Aufgabenschwerpunkt: Erwachsenenbildung als Haupt- oder Nebenaufgabe von Einrichtungen der DEAE

Die DEAE-Statistik liefert Informationen darüber, ob Erwachsenenbildung den ausschließlichen Aufgabenschwerpunkt und damit die Hauptaufgabe einer Einrichtung darstellt oder ob daneben weitere zentrale Aufgaben wahrgenommen werden und Erwachsenenbildung als Nebenaufgabe fungiert.[49] Diese grundsätzliche Unterscheidung wurde bei der Erstellung des Kategoriensystems für die regionalen Erfassungen von evangelischen Erwachsenenbildungsanbietern als prinzipielles Strukturierungsprinzip übernommen (vgl. Kap. 4.3.3).

2015 nehmen fast 70 % aller Einrichtungen, für die entsprechende Angaben in der DEAE-Statistik vorliegen, Erwachsenenbildung als Hauptaufgabe wahr, während für etwas mehr als 30 % der Einrichtungen diese Aufgabe eine Nebenaufgabe darstellt. Dieses Verhältnis von Einrichtungen mit Erwachsenenbildung als alleinige Aufgabe und als ein Schwerpunkt unter mehreren ist seit 2007 relativ stabil (vgl. Tab. A3 im Anhang).

3.5.3 Finanzstrukturen

Ähnlich wie bei der Rechtsform bestehen hinsichtlich der unterschiedlichen Einnahmequellen zwischen der DEAE und der Gesamtheit der Verbände nur relativ geringe Unterschiede (vgl. Abb. 4). Die Teilnahmegebühren machen bei der DEAE etwas weniger, beim Verbund etwas mehr als ein Drittel der Einnahmen

---

48 Dieser Status beeinflusst auch die Erwachsenenbildungsarbeit der hauptamtlichen Mitarbeitenden (vgl. Vertiefungsstudie, Kap. 11.1).
49 Für den Gesamtverbund liegen hierzu keine Angaben vor.

Bildungsbericht

aus, jeweils gefolgt von den Eigenmitteln des Trägers, die bei der DEAE in etwa den Teilnahmegebühren entsprechen. Beim Gesamtverbund liegt der Anteil der Eigenmittel gut neun Prozentpunkte unter dem der Teilnamegebühren. Öffentliche Mittel machen jeweils etwa ein Viertel der Einnahmen aus, wohingegen der Anteil an nicht öffentlichen Mitteln (z.B. Projektmittel von Stiftungen) bei DEAE und Gesamtverbund bei unter 0,5 % liegt. „Sonstige Mittel", zu denen beispielsweise Spenden oder Verkaufserlöse gehören, haben einen Anteil an allen Einnahmen von gut 10 % (DEAE) bzw. knapp 9 % (Gesamtverbund).

Abb. 4: Art der Einnahmen: DEAE und Gesamtverbund (2015, in %)

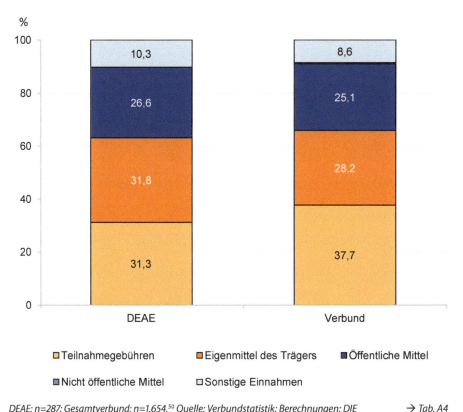

DEAE: n=287; Gesamtverbund: n=1.654.[50] Quelle: Verbundstatistik; Berechnungen: DIE → Tab. A4

Die relative Bedeutung der verschiedenen Einnahmequellen verändert sich zwischen 2007 und 2015 bei DEAE und Gesamtverbund kaum (vgl. Tab. A4 im Anhang): Teilnahmegebühren und Eigenmittel des Trägers stellen stets die wichtigsten Einnahmequellen dar, gefolgt von den öffentlichen Mitteln.

---

50 Hinsichtlich der Finanzierungsstruktur liegen nur die Fallzahlen der Einrichtungen vor, die insgesamt zum Themenblock „Finanzen" Angaben gemacht haben, jedoch nicht differenziert nach Angaben zu den Einnahmen bzw. Ausgaben.

3.5 Rechtsformen, Aufgabenschwerpunkte und Finanzstrukturen

Schaut man sich die Art der Einnahmen bei den Einrichtungen der DEAE getrennt nach West- und Ostdeutschland an, zeigen sich deutliche Unterschiede zwischen beiden Landesteilen (vgl. Abb. 5) – wobei beachtet werden muss, dass von den ostdeutschen Einrichtungen im Untersuchungszeitraum maximal 37 % (2015) überhaupt Angaben zu ihrer Finanzstruktur übermittelt haben (vgl. Tab. A18 im Anhang). Anders als in Westdeutschland, wo sich die oben beschriebene Einnahmestruktur der DEAE-Einrichtungen wiederholt, stellen in Ostdeutschland die Eigenmittel des Trägers mit über 70 % die bedeutendste Einnahmequelle dar. Mit deutlichem Abstand folgen öffentliche Mittel (16 %) und Teilnahmegebühren (11 %). In Ostdeutschland sind zudem zwischen 2007 und 2015 einige Veränderungen festzustellen, während die Einnahmestruktur in Westdeutschland in diesen Jahren weitgehend stabil bleibt (vgl. Tab. A5a und A5b im Anhang). So steigt der Anteil der Eigenmittel des Trägers in den ostdeutschen Bundesländern von 2007 bis 2011 von 42 % auf 70 % und bleibt in den Folgejahren auf diesem Niveau stabil, während gleichzeitig die Anteile von Teilnahmegebühren und öffentlichen Mitteln zurückgehen.

Abb. 5: Art der Einnahmen: DEAE in West- und Ostdeutschland (2015, in %)

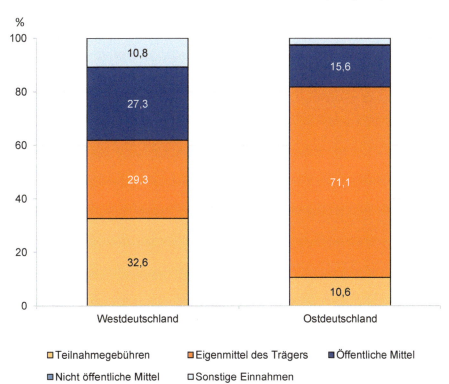

Westdeutschland: n=250; Ostdeutschland: n=37. Quelle: Verbundstatistik; Berechnungen: DIE
→ *Tab. A5a und A5b*

Insgesamt zeigt sich somit die für die westdeutschen Erwachsenenbildungseinrichtungen der DEAE typische (und bildungspolitisch immer hoch gehaltene) ausgewogene, d.h. „kooperative" Finanzierungsstruktur zwischen „Teilnehmenden" – „Trägern" – „öffentlichen Mitteln" der kirchlichen Erwachsenenbildung. Von dieser Finanzierungsstruktur scheinen die ostdeutschen Einrichtungen mit einem mehr als doppelt so hohen Anteil an Eigenmitteln der Träger deutlich abzuweichen – eine Aussage, die unter dem Vorbehalt der wenigen vorliegenden Angaben zu den Finanzierungsstrukturen aus ostdeutschen Einrichtungen gemacht wird.

Diese Differenz kann möglicherweise mit der historischen Entwicklung der evangelischen Erwachsenenbildung in Ostdeutschland erklärt werden. Nach 1989 wurde in den neuen Bundesländern das System der „öffentlich verantworteten Erwachsenenbildung in der Trägerschaft der evangelischen Landeskirchen" (teilweise auch gegen Vorbehalte) nach dem Muster westdeutscher Weiterbildungsgesetze übernommen. Dies implizierte die Notwendigkeit, innerhalb der evangelischen Landeskirchen in Ostdeutschland eine analoge kooperative Verbundstruktur aufzubauen, wie dies in den westlichen evangelischen Landeskirchen im Verlaufe der 1970er Jahre geschehen ist. Vor dem Hintergrund des vorausgegangenen staatlichen Bildungsmonopols in der Deutschen Demokratischen Republik (DDR) war diese Integration in ein „System öffentlicher Bildungsmitverantwortung" unter Mitfinanzierung durch den Staat für die ostdeutschen evangelischen Landeskirchen eine vollkommen neue Aufgabe, bei der sie kaum auf institutionelle Strukturen zurückgreifen konnten, da es in der DDR eine „Erwachsenenbildung" in Verantwortung der evangelischen Kirchen nur in rudimentären Formen gab.[51] Im Unterschied dazu konnten z.B. die Volkshochschulen in struktureller Hinsicht und im Blick auf die Finanzierung durch die öffentliche Hand ihre Aufgaben in relativ ungebrochener Kontinuität in den ostdeutschen Bundesländern fortführen. Ein möglicher weiterer Faktor zur Erklärung der angesprochenen Differenz der Finanzierungsstruktur könnte in dem Umstand liegen, dass die volkskirchlichen Strukturen in den östlichen Landeskirchen als Folge einer jahrzehntelangen zur Staatsräson erhobenen antireligiösen und antikirchlichen Politik der Staatsführung der DDR weit massiver reduziert worden sind, als dies in den westlichen Landeskirchen und aus anderen Gründen der Fall

---

51 Exemplarisch sei hierfür auf die „Gruppenbezogene Gemeindearbeit" verwiesen, die von Mitarbeitenden in der Evangelischen Landeskirche in Sachsen entwickelt worden ist (GoG [1984]). Einzeldarstellungen zu den Formen von „evangelischer Erwachsenenbildung" in der DDR finden sich in Hefft (1987). Eine entwickelte institutionelle und personelle Infrastruktur für Erwachsenenbildung gab es nur in Gestalt der Evangelischen Akademien (vgl. dazu die Darstellung in Rothe [2000]).

war.[52] Dadurch fehlt den ostdeutschen Erwachsenenbildungseinrichtungen ein vergleichbarer kirchlicher und öffentlicher sozialer „Resonanzraum", aus dem sich die Teilnehmenden rekrutieren lassen, wie er für viele westliche Einrichtungen noch als gegeben vorausgesetzt werden kann. Diese Interpretation wird auch dadurch nahegelegt, dass die Einnahmen aus Teilnahmegebühren im Osten nur 10 %, im Westen jedoch etwas mehr als 30 % der Gesamteinnahmen ausmachen.

Die Finanzierungstruktur der evangelisch verantworteten Erwachsenenbildung in den östlichen Bundesländern, die durch das enorme finanzielle Engagement der evangelischen Landeskirchen bestimmt ist, kann daher als eine besondere Kompensationsleistung interpretiert werden, ohne die der Aufbau und die Integration der evangelischen Erwachsenenbildung in das System der öffentlich verantworteten Erwachsenenbildung in den neuen Bundesländern nicht möglich gewesen wäre. Die Gründe für den erheblichen Anstieg der Eigenmittel der Träger für die östlichen Bundesländer, die seit 2011 konstant mehr als zwei Drittel der Einnahmen ausmachen, müssten einerseits durch Rückfragen bei den Landesorganisationen und andererseits durch einen je gesonderten Blick auf die Landeskirchen bzw. Bundesländer aufgeklärt werden.

Die Zusammensetzung der Ausgaben, die für die DEAE und die Gesamtheit der Verbände in Abbildung 6 für das Jahr 2015 dargestellt wird, ist auch in den vorangegangenen Jahren festzustellen (vgl. Tab. A6 im Anhang). Sowohl bei der DEAE als auch beim Gesamtverbund stellen die Personalkosten für hauptamtliche Mitarbeitende den mit Abstand größten Posten dar, wobei dieser bei der DEAE mit 47 % um fünf Prozentpunkte höher ausfällt als beim Gesamtverbund. Bei letzterem folgen mit knapp unter 30 % die Ausgaben für Honorarkräfte (neben- und freiberuflich Mitarbeitende)[53] und ehrenamtliche Mitarbeitende. Diese liegen bei der DEAE mit knapp 13 % deutlich niedriger und hinter den veranstaltungsbezogenen Sachkosten bzw. knapp vor den sonstigen Ausgaben und den Betriebskosten der Einrichtung.

---

52 Als einziges Kriterium hierfür wird hier die Anzahl der Kirchenmitglieder im Verhältnis zur Gesamtbevölkerung zugrunde gelegt. Im Jahr 2017 beträgt der Anteil der evangelischen Kirchenmitglieder an der Gesamtbevölkerungszahl in den westlichen Bundesländern 28,3 %, in den östlichen Bundesländern (einschließlich Berlin) 16,5 % (vgl. Evangelische Kirche in Deutschland [2018b], eigene Berechnungen).

53 In der Kategorie „Honorarkräfte (neben- und freiberuflich Mitarbeitende)" werden in der DEAE-Statistik nach Abschluss der letzten Statistikrevision die zuvor getrennt erfassten „Honorarkräfte" und „neben- und freiberuflich Mitarbeitenden" zusammengefasst, was in anderen Verbänden bereits zuvor üblich war. Für den Bildungsbericht wird diese Neuerung übernommen, da eine eindeutige Unterscheidung zwischen beiden Tätigkeitsgruppen nicht möglich ist.

Abb. 6: Art der Ausgaben: DEAE und Gesamtverbund (2015, in %)

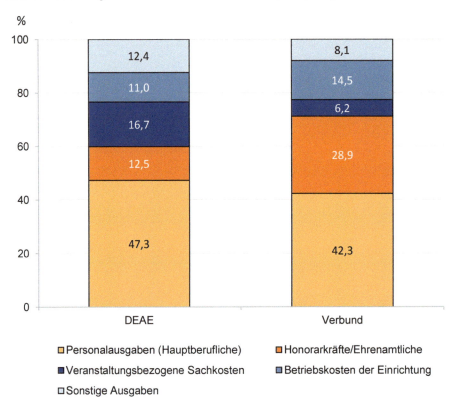

DEAE: n=287; Gesamtverbund: n=1.654. Quelle: Verbundstatistik; Berechnungen: DIE → Tab. A6

Die vergleichsweise niedrigen Ausgaben für die Gruppe der Honorarkräfte/ Ehrenamtlichen bedeuten nicht, dass der Anteil dieser Beschäftigtengruppe in Einrichtungen der DEAE geringer ist als in denen des Gesamtverbunds (vgl. Kap. 3.6.1). Stattdessen scheint es plausibel, dass in DEAE-Einrichtungen mehr Ehrenamtliche als Frei- und Nebenberufliche tätig sind, die entsprechend geringere Kosten verursachen. Diese Interpretation wird durch einen Vergleich der Ausgabenstruktur in west- und ostdeutschen Einrichtungen der DEAE gestützt (s.u.).[54]

Schließlich ist der im Vergleich mit dem Gesamtverbund fast dreimal höhere Anteil an veranstaltungsbezogenen Sachkosten bei den DEAE-Einrichtungen vermutlich darauf zurückzuführen, dass ein Großteil der Veranstaltungen nicht in eigenen, sondern in angemieteten Veranstaltungsräumen stattfindet und die da-

---

[54] Ein Vergleich der Anteile von ehrenamtlich Mitarbeitenden bei DEAE und Gesamtverbund ist nicht möglich, da nur für die DEAE die Ehrenamtlichen getrennt von den Honorarkräften erfasst werden (vgl. Kap. 3.6.3).

3.5 Rechtsformen, Aufgabenschwerpunkte und Finanzstrukturen

durch anfallenden Mietkosten deshalb als „veranstaltungsbezogen" klassifiziert werden. Bei der Einschätzung des Anteils der „Betriebskosten der Einrichtung" an der Finanzierungs- bzw. Ausgabenstruktur ist zu beachten, dass dieser auch durch die höheren Betriebskosten der Einrichtungen mit Übernachtungsbetrieb mitbestimmt wird.

Abb. 7: Art der Ausgaben: DEAE in West- und Ostdeutschland (2015, in %)

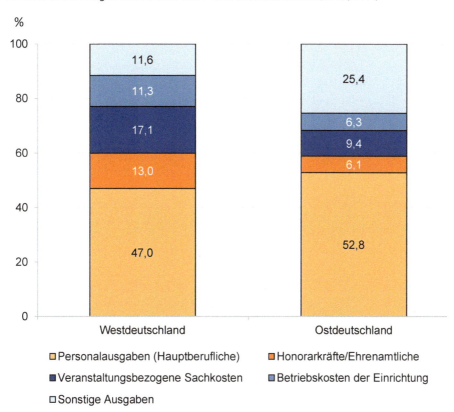

Westdeutschland: n=250; Ostdeutschland: n=37. Quelle: Verbundstatistik; Berechnungen: DIE
→ Tab. A7a und A7b

Ein Vergleich der Ausgabenstruktur von Einrichtungen der DEAE in West- und Ostdeutschland – wiederum unter dem Vorbehalt der wenigen Angaben aus ostdeutschen Einrichtungen – zeigt, dass die Personalausgaben für hauptamtliche Mitarbeitende jeweils ca. die Hälfte aller Ausgaben ausmachen, wobei sie in Ostdeutschland etwas höher liegen als in Westdeutschland (vgl. Abb. 7). Demgegenüber haben die Ausgaben für Honorarkräfte (neben- und freiberuflich Mitarbeitende) und ehrenamtliche Mitarbeitende in Westdeutschland mit 13 % einen mehr als doppelt so hohen Anteil wie in Ostdeutschland. Ähnliches gilt für die veranstaltungsbezogenen Sachkosten und die Betriebskosten der Einrichtung. Lediglich die „sonstigen Ausgaben" fallen in den ostdeutschen Bundesländern mit mehr als einem Viertel aller Ausgaben wesentlich höher aus als in den westdeutschen Gebieten – wobei aus der Statistik nicht hervorgeht, welche Art von Ausgaben zu dieser Kategorie gehören. Diese Ausgabenstruktur herrscht grundsätzlich auch in den vorangegangenen Jahren vor; allerdings fällt in Ostdeutschland der Anteil an Personalausgaben für hauptamtliche Mitarbeitende in manchen Jahren deutlich höher aus als in 2015, mit einem Höchststand im Jahr 2010 von fast 70 % (vgl. Tab. A7a und A7b im Anhang).

Die oben vorgeschlagene Interpretation, dass geringere Kosten für die Gruppe der Honorarkräfte (neben- und freiberuflich Mitarbeitende) und Ehrenamtlichen in einem höheren Anteil an ehrenamtlich Tätigen in dieser Gruppe begründet sind, lässt sich für west- und ostdeutsche DEAE-Einrichtungen überprüfen (vgl. Kap. 3.6.3): In Ostdeutschland sind anteilig deutlich mehr ehrenamtliche Mitarbeitende tätig als in Westdeutschland (40 % gegenüber 15 % in 2014, vgl. Abb. 15), was in Verbindung mit den höheren Ausgaben für das Leitungspersonal (das ebenfalls einen höheren Anteil an den Beschäftigten hat als in Westdeutschland) die Unterschiede in der Ausgabenstruktur in Teilen erklären dürfte.

3.6 Personalstruktur

Im Folgenden wird die Personalstruktur von der DEAE insgesamt sowie differenziert nach west- und ostdeutschen DEAE-Einrichtungen vorgestellt und wenn möglich mit der Personalstruktur der Gesamtheit der Verbände verglichen.[55] Anders als bei den vorangegangenen Ausführungen kann hierbei nur der Zeitraum von 2007 bis 2014 berücksichtigt werden, da es 2015 in Nordrhein-Westfalen strukturelle Änderungen in der Systematik der Personalerfassung gab, sodass ab diesem Zeitpunkt die Angaben zur Anzahl an Stellen und beschäftigten Personen nicht mehr mit den Angaben der vorangegangenen Jahre vergleichbar sind.

Auch bei den Ergebnissen zum Personal muss beachtet werden, dass mit einer Beteiligungsquote von maximal 33 % (2014) nur relativ wenige ostdeutsche Einrichtungen im Untersuchungszeitraum Angaben zu ihrem Personal gemacht haben (vgl. Tab. A18 im Anhang). Wie bei den Finanzstrukturen geben die Ergebnisse entsprechend vor allem erste Eindrücke von der Situation in Ostdeutschland wieder.

---

55 Dieser Vergleich ist aufgrund von in Teilen unterschiedlichen Erfassungsmethoden nur für einzelne Parameter möglich.

3.6.1 Hauptamtliches Personal (in Stellen) und Honorarkräfte/ Ehrenamtliche

Abbildung 8 zeigt die Entwicklung von besetzten Stellen (Vollzeitäquivalente) für hauptamtliche Mitarbeitende für die DEAE insgesamt und differenziert nach West- und Ostdeutschland von 2007 bis 2014.

Abb. 8: Anzahl an besetzten Stellen (Vollzeitäquivalente) für Hauptamtliche: DEAE gesamt, West- und Ostdeutschland (2007–2014)

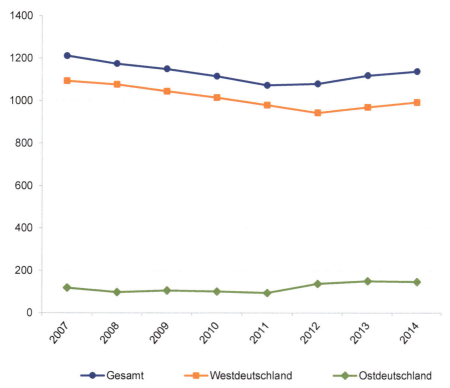

Westdeutschland: n=234 (2011); n=237 (2012); n=235 (2013); n=250 (2014). Ostdeutschland: n=32 (2011); n=31 (2012); n=32 (2013); n=33 (2014). Für die Jahre 2007–2010 liegen keine Informationen zur Anzahl an Einrichtungen vor, die Angaben zum Personal gemacht haben.[56] Quelle: Verbundstatistik; Berechnungen: DIE
→ Tab. A8

Die Anzahl an besetzten Stellen (Vollzeitäquivalente) für Hauptamtliche bleibt in der DEAE insgesamt zwischen 2007 und 2014 relativ stabil und fällt nur

---

56 Wie für die Finanzstruktur liegen auch für das Personal nur die Fallzahlen der Einrichtungen vor, die insgesamt zu diesem Frageblock Angaben gemacht haben. Separate Fallzahlen z.B. für Angaben zu den Beschäftigtengruppen oder zu den hauptamtlichen Stellen werden nicht erhoben.

leicht um 6 % von 1.211,2 auf 1.137,5. In Westdeutschland ist dieselbe Entwicklung wie in der gesamten DEAE zu beobachten, was angesichts der Tatsache, dass die überwiegende Zahl an Mitarbeitenden in westdeutschen Einrichtungen beschäftigt ist, wenig überrascht. In Ostdeutschland findet demgegenüber ein gegenläufiger Trend statt: Die Zahl an besetzten Stellen (Vollzeitäquivalente) für hauptamtliche Mitarbeitende steigt zwischen 2007 und 2014 von 118,2 auf 145,2 und damit deutlich um 23 %. Vergleicht man diese Entwicklungen mit der im Gesamtverbund, wird deutlich, dass in letzterem wie bei der DEAE insgesamt ein leichter Stellenrückgang beim hauptamtlichen Personal zu verzeichnen ist, und zwar um 5 % von 11.150,8 auf 10.617,8 vollzeitäquivalente Stellen (vgl. Tab. A8 im Anhang).

Die hauptamtlichen Mitarbeitenden werden in der DEAE von einer großen Gruppe an Honorarkräften (neben- und freiberuflich Mitarbeitende) und Ehrenamtlichen unterstützt (vgl. Abb. 9). Ihre Zahl wächst in der DEAE insgesamt im Untersuchungszeitraum stark an, und zwar von 30.252 auf 51.771 und damit um 71 %. Das Verhältnis von Honorarkräften (neben- und freiberuflich Mitarbeitende) und Ehrenamtlichen zu vollzeitäquivalenten Stellen für Hauptamtliche steigt somit in der DEAE von 25:1 in 2007 auf 46:1 in 2014. Damit liegt es zum zweiten Zeitpunkt deutlich höher als beim Gesamtverbund (22:1 in 2007 und 24:1 in 2014), bei dem diese Beschäftigtengruppe nur um 7 %, also deutlich weniger stark zunimmt (von 241.235 auf 258.876 Personen) (vgl. Tab. A8 im Anhang). Wiederum zeigen sich in Ostdeutschland Entwicklungen, die von denen in der DEAE insgesamt bzw. in Westdeutschland abweichen: In ostdeutschen Einrichtungen bleibt die Gruppe der Honorarkräfte/Ehrenamtlichen relativ stabil und verringert sich zwischen 2007 und 2014 nur leicht um 8 % von 1.122 auf 1.033 Mitarbeitende.

3.6 Personalstruktur

Abb. 9: Anzahl an Honorarkräften (neben- und freiberuflich Mitarbeitende) und Ehrenamtlichen: DEAE gesamt, West- und Ostdeutschland (2007–2014)

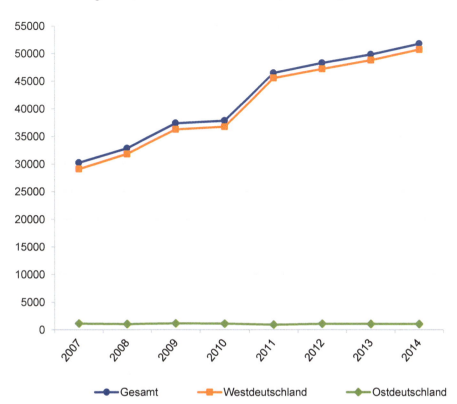

Westdeutschland: n=234 (2011); n=237 (2012); n=235 (2013); n=250 (2014). Ostdeutschland: n=32 (2011); n=31 (2012); n=32 (2013); n=33 (2014). Für die Jahre 2007–2010 liegen keine Informationen zur Anzahl an Einrichtungen vor, die Angaben zum Personal gemacht haben. Quelle: Verbundstatistik; Berechnungen: DIE und eigene Berechnungen → Tab. A8

3.6.2 Hauptamtliches Personal (in Stellen) nach Funktionsgruppen

Wenn man voraussetzt, dass Hauptamtlichkeit ein Kriterium für die institutionelle Stabilität sowie die Handlungs- und Entwicklungsfähigkeit einer Organisation darstellt, dann kommt den statistischen Daten zu der Gruppe der hauptamtlich Beschäftigten eine besondere Bedeutung zu. Aus diesem Grund wird im Folgenden die Entwicklung der vollzeitäquivalent besetzten Stellen beim hauptamtlichen Personal in Einrichtungen der DEAE näher betrachtet, und zwar differenziert nach unterschiedlichen Funktionsgruppen (vgl. Abb. 10).[57]

---

57 Aufgrund unterschiedlicher Erfassungsmethoden ist ein Vergleich mit den Funktionsgruppen im Gesamtverbund nicht möglich.

Abb. 10: Anzahl an besetzten Stellen (Vollzeitäquivalente) für Hauptamtliche nach Funktionsgruppen: DEAE gesamt (2007–2014)

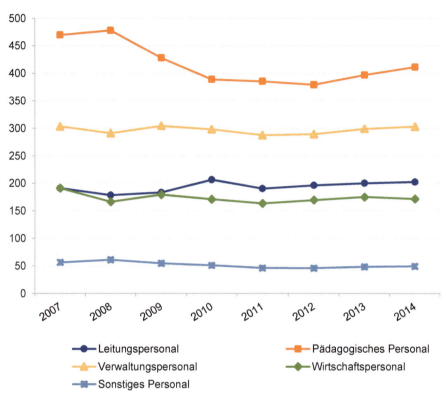

n=266 (2011); n=268 (2012); n=267 (2013); n=283 (2014). Für die Jahre 2007–2010 liegen keine Informationen zur Anzahl an Einrichtungen vor, die Angaben zum Personal gemacht haben. Quelle: Verbundstatistik; Berechnungen: DIE → Tab. A9a und A9b

Der oben konstatierte leichte Rückgang an mit Hauptamtlichen besetzten Stellen in der DEAE insgesamt betrifft u.a. das pädagogische Personal, bei dem die Stellenanzahl zwischen 2007 und 2014 von 469,5 auf 411,4 und damit um 12 % zurückgeht. Ähnliche Entwicklungen sind beim Wirtschaftspersonal und beim „sonstigen" Personal festzustellen, bei denen die Stellenzahl bis 2014 um 10 % bzw. 13 % sinkt (von 191 auf 171,5 bzw. von 56,3 auf 49,2). Die Gruppe des Verwaltungspersonals bleibt demgegenüber in allen Jahren des Untersuchungszeitraums mit etwa 300 Stellen nahezu unverändert, während beim Leitungspersonal bis 2014 ein leichter Zuwachs um 6 % von 191,1 auf 202,3 vollzeitäquivalent besetzte Stellen zu konstatieren ist.

Diese Entwicklungen sind vor allem in westdeutschen DEAE-Einrichtungen zu beobachten (vgl. Tab. A9a und A9b im Anhang). Für Ostdeutschland kann im Gegensatz dazu ein leichter Anstieg an Stellen für das hauptamtliche Personal

3.6 Personalstruktur

festgestellt werden, der sich vor allem auf das pädagogische Personal und das Verwaltungspersonal konzentriert (vgl. Abb. 11). Beim pädagogischen Personal ist die Anzahl an vollzeitäquivalent besetzten Stellen zwischen 2007 und 2014 von 35,9 auf 58,3 und damit um 62 % gestiegen; beim Verwaltungspersonal macht der Anstieg 41 % aus (von 27,5 auf 38,8 Stellen). Demgegenüber verändert sich die Stellenzahl in den übrigen Funktionsgruppen beim Vergleich der Jahre 2007 und 2014 relativ wenig, wenngleich es innerhalb des Untersuchungszeitraums in Teilen zu größeren Schwankungen kommt.

Abb. 11: Anzahl an besetzten Stellen (Vollzeitäquivalente) für Hauptamtliche nach Funktionsgruppen: DEAE in Ostdeutschland (2007–2014)

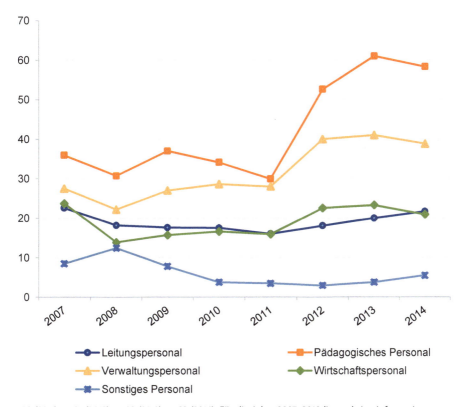

n=32 (2011); n=31 (2012); n=32 (2013); n=33 (2014). Für die Jahre 2007–2010 liegen keine Informationen zur Anzahl an Einrichtungen vor, die Angaben zum Personal gemacht haben. Quelle: Verbundstatistik; Berechnungen: DIE → Tab. A9a und A9b

Diese Ergebnisse weisen darauf hin, dass regionale Unterschiede zwischen der personellen Entwicklung in Ost- und Westdeutschland zu bestehen scheinen: Während in westdeutschen DEAE-Einrichtungen die Zahl der Stellen für hauptamtliche Mitarbeitende leicht rückläufig ist, wovon u. a. das pädagogische Personal

Bildungsbericht

betroffen ist, verzeichnen ostdeutsche Einrichtungen einen leichten Anstieg an hauptamtlichen Stellen, der wiederum insbesondere die pädagogischen Mitarbeitenden betrifft. Eine leichte Schwächung der hauptamtlichen pädagogischen Infrastruktur muss somit vor allem für westdeutsche Einrichtungen konstatiert werden, während diese Infrastruktur in Ostdeutschland offenbar gestärkt wird. Gleichzeitig erfahren westdeutsche Einrichtungen eine deutliche Zunahme an Mitarbeitenden, die als Honorarkräfte bzw. ehrenamtlich tätig sind, eine Entwicklung, die in ostdeutschen Einrichtungen offenbar nicht stattfindet. Ob die Angaben für Ostdeutschland tatsächlich die Situation der Einrichtungen in dieser Region widerspiegeln, kann angesichts der vergleichsweise wenigen vorliegenden Informationen allerdings nicht mit Sicherheit festgestellt werden.

Abb. 12: Besetzte Stellen für Hauptamtliche nach Funktionsgruppen: DEAE in West- und Ostdeutschland (2014, in %)

Westdeutschland: n=250; Ostdeutschland: n=33. Quelle: Verbundstatistik; Berechnungen: DIE
→ *Tab. A9a und A9b*

Die Tatsache, dass nur etwa ein Drittel aller ostdeutschen Einrichtungen Angaben zum Personal übermittelt, führt außerdem dazu, dass das Meldeverhalten einzelner Einrichtungen die Gesamtzahlen stark beeinflussen kann und möglicherweise zu den teilweise großen Sprüngen zwischen einzelnen Jahren beiträgt – was allerdings in Bezug auf große Einrichtungen bzw. Einrichtungen, die über Sammelbögen die Daten von mehreren Einrichtungen übermitteln, auch für Westdeutschland gilt.

Neben den absoluten Stellenzahlen ist auch die anteilige Zusammensetzung des hauptamtlichen Personals nach Funktionsgruppen relevant (vgl. Abb. 12). Die Zusammensetzung des hauptamtlichen Personals hinsichtlich seiner Funktionen ähnelt sich in den west- und ostdeutschen Einrichtungen der DEAE trotz der oben beschriebenen Unterschiede bzgl. der Entwicklung der Anzahl an vollzeitäquivalent besetzten Stellen: Den größten Anteil haben im Jahr 2014 in beiden Landesteilen die Stellen für das pädagogische Personal, gefolgt von den Verwaltungsstellen und, zu ungefähr gleichen Teilen, den Stellen für Leitungs- und Wirtschaftspersonal. Diese Verteilung findet sich im Großen und Ganzen auch in den vorangegangenen Jahren (vgl. Tab. A9a und A9b im Anhang).

3.6.3 Hauptamtlich Beschäftigte, Honorarkräfte und ehrenamtliche Mitarbeitende

Für die DEAE wird die Gruppe der „Honorarkräfte (neben- und freiberuflich Mitarbeitende) und Ehrenamtliche" weiter ausdifferenziert, sodass getrennte Angaben zur Entwicklung der Anzahl sowohl an Honorarkräften als auch an ehrenamtlichen Mitarbeitenden vorliegen. Da diese Differenzierung für andere Verbände nicht vollzogen wird, konzentrieren sich die folgenden Ausführungen wiederum auf die Situation bei Einrichtungen der DEAE. Wie die Informationen zu Honorarkräften und Ehrenamtlichen basieren die folgenden Angaben zu den hauptamtlich Beschäftigten auf der Zählung von *Personen* und nicht wie zuvor auf der von (vollzeitäquivalenten) *Stellen*.

Betrachtet man Honorarkräfte (neben- und freiberuflich Mitarbeitende) und Ehrenamtliche getrennt voneinander, wird deutlich, dass der starke Zuwachs, der in Kapitel 3.6.1 für die gesamte Gruppe der nicht hauptamtlichen Mitarbeitenden festgestellt wurde, nur die Honorarkräfte betrifft (vgl. Abb. 13). Deren Zahl wächst in der DEAE zwischen 2007 und 2014 von 21.444 auf 43.250 und damit um mehr als das Doppelte. Die Gruppe der Ehrenamtlichen ist demgegenüber an diesem Zuwachs nicht beteiligt: Ihre Anzahl geht zwischen 2007 und 2014 leicht von 8.808 auf 8.521, also um 3 % zurück. Die Zahl der hauptamtlichen Mitarbeitenden schließlich bleibt während des Untersuchungszeitraums weitgehend stabil und sinkt nur leicht von 1.591 auf 1.564 Personen.

Bildungsbericht

Abb. 13: Anzahl an hauptamtlich Beschäftigten, Honorarkräften und Ehrenamtlichen: DEAE gesamt (2007–2014)

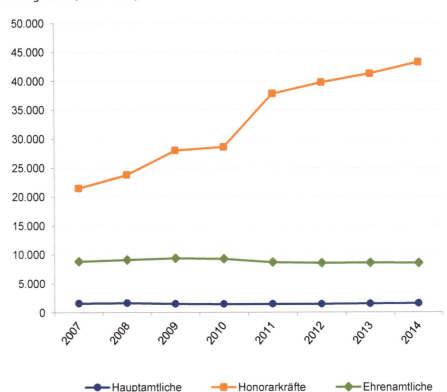

n=266 (2011); n=268 (2012); n=267 (2013); n=283 (2014). Für die Jahre 2007–2010 liegen keine Informationen zur Anzahl an Einrichtungen vor, die Angaben zum Personal gemacht haben. Quelle: Verbundstatistik; Berechnungen: DIE und eigene Berechnungen → Tab. A10a und A10b

Wie schon bei den Stellen für hauptamtliche Mitarbeitende lohnt auch mit Blick auf Honorarkräfte und Ehrenamtliche eine nach Ost- und Westdeutschland differenzierende Betrachtung. Während die in Abbildung 13 dargestellte Entwicklung für die gesamte DEAE wiederum auch die westdeutsche Situation wiedergibt (vgl. Tab. A10a und A10b im Anhang), sind in ostdeutschen Einrichtungen abweichende Trends zu beobachten (vgl. Abb. 14).

Offenbar ist die starke Zunahme an Honorarkräften (neben- und freiberuflich Mitarbeitende) ein speziell westdeutsches Phänomen; in Ostdeutschland sinkt ihre Zahl zwischen 2007 und 2014 hingegen von 673 auf 539 und damit um 20 %. Zudem steigt in ostdeutschen Einrichtungen die Zahl an ehrenamtlich Aktiven um 10 % von 449 auf 494 an. Die Zahl an hauptamtlichen Mitarbeitenden steigt sogar noch stärker, und zwar um ein Drittel von 149 (2007) auf 198 (2014). Allerdings muss erneut auf den Umstand verwiesen werden, dass nur etwa ein Drittel aller ostdeutschen Einrichtungen Angaben zu ihrem Personal übermitteln, sodass die hier vorgestellten Ergebnisse nicht mit Sicherheit für die gesamte Region gültig sind. Hinzu kommt das bereits oben angesprochene Problem, dass das Meldeverhalten einzelner, insbesondere großer Einrichtungen die Zahlen der Beschäftigten sowohl in Ost- als auch in Westdeutschland maßgeblich beeinflussen und die teilweise großen Sprünge zwischen einzelnen Jahren mitbestimmen können.

Abb. 14: Anzahl an hauptamtlich Beschäftigten, Honorarkräften und Ehrenamtlichen: DEAE in Ostdeutschland (2007–2014)

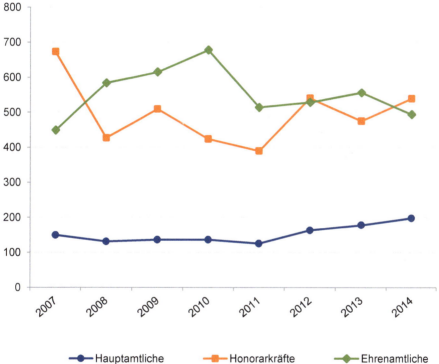

n= 32 (2011); n=31 (2012); n=32 (2013); n=33 (2014). Für die Jahre 2007–2010 liegen keine Informationen zur Anzahl an Einrichtungen vor, die Angaben zum Personal gemacht haben. Quelle: Verbundstatistik; Berechnungen: DIE und eigene Berechnungen → Tab. A10a und A10b

Der große Zuwachs an Honorarkräften in westdeutschen DEAE-Einrichtungen führt dazu, dass auch ihr Anteil an der Gesamtzahl an beschäftigten Personen wächst, und zwar von 68 % (2007) auf 82 % im Jahr 2014 (vgl. Abb. 15). Dem leichten Rückgang an vollzeitäquivalenten *Stellen* für hauptamtliches Personal in Westdeutschland (vgl. Tab. A8 im Anhang) entspricht hier der rückläufige Anteil an hauptamtlich beschäftigten *Personen*, der seit 2009 unter 5 % liegt. Ebenso

Bildungsbericht

geht der Anteil an ehrenamtlichen Mitarbeitenden in westdeutschen DEAE-Einrichtungen von 27 % in 2007 auf 15 % in 2014 zurück. Demgegenüber machen Ehrenamtliche in Ostdeutschland im Jahr 2014 40 % aller Mitarbeitenden aus, nachdem ihr Anteil in den Jahren zuvor sogar über diesem Wert gelegen hat. Der Anteil an hauptamtlich Beschäftigten steigt in ostdeutschen DEAE-Einrichtungen im Untersuchungszeitraum von 12 % auf 16 %, während der Anteil an Honorarkräften von 53 % auf 44 % zurückgeht.

Abb. 15: Hauptamtlich Beschäftigte, Honorarkräfte und Ehrenamtliche: DEAE in West- und Ostdeutschland (2007–2014, in %)

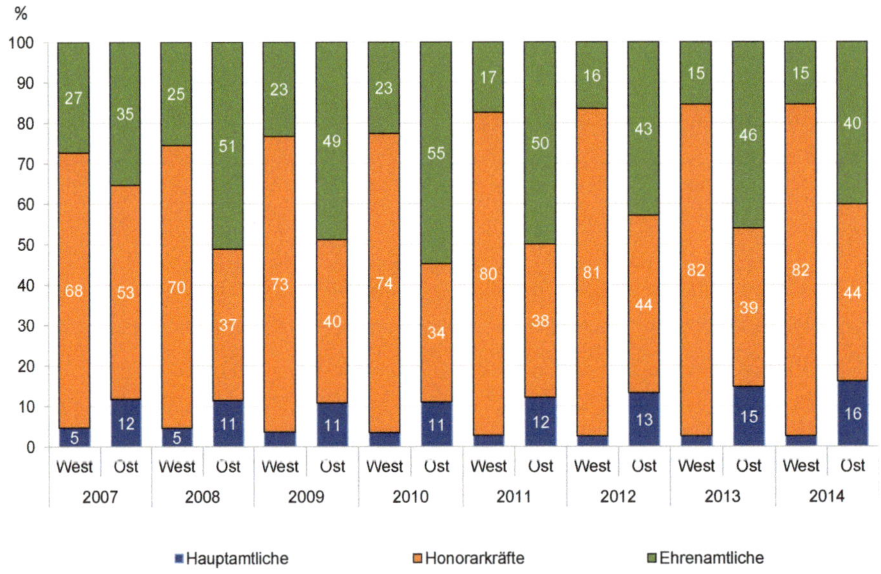

Westdeutschland: n=234 (2011); n=237 (2012); n=235 (2013); n=250 (2014). Ostdeutschland: n= 32 (2011); n=31 (2012); n=32 (2013); n=33 (2014). Für die Jahre 2007–2010 liegen keine Informationen zur Anzahl an Einrichtungen vor, die Angaben zum Personal gemacht haben. Quelle: Verbundstatistik; Berechnungen: DIE und eigene Berechnungen → *Tab. A10a und A10b*

Bei einer zusammenfassenden Betrachtung der Befunde zu den Mitarbeitenden fallen die teilweise unterschiedlichen Entwicklungen in west- und ostdeutschen DEAE-Einrichtungen auf und hier insbesondere die starke Zunahme an Honorarkräften bei einer gleichzeitig leichten Abnahme an hauptamtlich besetzten Stellen in Westdeutschland. Zu den möglichen Ursachen für diese Entwicklungen können an dieser Stelle keine weiterführenden Aussagen getroffen werden, da für eine empirisch gesicherte Interpretation der Ergebnisse eine nach Bundesländern differenzierte Analyse notwendig wäre, die auch die jeweiligen finanziellen und politischen Rahmenbedingungen mitberücksichtigen würde – was aus verschiedenen Gründen derzeit nicht möglich ist (vgl. Kap. 3.4).

3.6 Personalstruktur

3.6.4 Frauenanteile

Abschließend wird die Geschlechterverteilung bei den Mitarbeitenden in Einrichtungen der DEAE dargestellt. Insgesamt sind in der DEAE deutlich mehr Frauen als Männer beschäftigt: Ihr Anteil an allen Mitarbeitenden liegt seit 2007 relativ konstant bei etwa 60 % und steigt seit einigen Jahren leicht an (auf 64 % in 2014, vgl. Abb. 16). Dabei sind in allen Beschäftigtengruppen mehr Frauen als Männer vertreten, allerdings zu unterschiedlichen Anteilen. Bei den Hauptamtlichen stellen Frauen stets mehr als drei Viertel aller Beschäftigten (77 % im Jahr 2014). Etwas geringer fällt der Frauenanteil in der Gruppe der Ehrenamtlichen aus, der 2014 bei 69 % liegt. Honorarkräfte (neben- und freiberuflich Mitarbeitende) weisen den kleinsten Anteil an Frauen aus, der aber im Untersuchungszeitraum von 56 % auf 62 % steigt.

Abb. 16: Frauenanteile in den Beschäftigtengruppen: DEAE gesamt (2007–2014, in %)

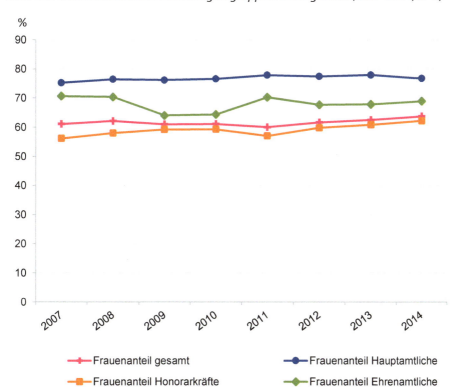

n=266 (2011); n=268 (2012); n=267 (2013); n=283 (2014). Für die Jahre 2007–2010 liegen keine Informationen zur Anzahl an Einrichtungen vor, die Angaben zum Personal gemacht haben. Quelle: Verbundstatistik; Berechnungen: DIE und eigene Berechnungen → Tab. A11a und A11b

Bildungsbericht

Bei der Gruppe der hauptamtlichen Mitarbeitenden können die Frauenanteile in den verschiedenen Funktionsgruppen getrennt voneinander betrachtet werden (vgl. Abb. 17). Wie in Kapitel 3.6.2 werden hier wiederum besetzte *Stellen* (Vollzeitäquivalente) und nicht beschäftigte Personen abgebildet.

Abb. 17: Mit Frauen besetzte hauptamtliche Stellen (Vollzeitäquivalente) nach Funktionsgruppen: DEAE gesamt (2007–2014, in %)

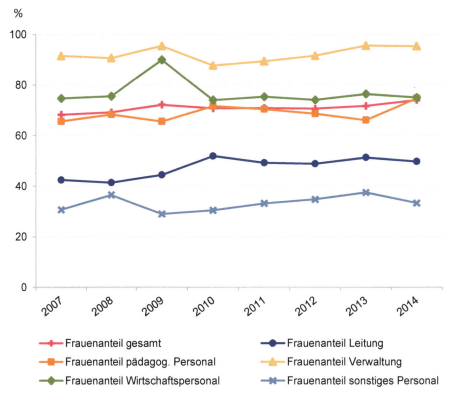

n=266 (2011); n=268 (2012); n=267 (2013); n=283 (2014). Für die Jahre 2007–2010 liegen keine Informationen zur Anzahl an Einrichtungen vor, die Angaben zum Personal gemacht haben. Quelle: Verbundstatistik; Berechnungen: DIE und eigene Berechnungen → Tab. A12a und A12b

Der Frauenanteil an der Gesamtzahl an hauptamtlichen Stellen steigt zwischen 2007 und 2014 leicht von 68 % auf 74 % an – eine Tendenz, die sich auch in den meisten der Funktionsgruppen wiederfindet, allerdings mit unterschiedlichen Ausgangsniveaus. Am höchsten ist der Frauenanteil in der Verwaltung, der hier in fast allen Jahren bei über 90 % liegt. Etwas darunter liegt der mit Frauen besetzte Anteil an Stellen beim Wirtschaftspersonal mit meist etwa 75 %. Der einmalige Höchststand von 90 % im Jahr 2009 dürfte Besonderheiten in der Datenerfassung geschuldet sein. Auch beim pädagogischen Personal ist die Mehrheit an Stellen mit Frauen besetzt; ihr Anteil steigt leicht von 66 % in 2007 auf

75 % in 2014. Beim Leitungspersonal fällt demgegenüber auf, dass in den Jahren 2007 bis 2009 die mit Männern besetzten Stellen in der Mehrheit sind; erst ab 2010 steigt hier der mit Frauen besetzte Stellenanteil auf etwa 50 % an. Nur beim „sonstigen" Personal liegt der Frauenanteil bis einschließlich 2014 deutlich unter dem der Männer und macht in den meisten Jahren etwa ein Drittel aller Stellen aus.

Ein Vergleich zwischen den Frauenanteilen in der DEAE und in der Gesamtheit der Verbände kann aufgrund der vorliegenden Daten nur in Bezug auf die Gesamtzahl an vollzeitäquivalenten Stellen für Hauptamtliche gezogen werden. Hier liegt der Anteil an mit Frauen besetzten Stellen beim Gesamtverbund in allen Jahren ähnlich hoch wie bei der DEAE und erreicht 2014 73 % (vgl. Tab. A13 im Anhang).

Die Frauenanteile in west- und ostdeutschen DEAE-Einrichtungen können aufgrund der wenigen vorliegenden Personalangaben aus Ostdeutschland nur für die Gesamtzahl an vollzeitäquivalenten Stellen für Hauptamtliche sowie für die unterschiedlichen Beschäftigtengruppen verglichen werden. Der Anteil an mit Frauen besetzten Stellen für das hauptamtliche Personal ähnelt sich in west- und ostdeutschen Einrichtungen während des Untersuchungszeitraums stark und liegt 2014 in Westdeutschland bei 75 % und in Ostdeutschland bei 71 % (vgl. Tab. A13 im Anhang). Auch bei den Beschäftigtengruppen unterscheiden sich die jeweiligen Frauenanteile in West- und Ostdeutschland nicht wesentlich voneinander (vgl. Tab. A11a und A11b im Anhang): Von den hauptamtlich Beschäftigten sind in beiden Regionen in den meisten Jahren etwa drei Viertel Frauen; bei den Ehrenamtlichen liegt der Frauenanteil in west- und ostdeutschen DEAE-Einrichtungen ab 2012 zumeist bei etwa 70 %, wobei der Anteil in Ostdeutschland den in Westdeutschland in den Jahren zuvor um etwa 10 Prozentpunkte übersteigt. In der Gruppe der Honorarkräfte (neben- und freiberuflich Mitarbeitende) ist der Frauenanteil in beiden Regionen etwas geringer und liegt im Jahr 2014 in Westdeutschland bei 62 % und in Ostdeutschland bei 54 % – was auch in etwa den jeweiligen Anteilen in den Jahren zuvor entspricht.

3.7 Thematische Veranstaltungsprofile

In der Regel machen die Einrichtungen in der DEAE-Statistik Angaben zu den Veranstaltungen, die nach dem Weiterbildungsgesetz des jeweiligen Bundeslandes förderfähig sind. Es gibt aber auch Einrichtungen, die darüber hinaus nicht förderfähige Veranstaltungen in der Statistik melden. In der Verbundstatistik werden die Anzahl der Veranstaltungen und der Umfang der in den Bildungseinrichtungen von den Teilnehmenden geleisteten „Lernzeit" dargestellt, welche anhand der Unterrichtsstunden (à 45 Minuten) gemessen wird. Dabei wird das Veranstaltungsangebot nach Veranstaltungen mit bis zu drei und drei Stunden und solchen mit mehr als drei Unterrichtsstunden unterteilt. Auf diese beiden Veranstaltungsformate werden die Unterrichtszeiten bezogen, wobei sich ihr tatsächlicher Umfang bei Veranstaltungen mit mehr als drei Unterrichtsstunden nur an deren Gesamtsumme ablesen lässt, die aber keinen Aufschluss darüber geben kann, in welchen zeitlichen Formaten im Einzelnen die „Lernzeit" in Form von Unterrichtsstunden stattgefunden hat (eine Wochenendveranstaltung, ein Wochenseminar, ein Kursangebot, eine Studienreise usw.).

Die Unterscheidung zwischen Veranstaltungen mit bis zu drei und mit mehr als drei Unterrichtsstunden trägt zum einen der empirischen Angebotsrealität Rechnung, wie sie sich in den Programmen der Anbieter widerspiegelt. Zum anderen werden damit aber auch die unterschiedlichen pädagogischen Anspruchsniveaus berücksichtigt, die mit den jeweiligen Lern- und Vermittlungssituationen verbunden sind. Diese pädagogischen Anspruchsniveaus gelten sowohl aus Sicht der Teilnehmenden wie der Anbieter: Für die Anbieter ist mit Angeboten von mehr als drei Stunden in der Regel ein deutlich größerer Vorbereitungs- und Organisationsaufwand und weit mehr didaktisch-methodische Planung, zudem ein höherer finanzieller Mitteleinsatz erforderlich als für kürzere Veranstaltungen. Der Begriff der „pädagogischen Verantwortung" bezieht sich dabei in gleicher Weise auf beide Veranstaltungsformate und schließt daher auch für die Veranstaltungen mit bis zu drei Unterrichtsstunden ein verantwortliches pädagogisches Planungsverhalten ein. Der Unterscheidung kommt zudem insbesondere im Blick auf mögliche Wirkungsanalysen eine herausragende Bedeutung zu, worauf hier auch deshalb verwiesen wird, um den Wert der Anbieterdaten als Ausgangspunkt für diese Form empirischer Bildungsforschung zu verdeutlichen.

Die für die verbandsübergreifende Darstellung von Angeboten verwendeten thematischen Kategorien sind gleichsam das traditionelle Kernstück der DEAE-Veranstaltungsstatistik. Folgende thematische Bereiche werden erfasst: „Religion/Ethik", „Familie/Gender/Generationen", „Sprachen", „Politik/Gesellschaft", „Kultur/Gestalten", „Gesundheit", „Umwelt", „Arbeit/Beruf" und „Grundbildung/Schulabschlüsse". Dabei ist zu beachten, dass diese neun Themenbereiche begriffliche Konstrukte und Abstraktionen einer empirisch sehr viel weiter ausdifferenzierten Angebotsvielfalt darstellen, die zudem durch die unterschiedlichen gesetzlichen Vorgaben zur Dokumentations- und Nachweispflicht gegenüber den staatlichen Instanzen in den Bundesländern sehr unterschiedlich ausgestaltet wird.

Mit der Beibehaltung der thematischen Kategorien, die bereits der ersten Form der DEAE-Statistik von 1975 bis 2000 zugrunde lag, wird eines der wenigen Datensysteme fortgeführt, anhand dessen trägerübergreifend die inhaltliche Entwicklung der öffentlich anerkannten Erwachsenenbildung beschrieben werden kann. Die mit dieser Erhebungspraxis verbundenen praktischen Probleme der Zuordnung der vorfindlichen Programmangebote zu den Themenbegriffen

3.7 Thematische Veranstaltungsprofile

müssen hier nicht weiter beschrieben werden, sie sind jedoch als eines der Probleme für die Datengenerierung im Bewusstsein zu halten.[58]

Im Folgenden wird die Entwicklung der thematischen Angebotsprofile von DEAE und der Gesamtheit der Verbände sowie von west- und ostdeutschen DEAE-Einrichtungen zwischen 2007 und 2015 anhand der Anzahl an durchgeführten Veranstaltungen vorgestellt. Die Darstellung der thematischen Angebotsprofile folgt der oben erläuterten Unterscheidung in Veranstaltungen mit bis zu drei bzw. drei und mehr Unterrichtsstunden. Allerdings wird diese Unterscheidung nicht in allen Landeskirchen getroffen, sodass es bei der nach Dauer getrennten Darstellung von Veranstaltungen der DEAE zu Unschärfen kommen kann.[59] Im Gegensatz zu den Auswertungen zum Personal und zu den institutionellen Bedingungen liegen für die Veranstaltungen ausreichend viele Angaben aus ostdeutschen Einrichtungen vor, um zu aussagekräftigen Ergebnissen für diese Region zu gelangen.

Tabelle 2 gibt einen Überblick über die Entwicklung der Veranstaltungszahlen beim Gesamtverbund und bei der DEAE.

Tab. 2: Anzahl an Veranstaltungen mit bis zu 3 und mehr als 3 Unterrichtsstunden: DEAE gesamt, West- und Ostdeutschland und Gesamtverbund (2007 und 2015)

	Bis zu 3 Unterrichtsstunden		Mehr als 3 Unterrichtsstunden	
	2007	2015	2007	2015
Gesamtverbund	250.900	261.161	735.404	742.361
DEAE gesamt	72.957	72.724	61.902	57.194
DEAE Westdeutschland	72.007	72.067	58.637	53.646
DEAE Ostdeutschland	950	657	3.265	3.548

Gesamtverbund: n=1.777 (2015); DEAE Westdeutschland: n=277 (2015); DEAE Ostdeutschland: n=100 (2015). Für 2007 liegen keine Angaben zur Anzahl an Einrichtungen vor, die Veranstaltungsdaten übermittelt haben. Quelle: Verbundstatistik; Berechnungen: DIE

---

58 Vor diesem Hintergrund kommt den Programmanalysen der Vertiefungsstudie eine besondere Bedeutung zu, weil mit ihnen die Zuordnungspraxis und damit die Basisoperation der statistischen Erhebung an Einzelbeispielen rekonstruiert werden kann.

59 Beispielsweise erhebt Thüringen die Veranstaltungen ohne weitere Differenzierung ihrer Dauer, was dazu führte, dass alle Veranstaltungen in 2005 und 2006 als Veranstaltungen mit bis zu drei Unterrichtsstunden erfasst wurden. Seit 2007 werden alle Veranstaltungen als Veranstaltungen mit mehr als drei Unterrichtsstunden aufgeführt. Diese Zuordnungspraxis geht darauf zurück, dass die Rechenschaftslegung gegenüber dem Land Thüringen keine Unterscheidung nach der Dauer der Veranstaltungen verlangt.

Die Zahl an Kurzveranstaltungen mit einer Dauer von bis zu 3 Unterrichtsstunden ist beim Gesamtverbund von 2007 bis 2015 leicht um 10.261 Veranstaltungen (4 %) gestiegen, während sie bei der DEAE nahezu konstant geblieben ist. In west- und ostdeutschen Einrichtungen der DEAE sind unterschiedliche Entwicklungen zu beobachten: In Westdeutschland hat sich wie bei der gesamten DEAE die Anzahl an Kurzveranstaltungen kaum geändert. In Ostdeutschland hingegen ist sie von 950 auf 657 und damit um fast ein Drittel zurückgegangen. Für Veranstaltungen, die mehr als drei Unterrichtsstunden umfassen, zeigt sich, dass ihre Zahl in der DEAE zwischen 2007 und 2015 leicht um 4.708 (7 %) zurückgeht, während beim Gesamtverbund auch bei diesen Veranstaltungen ein leichter Anstieg zu beobachten ist, der 6.957 Veranstaltungen (1 %) beträgt. In westdeutschen DEAE-Einrichtungen nimmt die Anzahl längerer Veranstaltungen um 8 % ab (von 58.637 auf 53.646), während sie in ostdeutschen Einrichtungen um 9 % ansteigt (von 3.265 auf 3.548). Allerdings fällt auf, dass in Ostdeutschland der Anstieg der Anzahl an längeren Veranstaltungen nahezu ihrer Abnahme bei den Kurzveranstaltungen entspricht, sodass diese Veränderung möglicherweise auf die oben genannte Unschärfe bei der Differenzierung von Veranstaltungen nach ihrer Dauer hindeutet.

3.7.1 Thematisches Profil bei längeren Veranstaltungen (mehr als drei Unterrichtsstunden)

Das thematische Profil der DEAE wird bei Veranstaltungen mit mehr als drei Unterrichtsstunden durchgängig durch den Bereich „Familie/Gender/Generationen" geprägt, der mit zumeist mehr als 30 % in allen Jahren den mit Abstand größten Anteil an Veranstaltungen umfasst (vgl. Abb. 18). Seit 2010 ist dieser Bereich leicht rückläufig. Veranstaltungen zum Thema „Religion/Ethik" stellen mit jeweils etwa 20 % stets den zweitgrößten Bereich dar, dicht gefolgt von den Themengebieten „Kultur/Gestalten" und „Gesundheit". Alle drei Bereiche weisen zwischen 2007 und 2015 eine leicht steigende Tendenz auf. Veranstaltungen mit politisch-gesellschaftlichen Inhalten machen im Untersuchungszeitraum fast durchgehend einen Anteil von etwa 5 % aus. Die übrigen Themenfelder (Umwelt, Sprachen, Arbeit/Beruf und Grundbildung/Schulabschlüsse) fallen demgegenüber mit Anteilen an der Gesamtzahl aller Veranstaltungen von zum Teil deutlich unter 5 % kaum ins Gewicht (vgl. Tab. A14a und A14b im Anhang).

3.7 Thematische Veranstaltungsprofile

Abb. 18: Themenbereiche bei Veranstaltungen mit mehr als 3 Unterrichtsstunden: DEAE (2007–2015, in %)

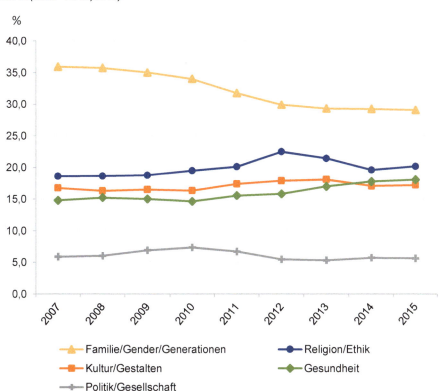

n=377 (2015).[60] Für die Jahre 2007–2010 liegen keine Angaben zur Anzahl an Einrichtungen vor, die ihre Veranstaltungsdaten übermittelt haben. Gezeigt werden die thematischen Bereiche, deren Veranstaltungszahl in den meisten Jahren mehr als 5 % der Gesamtzahl an Veranstaltungen ausmacht. Quelle: Verbundstatistik; Berechnungen: DIE → Tab. A14a und A14b

Vergleicht man die thematischen Profile der Veranstaltungen mit mehr als drei Unterrichtsstunden in den west- und ostdeutschen Einrichtungen der DEAE, werden einige Unterschiede deutlich. Bei den Einrichtungen in Westdeutsch-

---

60 Für die Jahre 2011–2014 liegen aufgrund eines Eingabefehlers einer ostdeutschen Einrichtung, die die Daten für mehrere Einrichtungen an das DIE übermittelt hat, für Ostdeutschland und damit für die gesamte DEAE keine gültigen Angaben zur Fallzahl der Einrichtungen vor (vgl. Tab. A18 im Anhang). Es kann aber davon ausgegangen werden, dass die Anzahl der Einrichtungen, die Angaben zu den Veranstaltungen gemacht haben, in diesen Jahren in etwa der des Jahres 2015 entspricht. Wie für die Finanzstruktur und für das Personal liegen für die Veranstaltungen nur Fallzahlen der Einrichtungen vor, die insgesamt zu dem Frageblock „Veranstaltungen" Angaben gemacht haben. Separate Fallzahlen für Angaben zu längeren bzw. kürzeren Veranstaltungen werden nicht erhoben.

Bildungsbericht

land wiederholt sich das Profil, das bereits für die gesamte DEAE beobachtet wurde: Der Bereich „Familie/Gender/Generationen" stellt – bei leicht fallender Tendenz – den wichtigsten thematischen Schwerpunkt dar, gefolgt von den Bereichen „Religion/Ethik" und „Kultur/Gestalten" bzw. „Gesundheit" (vgl. Tab. A15a und A15b im Anhang). Wie bei den vorherigen Ausführungen ist dieses Ergebnis angesichts der Tatsache, dass ein Großteil der DEAE-Einrichtungen in den westdeutschen Bundesländern zu finden ist, wenig überraschend.

Abb. 19: Themenbereiche bei Veranstaltungen mit mehr als 3 Unterrichtsstunden: DEAE in Ostdeutschland (2007–2015, in %)

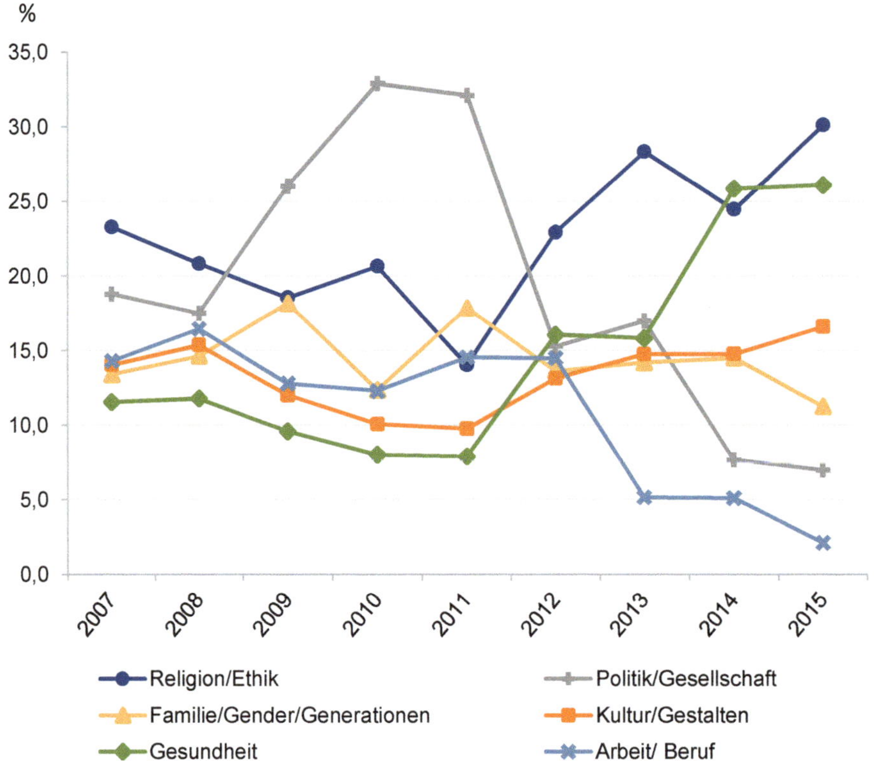

n=100 (2015; vgl. Fußnote 60). Gezeigt werden die thematischen Bereiche, deren Veranstaltungszahl in den meisten Jahren mehr als 5 % der Gesamtzahl an Veranstaltungen ausmacht. Quelle: Verbundstatistik; Berechnungen: DIE → Tab. A15a und A15b

Für die ostdeutschen Einrichtungen fallen demgegenüber starke thematische Schwankungen innerhalb des Untersuchungszeitraums auf (vgl. Abb. 19). Beispielsweise macht der Bereich „Politik/Gesellschaft" im Jahr 2010 ein Drittel aller Veranstaltungen aus; in den Folgejahren sinkt sein Anteil an der Gesamtzahl an Veranstaltungen jedoch stark und liegt 2015 nur noch bei 7 %. Auf der anderen Seite steigt der Anteil der religiös-ethischen Bildung von 14 % in 2011 auf 30 % in

3.7 Thematische Veranstaltungsprofile

2015 um mehr als das Doppelte; noch stärker fällt in diesen Jahren die Zunahme im Gesundheitsbereich von 8 auf 26 % aus. Gleichzeitig sinkt der Anteil des Bereichs „Arbeit/Beruf", der bis 2012 zwischen 12 und 16 % lag, auf unter 5 % in 2015. Offenbar gibt es also gerade in den letzten Jahren einige thematische Verschiebungen bei den Veranstaltungen in ostdeutschen DEAE-Einrichtungen. Es muss jedoch abgewartet werden, inwiefern diese Entwicklungen von Dauer sind.

Trotz dieser Schwankungen wird deutlich, dass der Bereich „Religion/Ethik" in Ostdeutschland bis auf ein Jahr (2011) durchgängig das am stärksten oder zweitstärksten vertretene Themengebiet darstellt, und dies mit einem Anteil von zumeist mindestens 20 % der Veranstaltungen. Ebenso stellen Veranstaltungen im Bereich „Politik/Gesellschaft" in vielen Jahren einen großen Anteil im ostdeutschen Themenspektrum dar. Das Themenfeld „Familie/Gender/Generationen" ist demgegenüber in Ostdeutschland weniger präsent als in Westdeutschland und erreicht in den meisten Jahren des Untersuchungszeitraums einen Anteil zwischen 11 % und 15 % – während der Bereich „Arbeit/Beruf" anders als in Westdeutschland bis zum Jahr 2012 durchaus von Relevanz ist. Die übrigen Felder (Umwelt, Sprachen, Grundbildung/Schulabschlüsse) spielen auch in ostdeutschen DEAE-Einrichtungen nur eine untergeordnete Rolle (vgl. Tab. A15a und A15b im Anhang).

Das thematische Profil des Gesamtverbunds unterscheidet sich bei den Veranstaltungen mit mehr als drei Unterrichtsstunden deutlich von dem der DEAE. Hier dominieren der Gesundheitsbereich und an zweiter Stelle der Bereich „Sprachen" (vgl. Abb. 20). Dabei steigt der Anteil von Gesundheitsveranstaltungen im Untersuchungszeitraum leicht von 26 auf 30 % an, während der Sprachbereich stets etwa ein Viertel aller Veranstaltungen ausmacht.

Der Bereich „Kultur/Gestalten" stellt beim Gesamtverbund durchgehend den drittgrößten thematischen Schwerpunkt mit etwa 16 % der Veranstaltungen dar; an vierter und fünfter Stelle folgen die Themenfelder „Arbeit/Beruf" und „Familie/Gender/Generationen". Wie bei der DEAE machen Veranstaltungen zu politisch-gesellschaftlichen Themen etwa 5 % aller Veranstaltungen aus, während die Anteile der Themenbereiche „Umwelt" und „Grundbildung/Schulabschlüsse" deutlich darunterliegen. Gleiches gilt im Gesamtverbund für die religiös-ethische Bildung (vgl. Tab. A14a und A14b).

Abb. 20: *Themenbereiche bei Veranstaltungen mit mehr als 3 Unterrichtsstunden: Gesamtverbund (2007–2015, in %)*

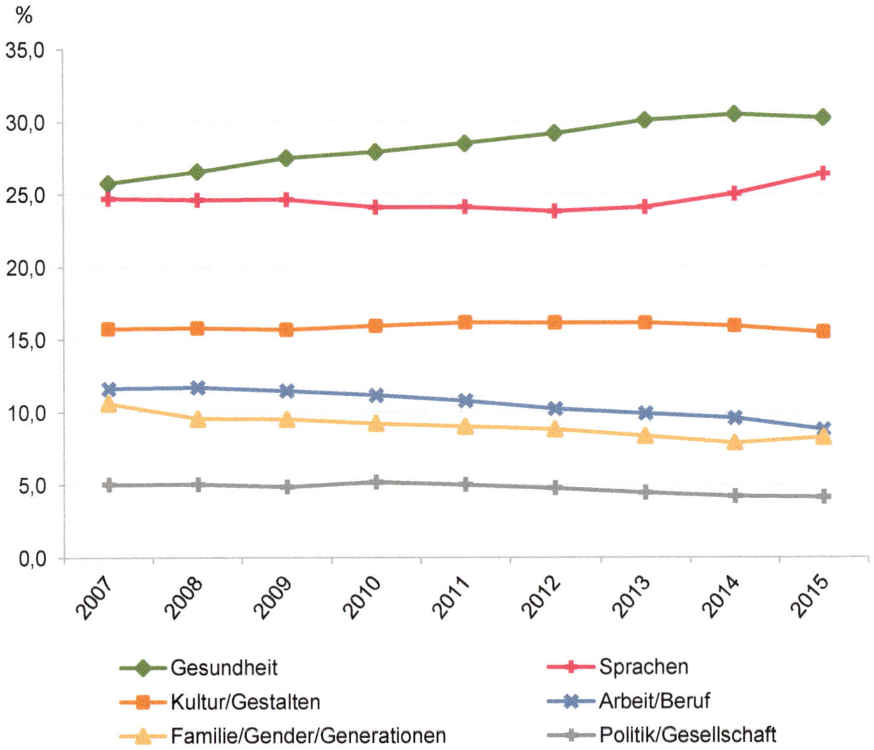

n=1.845 (2011); n=1.830 (2012); n=1.797 (2013); n=1.761 (2014); n=1.777 (2015). Für die Jahre 2007-2010 liegen keine Angaben zur Anzahl an Einrichtungen vor, die ihre Veranstaltungsdaten übermittelt haben. Gezeigt werden die thematischen Bereiche, deren Veranstaltungszahl in den meisten Jahren mehr als 5 % der Gesamtzahl an Veranstaltungen ausmacht. Quelle: Verbundstatistik; Berechnungen: DIE

→ Tab. A14a und A14b

3.7.2 Thematisches Profil bei Kurzveranstaltungen (bis zu drei Unterrichtsstunden)

Das thematische Profil von Einrichtungen der DEAE wird bei Kurzveranstaltungen durch den Bereich der religiös-ethischen Bildung geprägt, der mit Ausnahme des Jahres 2009 stets etwa ein Drittel und damit den größten Anteil aller Veranstaltungen ausmacht (vgl. Abb. 21). Hinsichtlich dieses Themengebiets ist zusätzlich darauf aufmerksam zu machen, dass es sich in der Statistik noch weit stärker ausgeprägt zeigen würde, wenn auch die „nicht anerkennungsfähigen" Einzelveranstaltungen mit einbezogen würden.[61]

---

61   Die Gründe dafür, dass Veranstaltungen nicht öffentlich gefördert werden und damit nicht zur Rechenschaftslegung gegenüber dem Bundesland in die Statistik eingehen,

3.7 Thematische Veranstaltungsprofile

Abb. 21: Themenbereiche bei Veranstaltungen mit bis zu 3 Unterrichtsstunden: DEAE (2007–2015, in %)

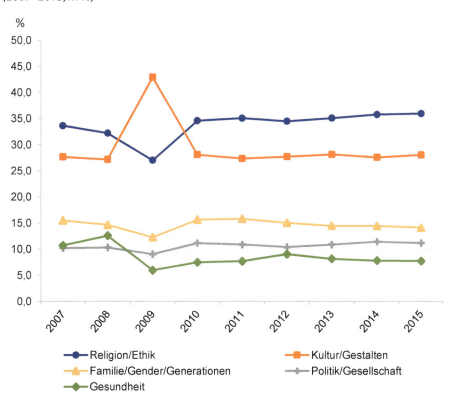

n=377 (2015; vgl. Fußnote 60). Gezeigt werden die thematischen Bereiche, deren Veranstaltungszahl in den meisten Jahren mehr als 5 % der Gesamtzahl an Veranstaltungen ausmacht. Quelle: Verbundstatistik; Berechnungen: DIE → Tab. A16a und A16b

An zweiter Stelle folgt fast durchgängig der Bereich „Kultur/Gestalten" mit einem Anteil von 27 % oder 28 %.[62] Das Themenfeld „Familie/Gender/Generationen", welches das thematische Profil bei den längeren Veranstaltungen bestimmt, macht bei den Kurzveranstaltungen mit etwa 12 % bis 16 % einen deutlich geringeren Anteil der Veranstaltungen aus. Gleiches gilt für den Gesundheitsbereich, dessen Anteil bei Kurzveranstaltungen in vielen Jahren nur bei etwa 8 % liegt. Umgekehrt ist das Themengebiet „Politik/Gesellschaft" bei den Kurzveranstaltungen präsenter als bei den längeren Veranstaltungen und hat in den meisten Jahren einen Anteil von etwa 10 % bis 11 % aller Veranstaltungen. Die übrigen

---

sind unterschiedlich. Ein Beispiel aus dem Bereich der politischen Bildung wäre etwa, wenn thematische Bibelarbeiten Teil der Veranstaltungen sind.

62 Die einmalige Spitze von 43 % im Jahr 2009 ist möglicherweise auf Besonderheiten in der Datenübermittlung zurückzuführen.

Bildungsbericht

Bereiche (Umwelt, Sprachen, Arbeit/Beruf und Grundbildung/Schulabschlüsse) fallen auch bei den Kurzveranstaltungen weit weniger ins Gewicht (vgl. Tab. A16a und A16b im Anhang).

Der Vergleich des thematischen Profils von Kurzveranstaltungen in west- und ostdeutschen Einrichtungen der DEAE zeigt für Westdeutschland wiederum dieselben Schwerpunkte wie für die gesamte DEAE. Der Bereich „Religion/Ethik" prägt das Profil, gefolgt von den Themenfeldern „Kultur/Gestalten" und, mit größerem Abstand, „Familie/Gender/Generationen" (vgl. Tab. A17a und A17b im Anhang).

In Ostdeutschland wiederholen sich die großen thematischen Schwankungen, die bereits bei den längeren Veranstaltungen festgestellt wurden. Dies gilt insbesondere für den Bereich „Arbeit/Beruf", dessen Anteil in den ersten Jahren des Untersuchungszeitraums stark auf 28 % im Jahr 2009 ansteigt, für den jedoch 2015 gar keine Veranstaltungen mehr gemeldet werden (vgl. Abb. 22).

Abb. 22: Themenbereiche bei Veranstaltungen mit bis zu 3 Unterrichtsstunden: DEAE in Ostdeutschland (2007–2015, in %)

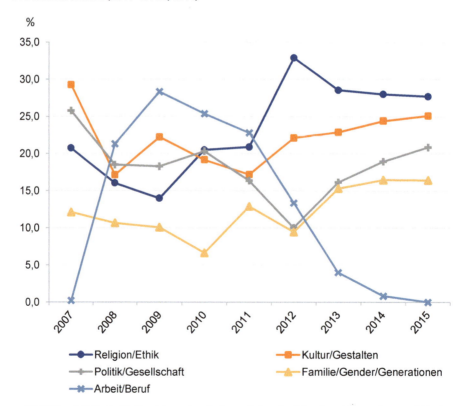

n=100 (2015; vgl. Fußnote 60). Gezeigt werden die thematischen Bereiche, deren Veranstaltungszahl in den meisten Jahren mehr als 5 % der Gesamtzahl an Veranstaltungen ausmacht. Quelle: Verbundstatistik; Berechnungen: DIE → Tab. A17a und A17b

3.7 Thematische Veranstaltungsprofile

Auch die Anteile der übrigen Themenfelder schwanken in Teilen beträchtlich, wobei sich gerade in den letzten Jahren einige Verschiebungen anzudeuten scheinen. Seit 2012 ist der Bereich „Religion/Ethik" mit einem Veranstaltungsanteil von ca. 30 % der wichtigste Schwerpunkt. Kulturelle Veranstaltungen stehen seit 2012 an zweiter Stelle, während politisch-gesellschaftlich ausgerichtete Veranstaltungen seit 2013 den drittgrößten Bereich ausmachen, und dies mit steigender Tendenz. Gleichsam hat der Themenbereich „Familie/Gender/Generationen" seit 2013 an Bedeutung gewonnen und macht in den letzten Jahren ca. 16 % aller Veranstaltungen aus. Insgesamt scheinen sich somit die thematischen Profile von ost- und westdeutschen DEAE-Einrichtungen bei Kurzveranstaltungen in den letzten Jahren des Untersuchungszeitraums anzugleichen. Wie bei den längeren Veranstaltungen muss jedoch die zukünftige Entwicklung zeigen, ob die thematischen Verschiebungen in ostdeutschen DEAE-Einrichtungen ein dauerhaftes Phänomen darstellen.

Abb. 23: Themenbereiche bei Veranstaltungen mit bis zu 3 Unterrichtsstunden: Gesamtverbund (2007–2015, in %)

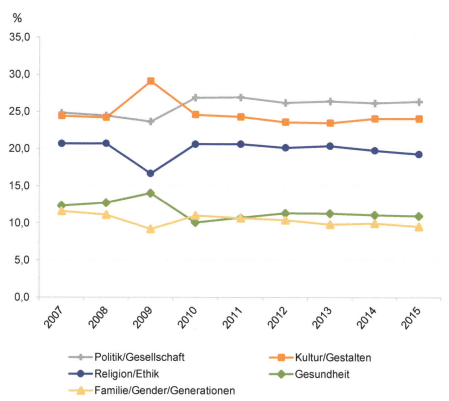

n=1845 (2011); n=1830 (2012); n=1797 (2013); n=1761 (2014); n=1777 (2015). Für die Jahre 2007–2011 liegen keine Angaben zur Zahl der Einrichtungen vor, die ihre Veranstaltungsdaten übermittelt haben. Gezeigt werden die thematischen Bereiche, deren Veranstaltungszahl in den meisten Jahren mehr als 5 % der Gesamtzahl an Veranstaltungen ausmacht. Quelle: Verbundstatistik; Berechnungen: DIE → Tab. A16a und A16b

Bildungsbericht

Auch bei den Kurzveranstaltungen unterscheidet sich das Themenprofil des Gesamtverbunds von dem der DEAE, wenngleich die Gemeinsamkeiten größer ausfallen als bei den längeren Veranstaltungen. So spielt auch beim Gesamtverbund der Bereich „Politik/Gesellschaft" bei den Kurzveranstaltungen eine wichtigere Rolle als bei den längeren Veranstaltungen. Dieses Themenfeld macht in den meisten Jahren etwa ein Viertel und damit den größten Teil an Kurzveranstaltungen aus (vgl. Abb. 23). Es folgt an zweiter Stelle der Bereich „Kultur/Gestalten", was dem Profil der DEAE bei Kurveranstaltungen entspricht.[63] Religiös-ethische Veranstaltungen nehmen im Gesamtverbund mit einem Anteil von meist etwa 20 % den dritten Platz ein, während Veranstaltungen in den Themenfeldern „Gesundheit" und „Familie/Gender/Generationen" ab 2010 bei ca. 10 % oder 11 % liegen. Weitere Bereiche (Umwelt, Sprachen, Arbeit/Beruf und Grundbildung/Schulabschlüsse) sind demgegenüber weit weniger vertreten (vgl. Tab. A16a und A16b im Anhang).

3.8 Zwischenfazit

3.8.1 Zusammenfassung zentraler Ergebnisse

Die Einrichtungen von DEAE und Gesamtverbund weisen eine Reihe von institutionellen Ähnlichkeiten auf

Die Einrichtungen sind überwiegend Körperschaften des öffentlichen Rechts, an zweiter Stelle folgt sowohl bei der DEAE als auch bei der Gesamtheit der Verbände die Gruppe der Vereine. Ebenso stellen sich die Finanzstrukturen der Erwachsenenbildungseinrichtungen ähnlich dar: Die Einnahmen werden zu etwa gleichen Teilen aus Teilnahmegebühren, Eigenmitteln des Trägers und öffentlichen Mitteln bestritten, während auf der Ausgabenseite die Ausgaben für die hauptamtlichen Mitarbeitenden sowohl bei der DEAE als auch im Gesamtverbund den größten Posten stellen. Darüber hinaus ist bei der DEAE und im Gesamtverbund eine deutliche Mehrheit der hauptamtlichen Mitarbeitenden weiblich. Die institutionelle Struktur der DEAE entspricht somit in vielen Aspekten der der übrigen Verbände der öffentlich verantworteten Erwachsenenbildung.

Der Anteil an Honorarkräften/Ehrenamtlichen ist in der DEAE größer als im Gesamtverbund

Gleichzeitig wird hinsichtlich der Personalstruktur der DEAE-Einrichtungen eine Besonderheit deutlich: Bei der DEAE ist im Vergleich zur Gesamtheit der

---

63 Auch beim Gesamtverbund ist im Jahr 2009 mit 29 % der Veranstaltungen eine einmalige Spitze des Bereichs der kulturellen Bildung zu beobachten (vgl. Fußnote 62).

Verbände ein wesentlich größerer Anteil an Honorarkräften (neben- und freiberuflich Mitarbeitende) und Ehrenamtlichen tätig – was schon rein quantitativ auf die große Bedeutung hinweist, die der Anleitung, Begleitung und Qualifikation dieser Mitarbeitenden zukommt. Hier zeigt sich, in welch hohem Maße die institutionelle Stabilität und pädagogische Leistungsfähigkeit der evangelischen Erwachsenenbildungseinrichtungen von der Mitarbeit anderer als der hauptamtlichen Beschäftigten abhängig ist und ihre institutionelle Leistungsfähigkeit gerade darin zu sehen ist, die Bereitschaft zu neben- und freiberuflicher bzw. ehrenamtlicher Mitarbeit zu mobilisieren und zu organisieren (vgl. dazu auch die Beschreibung des Programmplanungshandelns in der Vertiefungsstudie).

Unter *professionstheoretischen Kriterien* ist die Entwicklung des anteiligen Verhältnisses zwischen den verschiedenen Tätigkeitsgruppen von besonderem Interesse. Zum einen zeigt die absolute und prozentuale Ausweitung der Gruppe der Honorarkräfte, dass die Mitarbeit in der evangelischen Erwachsenenbildung nicht mehr mit der dichotomen begrifflichen Unterscheidung von „hauptamtlicher" und d.h. „hauptberuflicher" und „ehrenamtlicher", d.h. „nicht bezahlter" Mitarbeit beschrieben werden kann, womit die erste wissenschaftliche Studie der DEAE zu „Situation, Selbstverständnis, Qualifizierungsbedarf"[64] noch auskommen konnte. Zum anderen signalisiert diese Entwicklung, dass das Steuerungsmedium „Geld" auch die Arbeitsbedingungen und Tätigkeitsmotivationen in der evangelischen Erwachsenenbildung bestimmt. Dieser Hinweis könnte dazu dienen, die „Mitarbeitenden-Frage" sowohl unter professionspolitischen und -theoretischen Gesichtspunkten als auch im Hinblick auf die Diskussion der (inner-)kirchlichen anerkannten Berufsbilder, von denen nicht zuletzt auch die innerkirchliche Anerkennung der evangelischen Erwachsenenbildung mit abhängig ist, in einem größeren historischen Entwicklungszusammenhang zu begreifen.

West- und ostdeutsche Einrichtungen der DEAE scheinen sich personell unterschiedlich zu entwickeln: Rückgang an hauptamtlichen Stellen und Zuwachs an Honorarkräften in Westdeutschland, Anstieg an hauptamtlichen Stellen in Ostdeutschland

Der differenzierte Blick auf Unterschiede zwischen West- und Ostdeutschland – stets unter Berücksichtigung der relativ „dünnen" Datenlage in Bezug auf ost-

---

64 Im ersten Projekt der DEAE, das sich mit „Mitarbeiterfragen" beschäftigte (1988–1992), wurde mit der Unterscheidung von „hauptamtlichen und nicht-hauptamtlichen Mitarbeiter/innen" operiert. Als Ergebnis identifizierte das Projekt dabei auch unter den jüngeren weiblichen Mitarbeiterinnen u.a. den Typus der „berufsmaterialistischen Mitarbeit", womit die veränderte generationsspezifische und auf Erwerbsarbeit zielende Motivation der Mitarbeit interpretiert wurde (vgl. Jütting [1992]).

deutsche Einrichtungen der DEAE – zeigt zum einen, dass die Entwicklung bei den unterschiedlichen Beschäftigtengruppen in beiden Regionen teilweise gegenläufig zu verlaufen scheint: Während in westdeutschen Einrichtungen der Anteil an hauptamtlichen Stellen bzw. Mitarbeitenden sinkt und der an Honorarkräften (neben- und freiberuflich Mitarbeitende) stark steigt, ist in Ostdeutschland ein leichter Anstieg an Hauptamtlichen sowie ein Rückgang an Honorarkräften zu beobachten. Beim hauptamtlichen Personal ist darüber hinaus in Westdeutschland im Untersuchungszeitraum ein Rückgang an Stellen für pädagogische Mitarbeitende festzustellen, während ihre Anzahl in Ostdeutschland zunimmt. Die Gruppe der Ehrenamtlichen schließlich bleibt demgegenüber in beiden Landesteilen weitgehend stabil und bildet insbesondere in Ostdeutschland mit 40 % (2014) eine immer noch relevante Beschäftigtengruppe – eine Tatsache, die vor dem Hintergrund eines faktisch aufgelösten volkskirchlichen Milieus in den östlichen Bundesländern besonders als Erfolg zu würdigen ist. Zu beachten ist jedoch auch, dass im Jahr 2011 ihr Anteil noch bei 50 % lag und seither kontinuierlich zurückgeht.

Die DEAE-Einrichtungen realisieren ein spezifisches Veranstaltungsangebot, das sich von anderen Trägern der allgemeinen Erwachsenen- und Weiterbildung durch die zentrale Bedeutung des Themenbereichs „Religion/Ethik" unterscheidet

Der Themenbereich „Religion/Ethik" spielt bei den Veranstaltungen der DEAE-Einrichtungen eine wichtige Rolle. Dies wird insbesondere bei den Kurzveranstaltungen deutlich, aber auch bei Veranstaltungen mit mehr als drei Unterrichtsstunden, bei denen dieser Bereich die zweitgrößte Anzahl an Veranstaltungen umfasst – hinter dem Bereich „Familie/Gender/Generationen". In ostdeutschen Einrichtungen ist auch bei längeren Veranstaltungen der religiös-ethische Bereich in vielen Jahren der am weitesten verbreitete (s. u.).

Interessant ist, dass die DEAE-Einrichtungen nicht nur im Vergleich mit dem Gesamtverbund, sondern auch mit der Katholischen Erwachsenenbildung (KEB) ein stärker ausgeprägtes religiöses und ethisches Veranstaltungsprofil aufweisen: 2015 machen diese Veranstaltungen bei der KEB gut 10 % aller längeren Veranstaltungen und 27 % aller Kurzveranstaltungen aus (DEAE: 20 % und 36 %).[65] Diese Unterschiede setzen sich auch hinsichtlich der Unterrichtsstunden und Teilnahmefälle fort.

---

65 Für die Werte der KEB vgl. Horn; Lux; Ambos (2015), S. 59 und Dt. Institut für Erwachsenenbildung; Kath. Erwachsenenbildung Deutschland (2017), S. 24.

3.8 Zwischenfazit

Die Veranstaltungsprofile der west- und ostdeutschen Bundesländer unterscheiden sich in charakteristischer Weise

Das auffälligste Differenzmerkmal ist sowohl bei den Kurzveranstaltungen als auch bei den längeren Veranstaltungen der in den östlichen Bundesländern durchgehend höhere Anteil der Angebote im Themenbereich „Politik/Gesellschaft"; dies gilt selbst noch in den Jahren mit den niedrigsten Werten. Weitere Differenzmerkmale sind einerseits die in westdeutschen Einrichtungen kontinuierlich höheren Veranstaltungszahlen im Themenbereich „Familie/Gender/Generationen" sowohl bei kürzeren als auch bei längeren Veranstaltungen, die damit erklärt werden können, dass Familienbildungsstätten in Westdeutschland eine lange Tradition aufweisen, während sie in Ostdeutschland erst nach 1990 gegründet wurden. Andererseits liegen für die ostdeutsche Region für die Jahre 2008–2013 erstaunlich hohe Werte im Themenbereich „Arbeit/Beruf" bei allen Veranstaltungsarten vor.

Eine Gemeinsamkeit zeigt sich in West- und Ostdeutschland darin, dass sich die Anteile der Themenbereiche „Kultur/Gestalten" und „Gesundheit" relativ stabil und gleichförmig entwickeln, wobei im Themenbereich „Gesundheit" in den östlichen Bundesländern steigende Anteile zu verzeichnen sind.

Schließlich wird deutlich, dass die thematische Ausrichtung der Veranstaltungen in den westdeutschen Einrichtungen im Zeitverlauf relativ konstant bleibt, während sie sich in den ostdeutschen Bundesländern eher diskontinuierlich darstellt. Dies hängt möglicherweise mit einer höheren Anzahl an Projektstellen in ostdeutschen Einrichtungen zusammen, die nur für einen befristeten Zeitraum bestimmte thematische Angebote machen – eine These, deren Überprüfung weitergehender Analysen bedarf.

Die thematische Ausrichtung der Veranstaltungen wird von den institutionellen Trägern und deren Selbstverständnis mitbestimmt

Eine mögliche Schlussfolgerung aus den beiden vorangehenden Resümees ist die These, dass die institutionelle Trägerschaft einen bestimmenden Einfluss auf die thematische Ausrichtung der Veranstaltungen hat. Dies zeigt sich vor allem im Vergleich der DEAE (und analog der KEB) mit den beiden anderen am Verbund Weiterbildungsstatistik beteiligten Verbänden: dem Bundesarbeitskreis Arbeit und Leben und dem Deutschen Volkshochschul-Verband, die beispielsweise im Jahr 2015 gar keine bzw. kaum Angebote im Themenbereich „Religion/Ethik" verzeichnen.[66] Gleichzeitig wird am Vergleich zwischen ost- und westdeutschen DEAE-Einrichtungen allerdings auch deutlich, dass offenbar der regionale Kon-

---

66 Vgl. Horn; Lux; Ambos (2015), S. 59.

Bildungsbericht

text ebenfalls für die Entwicklung von Themenprofilen relevant ist und den Einfluss der institutionellen Trägerschaft modifiziert.

Es kann vermutet werden, dass das Gewicht der institutionellen Trägerschaft dabei nicht allein durch die Rechtsform und die finanziellen Mittel der jeweiligen Träger bestimmt wird, sondern vor allem durch die „institutionelle Selbstinterpretation", durch die die Träger ihr bildungs- und gesellschaftspolitisches Aufgabenverständnis und ihre Wert- und Zielvorstellungen auslegen. Dabei ist vor allem die konstitutive Rolle der Leitungen und der pädagogischen Mitarbeitenden bei der „Übersetzung" der programmatischen trägerspezifischen Bildungskonzeptionen in einzelne Veranstaltungsangebote und in die Programmgestaltung hervorzuheben. Nur durch diese Vermittlungsfunktion der pädagogisch Verantwortlichen kommt das institutionelle Selbstverständnis der jeweiligen Träger zu Geltung. Wie auch die Vertiefungsstudie zeigt, geschieht diese „Übersetzungsarbeit" unter Berücksichtigung des jeweiligen Einrichtungskontextes, sodass hier der Schlüssel für die unterschiedliche Ausgestaltung der ost- und westdeutschen thematischen Veranstaltungsprofile vermutet werden kann (vgl. Vertiefungsstudie, Kap. 11.1).

3.8.2 Anregungen für weitere Forschungsprojekte

In den vorliegenden Analysen wurde aus verschiedenen Gründen auf einen Vergleich von DEAE-Einrichtungen auf Ebene der Bundesländer verzichtet, der jedoch für ein vertieftes Verständnis der dargestellten Strukturen und Entwicklungen von evangelischer Erwachsenenbildung notwendig ist. So würde eine weitergehende Differenzierung *innerhalb* der beiden Gruppen der ost- und westdeutschen DEAE-Einrichtungen zeigen können, in welch hohem Maße sich die Infrastruktur (z.B. gemessen an der Anzahl der hauptamtlichen Leiterinnen und Leiter und der pädagogischen Mitarbeitenden) zwischen einzelnen Bundesländern unterscheidet. Darüber hinaus könnten mögliche Ursachen der beschriebenen Veränderungen beim Personal identifiziert werden, indem differenzierende Untersuchungen im Blick auf die Einnahmen und Ausgaben in den einzelnen Bundesländern durchgeführt werden, da nicht davon auszugehen ist, dass die Entwicklung in allen Regionen gleich und die Politik der Träger und staatlichen Administrationen abgestimmt (d.h. koordiniert) ist und daher größere regionale Unterschiede nicht auszuschließen sind. Nicht zuletzt könnten die Landeskirchen und ihre Gestaltungspraxis als wichtige Einflussfaktoren auf die unterschiedlichen regionalen Infrastrukturen evangelischer Erwachsenenbildung in weiteren Untersuchungen berücksichtigt werden.

Angesichts der enormen Bedeutung des nicht hauptamtlichen Personals wäre außerdem eine Untersuchung sinnvoll, die sich an der Aufgabenstellung des oben erwähnten Projektes zur Frage nach „Situation, Selbstverständnis und Qualifizierungsbedarf der nichthauptamtlichen Mitarbeiter/-innen in der DEAE"

3.8 Zwischenfazit

orientiert.[67] Dabei ließe sich auch der Frage nachgehen, wie sich der Rückgang der ehrenamtlichen Mitarbeitenden erklären lässt und wie sich die Motivationsstruktur zur Mitarbeit in der evangelischen Erwachsenenbildung im historischen Zeitverlauf darstellt. Auch in methodischer Hinsicht ließe sich dabei an die Kombination einer breiten schriftlichen Befragung mit leitfadengestützten Interviews anknüpfen. Zu vermuten ist, dass sich die Veränderungen in der Motivationsstruktur der nicht hauptamtlichen Mitarbeitenden in der Rekrutierungspraxis durch die Leiterinnen und Leiter nicht nur widerspiegeln, sondern diese auch bestimmen. Dass dies zugleich eine für kirchenleitendes Handeln und nicht zuletzt auch für die Praktische Theologie bedeutsame Fragestellung sein könnte, muss sicher nicht weiter begründet werden.

Die Dringlichkeit dieser Fragestellung und ihrer Klärung zeigt sich in konkreter Form an den Beschreibungen der Einrichtungen, die in der Vertiefungsstudie untersucht wurden (vgl. Vertiefungsstudie, Kap. 11.1). Eine vertiefte Analyse von Motivationsstrukturen und professionellem Selbstverständnis der Mitarbeitenden könnte sich an dem im Rahmen der Anbietererfassungen entwickelten Kategorienraster zur Erfassung unterschiedlicher Institutionalformen[68] innerhalb der evangelischen Erwachsenenbildung orientieren (vgl. Kap. 4.3) und auch Einrichtungen mit Erwachsenenbildung als Nebenaufgabe einbeziehen. Bei diesen Einrichtungen kann aufgrund ihrer spezifischen Aufgabenkonstellationen von ebenso spezifischen Anforderungen an die Mitarbeitenden ausgegangen werden, die sich wiederum in charakteristischen Selbstbildern und Arbeitsmotiven spiegeln sollten (vgl. Kap. 4.6.2).

Desweitern wäre durch eine vertiefende Analyse die Frage des Leitungsbegriffs weiter zu reflektieren und dabei insbesondere die Frage des Verhältnisses von juristischer und pädagogischer Verantwortung (etwa bei „unselbstständigen Einrichtungen der Landeskirchen/Träger) zu untersuchen. Die Fragestellung ist nicht zuletzt im Hinblick auf den wissenschaftlichen Diskurs zur Steuerungsthematik in der Erwachsenenbildung relevant.[69]

Hinsichtlich der thematischen Veranstaltungsprofile verdienen es die aufgezeigten Unterschiede zwischen DEAE-Einrichtungen in Ost- und Westdeutschland, vertiefend untersucht zu werden, denn sie sind möglicherweise auch ein Indiz dafür, wie nachhaltig sich die unterschiedlichen religionspolitischen und gesellschaftlichen Bedingungen und historischen Voraussetzungen zwischen den östlichen und westlichen Bundesländern/Landeskirchen auf die Veranstaltungsentwicklung auswirken.

---

67 Vgl. Fußnote 64.
68 Zum Begriff der Institutionalform vgl. u.a. Schäffter (2010).
69 Vgl. Hof; Ludwig; Schäffer (2011).

3.8.3 Anregungen für die Weiterentwicklung von evangelischem Bildungshandeln mit Erwachsenen

Die hier erstmalig für wissenschaftliche Zwecke verwendete Statistik der DEAE stellt trotz einiger Unzulänglichkeiten in der Erhebungspraxis eine wertvolle Grundlage für die Darstellung und systematische Erweiterung des empirischen Wissens über die evangelische Erwachsenenbildung dar. Dabei ist insbesondere der Umstand hervorzuheben, dass es trotz der durch die Ländergesetzgebung bedingten Uneinheitlichkeit der statistischen Erhebungspraxis im Verbund der Weiterbildungsstatistik gelungen ist, eine länder- und verbandsübergreifende Datenbasis zur Erwachsenenbildung aufzubauen. Daraus ergibt sich als erste Empfehlung, dass die DEAE die Fortführung ihrer Statistik als eine ihrer unverzichtbaren Verbandsfunktionen und -leistungen versteht und damit eine wichtige empirische Wissensgrundlage über die evangelische Erwachsenenbildung sichert.

Außerdem wird angeregt, die in der DEAE-Statistik verfügbaren Daten zur Personalstruktur als einen Anstoß dafür zu verwenden, die Diskussion und Praxis zur Professionalität und Professionalisierung in der DEAE neu aufzunehmen, denn die im Rahmen eines Projektes zur Entwicklung eines Berufseinführungskonzeptes in der evangelischen und katholischen Erwachsenenbildung vorgelegte Studie liegt inzwischen zwanzig Jahre zurück.[70] Die vorliegenden Daten zum Personal geben zum ersten Mal einen empirischen Einblick in Umfang und Funktion der Mitarbeiterschaft in der evangelischen Erwachsenenbildung. Sie könnten insbesondere auch für kirchenleitendes Handeln unter dem Gesichtspunkt bedeutsam werden, für *alle Gruppen von Mitarbeitenden* in der evangelischen Erwachsenenbildung dadurch Verantwortung zu übernehmen, dass differenzierte Konzepte für die Fort- und Weiterbildung und für die Entwicklung einer wertschätzenden Anerkennungskultur entwickelt werden (vgl. Vertiefungsstudie, Kap. 11.3). Dabei sollten auch Fragen einer angemessenen Bewertung und tariflichen Einordnung der Tätigkeiten von pädagogischen Mitarbeitenden und Leitungspersonen mit bedacht werden.

---

70 Vgl. Bergold; Gieseke; Hohmann; Seiverth (2000). Das vom Bundesministerium für Bildung und Forschung geförderte Projekt wurde zwischen 1997 und 1999 gemeinsam von DEAE und KEB mit dem Ziel durchgeführt, ein Berufseinführungskonzept für hauptamtliche Mitarbeitende in der (konfessionellen) Erwachsenenbildung zu entwickeln. Wiltrud Gieseke, die das Projekt wissenschaftlich begleitete, hat in diesem Zusammenhang die Theorie des Programmplanungshandelns weiterentwickelt, auf das in der Vertiefungsstudie zu dem Bildungsbericht Bezug genommen wird (vgl. Gieseke [2000]).

4. Evangelisches Bildungshandeln mit Erwachsenen in ausgewählten Regionen: Ergebnisse der Anbietererfassungen

4.1 Einführung

Die Auswertungen der DEAE- und Verbundstatistik liefern erste Einblicke in die Situation der öffentlich anerkannten und geförderten evangelischen Erwachsenenbildung im Vergleich zu anderen Trägern. Wie in Kapitel 3 jedoch mehrfach betont wurde, wird mit dieser Darstellung nur ein (wenn auch wichtiger) Ausschnitt des professionellen Bildungshandelns mit Erwachsenen in evangelischen Organisationen sichtbar, da ein beträchtlicher Teil dieses Bildungshandelns in kirchlichen Verbänden, Gemeinden und anderen Institutionalformen stattfindet, die nicht zum öffentlich geförderten Weiterbildungssystem gehören (vgl. Kap. 2.1). Um auch diesen Bereich einer empirischen Analyse zugänglich zu machen, wurden in den an der Bildungsberichterstellung beteiligten Landeskirchen/Erwachsenenbildungsorganisationen exemplarische Anbietererfassungen durchgeführt, in denen sowohl öffentlich geförderte als auch nicht geförderte evangelische Einrichtungen mit Bildungsangeboten für Erwachsene aufgeführt wurden. Die Anbieterlisten wurden sowohl für die landeskirchliche Ebene als auch für die Ebene ausgewählter Kirchenkreise erstellt, um den für die evangelische Erwachsenenbildung charakteristischen *institutionellen Binnenpluralismus* in seiner Breite angemessen darstellen zu können (vgl. Kap. 2.3). Sie beschreiben somit die *evangelische Erwachsenenbildungsinfrastruktur* in ausgewählten Regionen, durch die die Bildungsmöglichkeiten der Menschen entscheidend mitbestimmt werden, ohne jedoch weitergehende Auskünfte zu Themen und Umfang der Angebote zu geben.[71] Um dennoch vertiefende Informationen zum Bildungshandeln sowie zur Situation der evangelischen Erwachsenenbildung in den untersuchten Regionen zu erhalten, wurden die mit den Anbietererfassungen betrauten Expertinnen und Experten zusätzlich zu ihren Einschätzungen der Gegebenheiten vor Ort befragt, und dies insbesondere mit Blick auf das Verhältnis zwischen öffentlich geförderten und nicht geförderten Einrichtungen der evangelischen Erwachsenenbildung.

---

71 Zur Gewinnung dieser weiterreichenden Informationen wäre eine Kontaktierung der aufgelisteten Einrichtungen notwendig gewesen, um sie über die Anbietererfassung zu informieren und zu den Details ihrer Bildungsarbeit zu befragen. Dieser Untersuchungsschritt konnte im Rahmen der vorliegenden Pilotstudie nicht erfolgen, sollte jedoch in möglichen Folgeprojekten umgesetzt werden. Für diese stehen die Anbieterlisten zur Verfügung, auch wenn sie aufgrund der fehlenden Kontaktierung der Einrichtungen in dem vorliegenden Bericht nicht veröffentlicht werden.

In den folgenden Ausführungen wird zunächst das methodische Vorgehen bei der Durchführung der Anbietererfassungen dargestellt, bevor das zur Erstellung der Anbieterlisten entwickelte Kategoriensystem beschrieben und näher erläutert wird. Im Anschluss werden die Ergebnisse der Anbietererfassungen der einzelnen Landeskirchen/Erwachsenenbildungsorganisationen und deren Kirchenkreisen sowie ausgewählte Befunde der Expertengespräche präsentiert. Im Zwischenfazit werden schließlich die zentralen Ergebnisse der Studie zusammengefasst sowie Forschungsdesiderate benannt und Anregungen für die Praxisentwicklung gegeben.

4.2 Methodisches Vorgehen

4.2.1 Definition des Untersuchungsgegenstands

Für die Erstellung von Anbieterlisten, die neben öffentlich anerkannten und geförderten Einrichtungen auch solche außerhalb des staatlichen Fördersystems berücksichtigen, muss zunächst eindeutig definiert werden, welche Einrichtungen als Anbieter von evangelischer Erwachsenenbildung gelten sollen.[72] Dies sind in diesem Bildungsbericht Einrichtungen, (1) deren Bildungsangebote von pädagogisch verantwortlichen Akteuren durchgeführt werden; (2) deren Angebote ein explizites Bildungs- bzw. Lernziel bzw. eine didaktische Rahmung enthalten; (3) die ihre Bildungsangebote in einem Programm zusammenfassen und dadurch ihr auf Dauer angelegtes Bildungshandeln dokumentieren; und (4) deren Angebote öffentlich zugänglich sind (vgl. Kapitel 4.3.2). Als „evangelisch" gelten Einrichtungen, die entweder der evangelischen Kirche angehören oder ein evangelisches Selbstverständnis zum Ausdruck bringen. Für diese Definition werden die Bestimmungen des Kirchengesetzes zur Zuordnung rechtlich selbstständiger Einrichtungen zur Kirche (ZuOG-EKD) zugrunde gelegt.[73] Schließlich müssen sich die Angebote an Personen richten, die mindestens 16 Jahre alt sind, um als Bildungsangebote für Erwachsene zu gelten. Diese von der juristischen Definition der Volljährigkeit abweichende Altersgrenze ist sinnvoll, weil es in einzelnen Einrichtungen, insbesondere der Jugendarbeit, Überschneidungen im Angebotsspektrum für Jugendliche und (im juristischen Sinne) Erwachsene gibt.

4.2.2 Anbietererfassungen über Experteninterviews

Anbietererfassungen von Erwachsenenbildungseinrichtungen können auf vielfältige Weise realisiert werden. Dies zeigen die unterschiedlichen Regional-

---

72 Vgl. die allgemeinen Ausführungen zur Definitionsproblematik bei Anbietererfassungen in Dietrich (2008).
73 Vgl. Zuordnungsgesetz der EKD (2014).

4.2 Methodisches Vorgehen

studien, die seit den 1980er Jahren durchgeführt wurden,[74] sowie die bundesweite Anbietererfassung aus dem „Projekt Weiterbildungskataster".[75] In vielen Studien werden zunächst regionale und/oder überregionale Datenbanken bzw. Träger- und Verbandsverzeichnisse für die Recherche der Kontaktdaten potentieller Weiterbildungsanbieter genutzt, die anschließend telefonisch oder online nach ihren Angeboten befragt werden.[76] In anderen Untersuchungen werden die Programme der erfassten Einrichtungen analysiert, um Informationen zum Umfang und zur inhaltlich-methodischen Ausrichtung der Angebote zu erhalten.[77] Vereinzelt kommen schließlich auch Experteninterviews zum Einsatz, um Hintergründe der regionalen Weiterbildungslandschaft in Erfahrung zu bringen.[78]

Der Aufwand, den selbst regional relativ eng begrenzte Anbietererfassungen mit sich bringen, ist somit enorm. Für die vorliegende Studie stellte sich die zusätzliche Schwierigkeit, dass kaum Verzeichnisse oder Datenbanken existieren, die Anbieter von evangelischer Erwachsenenbildung im oben definierten Sinn auflisten und die für eine Recherche hätten genutzt werden können. Zudem ist insbesondere die Identifizierung von evangelischen Erwachsenenbildungsanbietern, die nicht öffentlich gefördert werden, ohne detaillierte Kenntnis der Gegebenheiten vor Ort äußerst schwierig. Aus diesem Grund wurden die hier vorgestellten regionalen Anbietererfassungen ausschließlich mit Hilfe von Expertinnen und Experten durchgeführt, die darum gebeten wurden, anhand eines vorab erstellten Kategoriensystems möglichst alle evangelischen Einrichtungen aufzulisten, die in ihrem Zuständigkeitsgebiet Bildungsveranstaltungen für Erwachsene durchführen. Dabei gilt eine Person als Experte, wenn sie über spezifische berufliche Fachkenntnisse verfügt und die Möglichkeit hat, ihre eigenen Vorstellungen und Ideen in ihrem jeweiligen organisationalen Kontext durchzusetzen.[79]

Um die Anbieter von evangelischer Erwachsenenbildung möglichst umfassend und einheitlich zu erfassen, musste zu Beginn der Untersuchung ein Erhebungsinstrument entwickelt werden, das den für die Erstellung der Anbieter-

---

74 Vgl. die Übersichten in Dietrich (2008) und Dietrich; Behrensdorf; Schade (2008).
75 Vgl. Dietrich; Behrensdorf; Schade (2008). Das „Projekt Weiterbildungskataster" wurde von 2007 bis 2008 vom Deutschen Institut für Erwachsenenbildung (DIE) und dem Bundesinstitut für Berufsbildung (BIBB) in Zusammenarbeit mit dem Institut für Entwicklungsplanung und Strukturforschung an der Leibniz Universität Hannover (IES) durchgeführt. Auf Grundlage der in diesem Projekt zusammengestellten Einrichtungen wird die Befragung von Weiterbildungsanbietern des „wbmonitors" durchgeführt.
76 Vgl. z.B. Dietrich; Behrensdorf; Schade (2008); Schemmann; Schmitt (2010); Herbrechter; Schemmann (2008).
77 Vgl. z.B. Schlutz; Schrader (1997), S. 987–1008; Gieseke u.a. (2005).
78 Vgl. z.B. Herbrechter; Schemmann (2008).
79 Vgl. Bogner; Menz (2005), S. 33–69.

listen verantwortlichen Personen zur Verfügung gestellt werden konnte und das den Erfordernissen des spezifischen Bereichs evangelischer Erwachsenenbildung entsprach.[80] Dazu wurde ein Kategoriensystem erstellt, das allgemein zwischen Einrichtungen bzw. Organisationen mit Erwachsenenbildung als Haupt- und Nebenaufgabe unterscheidet.[81] Diese beiden Oberkategorien wurden jeweils in weitere Unterkategorien ausdifferenziert, anhand derer die Einrichtungen u. a. hinsichtlich ihrer regionalen Zuständigkeit, ihrer Zielgruppen oder ihrer thematischen Schwerpunktsetzung unterschieden werden (vgl. Kap. 4.3.3). Dabei konnte an die Anbietertypologie angeschlossen werden, die im Zusammenhang mit der Weiterentwicklung des Statistiksystems der DEAE konzipiert worden war, um die ‚Herkunft' und Zurechenbarkeit der jährlich erhobenen statistischen Daten zu den einzelnen Anbieterformen transparent zu machen.[82]

Ursprünglich sollten auf Grundlage dieses Kategoriensystems vollständige Anbietererfassungen für die jeweiligen Zuständigkeitsgebiete der am Bildungsbericht beteiligten vier Landeskirchen/Erwachsenenbildungsorganisationen realisiert werden (vgl. Kap. 2.4). Dazu wäre allerdings eine flächendeckende Abfrage auf der Ebene der Kirchenkreise/Propsteien etc. notwendig gewesen, die im Rahmen der vorliegenden Studie nicht zu realisieren war. Stattdessen wurde ein exploratives Studiendesign umgesetzt, indem im Zuständigkeitsgebiet von jeder Erwachsenenbildungsorganisation vier Kirchenkreise/Propsteien[83] etc. ausgewählt wurden, in denen Expertinnen und Experten der öffentlich geförderten evangelischen Erwachsenenbildung und/oder der Kirchenkreise das Kategoriensystem für Einrichtungen in ihrer Region ausfüllten.[84] Bei der Auswahl der Kirchenkreise wurde darauf geachtet, eine möglichst heterogene Mischung aus ländlichen und städtischen Regionen sowie aus Gegenden mit unterschiedlich großen evangelischen Bevölkerungsanteilen zu berücksichtigen. In Niedersachsen wurde zudem angestrebt, Gebiete aus möglichst vielen der in der Konföderation vertretenen Landeskirchen zu untersuchen. Lediglich in der Evangelischen Kirche in Mitteldeutschland wurde auf Erhebungen auf Kirchenkreisebene verzichtet, weil in vielen der dortigen Kirchenkreise Ansprechpersonen für Erwachsenenbildung fehlen.

---

80 Dies ist bei den bereits vorliegenden Systematiken nicht der Fall (vgl. Dietrich [2008], S. 9–14).
81 Diese Unterscheidung wird beispielsweise auch beim Weiterbildungsmonitor getroffen (vgl. Bundesinstitut für Berufsbildung [o. J.]).
82 Vgl. Seiverth (2007).
83 An den Anbietererfassungen beteiligten sich sowohl Kirchenkreise aus der westfälischen, rheinischen, hannoverschen und oldenburgischen Landeskirche als auch eine Propstei aus der braunschweigischen Landeskirche sowie der Synodalverband Grafschaft Bentheim. Im Folgenden werden diese unterschiedlichen Einheiten zwecks Erhöhung der Lesbarkeit unter dem Begriff „Kirchenkreis" zusammengefasst.
84 Die Erstellung der Anbieterlisten erfolgte zwischen April und Oktober 2015.

Zusätzlich wurden von allen vier an der Bildungsberichterstellung beteiligten Erwachsenenbildungsorganisationen Anbietererfassungen auf Ebene ihres Zuständigkeitsgebiets durchgeführt, sodass insgesamt 12 Anbieterlisten für einzelne Kirchenkreise und vier Anbieterlisten für die Zuständigkeitsgebiete der Erwachsenenbildungsorganisationen generiert werden konnten. Letztere sind allerdings in den meisten Fällen weniger umfassend als erstere, wie in Kapitel 4.3 weiter ausgeführt wird.

Tabelle 3 zeigt, welche Einrichtungen an der Anbietererfassung beteiligt waren und für welches Gebiet die Anbieter zusammengestellt wurden. Hier und im folgenden Text werden die Erfassungen auf Ebene der beteiligten Erwachsenenbildungsorganisationen als *überregionale Anbietererfassungen* und die auf Ebene der Kirchenkreise als *regionale Anbietererfassungen* bezeichnet. Bei den regionalen Erfassungen ist zusätzlich vermerkt, zu welcher Erwachsenenbildungsorganisation der jeweilige Kirchenkreis gehört.

Tab. 3: An der Anbietererfassung beteiligte Einrichtungen/Kirchenkreise

Einrichtung	Erhebungsgebiet
Überregionale Anbietererfassungen	
Ev. Erwachsenenbildungswerk Nordrhein	Ev. Kirche im Rheinland in Nordrhein-Westfalen
Ev. Erwachsenenbildungswerk Westfalen-Lippe	Ev. Kirche von Westfalen und Lippische Landeskirche
Ev. Erwachsenenbildung Thüringen	Ev. Kirche in Mitteldeutschland
Ev. Erwachsenenbildung Niedersachsen	Konföderation ev. Kirchen in Niedersachsen
Regionale Anbietererfassungen	
Ev. Erwachsenenbildungswerk Aachen	Kirchenkreis Aachen (Nordrhein)
Ev. Erwachsenenbildung Gladbach-Neuss	Kirchenkreis Gladbach-Neuss (Nordrhein)
Ev. Erwachsenenbildung Jülich	Kirchenkreis Jülich (Nordrhein)
Melanchthon-Akademie Köln	Kirchenkreis Köln-Mitte (Nordrhein)
Ev. Bildungswerk und Kirchenkreis Dortmund	Kirchenkreis Dortmund (Westfalen-Lippe)
Ev. Erwachsenenbildung Ennepe-Ruhr und Kirchenkreis Hattingen-Witten	Kirchenkreis Hattingen-Witten (Westfalen-Lippe)
Ev. Erwachsenenbildung und Kirchenkreis Minden	Kirchenkreis Minden (Westfalen-Lippe)
Ev. Erwachsenenbildung Münster	Kirchenkreis Münster (Westfalen-Lippe)
Kirchenkreis Ammerland	Kirchenkreis Ammerland (Niedersachsen)
Propstei Braunschweig	Propstei Braunschweig Niedersachsen
Kirchenkreis Hildesheim-Sarstedt	Kirchenkreis Hildesheim-Sarstedt (Niedersachsen)
Synodalverband Grafschaft Bentheim	Synodalverband Grafschaft Bentheim (Niedersachsen)

Um die Erstellung der Anbieterlisten anhand des gemeinsamen Kategoriensystems zu erleichtern und vertiefende Kenntnisse über die evangelische Erwachsenenbildung vor Ort zu erlangen, wurden mit allen an der Anbietererfassung beteiligten Expertinnen und Experten halbstandardisierte Leitfadeninterviews geführt.[85] Dabei führten die Diskussionen mit den Gesprächspartnerinnen und -partner zu verschiedenen Modifikationen innerhalb des Kategoriensystems und damit einhergehend zu einer Neuzuordnung einiger Einrichtungen. Die so aktualisierten Anbieterlisten wurden anschließend in einem diskursiven Verständigungsprozess zwischen allen an der Studie Beteiligten endgültig festgelegt.[86]

Die Beschreibung des methodischen Vorgehens sollte deutlich gemacht haben, dass die Anbieterlisten keine vollständige Darstellung von evangelischen Erwachsenenbildungseinrichtungen auf dem Gebiet der beteiligten Landeskirchen/Erwachsenenbildungsorganisationen erlauben. Sie dienen vielmehr der Exploration ausgewählter Erwachsenenbildungslandschaften und ihrer Gemeinsamkeiten und Unterschiede.

4.3 Das Kategoriensystem zur Anbietererfassung

4.3.1 Notwendigkeit und Funktion eines Kategoriensystems

Vor dem Hintergrund der konzeptionellen Grundsatzentscheidung zur Erstellung eines Bildungsberichts zum professionellen Bildungshandeln mit Erwachsenen in evangelischen Organisationen galt es, ein methodisches Instrumentarium zu entwickeln, das es ermöglicht, in dem schwer überschaubaren Feld der evangelischen Erwachsenenbildung die *Akteure* zu identifizieren und in einem Dokumentationssystem zu erfassen, die als „Anbieter" von Bildungsangeboten für Erwachsene öffentlich auftreten. Mit dem Begriff „Anbieter" wird dabei nicht nur die *Akteursdimension* betont; in diesem Begriff kommt auch zum Ausdruck, dass sich die evangelischen Anbieter von Erwachsenenbildung als *zivilgesellschaftliche Akteure* auf einem offenen Markt von Bildungsangeboten für Erwachsene bewegen. Dieser Bildungsbereich unterscheidet sich von den meisten der übrigen kirchlichen Handlungsfelder, die Gegenstand der Evangelischen Bildungsberichterstattung sind, dadurch, dass er vergleichsweise wenig durch staatliche Regelungen und Steuerungsinstrumente organisiert ist (vgl. Kap. 1.3). Außerdem gilt für ihn, dass nicht auf ein innerkirchlich entwickeltes und geteiltes Bildungsverständnis zurückgegriffen werden kann, das den spezifischen Lernbe-

---

[85] Die Interviews wurden zwischen April und Oktober 2015 in den beteiligten Einrichtungen durchgeführt und dauerten jeweils ca. eine Stunde. Alle Gespräche wurden aufgezeichnet und vollständig transkribiert. Die Auswertung der Interviews wird in Kapitel 4.5.1 weiter erläutert.

[86] Die letztgültige Kategorisierung wurde von dem Autorenteam und der projektbegleitenden Arbeitsgruppe vorgenommen, die somit für die hier vorgestellten Ergebnisse verantwortlich sind.

dingungen und -prozessen von Erwachsenen Rechnung trägt und das im Kontext der akademisch etablierten Disziplin „Erwachsenen- und Weiterbildung" reflektiert wird – wenngleich im Kontext der EKD und der DEAE sowie ihrer Mitgliedseinrichtungen in den vergangenen Jahrzehnten erhebliche Anstrengungen unternommen worden sind, ein beruflich-professionelles Kompetenzbewusstsein zu entwickeln.[87] Damit verbunden ist, insbesondere aus der Perspektive der von evangelischen Akteuren verantworteten Bildungsarbeit, das Problem, dass für die Rekonstruktion der Ordnung und Vielfalt dieses Bildungsbereichs nur sehr bedingt auf gesetzlich normierte Kriterien für die Identifikation von ‚institutionellen Bildungsakteuren' und ‚organisierten Bildungsangeboten' zurückgegriffen werden kann. Damit hängt auch zusammen, dass zu diesem Bildungsbereich nur teilweise valide statistische Daten zur Verfügung stehen, mit Ausnahme etwa der öffentlich geförderten Bildungsanbieter (vgl. Kap. 3.2 und 3.3).

Die Erarbeitung eines Kategoriensystems zur Anbietererfassung dient daher dem doppelten Zweck, sowohl ein geeignetes *Explorations- und Identifikationsinstrument* für die Erfassung von evangelischen Erwachsenenbildungsakteuren als auch ein empirisches *Ordnungs- und Dokumentationssystem* zu entwickeln – und dies so umfassend, dass sowohl öffentlich geförderte als auch nicht geförderte Einrichtungen berücksichtigt werden.

4.3.2 Bildungstheoretischer Bezugsrahmen: formal-pragmatisches Bildungsverständnis

Die bildungstheoretische und nicht zuletzt auch bildungspolitische Brisanz und Herausforderung der Entwicklung eines derart umfassenden Kategoriensystems ergibt sich nun daraus, dass mit dem thematischen Wechsel von dem begrenzten Begriff der „öffentlich geförderten evangelischen Erwachsenenbildung" zum „professionellen Bildungshandeln mit Erwachsenen in evangelischen Organisationen" die *professionstheoretischen und bildungspolitischen Anerkennungskriterien,* die der öffentlich geförderten evangelischen Erwachsenenbildung zugrunde liegen, einerseits nicht zum alleinigen (d.h. exklusiven) Maßstab der Identifizierung und Zurechnung von Einrichtungen als ‚Akteure' des Bildungshandelns mit Erwachsenen gemacht werden können, weil damit der Bildungsbereich exklusiv beschränkt würde. Andererseits stellen sie den einzigen Bezugsrahmen dar, von dem aus ein reflektiertes und öffentlich kommunizierbares Bildungsverständnis für das professionelle Bildungshandeln mit Erwachsenen formuliert werden

---

[87] Eine besondere Rolle spielte dabei die 1970 durch die EKD gegründete Evangelische Arbeitsstelle Fernstudium, deren Qualifizierungsangebote – insbesondere der Grundkurs Erwachsenenbildung – in Kooperation mit den Landesorganisationen der evangelischen Erwachsenenbildung durchgeführt wurden und für haupt- und ehrenamtliche Mitarbeitende offen waren.

kann, weil ein solches einrichtungsübergreifendes, von allen Akteuren der erweitert gedachten evangelischen Erwachsenenbildung geteiltes Bildungsverständnis nicht existiert. Für die vorliegende Studie ergibt sich daraus die paradoxe Situation, dass ein Bildungsverständnis vorausgesetzt werden muss, das nur das Ergebnis eines – möglicherweise durch diese Studie initiierten – zukünftigen Verständigungsprozesses zwischen den Akteuren sein kann. Angesichts dieser Situation wurde für die Konstruktion eines übergreifenden Kategoriensystems die praktische Konsequenz gezogen, dass nur ein *formal-pragmatisches Bildungsverständnis* vorausgesetzt werden kann, das nicht auf einen Konsens in den Wertorientierungen und den Auslegungen des ‚christlichen Menschenbildes' angewiesen ist und auch keine gemeinsamen Standards in der didaktischen und methodischen Orientierung verlangt.

Die formale Mindestbedingung für die Zurechenbarkeit zum Handlungsfeld professionelles Bildungshandeln mit Erwachsenen in evangelischen Organisationen ist ein reflexives pädagogisches Verhältnis, das sich auf die spezifischen Lernbedingungen und Lernprozesse von Erwachsenen bezieht. Entsprechend wurde ein an formal-institutionellen Kriterien orientiertes Bildungsverständnis definiert, wonach Anbieter erfasst werden, für deren Angebote mindestens die folgenden Kriterien gelten, die in einem deduktiv-induktiven Entwicklungsprozess erarbeitet worden sind:[88]

- Für die Angebote ist eine Person oder eine ihrem Selbstverständnis nach evangelische Institution benannt, die als Veranstalter das Angebot (d.h. sein Format und seine inhaltlich-methodische Gestaltung) pädagogisch verantwortet *(Kriterium: pädagogisch verantwortliche Akteure)*.
- Die Angebote sind als Teil eines Veranstaltungsprogramms oder selbst als spezifisches Bildungsprogramm zugänglich, aus dem erkennbar wird, dass es sich um eine wiederholte Praxis (also nicht einmalige Veranstaltung) handelt *(Kriterium: Programme als Indikator für verstetigtes Bildungshandeln)*.
- In den Ankündigungen der Angebote wird eine pädagogische Intention der Veranstaltung explizit benannt, die durch das Veranstaltungssetting realisiert werden soll *(Kriterium: explizites Bildungsziel bzw. Lernziel/didaktische Rahmung; bildungskonzeptionelle Einbettung im Rahmen von Programmschwerpunkten und Gesamtangebot der Einrichtung)*.[89]

---

88 Bei den genannten Kriterien handelt es sich um die Mindestanforderungen für non-formale Bildung; informelle Bildung (z.B. das Verfolgen einer Talkshow im Fernsehen, das Anhören eines Rundfunkbeitrages, die Teilnahme an Angeboten zum Gemeindeaufbau, zur Seelsorge, zur Geselligkeit, Events usw.) ist damit als Gegenstand der Erhebung ausgeschlossen.

89 Stichworte, die auf eine entsprechende pädagogische Intention hindeuten, sind beispielsweise Wissenserwerb, Kompetenzerwerb, Erwerb von Techniken, umfassende Reflexion und Persönlichkeitsbildung, Rekreation und Biographiearbeit etc.

– Die Angebote sind entweder öffentlich ausgeschrieben oder der Adressatenkreis ist in den Ausschreibungen genannt bzw. die Teilnahme an bestimmte Voraussetzungen gebunden (z. B. Berufsabschlüsse, vorangehende Teilnahme an Kursen u. a.) *(Kriterium: öffentliche Zugänglichkeit – bekannte Informationswege)*.

Unabhängig von dieser Definition eines formal-pragmatischen Bildungsverständnisses gelten für die Zurechenbarkeit von Einrichtungen die *Kriterien der nonformalen Bildung:* ihr grundsätzlicher Freiwilligkeitscharakter, ein intentionales organisiertes Lernangebot, offene Lernprozesse, die von der Selbsteinschätzung bis zu formell überprüften und zertifizierten Abschlüssen reichen können, und nicht festgelegte Lernorte, die in der Regel außerhalb der klassischen Bildungsinstitutionen liegen.

4.3.3 Das Kategoriensystem: Einrichtungen mit der Haupt- und Nebenaufgabe Erwachsenenbildung

Auf Grundlage dieses Bildungsverständnisses wurde ein Kategoriensystem entwickelt, das den Anspruch hat, die historisch bedingte Vielfalt an institutionalisiertem professionellen Bildungshandeln mit Erwachsenen in evangelischen Organisationen möglichst umfassend und adäquat wiederzugeben. Für die Struktur dieses Kategoriensystems ist eine grundsätzliche Differenzierung vorgenommen worden:[90] Es werden Anbieter, deren *Hauptaufgabe* im Sinne eines ausschließlichen Organisationszwecks darin besteht, Bildungsangebote für Erwachsene zu machen, von den Anbietern unterschieden, zu deren Organisationszwecken diese Bildungsangebote als *Nebenaufgabe* gehören. Bei den zuletzt genannten ist das professionelle Bildungshandeln mit Erwachsenen in ein differenziertes Aufgabenspektrum als eine Funktion neben anderen integriert oder erweitert das traditionelle Organisations- und Aufgabenverständnis. Von Erwachsenenbildung als „Nebenaufgabe" der Einrichtung wird in einem ganz formalen Sinne also dann gesprochen, wenn Bildungshandeln mit Erwachsenen in das Aufgaben- und Organisationsprofil der Einrichtung zwar „eingebettet" ist, aber als eigenständige Aufgabe organisiert und wahrgenommen wird.[91] Bildungsangebote für Erwachsene zu organisieren, ist dabei ein spezifischer Handlungsmodus, um sowohl

---

90 Siehe auch Dietrich (2008). Die im Folgenden beschriebene Differenzierung war in gewisser Weise auch in der Organisationsstruktur der DEAE durch ihre „Zwei-Säulen-Struktur" vorgebildet: Die erste Säule umfasst die öffentlich anerkannten Landesorganisationen der evangelischen Erwachsenenbildung in den Bundesländern. Die zweite Säule umfasst „Werke und Verbände".

91 Der Terminus „Bildung als Nebenaufgabe" entspricht somit dem von Wiltrud Gieseke entwickelten Begriff der „beigeordneten Bildung", welcher innerhalb der Angebots- und Programmforschung von Erwachsenen- und Weiterbildungseinrichtungen

in Gestalt der Mitarbeitendenschulung und -fortbildung die übergeordneten Organisationsziele der jeweiligen Eirichtung zu erreichen als auch durch offene Angebotsformen für Erwachsene, die nicht der Organisation unterstellt sind, individuelle Bildungsinteressen und -bedürfnisse zu erfüllen.[92]

Die genannte Grundunterscheidung verfolgt zum einen das Ziel, die Bildungsarbeit mit Erwachsenen in den hier untersuchten Regionen soweit wie möglich in ihrem vollen Umfang zu ermitteln; zum anderen wird damit auch der Tatsache Rechnung getragen, dass professionelles Bildungshandeln mit Erwachsenen in evangelischen Organisationen nicht ausschließlich an exklusive Bildungsinstitutionen gebunden ist und Bildung zum Teil eine wesentliche Funktion für die Realisierung der jeweiligen Organisationsziele der Einrichtungen erfüllt. Insofern wäre die Bildungsarbeit in den Organisationen mit Erwachsenenbildung als Nebenaufgabe vielfach mit der „betrieblichen Erwachsenen- und Weiterbildung" vergleichbar, die auf die internen Organisationszwecke der Unternehmen und die Qualifizierung der Mitarbeitenden bezogen ist. Unter diesem Gesichtspunkt kommt der genannten Unterscheidung eine erhebliche konzeptionelle Bedeutung zu, weil durch diese Grundunterscheidung in der Anbietererfassung das Verhältnis zwischen der allgemeinen und der beruflichen und betrieblichen Erwachsenenbildung zum Thema eines innerkirchlichen Diskurses wird. Zugleich wird damit jedoch auch das zentrale Ausschlusskriterium in der öffentlich geförderten Erwachsenenbildung eingezogen, das Bildungsangebote, die auf die eigene Organisation gerichtet sind und dominant organisationsspezifische Interessen verfolgen, aus nach Kriterien der Weiterbildungsgesetze förderungsfähigen Bildungsangeboten ausschließt. Im Interesse einer umfassenden Erhebung wurde in der vorliegenden Studie dieses Vorgehen gewählt, auch wenn dabei nicht durchgängig das Kriterium der uneingeschränkten öffentlichen Zugänglichkeit gewahrt werden kann, da manche der Angebote auch nur durch interne Verteiler bekannt gegeben werden. Das entscheidende Argument für diese Vorgehensweise ist jedoch die Absicht, mit dem vorgelegten integrierten Kategoriensystem das professionelle Bildungshandeln mit Erwachsenen in evangelischen Organisationen als ein identifizierbares und zusammenhängendes Handlungsfeld und einen kohärenten kirchlichen Verantwortungskontext zu konzipieren. Dabei spielen die öffentlich anerkannten und geförderten Bildungsanbieter zwar in erwachsenen-

---

und anderen Akteuren/Anbietern (z.B. Museen, Kulturvereinen u.a.) relevant ist (vgl. Gieseke u.a. [2005]; Gieseke [2008]).

92 Ein Beispiel ist die Organisation von thematischen Ausstellungen durch Kirchengemeinden oder Verbände mit einem Begleitprogramm. Weitere Beispiele sind Bildungsangebote diakonischer Einrichtungen für pflegende Angehörige. In den Erwachsenenbildungswerken überschneiden sich solche auf die ‚Organisation Kirche' bezogenen Fortbildungsangebote mit solchen, die organisationsunabhängig der Befähigung für die Wahrnehmung ehrenamtlicher Engagementformen dienen.

pädagogischer Hinsicht eine herausgehobene Rolle; aus der Perspektive kirchlichen Leitungshandelns sind sie jedoch in organisationspolitischer und struktureller Hinsicht und im Blick auf die Relevanz der Bildungsarbeit mit allen anderen evangelischen Anbietern von Bildungsangeboten für Erwachsene gleichgestellt.

Ausdrücklich zu betonen ist in diesem Zusammenhang, dass die kategoriale Grundunterscheidung der Anbieter nach Einrichtungen mit Erwachsenenbildung als Hauptaufgabe und solchen Einrichtungen, für die Bildung mit Erwachsenen keine Hauptaufgabe darstellt, per se nichts über Art, Umfang und Qualität ihres Bildungshandelns mit Erwachsenen besagt.

4.3.4 Kommentierung des Kategoriensystems zur Anbietererfassung

Anbieter mit der Hauptaufgabe Erwachsenenbildung

In der Gruppe der Einrichtungen mit der Hauptaufgabe Erwachsenenbildung finden sich sowohl öffentlich geförderte als auch nicht öffentlich geförderte Einrichtungen, wie das Kategoriensystem ausweist (vgl. Tab. 4 in Kap. 4.3.5). Die institutionelle historische Entwicklung der evangelischen Erwachsenenbildung geht zum einen auf die nach dem Ersten Weltkrieg gegründeten *Evangelischen Heimvolkshochschulen* (Kategorie 1.3 in Tab. 4) zurück, die aus der Adaption der von N. F. S. Grundtvig entwickelten Bildungskonzeption entstanden, und zum anderen auf die nach dem Zweiten Weltkrieg in allen westlichen Landeskirchen etablierten *Evangelischen Akademien* (Kategorie 1.1). Für diesen besonderen „kirchlichen Arbeitstypus"[93] gab es – außer der Idee der neuzeitlichen Akademien als wissenschaftliche Forschungsstätten im Unterschied zu universitären Lehrstätten – keine expliziten historischen Vorbilder. Eine Weiterentwicklung sind dann die Stadtakademien und andere städtische Bildungsanbieter, die sich häufig als „Evangelisches Forum" bezeichnen (Kategorie 1.2). Für sie ist kennzeichnend, dass sie sich an ein akademisch vorgebildetes Publikum wenden, während sich die „Bildungszentren im ländlichen Raum" als „Heimvolkshochschulen" ausdrücklich auch an Bevölkerungsschichten mit niedrigeren Bildungsabschlüssen richten.

In ähnlicher Weise wurde mit den *Evangelischen Familienbildungsstätten* (Kategorie 1.7) eine besondere zielgruppenbezogene kirchliche Aufgabe institutionalisiert, wobei hervorzuheben ist, dass sie ihre ursprünglich geschlechter- und rollenspezifisch ausschließlich auf Frauen ausgerichtete Orientierung als Mütterschulen (oft auch in Verbindung mit Müttererholungseinrichtungen) zugunsten der Lebensform Familie erweitert haben.

Die bisher genannten Organisationstypen haben als strukturelles Merkmal die kirchliche Trägerschaft mit den traditionellen kirchlichen Laienverbänden gemeinsam, die sich – wie beispielsweise die Innere Mission – neben den obrigkeitsstaatlich verfassten protestantischen Kirchen nach 1848 aus der Eigeniniti-

---

93 Vgl. Evangelische Akademien in Deutschland e. V. (1997), S. 1.

Bildungsbericht

ative von Laien zur Wahrnehmung kirchlich-diakonischer Aufgaben entwickelt haben. Hinsichtlich des Kriteriums der Aufgabenorientierung sind die *Evangelischen Erwachsenenbildungswerke und regionalen Bildungsstätten* (Kategorie 1.4) und die *„Evangelischen Dachorganisationen/Landesorganisationen für Erwachsenenbildung"* (Kategorie 1.5) in organisationstheoretischer und -soziologischer Hinsicht institutionelle ‚Neuerfindungen', weil ihr Existenzgrund und ihre Funktion darin besteht, *als kirchliche Trägerorganisation einen öffentlichen Bildungsauftrag* in einem Bildungsbereich zu vertreten, in dem es keine dafür entwickelten Institutionalformen – außer den beiden genannten (Heimvolkshochschulen und Akademien)[94] – gegeben hat. In organisationssoziologischer Hinsicht sind die Bildungswerke als neue Organisationsform durch die folgenden Funktionsmerkmale bestimmt:

– Sie treten als eigenständige Bildungsanbieter mit einem durch sie selbst verantworteten und organisierten Bildungsprogramm auf;
– sie unterstützen und beraten die erwachsenenpädagogische Arbeit der Kirchengemeinden und anderer Organisationen evangelischer Bildungsarbeit aus der Perspektive professionellen Bildungshandelns;
– sie fassen die in den Gemeinden organisierten und durchgeführten erwachsenenpädagogischen Veranstaltungen zusammen und integrieren sie in das System der öffentlich anerkannten und geförderten Erwachsenenbildung;
– sie sind aus der Perspektive des Staates als (Mit-)Finanzier der Garant für die erwachsenenpädagogische Qualität der Bildungsangebote ihrer Mitgliedseinrichtungen, wie z. B. Kirchengemeinden, Vereine und Verbände.

Innerhalb des gesamten von den Kirchen verantworteten Bildungsbereichs verdankt sich diese neue, kooperative Organisationsstruktur der öffentlich geförderten evangelischen Erwachsenenbildung den besonderen Bedingungen einer staatlichen Beteiligungsfinanzierung, für die die Durchführung von Unterrichtsstunden und ihre Dokumentation die materielle Basis bildet. Aufgrund dieser staatlichen Finanzierungsform, deren Umfang und strukturelle Relevanz für die Reproduktion der Einrichtungen unterschiedlich ausfällt, sind die Bildungswerke in einem hohen Maß auch von staatlichen Rahmenvorgaben abhängig. Nach der Einführung von Ländergesetzen zur Erwachsenen- und Weiterbildung haben diese staatlichen Steuerungsvorgaben ihren deutlichsten und wirksamsten Ausdruck in der Forderung gefunden, anerkannte Qualitätsmanagementsysteme in den Bildungswerken und Landesorganisationen einzuführen.[95]

---

94 Ergänzend ist jedoch darauf hinzuweisen, dass vor allem in der Evangelischen Kirche von Westfalen die Idee von ‚übergemeindlichen Bildungsorten' (Tagungszentren) durch den Aufbau von Bildungszentren in der Trägerschaft eines oder mehrerer Kirchenkreise verwirklicht worden ist.
95 Hier ist nicht der Ort, den komplexen historischen Konstitutionszusammenhang der institutionalisierten und öffentlich geförderten evangelischen Erwachsenenbildungs-

Mit dem hier als *Fachstellen für spezielle Bildungsangebote* (Kategorie 1.6) definierten Organisationstypus kommt ein weiteres dynamisches Entwicklungsmoment in die Struktur des Kategoriensystems. In dieser Kategorie sind Einrichtungen zusammengefasst, die entstanden sind, weil sich neue Herausforderungen und Aufgabenstellungen ergeben haben, die aus der Sicht kirchenleitender Instanzen als Ausdruck des institutionellen Selbstverständnisses von Kirche wahrzunehmen und als solche zu verantworten sind. Für die wahrzunehmenden Aufgaben gibt es kein einheitliches Merkmal; insofern verkörpern diese Einrichtungen ganz unterschiedliche ‚Aufgabendefinitionen', die durch ihre Institutionalisierung auf Dauer gestellt sind und die im Modus von ‚Bildung' bewältigt werden (z. B. Evangelisches Zentrum für Quartiersentwicklung in Düsseldorf, Gewalt Akademie Villigst).

Die *Einrichtungen mit Bildungsangeboten für Ehrenamtliche* (Kategorie 1.8) sind Ausdruck des Interesses und der Notwendigkeit der Kirchen, ihre nicht ordinierten Mitglieder für Leitungs- und andere Aufgaben zu qualifizieren. Sie ermöglichen dadurch im Sinne der Persönlichkeitsbildung sowohl die individuelle Entfaltung von Fähigkeiten als auch die Partizipation an der Verantwortung für das Leben in der Kirche und ihre gesellschaftliche Wirksamkeit. Diese Einrichtungen sind als eigenständiger Organisationstypus nicht in allen am Bildungsbericht beteiligten Landeskirchen entwickelt. Wo dieser Organisationstypus nicht existiert, kann davon ausgegangen werden, dass die Funktion der Qualifizierung und Fortbildung von ehrenamtlichen Mitarbeitenden der Kirche als Teilaufgabe von den *Dachorganisationen der Erwachsenenbildung* (Kategorie 1.5) und den *regionalen Bildungsstellen/Erwachsenenbildungswerken* (Kategorie 1.4) wahrgenommen wird.

Wie oben dargelegt, werden in der vorliegenden Studie auch Einrichtungen berücksichtigt, die sich mit ihren Bildungsangeboten ausschließlich an hauptamtliche kirchliche Mitarbeitende richten. Die *Fortbildungsinstitutionen für Hauptamtliche* (Kategorie 1.9) repräsentieren das Prinzip ‚Weiterbildung' in der Institution Kirche in dem Sinne, wie es im „Strukturplan für das Bildungswesen" 1970 vom Deutschen Bildungsrat definiert wurde: Sie ermöglichen „die Fortsetzung oder Wiederaufnahme organisierten Lernens" für kirchliche Berufsgruppen in einem bezahlten Anstellungsverhältnis[96], beispielsweise für Pfarrerinnen und

---

arbeit darzustellen, wie sie unter dem Einfluss der inhaltlichen Bestimmungen und als Wirkung der finanziellen Förderung möglich wurde. Entsprechende historische, methodologisch anspruchsvoll reflektierte Studien, auf die hier verwiesen werden könnte, liegen leider nicht vor. Für einen Ansatz, der sich jedoch nur auf eine sehr schmale empirische Basis stützt (die thematische Gestaltung der im Zehnjahresabstand begangenen Jubiläen der DEAE und der dabei entstandenen Dokumente), vgl. Seiverth (2013), S. 13–69.

96 Das Kriterium des „bezahlten Anstellungsverhältnisses" dient dabei nur in einem formalen Sinne als Unterscheidungsmerkmal zwischen den Organisationstypen 1.8 und 1.9.

Pfarrer, Lehrerinnen und Lehrer oder für Gemeindepädagoginnen und -pädagogen. Andere Berufsgruppen (etwa Diakone und Diakoninnen oder ehrenamtlich tätige Personen wie z. B. Kirchenführerinnen und Kirchenführer) sind in eigenen Verbänden organisiert, die die Aufgabe der Fort- und Weiterbildung eigenständig organisieren. Einen Sonderfall stellen die im staatlichen Schuldienst tätigen und aus öffentlichen Mitteln bezahlten Religionslehrkräfte dar[97], die auch unter die Kategorie der hauptamtlichen kirchlichen Mitarbeitenden subsumiert werden, weil sie einen öffentlichen Auftrag der Kirchen in den Schulen wahrnehmen und ihre Fort- und Weiterbildung in der Regel in den unter 1.9 gefassten Einrichtungen stattfindet. Aus diesem Grund werden auch Schulreferate dieser Kategorie zugeordnet.

Bei dieser Kategorie ist anzumerken, dass das Kriterium der „Freiwilligkeit der Teilnahme" kein durchgängiges Prinzip sein kann, weil für hauptamtliche kirchliche Mitarbeitende auch Fortbildungspflichten bestehen können. Inwieweit im Gesamtbereich der durch dieses Kategoriensystem erfassten Einrichtungen die Teilnehmenden etwa durch ihre Anstellungsträger zur Wahrnehmung von Bildungsangeboten verpflichtet werden, ist eine offene Frage. Auch das Kriterium der offenen Zugänglichkeit und der öffentlichen Bekanntmachung kann durch die Angabe von Teilnahmevoraussetzungen und durch interne Kommunikationswege eingeschränkt sein.

Schließlich fasst die Kategorie der *hybriden Bildungszentren* (Kategorie 1.10) Neubildungen von Organisationen zusammen, die aus Integrations- und Fusionsprozessen bestehender Organisationen hervorgehen, sowie Einrichtungen, die mehreren der zuvor diskutierten Kategorien angehören. Die unterschiedlichen Motive für die Initiierung und Durchsetzung von organisationalen Wandlungsprozessen können an dieser Stelle nicht weiterverfolgt werden; sie werden hier als empirisches Faktum benannt, um die im Kategoriensystem selbst nicht abbildbare geschichtliche institutionelle Prozess- und Entwicklungslogik der evangelischen Erwachsenenbildung zumindest zu thematisieren, ohne sie an dieser Stelle zu vertiefen.

Die Kategorie *Sonstige* (Kategorie 1.11) ist gleichsam ein „Auffangbegriff", um auch Einrichtungen berücksichtigen zu können, für die sich keine hinreichend konsistente Merkmalsdefinition finden ließ, die jedoch in Übereinstimmung mit den befragten Expertinnen und Experten für relevante Bildungsanbieter gehalten werden.[98]

---

97 Die im Schuldienst als Religionslehrkräfte tätigen Pfarrerinnen und Pfarrer bleiben „Angestellte" der Kirchen, deren Tätigkeit seitens des Staates durch Unterrichtspauschalen an die Kirchen vergütet wird.

98 Eine solche Residualkategorie ist daher ein Hinweis auf die möglicherweise zu erweiternde oder zu vertiefende Systematik der vorliegenden Kategorisierung.

4.3 Das Kategoriensystem zur Anbietererfassung

Anbieter mit der Nebenaufgabe Erwachsenenbildung

Während sich in der Oberkategorie der „Anbieter mit der Hauptaufgabe Erwachsenenbildung" sowohl öffentlich geförderte als auch nicht geförderte Einrichtungen finden, fasst die Oberkategorie der „Anbieter mit der Nebenaufgabe Erwachsenenbildung" ausschließlich Einrichtungen bzw. organisationale Einheiten zusammen, für deren Bildungsaktivitäten keine oder nur in Ausnahmefällen eine direkte finanzielle Förderung durch die Weiterbildungsgesetze/-richtlinien der Länder erfolgt. Hierzu gehören beispielsweise Kirchenkreise und Kirchengemeinden, wobei die formelle Einbeziehung der Kirchengemeinden als Lernorte[99] eine pädagogisch-institutionelle Voraussetzung dafür war, dass der für die öffentlich geförderte evangelische Erwachsenenbildung charakteristische kooperative Organisationstypus des ‚Bildungswerks' entstehen konnte.

Kirchengemeinden (Kategorie 2.1) und *Kirchenkreise* (Kategorie 2.2) gehören als Träger von Bildungsangeboten für Erwachsene in zum Teil sehr vielfältigen Formaten unter einem ekklesiologisch-systematischen Gesichtspunkt zwar in die hier entwickelte Anbietertypologie, konnten jedoch aus arbeitsökonomischen Gründen in der Anbietererfassung nicht berücksichtigt werden. Eine Untersuchung aller Kirchengemeinden und Kirchenkreise hinsichtlich der Frage, in welchem Umfang sie Bildungsangebote im Sinne des hier vorgebrachten formalpragmatischen Bildungsverständnisses durchführen, war angesichts begrenzter Projektressourcen nicht möglich. Gleichzeitig muss ausdrücklich betont werden, dass es eine Reihe von Kirchengemeinden und -kreisen gibt, die sich – nimmt man ein veröffentlichtes Veranstaltungsprogramm als Maßstab – als eigenständige Bildungsakteure verstehen und als solche öffentlich in Erscheinung treten.[100]

Eine institutionell schillernde Bezeichnung sind *Ämter* (Kategorie 2.3), die entweder als funktionale „Dachorganisation" erscheinen und dann mehrere thematisch ausgerichtete Abteilungen umfassen oder als institutionalisierte Dienste, die sich auf einen wesentlichen kirchlichen Handlungsbereich beziehen, also z.B. als „Amt für missionarische Dienste" oder „Amt für Jugendarbeit". Die eindeutige Zuordnung gestaltete sich wegen dieses uneinheitlichen terminologischen Gebrauchs der Bezeichnung „Amt" als schwierig.

Demgegenüber umfasst der Organisationstypus *Citykirchen* (Kategorie 2.4) ein klares Handlungsprogramm, in das Bildungsangebote als regelmäßig wiederkehrende Elemente integriert und oftmals mit anderen kulturellen Angeboten

---

99 Ein Verständnis der „Gemeinde" als Lernort ergibt sich allerdings auch aus theologisch immanenten Gründen aus Martin Luthers Kritik an dem geistlichen Statusunterschied zwischen Laien und Priestern, durch den die revolutionäre Dynamik der frühreformatorischen Bewegung in Gang kam. Vgl. Kaufmann (2009), S. 271–272.

100 Die große Bedeutung von Kirchengemeinden und -kreisen als Anbieter von Erwachsenenbildung wird auch in verschiedenen Experteninterviews hervorgehoben (vgl. Kapitel 4.5).

(z. B. Konzerte, Ausstellungen, thematische Gottesdienste) verbunden sind. Auch bei den Citykirchen handelt es sich um organisatorische und konzeptionelle Neuerfindungen, bei denen oftmals auch an besondere spirituelle Traditionen der jeweiligen Kirche und ihren städtischen Kontext angeknüpft wird.

Ebenso werden bei den *Einkehrhäusern und Pilgerzentren* (Kategorie 2.5) spirituelle Traditionen wiederbelebt und fortgeführt, wobei insbesondere Elemente der Persönlichkeitsbildung mit religiös-spirituellen Praktiken und Erfahrungen und ihrer Ermöglichung (Meditation, Wandern, Andachten an besonderen Orten) verbunden werden.

Evangelische Studierendengemeinden (Kategorie 2.6) sind an Standorte der Universitäten gebunden. Aus der Selbstbezeichnung als „Gemeinden" einerseits und die Bindung an den Lebensabschnitt des Hochschulstudiums andererseits ergibt sich, dass Angebote der Erwachsenenbildung unmittelbar mit einer zeitlich begrenzten Lebensform verbunden sind.

Eine organisationspolitische Neubildung stellen ebenfalls die *Familienzentren* (Kategorie 2.7) dar, da sie aus der zielgerichteten konzeptionellen und strukturellen Weiterentwicklung von evangelischen Kindertagesstätten entstehen. Ihrem Selbstverständnis liegt ein bewusst weit gefasster, wohnortnaher Unterstützungsauftrag für Familien zugrunde.[101] Als Leitidee orientieren sie sich an dem Terminus der Erziehungs- und Bildungspartnerschaft von Einrichtung und Eltern. Im Blick auf die Kooperation mit den Eltern sind die „Arbeitsformen" eines Familienzentrums „Begegnung, Bildung und Beratung". In struktureller Hinsicht bilden Familienzentren Netzwerke, die den schnellen Austausch mit anderen familienunterstützenden Einrichtungen (Beratungsstellen, Arztpraxen, Jugendämtern u. a.) und die Inanspruchnahme von deren Hilfsangeboten ermöglichen.

Die Bezeichnung *Einrichtungen mit der Zielgruppe Familie* (Kategorie 2.8) wurde eingeführt, um die landeskirchlichen Dachorganisationen der evangelischen Familienbildung der an der Studie beteiligten Landeskirchen mit erfassen zu können. Die *Einrichtungen der Frauenarbeit und der Männerarbeit* (Kategorien 2.9 und 2.10) werden vor dem Hintergrund theologischer Transformationen der traditionellen „naturständischen Seelsorge" zu einer biografisch und dezidiert geschlechterbewussten Bildungs- und Seelsorgearbeit und damit verbundener gesellschaftsbezogenen Engagementformen als wichtige evangelische Bildungsakteure in das Kategoriensystem einbezogen. Unter dem Aspekt, dass Frauen und Männer als „Erwachsene" vorgestellt und angesprochen werden, ist die geschlechterbezogene Bildungsarbeit auf landeskirchlicher Ebene teilweise

---

101 Es gibt zahlreiche Darstellungen von Familienzentren zu ihren Selbst- und Aufgabenverständnis für den evangelischen Kontext. Vgl. Diakonisches Werk evangelischer Kirchen in Niedersachsen e.V. (DWiN); evangelische arbeitsgemeinschaft familie in Niedersachsen (eaf) (2015).

4.3 Das Kategoriensystem zur Anbietererfassung

Teil der Erwachsenenbildungswerke oder bildet eigene (auch öffentlich nach den Erwachsenenbildungsgesetzen anerkannte) Organisationszusammenhänge.

Mit den *Einrichtungen der Jugendarbeit* (Kategorie 2.11) wird die an Lebenslagen und Lebensaltern orientierte institutionelle Ausdifferenzierung der kirchlich verantworteten Bildungsarbeit im Blick auf die nachwachsende Generation sichtbar. Diese Einrichtungen sind als Teil des professionellen Bildungshandelns mit Erwachsenen in evangelischen Organisationen deshalb zu identifizieren und im Kategoriensystem zu berücksichtigen, weil in ihnen die Qualifizierung und Fortbildung von – besonders auch ehrenamtlich tätigen – Mitarbeitenden ein Element des Organisationsauftrags darstellt. Das lebensalterbezogene Pendant der „Altenbildung" erscheint demgegenüber im Kategoriensystem nicht als eigenständige Institutionalform, da sie in den am Bildungsbericht beteiligten Landeskirchen als ein Arbeitsschwerpunkt in die Erwachsenenbildung integriert ist.[102] Teilweise stellt sie auch eine eigene Zielgruppenorientierung in der Frauen- und Männerarbeit dar. Unter dem Aspekt der Pflege und Erhaltung eines eigenständigen Lebens im Alter ist die Altenarbeit ein wesentlicher Schwerpunkt in den Diakonischen Werken der Landeskirchen und des Dachverbandes des Diakonischen Werks Deutschland.

Ähnlich wie Kirchengemeinden und -kreise sind *evangelische Büchereien und Medienzentralen* (Kategorie 2.12) als Bildungsakteure unter dem Gesichtspunkt der Vollständigkeit und der Relevanz im Kategoriensystem zwar berücksichtigt, konnten aber aus arbeitsökonomischen Gründen nicht flächendeckend erfasst werden, da nicht für jede Einrichtung geklärt werden konnte, ob und in welchem Umfang „organisiertes Lernen" mit didaktisch-methodischer Rahmung und ausgewiesenen Lernzielen stattfindet. Unbestritten ist dies allerdings bei den landeskirchlichen Medienzentralen und Büchereifachstellen der Fall, weshalb diese in den Anbieterlisten aufgeführt werden.

Die *Einrichtungen der Diakonie und die in diakonischen Arbeitsfeldern tätigen Einrichtungen* (Kategorie 2.13) haben ihren gemeinsamen Orientierungspunkt darin, dass sie in einem spezifischen Sinne das Grundverständnis von Diakonie als „gelebter Nächstenliebe" verkörpern. Für die Zuordnung der Einrichtungen zu dieser Kategorie wurde zum einen die juristische Trägerschaft der Diakonie

---

102 Auf EKD-Ebene wurde 1992 die Evangelische Arbeitsgemeinschaft für Altenarbeit (EAfA) als Reaktion auf den demographischen Wandel gegründet, die vor allem von den Evangelischen Landeskirchen getragen wird. Von den in ihr vertretenen Verbänden und Werken ist die DEAE die einzige explizit als Bildungsorganisation ausgewiesene Einrichtung. In der EAfA werden unterschiedliche Aspekte der auf die ältere Generation (identisch mit den nachberuflichen Lebensaltern) bezogenen kirchlichen Arbeit bearbeitet und reflektiert. Eine gesonderte und eigenständige Organisationsform der „Seniorenarbeit" gibt es in der Evangelischen Erwachsenen- und Familienbildung in Württemberg (EAEW).

auf regionaler oder lokaler Ebene zugrunde gelegt; zum anderen handelt es sich um Einrichtungen, die für eine spezifische Form der seelsorglichen Zuwendung stehen (Telefonseelsorge, Suchthilfe, Hospizarbeit u.a.) und die die dafür erforderlichen Qualifizierungs- und Fortbildungsmöglichkeiten ihrer Mitarbeitenden verantworten.

Die unter den Ordnungsziffern 2.14 – 2.17 genannten Einrichtungen spiegeln ein charakteristisches Element der Entwicklungsdynamik in der evangelischen Erwachsenenbildung: Es handelt sich um Einrichtungen, deren Organisationsgrund und -zweck sich aus der Wahrnehmung eines für das Selbstverständnis der Kirche konstitutiven Themas und einer spezifischen Aufgabe ergibt. Dabei beziehen sich die *Einrichtungen mit thematischem Schwerpunkt Kirchenmusik/ Gottesdienst* (Kategorie 2.14) auf das interne religiös-kultische Zentrum, die Gottesdienste und ihre musikalische Gestaltung, während die folgenden *Einrichtungen mit den thematischen Schwerpunkten Ökumene/interreligiöse Arbeit* (Kategorie 2.15), *Migration/Flucht* (Kategorie 2.16) und *gesellschaftliche Verantwortung* (Kategorie 2.17) unterschiedliche gesellschaftliche Problemlagen und Bedürfnisse bearbeiten, für die die Kirche eine besondere Verantwortung übernimmt.

Schließlich wurde auch für diese zweite Gruppe die Residualkategorie *Sonstige* (2.18) aufgenommen, weil sich auch hier Einrichtungen finden, für die sich aufgrund ihrer heterogenen inhaltlichen Ausrichtung kein einheitlicher und repräsentativer Begriff finden ließ, die jedoch in das Gesamtspektrum der jeweiligen regionalen Bildungslandschaft gehören.

4.3.5 Zusammenfassende Bemerkungen zum Kategoriensystem

Betrachtet man die Anbieterkategorisierung von *Einrichtungen mit der Hauptaufgabe Erwachsenenbildung* zusammenfassend, dann lässt sich feststellen, dass sich in ihr sowohl die historische Entwicklung der Erwachsenenbildung in kirchlicher Verantwortung gleichsam in einer „historischen Schichtung" bzw. Abfolge (Bildungszentren im ländlichen Raum/Heimvolkshochschulen, Akademien, Stadtakademien) spiegelt als auch die durch die Erwachsenenbildungsgesetze der Bundesländer ermöglichten Einrichtungsformen (regionale Bildungsstellen/ -werke) und die bildungspolitischen Vertretungs- und Dachorganisationen als neue Organisationstypen sichtbar werden. Unter einem geschichtlichen Aspekt sind auch die Familienbildungsstätten mit ihren generationenübergreifenden Bildungsangeboten seit den 1950er Jahren zur „historischen Entwicklungsmatrix" einer sich im historischen Verlauf weiter ausdifferenzierenden zielgruppen- und themenspezifischen evangelischen Erwachsenenbildung zu rechnen. Für die drei weiteren Anbietertypen ist der übergreifende Bezugspunkt ihre Funktion für die Fortbildung von kirchlichen Mitarbeitenden, wobei die nach 2000 in einigen

Landeskirchen – allerdings nicht in den an dem Bildungsbericht beteiligten – initiierte Entwicklung der Einrichtungen für Ehrenamtliche zum Teil auch zu dem neuen Organisationstypus der „Ehrenamtsakademien" geführt hat, während die Fortbildungsinstitutionen für Hauptamtliche (Pastoralkollegs und Pädagogisch-Theologische Institute) schon seit mehreren Jahrzehnten bestehen. Zusammen mit den Fachstellen für spezielle Bildungsangebote handelt es sich bei ihnen um Einrichtungen, die im strengen Sinn häufig das ‚betriebliche Interesse' der Institution Kirche repräsentieren.

Während die Oberkategorie *Einrichtungen mit der Hauptaufgabe Erwachsenenbildung* 11 Unterkategorien umfasst, sind für die Oberkategorie *Einrichtungen mit der Nebenaufgabe Erwachsenenbildung* insgesamt 18 Unterkategorien aufgeführt. Bereits dieser Unterschied verweist darauf, dass sich letztere Anbietergruppe als äußerst vielfältig darstellt, wobei sich diese Vielfalt in verschiedenen Dimensionen manifestiert: Das übergreifende Merkmal der Kategorien 2.1 bis 2.7 ist ihr institutioneller Charakter, wobei in ihrer Selbstbezeichnung die Funktion bzw. ihr Organisationszweck zum Ausdruck kommt. Das verbindende Merkmal der folgenden vier Organisationsarten (Kategorien 2.8 – 2.11) ist ihre Zielgruppenorientierung. Die restlichen Kategorien 2.12 – 2.17 sind demgegenüber durch ihre jeweilige thematische Ausrichtung charakterisiert: Dies gilt für evangelische Büchereien und Medienzentralen ebenso wie für Einrichtungen der Diakonie bzw. „Einrichtungen, die in diakonischen Arbeitsfeldern tätig sind" sowie für Einrichtungen mit den thematischen Schwerpunkten „Ökumene/interreligiöse Arbeit", „Flucht/Migration" und „gesellschaftliche Verantwortung." Die letztgenannten Kategorien zeigen an, dass sich organisatorische Zusammenschlüsse in unterschiedlicher Rechtsform mit speziellen Aufgaben und Bildungstätigkeiten bezogen auf gesellschaftliche und kirchliche Handlungsgebiete und Problemlagen befassen, wobei der Handlungstypus „Bildung" in andere wie Beratung, Begegnung, Begleitung und Vernetzung eingebettet ist.

Während die Kategorien der *Einrichtungen mit der Hauptaufgabe Erwachsenenbildung* überwiegend Institutionalformen bezeichnen, die im Diskurs der evangelischen Erwachsenenbildung lange etabliert und bekannt sind und die aus diesem Grund zumeist eindeutig voneinander abgrenzbar sind, ist dies für die Kategorien, die *Einrichtungen mit der Nebenaufgabe Erwachsenenbildung* erfassen sollen, nicht immer der Fall. So gehören beispielsweise Frauen- und Männerreferate einerseits institutionell zu den Kirchenkreisen, wenden sich aber andererseits an bestimmte Zielgruppen. Zudem kommt es vor, dass Einrichtungen aufgrund ihrer multifunktionalen Zweckbestimmung mehr als einer Kategorie zugeordnet werden können. In diesen Fällen wurden die Einrichtungen derjenigen Kategorie zugeordnet, die ihre Arbeit primär charakterisiert.

Ein weiteres charakteristisches Merkmal für die als *Einrichtungen mit der Nebenaufgabe Erwachsenenbildung* zusammengefassten Organisationstypen ist die teilweise sehr heterogene Terminologie, mit denen die Einrichtungen bezeichnet werden. So ließ sich zwischen den beteiligten Landeskirchen kein kohärentes Verständnis des Begriffs „Amt" ausmachen; es wurde daher die jeweilige vorgefundene Selbstbezeichnung zugrunde gelegt, ohne etwa durch einen Vergleich der inhaltlichen Aufgabenprofile ihre Zuordnung unter die Kategorie „Amt" einzeln zu überprüfen. In dieser Gruppe finden sich zudem Akteure, die nach außen als eigenständige Bildungsanbieter auftreten und als solche wahrgenommen werden, im juristischen Sinn aber Organisationseinheiten einer größeren Gesamteinrichtung darstellen.

Unbeschadet dieser zuletzt genannten möglichen Einschränkungen zeigt das Kategoriensystem als Ganzes die institutionelle Typenvielfalt, durch die die Reichweite und der inhaltlich-thematische Umfang evangelischer Bildungsverantwortung im Bereich des professionellen Bildungshandelns mit Erwachsenen sichtbar gemacht werden. Ohne auf weiterreichende theoretische Zusammenhänge und vorhandene Studien zur Institutionenforschung in der Erwachsenen- und Weiterbildung einzugehen,[103] wird hier die Auffassung vertreten, dass die in diesem Kategoriensystem entwickelte Anbietertypologie eine hinreichende konzeptionelle Grundlage darstellt, um das Handlungsfeld des professionellen Bildungshandelns mit Erwachsenen in evangelischen Organisationen zu erforschen und öffentlich sichtbare Anbieter in diesem Feld zu identifizieren *(Explorations- und Identifikationsfunktion des Kategoriensystems,* vgl. Kap 4.3.1).

---

103 Zu nennen wäre der Neo-Institutionalismus und theoriegenerative Studien zu Institutionen der evangelischen Erwachsenenbildung (vgl. z.B. Rothe [2000]; Schemmann [2015], S. 7–18).

4.3 Das Kategoriensystem zur Anbietererfassung

Tab. 4: Das Kategoriensystem[104]

Kategorie		Definition	Beispiel
1. Anbieter mit der Hauptaufgabe Erwachsenenbildung			
1.1	Ev. Akademien	Bildungsanbieter der Landeskirchen bzw. von mit diesen verbundenen Vereinen	Ev. Akademie Sachsen-Anhalt e.V.; Ev. Akademie Hofgeismar
1.2	Städtische Bildungsanbieter (z.B. städtische Bildungszentren; Stadtakademien)	Bildungsanbieter in Städten, deren Angebot sich vorrangig an Berufstätige und Akademikerinnen und Akademiker wendet	Das offene Haus, Ev. Forum Darmstadt
1.3	Bildungszentren im ländlichen Raum (z.B. Heimvolkshochschulen)	Bildungsanbieter im ländlichen Raum mit eigenen, nicht wechselnden Häusern für ihre Angebote und halbtägig bis mehrwöchig dauernden Veranstaltungen	Ev. Bildungs- und Tagungszentrum Alexandersbad; Ev. Bildungszentrum Hesselberg
1.4	Regionale Bildungswerke (auch ökumenische/konfessionsübergreifende Bildungswerke)	Bildungsanbieter ohne eigene bzw. mit eigenen, nicht wechselnden Häusern (z.B. Räume der Kirchengemeinde) für ihre Angebote	Ev. Erwachsenen- und Familienbildung in Baden; Ev.-Luth. Kirchenbezirk Chemnitz
1.5	Ev. Dachorganisationen/Landesgeschäftsstellen als überregionale Bildungsanbieter	Geschäftsstellen landeskirchlicher Dachorganisationen, sofern diese nicht nur als Zentrale fungieren, sondern auch selbst Bildungsveranstaltungen durchführen	Ev. Erwachsenenbildung in Bayern; Ev. Bildungswerk Bremen
1.6	Fachstellen für spezielle Bildungsangebote	Bildungsanbieter mit arbeitsfeldspezifischen Angeboten	Landespfarramt für Sekten (Düsseldorf)
1.7	Familienbildungsstätten	Bildungsanbieter mit der vorrangigen Zielgruppe Eltern und Familien und mit dem thematischen Schwerpunkt der Familienbildung	Ev. Familienbildungsstätte „Elly Heuss-Knapp"; Ev. Familienbildung Frankfurt/Main
1.8	Einrichtungen mit Bildungsangeboten für Ehrenamtliche	Bildungsanbieter mit der vorrangigen Zielgruppe „ehrenamtliche Mitarbeitende" und dem thematischen Schwerpunkt ihrer Gewinnung und Qualifizierung	Ehrenamtsakademie der EKHN; Ehrenamtsakademie der Diakonie Schweinfurt
1.9	Fortbildungsinstitutionen für Hauptamtliche	Bildungsanbieter mit der vorrangigen Zielgruppe „hauptamtliche Mitarbeitende"	Pädagogisch-Theologische Institute; Pastoralkollegs; Schulreferate
1.10	Hybride Bildungszentren	Organisatorische Zusammenfassung mehrerer kirchlicher Einrichtungen oder Arbeitsstellen in einer Form, die eine enge Zusammenarbeit ermöglicht; Zusammenfassung funktional eng zusammenarbeitender Arbeitszweige, die entweder fusioniert sind oder nach außen als eine Einrichtung wahrgenommen werden; Einrichtungen, die die Merkmale mehr als einer Kategorie erfüllen	Ev. Augustinerkloster Erfurt; Michaeliskloster Hildesheim
1.11	Sonstige Einrichtungen	Bisher nicht kategorisierbare ev. Einrichtungen mit der Hauptaufgabe Erwachsenenbildung	

---

[104] Das Kategoriensystem ist sowohl ein zentrales Ergebnis des Projekts zu den Anbietererfassungen als auch dessen Erhebungsinstrument. Für letztere Funktion war es notwendig, den Expertinnen und Experten für jede Kategorie einschlägige Beispiele außerhalb ihres eigenen

Tab. 4: Das Kategoriensystem (Fortsetzung)

Kategorie	Definition	Beispiel
2. Anbieter mit der Nebenaufgabe Erwachsenenbildung		
2.1 Kirchengemeinden	Kirchengemeinden als Bildungsanbieter	Stadtkirchengemeinde Wittstock
2.2 Kirchenkreise	Kirchenkreise als Bildungsanbieter, sofern Angebote nicht von einzelnen Referaten wie Jugend- oder Frauenreferaten gemacht werden	Ev.-Luth. Kirchenkreis Sonneberg
2.3 Ämter für kirchliche Dienste	Einrichtungen, die sich selbst als „Amt" bezeichnen oder die als Dachorganisation mehrere Abteilungen umfassen	Amt für kirchliche Dienste in Berlin und Brandenburg
2.4 Citykirchen/Kulturkirchen	Städt. Kirchen, die sich mit ihrem Bildungsangebot an die städtische Bevölkerung wenden	Ökumenisches Forum HafenCity (Hamburg)
2.5 Einkehrhäuser und Pilgerzentren	Bildungsangebote mit Übergängen zur spirituellen Praxis (Meditation, Entspannung, religiöse Erfahrung)	Kloster Stift zum Heiligengrabe
2.6 Ev. Studierendengemeinden (ESG)	Besondere Form einer zur Ev. Kirche gehörenden Gemeinde, die meist von einem/r Studenten-pfarrer/in betreut wird und Bildungsangebote für Studierende macht	Ev. Studierendengemeinde Karlsruhe
2.7 Familienzentren	Einrichtungen, deren Handlungsprogramm die Integration von Betreuung und Bildung der Kinder und der Beratung und Unterstützung der Eltern sowie die sozialräumliche Vernetzung mit anderen Einrichtungen als konzeptionelle Pflichtaufgabe umfasst	Evangelisches Familienzentrum Melle
2.8 Einrichtungen mit der Zielgruppe Familien	Einrichtungen, deren Bildungsangebote sich an Familien richten, die aber keine Familienzentren sind	Ev. Arbeitsgemeinschaft Familie Baden
2.9 Einrichtungen der Frauenarbeit	Einrichtungen, deren Bildungsangebote sich vorrangig an Frauen richten	Landesverband Evangelische Frauen in Hessen und Nassau e. V.

Zuständigkeitsbereichs zu nennen, an denen sie sich bei ihrer eigenen Erhebung orientieren konnten. Aus diesem Grund stimmen die hier aufgeführten Beispiele überwiegend nicht mit den erhobenen Einrichtungen überein.

4.3 Das Kategoriensystem zur Anbietererfassung

Tab. 4: Das Kategoriensystem (Fortsetzung)

	Kategorie	Definition	Beispiel
2. Anbieter mit der Nebenaufgabe Erwachsenenbildung (Fortsetzung)			
2.10	Einrichtungen der Männerarbeit	Einrichtungen, deren Bildungsangebote sich vorrangig an Männer richten	Männerforum Nordkirche
2.11	Einrichtungen der Jugendarbeit	Einrichtungen, die Fortbildungen für junge Erwachsene und/oder für Mitarbeitende in der Jugendarbeit anbieten	CVJM; CJD Jugenddorf Bremervörde
2.12	Ev. Büchereien und Medienzentralen	Einrichtungen, die zusätzlich zur Bereitstellung von Medien Bildungsangebote für Erwachsene machen	Öffentliche Bücherei Bad Sobernheim
2.13	Einrichtungen der Diakonie/in diakonischen Arbeitsfeldern tätige Einrichtungen	Einrichtungen, die entweder in Trägerschaft der Diakonie sind oder die sich in diakonischen Arbeitsfeldern betätigen	Diakoniekolleg Bayern; Ökumenische Telefonseelsorge Würzburg
2.14	Einrichtungen mit thematischem Schwerpunkt Kirchenmusik/Gottesdienst	Einrichtungen, die die kirchenmusikalische und liturgische Praxis fachlich unterstützen und für die Mitarbeitenden Fortbildungen und Qualifizierungen anbieten	Prädikanten- und Mesnerarbeit Württemberg; Bläserschule Minden
2.15	Einrichtungen mit thematischem Schwerpunkt Ökumene/interreligiöse Arbeit	Einrichtungen, die sich vorrangig mit Themen der Ökumene und des interreligiösen Dialogs beschäftigen und dazu Bildungsangebote für Erwachsene machen	Gesellschaft für christlich-jüdische Zusammenarbeit Mönchengladbach e.V.; Ökumenekreis Suhl
2.16	Einrichtungen mit thematischem Schwerpunkt Migration/Flucht	Einrichtungen, die sich vorrangig mit den Themen Migration und Flucht beschäftigen und dazu Bildungsangebote für Erwachsene machen	Flüchtlingsberatung Essen
2.17	Einrichtungen mit thematischem Schwerpunkt gesellschaftliche Verantwortung (Eine-Welt; Umwelt; Arbeitswelt)	Einrichtungen, die sich vorrangig mit Themen beschäftigen, in denen die gesellschaftliche Verantwortung der Kirche deutlich wird, und die dazu Bildungsangebote für Erwachsene machen	Weltladen Nehren; Institut für Kirche und Gesellschaft (Schwerte)
2.18	Sonstige	Bisher nicht kategorisierbare ev. Einrichtungen mit der Nebenaufgabe Erwachsenenbildung	

4.4 Ergebnisse der Anbietererfassungen

Wie im Methodenteil beschrieben, wurden die Anbieterlisten zum einen überregional von den am Bildungsbericht beteiligten Erwachsenenbildungsorganisationen und zum anderen regional von den beteiligten Kirchenkreisen für ihr jeweiliges Zuständigkeitsgebiet zusammengestellt (vgl. Tab. 3 in Kap. 4.2.2). Diese Art der Anbietererfassung erwies sich in der Praxis als anspruchsvolle Aufgabe, die eine genaue Kenntnis der regionalen Anbieterlandschaft erfordert. Dies gilt insbesondere für *Einrichtungen mit der Nebenaufgabe Erwachsenenbildung,* da ohne detaillierte Kenntnisse der lokalen Gegebenheiten kaum zu entscheiden ist, welche Einrichtungen tatsächlich Bildungsarbeit im Sinne der vorliegenden Studie verrichten. Generell entsteht bei der Erfassung von Organisationstypen, zu denen eine große Anzahl an Einrichtungen gehört, ein Arbeitsaufwand, der im Rahmen dieser Studie nicht immer zu leisten war. Aus diesem Grund wurden bei der empirischen Anbietererfassung folgende Einschränkungen notwendig:

– Kirchengemeinden und Kirchenkreise wurden bei der Anbietererfassung grundsätzlich nicht berücksichtigt (vgl. Kap. 4.3.4). Lediglich einzelne Referate der Kirchenkreise, die Bildungsangebote für Erwachsene machen, gingen in die regionalen Zusammenstellungen ein.
– Bei den *überregionalen Zusammenstellungen* der beteiligten Erwachsenenbildungsorganisationen wurden nur Einrichtungen mit der Nebenaufgabe Erwachsenenbildung berücksichtigt, die entweder aufgrund ihrer geringen Anzahl relativ einfach erfasst werden können oder die als landeskirchliche Organisationen bzw. landeskirchen- oder bundeslandweit tätig sind und somit eine überregionale Bedeutung haben. Dies bedeutet, dass beispielsweise Familienzentren und einzelne Referate der Kirchenkreise nicht in die überregionalen Anbieterlisten eingingen. Demgegenüber wurden Einrichtungen mit der Hauptaufgabe Erwachsenenbildung überregional weitestgehend vollständig erfasst. Lediglich bei Fortbildungseinrichtungen für hauptamtliche Mitarbeitende wurde darauf verzichtet, lokal tätige Einrichtungen wie Fachschulen oder Schulreferate aufzuführen.
– Bei den *regionalen Zusammenstellungen* der an den Anbietererfassungen beteiligten Kirchenkreise war eine vollständige Erfassung fast aller im Kategoriensystem aufgeführten Einrichtungstypen möglich. Allerdings wurden evangelische Büchereien/Medienzentralen aus der Erfassung ausgeschlossen, da eine Überprüfung ihrer Angebote hinsichtlich der Erfüllung der für die Anbietererfassungen aufgestellten Bildungskriterien im Einzelnen nicht möglich war (vgl. Kap. 4.3.4).

Bei allen Erfassungen wurden die Einrichtungen berücksichtigt, die geografisch im Zuständigkeitsgebiet der jeweiligen Erwachsenenbildungsorganisationen bzw. Kirchenkreise liegen. Dieses Vorgehen impliziert, dass Einrichtungen, die

4.4 Ergebnisse der Anbietererfassungen

in einem der beteiligten Kirchenkreise liegen, ggf. sowohl überregional als auch regional erfasst wurden. Gleichzeitig wurden Einrichtungen, die von mehreren Landeskirchen getragen werden, nur einmal für die Landeskirche gezählt, auf deren Gebiet sie liegen.

Somit geben die überregionalen Anbieterlisten für die Zuständigkeitsgebiete der Erwachsenenbildungswerke Nordrhein und Westfalen-Lippe sowie der Evangelischen Erwachsenenbildung Niedersachsen einen relativ vollständigen Überblick über die institutionelle Landschaft von Einrichtungen mit der Hauptaufgabe evangelische Erwachsenenbildung und zeigen darüber hinaus, welche Einrichtungen mit überregionaler Bedeutung evangelische Erwachsenenbildung als Nebenaufgabe leisten. Diese drei überregionalen Anbieterlisten werden um Erfassungen auf Kirchenkreisebene ergänzt, die vor allem der detaillierten Präsentation von evangelischem Bildungshandeln mit Erwachsenen vor Ort dienen. Lediglich für die EKM wurde durch die Evangelische Erwachsenenbildung Thüringen sowohl für Anbieter mit der Haupt- als auch mit der Nebenaufgabe Erwachsenenbildung eine möglichst komplette Erhebung angestrebt.[105]

---

105 Dies geschah in Kooperation mit den Regionalstellenleitern und über verschiedene Wege wie Internetrecherche, Telefonate sowie über eine Auswertung der Förderleistungen der einzelnen Regionalstellen. Nicht möglich war allerdings eine vollständige Erfassung von Familienzentren, sodass diese Kategorie bei der Anbietererfassung nicht berücksichtigt wurde.

Bildungsbericht

4.4.1 Anbietererfassungen durch das Evangelische Erwachsenenbildungswerk Nordrhein und die Kirchenkreise Aachen, Gladbach-Neuss, Jülich und Köln-Mitte

> Zentrale Ergebnisse
>
> ➢ Überregionale Erfassung: 41 Einrichtungen mit der Hauptaufgabe und 39 Einrichtungen mit der Nebenaufgabe Erwachsenenbildung
> ➢ Häufigste überregionale Einrichtungstypen: Familienbildungsstätten; regionale Bildungsstellen; Evangelische Studierendengemeinden; Einrichtungen der Diakonie/diakonisch tätige Einrichtungen (häufig im seelsorglichen Bereich)
> ➢ Regionale Erfassungen: 15 Einrichtungen mit der Hauptaufgabe und 56 Einrichtungen mit der Nebenaufgabe Erwachsenenbildung
> ➢ Häufigste regionale Einrichtungstypen: Familienbildungsstätten; Fortbildungsinstitutionen für hauptamtliche Mitarbeitende (Schulreferate); Familienzentren an evangelischen Kindertagesstätten; Einrichtungen der Diakonie/diakonisch tätige Einrichtungen (häufig im seelsorglichen Bereich)
> ➢ Überregional und regional: Mitgestaltung der evangelischen Erwachsenenbildung durch Verbände und Gesellschaften, wie die Gesellschaft für Christlich-Jüdische Zusammenarbeit oder die Frauenhilfe und Frauenarbeit

Wie in Kapitel 2.4.4 beschrieben, ist das Evangelische Erwachsenenbildungswerk Nordrhein für die Gebiete der Evangelischen Kirche im Rheinland (EKiR) zuständig, die zum Bundesland Nordrhein-Westfalen gehören. Entsprechend konzentriert sich die *überregionale Anbietererfassung* auf diesen geografischen Bereich. Abbildung 24 gibt einen Überblick über die 41 Einrichtungen, die hier evangelische Erwachsenenbildung als Hauptaufgabe durchführen.

Insgesamt gibt es im Zuständigkeitsgebiet des EEB Nordrhein 15 Familienbildungsstätten, wobei diejenigen in Oberhausen und Düren[106] gleichzeitig Erwachsenenbildungswerk bzw. -stätte sind, und zehn regionale Bildungsstellen, zu denen sowohl die Erwachsenenbildungswerke als auch die Erwachsenenbildungsreferate von Kirchenkreisen gehören. Beide Institutionalformen machen zusammen mehr als die Hälfte aller Anbieter mit der Hauptaufgabe evangelische Erwachsenenbildung aus und sind häufig in demselben Kirchenkreis zu finden,

---

106 Die Evangelische Erwachsenenbildung der Kirchengemeinde zu Düren ist eine der Einrichtungen, die im Rahmen der Vertiefungsstudie untersucht wurden (vgl. Vertiefungsstudie, Kap. 4).

4.4 Ergebnisse der Anbietererfassungen

wie in Aachen, Gladbach-Neuss, Leverkusen, Moers und Duisburg. In den Kirchenkreisen Köln-Mitte, Bonn, Düsseldorf und Aachen werden die Familienbildungsstätten durch Stadtakademien oder andere städtische Anbieter ergänzt.

Abb. 24: Einrichtungen mit der Hauptaufgabe Erwachsenenbildung im Gebiet des Ev. Erwachsenenbildungswerks Nordrhein

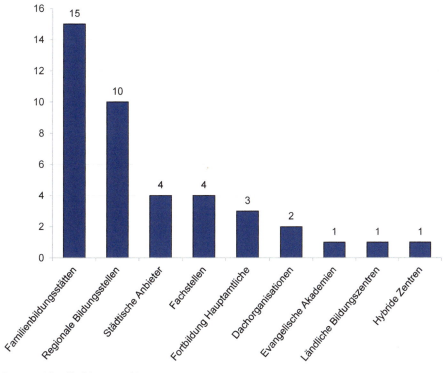

Gesamtzahl an Einrichtungen: 41

Außerdem existieren drei Fortbildungsinstitute für hauptamtliche Mitarbeitende, von denen das Pädagogisch-Theologische Institut in Bonn/Bad Godesberg ein Institut der EKiR ist.[107] Dieses wird durch die GEE Pädagogische Akademie in Duisburg (Gesellschaft für Evangelische Erziehung und Bildung) und die Kirchliche Hochschule Wuppertal/Bethel ergänzt. Vier Fachstellen für spezielle Bildungsangebote in Düsseldorf (Evangelisches Zentrum für Quartiersentwicklung, Landespfarramt für Sekten und Weltanschauungsfragen, Tagungshaus des Film-, Funk- und Fernseh-Zentrums der EKiR sowie die Kaiserswerther Seminare) er-

---

107 Aufgrund des Zuordnungsprinzips der geografischen Lage wird das Gemeinsame Pastoral der EKiR, der Evangelischen Kirche von Westfalen, der Lippischen Landeskirche und der Evangelisch-reformierten Kirche in Schwerte in der Anbieterliste des Evangelischen Erwachsenenbildungswerks Westfalen-Lippe aufgeführt (vgl. Kap. 4.4.2).

Bildungsbericht

weitern das Spektrum evangelischen Bildungshandelns mit Erwachsenen, ebenso wie zwei Dachorganisationen (das EEB Nordrhein und die Evangelische Akademikerschaft in Deutschland Landesverband Rheinland e.V. in Rheinbach). Die Evangelische Akademie im Rheinland in Bonn, die evangelische Landjugendakademie Altenkirchen als Bildungszentrum im ländlichen Raum und das theologische Zentrum Wuppertal als hybrides Bildungszentrum schließen die Liste ab.

Im Vergleich zu den Anbietern mit der Hauptaufgabe Erwachsenenbildung gibt es bei den 39 überregional erfassten Einrichtungen mit der Nebenaufgabe Erwachsenenbildung keinen eindeutig dominierenden Einrichtungstyp, wie Abbildung 25 demonstriert. In den größeren Städten bestehen insgesamt sieben Studierendengemeinden. Von den ebenfalls sieben Einrichtungen, die zur Kategorie Diakonie/diakonische Arbeitsfelder gehören, sind fünf im seelsorglichen Bereich tätig, wie der Konvent der Krankenhausseelsorgerinnen und -seelsorger in Köln oder das Landespfarramt für Blinden- und Sehbehindertenseelsorge in Düsseldorf. Beispiele für die sechs Einrichtungen mit Schwerpunkt Kirchenmusik/Gottesdienst sind die Arbeitsstellen für Gottesdienst, für Kirche mit Kindern und für Prädikantinnen und Prädikanten (alle in Wuppertal) oder der Chorverband und das Posaunenwerk in der EKiR in Wuppertal und Essen.

Abb. 25: Einrichtungen mit der Nebenaufgabe Erwachsenenbildung im Gebiet des Ev. Erwachsenenbildungswerks Nordrhein

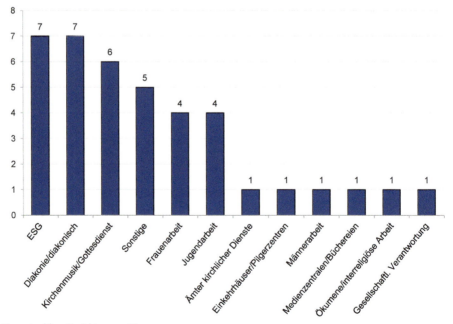

Gesamtzahl an Einrichtungen: 39

4.4 Ergebnisse der Anbietererfassungen

Relativ zahlreich vertreten sind darüber hinaus die Frauen- und Jugendarbeit mit jeweils vier Einrichtungen: die Evangelische Frauenarbeit im Rheinland (Kerpen), die Evangelische Frauenhilfe im Rheinland, die Frauenhilfs-Diakonieschwesternschaft im Rheinland (beide in Bonn) und der Verein MBK Evangelische Arbeit mit Frauen im Rheinland (Solingen) sowie der Verband Christlicher Pfadfinderinnen und Pfadfinder Nordrhein, die Evangelische Schüler- und Schülerinnenarbeit im Rheinland (beide Düsseldorf), der CVJM – Westbund (Wuppertal) und die Evangelische Jugendbildungsstätte Hackhauser Hof (Solingen). Alle anderen Kategorien werden demgegenüber nur von jeweils einer Einrichtung repräsentiert: das Amt für Gemeindeentwicklung und missionarische Dienste der EKiR (Wuppertal) als Amt kirchliche Dienste; das Haus der Stille in Rengsdorf als Einkehrhaus; die Männerarbeit in der EKiR (Düsseldorf); die Bücherei-Fachstelle der EKiR in Düsseldorf; der Gemeindedienst für Mission und Ökumene der EKiR in Siegburg als Einrichtung mit dem thematischen Schwerpunkt Ökumene/interreligiöse Arbeit; und der Kirchliche Dienst in der Arbeitswelt in Duisburg als Einrichtung mit dem thematischen Schwerpunkt gesellschaftliche Verantwortung. Zu den fünf Einrichtungen mit der Nebenaufgabe Erwachsenenbildung, die in der Kategorie „Sonstige" zusammengefasst wurden, gehören schließlich so unterschiedliche Einrichtungen wie die Gemeindeberatung/Organisationsentwicklung der EKiR in Düsseldorf, das Evangelische Bibelwerk im Rheinland oder die Vereinte Evangelische Mission (beide in Wuppertal).

Auf *Ebene der Kirchenkreise* haben sich im nordrheinischen Gebiet die Kirchenkreise Aachen, Gladbach-Neuss, Jülich und Köln-Mitte an der Anbietererfassung beteiligt, von denen lediglich Köln-Mitte ausschließlich städtisch geprägt ist.[108] Aachen und Gladbach-Neuss umfassen demgegenüber sowohl städtische als auch kleinstädtische Gemeinden, während Jülich eine eher kleinstädtisch-ländliche Regionalstruktur aufweist. Mit Ausnahme des Kirchenkreises Köln-Mitte ähneln sich die Gemeindegliederzahlen weitgehend.[109]

In Bezug auf *Einrichtungen mit der Hauptaufgabe Erwachsenenbildung* zeigt sich, dass sich die überregional dokumentierte starke Präsenz von Familienbildungsstätten und regionalen Bildungsstellen auch in den Kirchenkreisen feststellen lässt (vgl. Abb. 26). So gibt es in jedem der vier Kreise eine Familienbildungsstätte sowie eine regionale Bildungsstelle bzw. in Aachen und Köln-Mitte jeweils eine Stadtakademie. Demgegenüber befindet sich keines der überregional erfassten Fortbildungsinstitute für Hauptamtliche auf dem Gebiet der untersuch-

---

108 Vgl. Statistisches Bundesamt (2017). Das statistische Bundesamt gibt den Grad der Verstädterung der Gemeinden anhand eines Berechnungsverfahrens von Eurostat an (vgl. Eurostat [o.J.]).

109 Die Gemeindegliederzahlen lagen 2015 bei etwa 80.000 (Aachen und Jülich), bei gut 127.000 (Gladbach-Neuss) sowie bei 47.000 (Köln-Mitte) (vgl. Evangelische Kirche im Rheinland [2018b]).

Bildungsbericht

ten Kirchenkreise. Stattdessen umfasst diese Kategorie hier die Schulreferate der vier Kirchenkreise. Eine Fachstelle für spezielle Bildungsangebote gibt es schließlich mit der Initiative „Engagiert älter werden" in Aachen, während in der Kategorie „Sonstige" die Integrative Gemeindearbeit des Kirchenkreises Gladbach-Neuss zu finden ist.

Abb. 26: Einrichtungen mit der Hauptaufgabe Erwachsenenbildung in den beteiligten nordrheinischen Kirchenkreisen

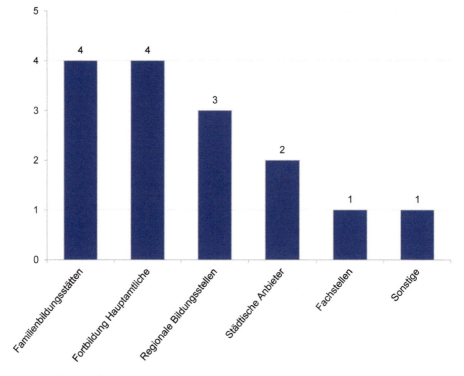

Gesamtzahl an Einrichtungen: 15

Den 15 Einrichtungen mit der Hauptaufgabe Erwachsenenbildung stehen auf Kirchenkreisebene 56 *Einrichtungen mit der Nebenaufgabe Erwachsenenbildung* gegenüber, von denen die 20 Familienzentren an evangelischen Kindertageseinrichtungen den größten Teil ausmachen (vgl. Abb. 27). An zweiter Stelle folgen 13 Einrichtungen der Diakonie bzw. in diakonischen Arbeitsfeldern tätige Einrichtungen, zu denen wie auf überregionaler Ebene vor allem seelsorgliche Einrichtungen bzw. Hospiz- und Palliativdienste gehören. In allen vier Kirchenkreisen gibt es eine Citykirche sowie, mit Ausnahme des Kirchenkreises Jülich, eine Studierendengemeinde. Jugendreferate, die auf regionaler Ebene die Kategorie der Jugendarbeit bestimmen, treten in drei Kirchenkreisen als Bildungsanbieter

4.4 Ergebnisse der Anbietererfassungen

auf, während regionale Verbände der Frauenarbeit und -hilfe bzw. Frauenreferate nur für die Kirchenkreise Jülich und Köln-Mitte als Anbieter mit der Nebenaufgabe Erwachsenenbildung dokumentiert sind. Zu Anbietern mit thematischem Schwerpunkt Kirchenmusik gehören die Kreiskantoren der Kirchenkreise Gladbach-Neuss und Köln-Mitte; der thematische Schwerpunkt Ökumene wird durch die Gesellschaft für Christlich-Jüdische Zusammenarbeit in den Kirchenkreisen Gladbach-Neuss (in Mönchengladbach und Neuss) sowie im Kirchenkreis Köln-Mitte vertreten. In den Kirchenkreisen Jülich und Köln-Mitte gibt es darüber hinaus jeweils eine Einrichtung, die Bildungsangebote im Bereich von Migration und Flucht durchführt, und zwar die Ehrenamtliche Flüchtlingsarbeit in Heinsberg sowie die Migrationsberatung des Diakonischen Werks Köln und Region. Der Weltladen Köln sowie der Arbeitskreis Energiefragen und Ökologie des Evangelischen Kirchenverbands Köln und Region stellen zwei Einrichtungen mit thematischem Schwerpunkt gesellschaftliche Verantwortung dar. In der Kategorie „Sonstiges" findet sich schließlich das Zentrum für Sport und Medizin am Evangelischen Krankenhaus Köln-Weyertal.

Abb. 27: Einrichtungen mit der Nebenaufgabe Erwachsenenbildung in den beteiligten nordrheinischen Kirchenkreisen

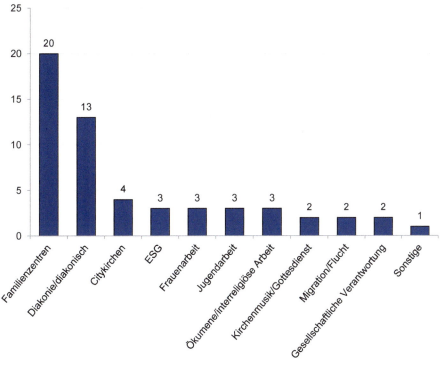

Gesamtzahl an Einrichtungen: 56

4.4.2 Anbietererfassungen durch das Evangelische Erwachsenenbildungswerk Westfalen-Lippe und die Kirchenkreise Dortmund, Hattingen-Witten, Minden und Münster

Zentrale Ergebnisse:

- ➤ Überregionale Erfassung: 49 Einrichtungen mit der Hauptaufgabe und 41 Einrichtungen mit der Nebenaufgabe Erwachsenenbildung
- ➤ Häufigste überregionale Einrichtungstypen: regionale Bildungsstellen; Familienbildungsstätten; Einrichtungen der Jugendarbeit; Einrichtungen der Diakonie/diakonisch tätige Einrichtungen (häufig im seelsorglichen Bereich)
- ➤ Regionale Erfassungen: 14 Einrichtungen mit der Hauptaufgabe und 107 Einrichtungen mit der Nebenaufgabe Erwachsenenbildung
- ➤ Häufigste regionale Einrichtungstypen: Fortbildungsinstitutionen für hauptamtliche Mitarbeitende (v.a. Schulreferate); regionale Bildungsstellen; Familienzentren an evangelischen Kindertagesstätten; Einrichtungen der Diakonie/diakonisch tätige Einrichtungen
- ➤ Überregional und regional: Mitgestaltung der evangelischen Erwachsenenbildung durch Verbände wie die Frauenhilfe
- ➤ Überregional und regional: Bearbeitung des Themas gesellschaftliche Verantwortung von einer Reihe von Einrichtungen

Das Evangelische Erwachsenenbildungswerk Westfalen und Lippe e.V. ist für das Gebiet der Westfälischen und der Lippischen Landeskirche zuständig und hat die *überregionale Anbietererfassung* für diese Region durchgeführt (vgl. Kap. 2.4.3). Wie Abbildung 28 zeigt, gibt es hier insgesamt 49 *Einrichtungen mit der Hauptaufgabe Erwachsenenbildung,* von denen fast die Hälfte regionale Bildungsstellen sind, d.h. Erwachsenenbildungsreferate oder – werke der Kirchenkreise. 11 Familienbildungsstätten repräsentieren die zweithäufigste Anbieterform, wobei in sieben Kirchenkreisen sowohl eine Familienbildungsstätte als auch eine regionale Erwachsenenbildungsstelle vorhanden ist. Des Weiteren findet man drei städtische Anbieter in Bochum, Gladbeck und Münster.

Neben diesen Bildungsanbietern gibt es vier landeskirchliche Fortbildungseinrichtungen für Hauptamtliche, wozu das Institut für Aus-, Fort- und Weiterbildung der Evangelische Kirche von Westfalen (EKvW), dessen Fachbereich Gottesdienst und Kirchenmusik, dessen Pastoralkolleg sowie das Pädagogische Institut der EKvW (alle in Schwerte) gehören. Zwei überregionale Bildungswerke, die auch Aufgaben von Dachorganisationen wahrnehmen (das EEB

4.4 Ergebnisse der Anbietererfassungen

Westfalen-Lippe in Dortmund und das Evangelische Familienbildungswerk Westfalen-Lippe in Münster), die Evangelische Akademie Villigst, das Evangelische Tagungszentrum Haus Nordhelle als Anbieter im ländlichen Raum sowie die Gewalt Akademie Villigst als Fachstelle für spezielle Bildungsangebote ergänzen die evangelische Erwachsenenbildungslandschaft. In der Sammelkategorie „sonstige Anbieter" sind schließlich das Bibeldorf Rietberg, Bildung & Beratung Bethel, die Evangelische Hochschule Rheinland-Westfalen-Lippe, die Fachhochschule der Diakonie Bethel und der Verein Evangelische Sozialseminare zusammengefasst.

Abb. 28: Einrichtungen mit der Hauptaufgabe Erwachsenenbildung im Gebiet des Ev. Erwachsenenbildungswerks Westfalen-Lippe

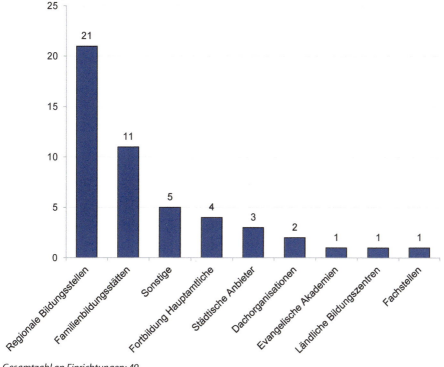

Gesamtzahl an Einrichtungen: 49

Auf überregionaler Ebene sind außerdem 41 Einrichtungen dokumentiert, die *Erwachsenenbildung als Nebenaufgabe* in einer Reihe von unterschiedlichen Bereichen durchführen (vgl. Abb. 29). So gibt es jeweils sieben Einrichtungen im Bereich der Jugendarbeit bzw. der Diakonie, wobei in der Kategorie Jugendarbeit vor allem Jugendbildungsstätten, wie beispielsweise die Evangelische Jugendbildungsstätte Tecklenburg, und in der Kategorie Diakonie/diakonische Arbeitsfelder vor allem seelsorglich tätige Konvente bzw. Verbände aufgeführt

Bildungsbericht

sind (z. B. die Westfälische Konferenz der Telefonseelsorge in Werl). Sechs Studierendengemeinden repräsentieren den drittgrößten Anbietertypen, gefolgt von vier Einrichtungen mit der thematischen Ausrichtung gesellschaftliche Verantwortung: das Amt für Mission, Ökumene und kirchliche Weltverantwortung in Dortmund sowie das Institut für Kirche und Gesellschaft in Schwerte mit dem Kirchlichen Dienst in der Arbeitswelt und der Umweltarbeit.[110] Ebenfalls vier Einrichtungen umfasst die Kategorie mit thematischer Ausrichtung Kirchenmusik/Gottesdienst: das Posaunenwerk in der EKvW in Hamm, der Landesverband evangelischer Kirchenmusiker in Dortmund, die Hochschule für Kirchenmusik in Herford sowie der Arbeitsbereich Gottesdienst und Kirchenmusik im Institut für Aus- Fort- und Weiterbildung in Schwerte.

Abb. 29: Einrichtungen mit der Nebenaufgabe Erwachsenenbildung im Gebiet des Ev. Erwachsenenbildungswerks Westfalen-Lippe

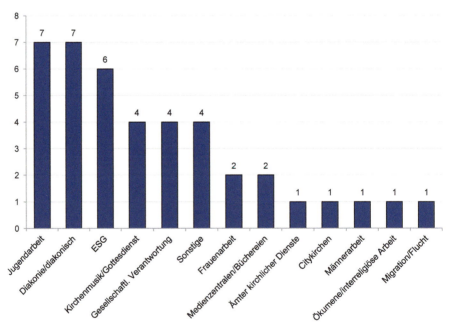

Gesamtzahl an Einrichtungen: 41

---

110 Das Institut für Kirche und Gesellschaft definiert als seine Hauptaufgabe die Organisation von Bildungsangeboten, berät darüber hinaus aber auch die Landeskirche in gesellschaftspolitischen Fragen und unterstützt die Praxis des zivilgesellschaftlichen Engagements. Mit seinen Fachbereichen ist das Institut thematisch und zielgruppenorientiert ausgerichtet. Zu diesen gehören (1) Theologische und gesellschaftliche Grundfragen; (2) Wirtschaft, Arbeit und Soziales; (3) Nachhaltige Entwicklung; (4) Männer, Familie, Ehrenamt; (5) Frauenreferat.

Jeweils zweimal vertreten sind Einrichtungen der Frauenarbeit (Evangelische Frauenhilfe in Westfalen in Soest und das Genderreferat im Kirchenkreis Gelsenkirchen/Wattenscheid in Gelsenkirchen) und Medienzentralen/Büchereien (Büchereifachstelle der EKvW in Bielefeld und Filmzentrale der EKvW in Schwerte). Jeweils eine Einrichtung gehört zu den Kategorien Ämter kirchlicher Dienste (Amt für missionarische Dienste in Dortmund); Citykirchen (Konferenz der Stadtkirchenarbeit im Amt für missionarische Dienste der EKvW in Dortmund); Männerarbeit (Männerarbeit im Institut für Kirche und Gesellschaft in Schwerte); Einrichtungen mit thematischem Schwerpunkt Ökumene/interreligiöse Arbeit (Beauftragter für den christlich-jüdischen Dialog im Institut für Kirche und Gesellschaft in Schwerte); und Einrichtungen mit thematischem Schwerpunkt Migration/Flucht (Islambeauftragtenkonferenz in Schwerte). Schließlich umfasst die Kategorie „Sonstige" die Augusta-Akademie in Bochum, den Beauftragten für Kunst und Kultur am Institut für Kirche und Gesellschaft in Schwerte, die Gemeindeberatung und Organisationsentwicklung sowie die Werkstatt Bibel (beide im Amt für missionarische Dienste in Dortmund).

In Westfalen haben sich die *Kirchenkreise* Dortmund, Hattingen-Witten, Minden und Münster an den Anbietererfassungen beteiligt. Der Kirchenkreis Dortmund ist mit über 200.000 Gemeindegliedern der größte der westfälischen Landeskirche, und auch der Kirchenkreis Münster gehört mit über 100.000 Gemeindegliedern zu den größeren der Landeskirche.[111] Demgegenüber sind die Kirchenkreise Minden und Hattingen-Witten mit knapp 78.000 und gut 66.000 Gemeindegliedern deutlich kleiner und auch stärker kleinstädtisch-ländlich geprägt – wobei auch der Kirchenkreis Münster einige Kirchengemeinden in Kleinstädten und auf dem Land umfasst.

Wie Abbildung 30 zeigt, spiegelt sich die überregionale Anbieterstruktur in Bezug auf Einrichtungen mit der Hauptaufgabe Erwachsenenbildung auch in den vier Kirchenkreisen wider. In drei der vier Kirchenkreise befindet sich eine regionale Erwachsenenbildungsstelle, die in Dortmund durch das auch überregional erfasste Internationale Bildungs- und Begegnungswerk ergänzt wird.[112] In Dortmund und Münster gibt es außerdem ein Familienbildungswerk bzw. eine Familienbildungsstätte; in Münster agiert darüber hinaus mit dem Evangelischen Forum Münster ein städtischer Anbieter. Schließlich sind mit dem EEB Westfalen-Lippe und dem Evangelischen Familienbildungswerk Westfalen-Lippe in Dortmund und Münster zwei überregionale Bildungswerke in den beteiligten Kirchenkreisen verortet. Lediglich die Fortbildungseinrichtungen für Hauptamtliche

---

111 Für alle Angaben zu den Gemeindegliedern vgl. Evangelische Kirche von Westfalen (2016).
112 Das Erwachsenenbildungswerk Ennepe-Ruhr, das für die Kirchenkreise Hattingen-Witten und Schwelm zuständig ist, liegt im Kirchenkreis Schwelm und wird deshalb hier nicht aufgeführt.

unterscheiden sich von denen, die überregional dokumentiert werden, da hier wie in Nordrhein die drei Schulreferate der Kirchenkreise erfasst sind, ebenso wie der Bezirksbeauftrage für Religionsunterricht an Berufskollegs in Dortmund sowie die Evangelische Sozialpädagogische Ausbildungsstätte Münster gGmbH.

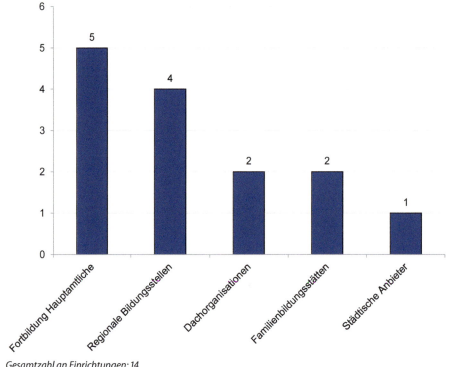

Abb. 30: Einrichtungen mit der Hauptaufgabe Erwachsenenbildung in den beteiligten westfälischen Kirchenkreisen

Gesamtzahl an Einrichtungen: 14

Hinsichtlich der *Anbieter mit der Nebenaufgabe Erwachsenenbildung* fällt zunächst deren große Anzahl von 107 Einrichtungen auf (vgl. Abb. 31). Den größten Anteil machen die 38 Familienzentren an evangelischen Kindertagesstätten und die 28 Einrichtungen im diakonischen Bereich aus, wobei letztere vor allem verschiedene Felder der Seelsorge abdecken, aber auch häufig institutionell zur Diakonie gehören. Beispiele sind die Telefon- und Notfallseelsorge in Dortmund, die Altenheimseelsorge in Minden oder das Beratungs- und Bildungszentrum der Diakonie Münster. Sieben Einrichtungen der Frauenarbeit, die sowohl regionale Verbände der Frauenhilfe als auch das Frauenreferat des Kirchenkreises Hattingen-Witten umfassen, zeigen, dass diese ein aktiver Anbieter von Erwachsenenbildung ist – während es im Bereich der Männerarbeit nur die kreiskirchliche Männerarbeit im Kirchenkreis Hattingen-Witten gibt. Zu den sechs Einrich-

4.4 Ergebnisse der Anbietererfassungen

tungen der Jugendarbeit gehören sowohl die Jugendreferate der Kirchenkreise Witten und Münster als auch andere Einrichtungen, wie die Kontaktstelle Offener Ganztag oder der Verband christlicher Pfadfinderinnen und Pfadfinder Land Westfalen (beide in Dortmund).

Abb. 31: Einrichtungen mit der Nebenaufgabe Erwachsenenbildung in den beteiligten westfälischen Kirchenkreisen

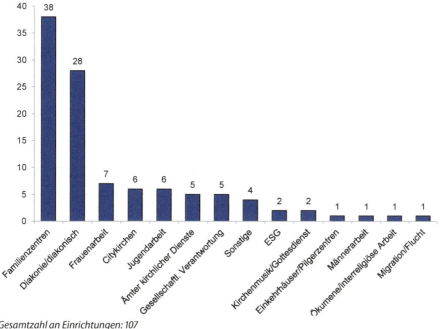

Gesamtzahl an Einrichtungen: 107

Sechs Citykirchen und fünf Ämter kirchlicher Dienste (z.B. das bereits überregional dokumentierte Amt für missionarische Dienste in Dortmund oder das Referat der evangelischen Einrichtungen für Kinder des Kirchenkreises Minden) gehören ebenfalls zu den relativ häufig vorkommenden Institutionalformen. Gleiches gilt für Einrichtungen mit der thematischen Ausrichtung gesellschaftliche Verantwortung, zu denen beispielsweise die Referate für gesellschaftliche Verantwortung in den Kirchenkreisen Minden und Dortmund oder der interne kirchliche Dienst in der Arbeitswelt im Kirchenkreis Hattingen-Witten zählen. Die Weltkonferenz Religionen für den Frieden in Witten repräsentiert Einrichtungen mit thematischem Schwerpunkt Ökumene/interreligiöse Arbeit; die Flüchtlingsberatung des Kirchenkreises Minden steht für Einrichtungen mit thematischem Schwerpunkt Migration/Flucht. Auch gibt es im Kirchenkreis Minden mit dem Pilgerbüro ein Einkehrhaus/Pilgerzentrum. In Dortmund und Münster sind zwei Studierendengemeinden zu finden. Die Bläserschule sowie der Landesverband

Bildungsbericht

der Evangelischen Kirchenmusiker in Dortmund gehören zur Kategorie thematischer Schwerpunkt Kirchenmusik/Gottesdienst. Unter „sonstige Anbieter" findet man die Gemeindeberatung und Organisationsentwicklung und die Werkstatt Bibel (beide im Amt für missionarische Dienste in Dortmund), den Verein Fairbunt in Witten sowie den Sinnenpark Hille (im Kirchenkreis Minden).

4.4.3 Anbietererfassungen durch die Evangelische Erwachsenenbildung Niedersachsen, die Kirchenkreise Ammerland und Hildesheim-Sarstedt, die Propstei Braunschweig und den Synodalverband Grafschaft Bentheim

> Zentrale Ergebnisse:
>
> ➢ Überregionale Erfassung: 50 Einrichtungen mit der Hauptaufgabe und 32 Einrichtungen mit der Nebenaufgabe Erwachsenenbildung
> ➢ Häufigste überregionale Einrichtungstypen: Familienbildungsstätten; regionale Bildungsstellen; Evangelische Studierendengemeinden; Einrichtungen mit dem thematischen Schwerpunkt Kirchenmusik/Gottesdienst (landeskirchliche Einrichtungen für Kirchenmusik)
> ➢ Wichtige Rolle der fünf Landeskirchen für die überregionale evangelische Erwachsenenbildung
> ➢ Regionale Erfassungen: 16 Einrichtungen mit der Hauptaufgabe und 35 Einrichtungen mit der Nebenaufgabe Erwachsenenbildung
> ➢ Häufigste regionale Einrichtungstypen: regionale Bildungsstellen; Fortbildungseinrichtungen für Haupt- und Ehrenamtliche; Einrichtungen der Diakonie/diakonisch tätige Einrichtungen; Einrichtungen der Jugendarbeit

Die *überregionale Anbietererfassung* der Evangelischen Erwachsenenbildung Niedersachsen unterscheidet sich von den Zusammenstellungen der Evangelischen Erwachsenenbildungswerke Westfalen-Lippe und Nordrhein insofern, als dass sie die Gebiete aller der insgesamt fünf in der Konföderation evangelischer Kirchen in Niedersachsen vertretenen Landeskirchen umfasst (vgl. Kap. 2.4.2). Aus diesem Grund sind einige landeskirchliche Einrichtungen mit der Haupt- oder der Nebenaufgabe Erwachsenenbildung hier zwangsläufig häufiger vertreten als in den übrigen untersuchten Gebieten. Wie Abbildung 32 zeigt, gibt es dennoch Ähnlichkeiten zwischen den untersuchten Regionen hinsichtlich des Vorkommens der verschiedenen Einrichtungen mit *Erwachsenenbildung als Hauptaufgabe*. So prägen auch in Niedersachsen die Familienbildungsstätten und die regionalen Bildungsstellen, die hier als Geschäftsstellen der EEB bezeichnet

4.4 Ergebnisse der Anbietererfassungen

werden, das Bild, wobei letztere als sogenannte „Arbeitsgemeinschaften" immer für mehrere Kirchenkreise zuständig sind.

Abb. 32: Einrichtungen mit der Hauptaufgabe Erwachsenenbildung im Gebiet der Ev. Erwachsenenbildung Niedersachsen

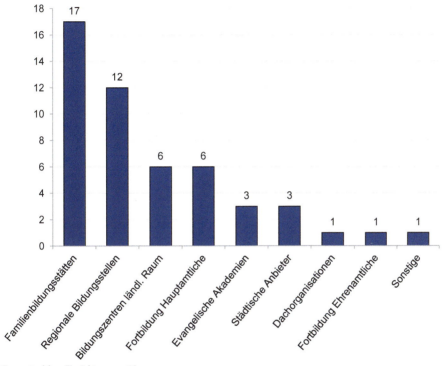

Gesamtzahl an Einrichtungen: 50

An dritter Stelle folgen insgesamt sechs Fortbildungsinstitute für Hauptamtliche, wie beispielsweise die Pastoralkollegs in Loccum und Wolfenbüttel oder das Evangelisch-lutherische Missionswerk Niedersachsen in Hermannsburg. Sechs Bildungszentren im ländlichen Raum, wie die Heimvolkshochschulen in Rastede, Hermannsburg und Loccum, gehören ebenfalls zu einem relativ weit verbreiteten Einrichtungstyp. Städtische Anbieter sind mit zwei Stadtakademien in Hannover und Göttingen und dem Stephansstift in Hannover demgegenüber seltener zu finden. Des Weiteren gibt es drei Evangelische Akademien in Braunschweig, Loccum und Oldenburg, eine Dachorganisation (die EEB Niedersachsen) und mit dem Lektoren- und Prädikantendienst in Hildesheim eine Fortbildungseinrichtung für Ehrenamtliche. Die Hanns-Lilje-Stiftung in Hannover wird als „sonstiger Anbieter" aufgeführt.

In Bezug auf Einrichtungen, die *Erwachsenenbildung als Nebenaufgabe* anbieten, stellen Evangelische Studierendengemeinden mit acht Einrichtungen

Bildungsbericht

den am häufigsten vorkommenden Einrichtungstyp dar, gefolgt von sieben Einrichtungen mit thematischem Schwerpunkt Kirchenmusik/Gottesdienst (vgl. Abb. 33). In Niedersachsen sind hier ausschließlich Einrichtungen der verschiedenen Landeskirchen aufgeführt, die für Kirchenmusik verantwortlich sind, wie die Posaunenwerke in Braunschweig, Oldenburg und Hannover, die Bläserarbeit der Evangelisch-reformierten Kirche oder der evangelische Chorverband Niedersachsen-Bremen in Hildesheim.

Abb. 33: Einrichtungen mit der Nebenaufgabe Erwachsenenbildung im Gebiet der Ev. Erwachsenenbildung Niedersachsen

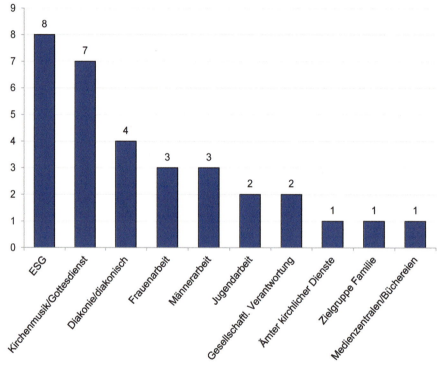

Gesamtzahl an Einrichtungen: 32

Zu den Einrichtungen, die diakonisch tätig sind bzw. zur Diakonie gehören, zählen die Notfallseelsorgen der Landeskirchen Oldenburg und Schaumburg-Lippe, die Telefonseelsorge der Landeskirche Oldenburg sowie der Landesverband des Blauen Kreuzes Niedersachsen in Celle. Erwachsenenbildungsangebote der Frauenarbeit werden von den Landeskirchen Hannover und Oldenburg sowie von der Evangelischen Frauenhilfe Landesverband Braunschweig gemacht; in der Kategorie Männerarbeit sind die Landeskirchen Braunschweig, Hannover und Oldenburg als Anbieter aufgeführt. Die Landesjugendpfarrämter der Landeskirchen Hannover und Schaumburg-Lippe gehören zu der Kategorie Jugendarbeit, während Einrichtungen mit dem thematischen Schwerpunkt gesellschaftliche Verantwortung durch die kirchlichen Dienste in der Arbeitswelt der Landeskirchen Oldenburg und Hannover repräsentiert werden. Das Haus kirchlicher Dienste der Landeskirche Hannover zählt zur Kategorie „Ämter kirchlicher Dienste".[113] Eine Einrichtung mit Zielgruppe Familie stellt die Evangelische Arbeitsgemeinschaft Familie in Niedersachsen in Hannover dar. Das Evangelische Medien- und Servicezentrum in Hannover schließt die Anbieterliste ab.

Im Vergleich zu den nordrheinischen und insbesondere zu den westfälischen Kirchenkreisen weisen die vier niedersächsischen *Kirchenkreise,* die sich an den Anbietererfassungen beteiligt haben, relativ ähnliche Gemeindegliederzahlen auf, die zwischen 47.000 (Synodalverband Grafschaft Bentheim) und gut 75.000 (Propstei Braunschweig) liegen.[114] Anders als in Nordrhein und Westfalen-Lippe befinden sich in Niedersachsen mit dem Kirchenkreis Ammerland und dem Synodalverband Grafschaft Bentheim zwei Kreise in vorwiegend ländlichen Regionen, während die Propstei Braunschweig in einem städtischen Umfeld liegt. Zum Kirchenkreis Hildesheim-Sarstedt schließlich gehören sowohl (klein-)städtische als auch ländlich strukturierte Kirchengemeinden.

Auf Ebene der beteiligten Kirchenkreise sind insgesamt 16 Einrichtungen mit der *Hauptaufgabe Erwachsenenbildung* dokumentiert (vgl. Abb. 34). Hier finden sich vier der oben genannten Arbeitsgemeinschaften für Evangelische Erwachsenenbildung: die Evangelische Erwachsenenbildung AG Braunschweig, die Evangelische Erwachsenenbildung AG Hildesheim, die Evangelische Erwachsenenbildung AG Emsland/Bentheim in Nordhorn und das Evangelische Bildungswerk Ammerland.

---

113 Das Haus kirchlicher Dienste umfasst insgesamt sechs Fachbereiche, die für 49 Fachthemen (wie Besuchsdienst, Ehrenamt, Kirche im Tourismus oder Friedensarbeit) zuständig sind.

114 Der Kirchenkreis Ammerland hat gut 72.000, der Kirchenkreis Hildesheim-Sarstedt knapp 60.000 Gemeindeglieder. Alle Angaben beruhen auf persönlichen Mitteilungen der zuständigen Mitarbeitenden in den Kirchenkreisen.

Bildungsbericht

Abb. 34: Einrichtungen mit der Hauptaufgabe Erwachsenenbildung in den beteiligten niedersächsischen Kirchenkreisen

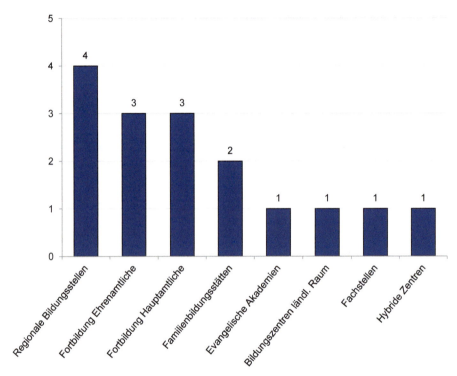

Gesamtzahl an Einrichtungen: 16

Anders als in den nordrheinischen und westfälischen Gebieten gibt es in den beteiligten niedersächsischen Kirchenkreisen keine Schulreferate, die als Fortbildungsinstitute für Hauptamtliche auftreten. Die Beratung und Unterstützung der evangelischen Religionslehrkräfte erfolgt zum einen unmittelbar durch Fachberaterinnen und Fachberater, die von der niedersächsischen Landesschulbehörde eingesetzt werden. Zum anderen hat die evangelisch-lutherische Landeskirche Hannovers eine eigene differenzierte Unterstützungsstruktur aufgebaut.[115] Zu dieser Kategorie sind jedoch die Berufsfachschule Altenschule in Emlichheim, die Lernwerkstatt Religionsunterricht und das diakonische Bildungszentrum für Gesundheits- und Sozialberufe (beide in Hildesheim) zu rechnen. Zu den drei Fortbildungsinstituten für Ehrenamtliche gehören die Lektoren- und Prädikantendienste in der Grafschaft Bentheim und in Hildesheim sowie die Domführer-Gilde in Braunschweig. Darüber hinaus existieren zwei Familienbildungsstätten in Braunschweig und Hildesheim, eine Evangelische Akademie in Braunschweig

---

115 Vgl. Kirche und Schule (o.J.).

4.4 Ergebnisse der Anbietererfassungen

und eine Heimvolkshochschule als Bildungszentrum im ländlichen Raum in Rastede. Eine Fachstelle für spezielle Bildungsangebote stellt die Grafschafter Arbeitsstelle Religionspädagogik in Nordhorn dar, während das Michaeliskloster in Hildesheim ein hybrides Bildungszentrum repräsentiert.

Blickt man in den vier Kirchenkreisen auf Anbieter mit der *Nebenaufgabe Erwachsenenbildung,* zeigt sich, dass deren Großteil durch 11 Einrichtungen der Diakonie bzw. diakonisch tätige Einrichtungen ausgemacht wird (vgl. Abb. 35). Diese gehören größtenteils institutionell zur Diakonie, wie das Büro für Gesellschaftsdiakonie Nordhorn und die Diakonischen Werke Grafschaft Bentheim und Hildesheim, oder sind Hospizvereine (z.B. in Westerstede, Hildesheim oder Braunschweig). Für den Bereich Seelsorge wird lediglich die Telefonseelsorge Braunschweig ausgewiesen.

Abb. 35: Einrichtungen mit der Nebenaufgabe Erwachsenenbildung in den beteiligten niedersächsischen Kirchenkreisen

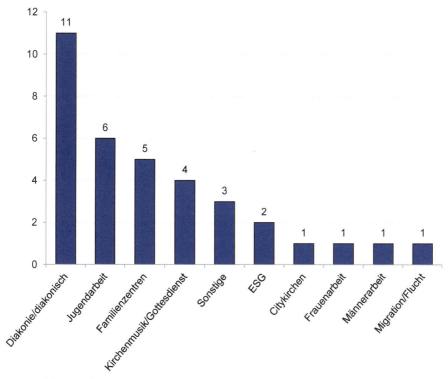

Gesamtzahl an Einrichtungen: 35

Zu den Einrichtungen der Jugendarbeit zählen fünf regionale Verbände des CVJM in Nordhorn, Apen, Bad Zwischenahn und Hildesheim, ergänzt um den Kirchenkreisjugenddienst in Hildesheim. Außerdem sind in den vier Kirchenkreisen fünf Familienzentren an evangelischen Kindertagesstätten und drei der bereits überregional dokumentierten Einrichtungen mit thematischem Schwerpunkt Kirchenmusik lokalisiert: die Bläserarbeit der Evangelisch-reformierten Kirche, das Posaunenwerk der hannoverschen Landeskirche und der evangelische Chorverband Niedersachsen-Bremen (beide in Hildesheim), die durch die Bibelgesellschaft Braunschweig als Einrichtung mit thematischem Schwerpunkt Gottesdienst ergänzt werden. Darüber hinaus gibt es zwei Studierendengemeinden in Braunschweig und Hildesheim, eine Citykirche in Hildesheim (Literaturhaus St. Jakobi), eine Frauenarbeitsgemeinschaft in der Grafschaft Bentheim, die Männerarbeit im Kirchenkreis Ammerland in Apen sowie das Refugium Flüchtlingshilfe in Braunschweig. In der Kategorie „sonstige Einrichtungen" sind die Stiftung Kloster Frenswegen in Nordhorn, das Evangelische Mentorat für Lehramtsstudierende in Hildesheim sowie die Landeskirchliche Gemeinschaft in Braunschweig zusammengefasst.

4.4.4 Anbietererfassung durch die Evangelische Erwachsenenbildung Thüringen

Zentrale Ergebnisse:

- ➢ 38 Einrichtungen mit der Hauptaufgabe und 84 Einrichtungen mit der Nebenaufgabe Erwachsenenbildung
- ➢ Häufigste Einrichtungstypen: Fortbildungsinstitutionen für hauptamtliche Mitarbeitende; Einrichtungen der Diakonie/diakonisch tätige Einrichtungen; Einrichtungen der Jugendarbeit; sonstige Einrichtungen mit der Nebenaufgabe Erwachsenenbildung
- ➢ Wichtige Rolle von Arbeitskreisen auf regionaler Ebene

Wie oben dargelegt, wurde für den Bereich der Evangelischen Kirche in Mitteldeutschland (EKM) nur eine überregionale Anbietererfassung durch die Evangelische Erwachsenenbildung Thüringen durchgeführt, da auf Kirchenkreisebene kaum Kontaktpersonen zur Verfügung stehen, die über die evangelische Erwachsenenbildung vor Ort Auskunft geben können (vgl. Kap. 4.2.2). Die überregionale Anbietererfassung bezieht sich auf das gesamte Gebiet der EKM und schließt damit auch den Zuständigkeitsbereich der Evangelischen Erwachsenenbildung Sachsen-Anhalt mit ein.

4.4 Ergebnisse der Anbietererfassungen

Abb. 36: Einrichtungen mit der Hauptaufgabe Erwachsenenbildung in der EKM

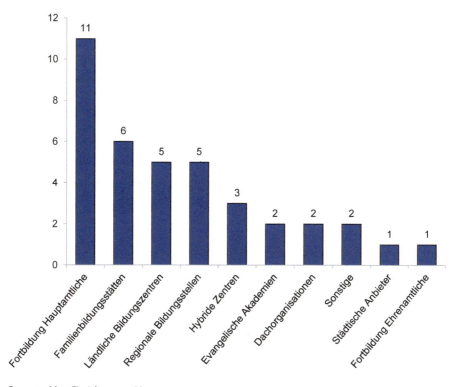

Gesamtzahl an Einrichtungen: 38

Die Fortbildungseinrichtungen für Hauptamtliche bilden die mit Abstand am stärksten vertretene Gruppe von Einrichtungen mit der *Hauptaufgabe Erwachsenenbildung* (vgl. Abb. 36). Dazu gehören zum Beispiel die Pädagogisch-Theologischen Institute der EKM und der Evangelischen Landeskirche Anhalts, das Pastoralkolleg der EKM in Drübeck sowie die diakonischen Bildungsinstitute in Eisenach und Weimar-Holzdorf. In der Kategorie Familienbildungsstätten sind sechs Einrichtungen aufgeführt, wie u.a. die Familienbildungsstätte in Klötze, der Familienhof Salzwedel und die Regionalstellen des Vereins TEAM.F für Sachsen-Anhalt und Thüringen. Zu den fünf Bildungszentren im ländlichen Raum zählen beispielsweise die Evangelische Familienerholungs- und Begegnungsstätte der EKM Burg Bodenstein sowie die Evangelischen Heimvolkshochschulen in Alterode und Donndorf. Bei den hybriden Bildungszentren handelt es sich um das Ökumenische Haus der Begegnung und Stille in Mühlberg (Elbe), das Evangelische Bildungs- und Projektzentrum Villa Jühling in Halle/Dölau und das Evangelische Augustinerkloster in Erfurt. Darüber hinaus gibt es jeweils eine Evangelische Akademie in Wittenberg und Neudietendorf sowie jeweils eine Landesgeschäftsstelle der Evangelischen Erwachsenenbildung in Magdeburg und Erfurt, während der Kirchliche Fernunterricht der EKM eine Fortbildungseinrichtung für Ehrenamtliche darstellt. Die Kategorie „Sonstiges" umfasst die Gesellschaft für Thüringische Kirchengeschichte in Erfurt und den Verein für Kirchengeschichte der Kirchenprovinz Sachsen in Wittenberg.

Abb. 37: Einrichtungen mit der Nebenaufgabe Erwachsenenbildung in der EKM

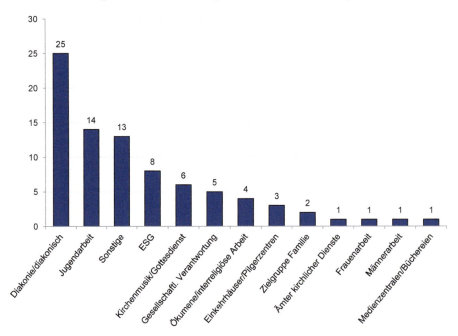

Gesamtzahl an Einrichtungen: 84

Der Großteil an Einrichtungen mit der *Nebenaufgabe Erwachsenenbildung* ist der Diakonie bzw. dem diakonischen Arbeitsfeld zuzuordnen (vgl. Abb. 37). In dieser Kategorie finden sich sowohl regionale Verbände bzw. Werke der Diakonie, wie die Diakonie Mitteldeutschland oder das Diakoniewerk Halle, als auch seelsorglich tätige Einrichtungen, Hospizdienste und andere beratende Organisationen (z.B. die Landesverbände des Blauen Kreuzes in Sachsen-Anhalt und Thüringen). Die 14 Einrichtungen der Jugendarbeit umfassen die Landesverbände des CVJM in Sachsen-Anhalt und Thüringen und die CVJM-Familienferienstätte in Wernigerode sowie Einrichtungen des CJD. Auffällig ist die relativ hohe Anzahl an Einrichtungen, die keiner Kategorie zugeordnet werden konnten. Zu diesen „sonstigen" Anbietern gehören zum Beispiel der Gemeinschaftsverband Sachsen-Anhalt in Dessau, das Canstein Bibelzentrum Halle oder der Verein „Offene Häuser" in Weimar. Überdies gibt es acht Studierendengemeinden sowie sechs Einrichtungen mit thematischem Schwerpunkt Kirchenmusik, wie

u. a. die Evangelische Hochschule für Kirchenmusik in Halle (Saale) oder das Kirchenchorwerk der EKM.

Zu Einrichtungen mit dem thematischen Schwerpunkt gesellschaftliche Verantwortung zählen fünf Arbeitskreise in Erfurt, Halle und Jena; vier Ökumenekreise sind in Ruhla, Suhl und Magdeburg aktiv. Zu den drei Einkehrhäusern gehören das Kloster Volkenroda, das Haus der Stille im Kloster Drübeck sowie das Evangelische Einkehrhaus Bischofrod. Die Evangelische Aktionsgemeinschaft für Familienfragen (eaf) in Sachsen-Anhalt und Thüringen repräsentieren zwei Einrichtungen mit Zielgruppe Familie, während das Frauenwerk der EKM in Halle sowie die Evangelische Männerarbeit in Mitteldeutschland in Erfurt die beiden Einrichtungen der Frauen- bzw. Männerarbeit darstellen. Als Amt kirchlicher Dienste wird der Gemeindedienst der EKM aufgeführt; das Medienzentrum der EKM schließt die Anbieterliste ab.

4.4.5 Evangelische Erwachsenenbildungslandschaften im Vergleich: Institutionalformen und Anbieterdichte

Wie zu Beginn des Kapitels erläutert, erlauben die Anbietererfassungen detaillierte Beschreibungen der Infrastruktur evangelischer Erwachsenenbildung hinsichtlich des Vorkommens bestimmter Institutionalformen. Abschließend sollen die vorgestellten überregionalen und regionalen Anbieterlisten gemeinsam in den Blick genommen werden, auch wenn ein Vergleich aufgrund der unterschiedlichen Erhebungseinheiten und -verfahren nur eingeschränkt möglich ist. Insbesondere mit Blick auf die Konföderation evangelischer Kirchen in Niedersachsen muss beachtet werden, dass diese fünf Landeskirchen umfasst, deren Anbieterzahlen nur bedingt mit denen der übrigen Regionen vergleichbar sind. In Bezug auf die EKM muss nochmals auf das im Gegensatz zu den übrigen Anbietererfassungen umfassendere Erhebungsverfahren verwiesen werden, das insbesondere den Vergleich von Einrichtungen mit der Nebenaufgabe Erwachsenenbildung erschwert (vgl. Kap. 4.4, Fußnote 105).

Hinsichtlich der unterschiedlichen *Institutionalformen, die in den überregionalen Anbieterlisten dokumentiert wurden,* kann festgehalten werden, dass einige von ihnen bzgl. ihrer Anzahl in allen Untersuchungsgebieten eine herausragende Rolle einnehmen (vgl. Tab. 5). Bei den Einrichtungen mit der Hauptaufgabe Erwachsenenbildung prägen Familienbildungsstätten und regionale Bildungsstellen die evangelische Erwachsenenbildung in Nordrhein, Westfalen-Lippe und auf dem Gebiet der Konföderation evangelischer Kirchen in Niedersachsen. In der EKM sind diese beiden Anbietertypen demgegenüber weit weniger verbreitet. Für Anbieter mit der Nebenaufgabe Erwachsenenbildung fällt in fast allen untersuchten Gebieten die starke Präsenz von diakonischen Einrichtungen auf bzw. von Einrichtungen, die in diesem Arbeitsfeld tätig sind – mit Ausnahme der

EEB Niedersachsen.[116] Schließlich ist in allen untersuchten Gebieten ein dichtes Netz an Evangelischen Studierendengemeinden vorhanden, die somit als bedeutsamer Anbieter von evangelischer Erwachsenenbildung in Erscheinung treten.

Tab. 5: Institutionalformen auf überregionaler Ebene

	EEB Westfalen-Lippe	EEB Nordrhein	EEB Niedersachsen	EKM
Anbieter mit Hauptaufgabe Erwachsenenbildung	Regionale Bildungsstellen; Familienbildungsstätten	Familienbildungsstätten; regionale Bildungsstellen	Familienbildungsstätten; regionale Bildungsstellen	Fortbildungsinstitutionen für hauptamtliche Mitarbeitende
Anbieter mit Nebenaufgabe Erwachsenenbildung	Einrichtungen der Jugendarbeit; Diakonie/diakonisch tätige Einrichtungen; ESG	ESG; Diakonie/diakonisch tätige Einrichtungen; Kirchenmusik/Gottesdienst	ESG; Kirchenmusik/Gottesdienst	Diakonie/diakonisch tätige Einrichtungen; Einrichtungen Jugendarbeit; sonstige Einrichtungen

Neben diesen Gemeinsamkeiten gibt die Untersuchung auch Hinweise auf jeweils spezifische *Anbieterprofile,* die sich auf überregionaler Ebene andeuten (vgl. Tab. 5). So stellen im Zuständigkeitsgebiet des EEB Westfalen-Lippe die regionalen Bildungsstellen hinsichtlich ihrer Anzahl die größte Anbietergruppe mit der Hauptaufgabe Erwachsenenbildung dar, während diese Position in Nordrhein und Niedersachsen von den Familienbildungsstätten eingenommen wird. Für die EKM kann demgegenüber festgehalten werden, dass Fortbildungsinstitutionen für Hauptamtliche in dieser Anbietergruppe dominieren. Unter den Einrichtungen mit der Nebenaufgabe Erwachsenenbildung gibt es in Westfalen-Lippe eine recht große Anzahl an Anbietern, die auf dem Gebiet der Jugendarbeit aktiv sind, während in Nordrhein und Niedersachsen der Bereich „Kirchenmusik/Gottesdienst" eine besondere Rolle zu spielen scheint. Mit Blick auf Niedersachsen muss allerdings berücksichtigt werden, dass dieser Bereich durch Einrichtungen der fünf Landeskirchen getragen wird und damit die Schwerpunktsetzung auf die besondere Struktur der Konföderation evangelischer Kirchen in Niedersachsen zurückzuführen ist. Auf dem Gebiet der EKM finden sich schließlich ebenfalls eine Reihe von Einrichtungen der Jugendarbeit sowie relativ viele Einrichtungen, die keiner der angegebenen Kategorien zugeordnet werden konnten.[117] Offenbar weisen also alle Untersuchungsgebiete jeweils eigene Schwerpunkte hinsichtlich

---

116 Obwohl für die EKM, wie oben erwähnt, eine breiter angelegte Erhebung von Anbietern mit der Nebenaufgabe Erwachsenenbildung und damit auch von diakonischen Einrichtungen erfolgte als für die übrigen Regionen, hat diese Aussage auch für sie Gültigkeit, da ja alle Kategorien in diesem Gebiet gleichermaßen umfassend erhoben wurden und das Erhebungsverfahren somit keinen Einfluss auf die relativen Größenverhältnisse zwischen den Anbietertypen nimmt.

117 Ob dieses Profil bei Anbietern mit der Nebenaufgabe Erwachsenenbildung wirklich spezifisch für die EKM ist oder sich auch in anderen Regionen wiederfände, wenn

der vorherrschenden Institutionalformen auf. Aber auch hier sind weitergehende Untersuchungen notwendig, um diese ersten Befunde zu validieren.

Die bisherigen Ausführungen bezogen sich auf die Häufigkeiten, mit der in einem bestimmten Gebiet verschiedene Institutionalformen im Vergleich zueinander vorkommen, und damit auf die regional spezifische „Komposition" der jeweiligen evangelischen Erwachsenenbildungsinfrastruktur. Darüber hinaus ist für die Beschreibung von evangelischen Erwachsenenbildungslandschaften von Interesse, wie sich die Gesamtzahl an Anbietern oder auch die Einrichtungszahl einzelner Anbietertypen im Vergleich darstellt. Um diesen Vergleich zwischen Regionen aussagekräftig zu machen, müssen die Einrichtungszahlen auf die jeweiligen Gemeindeglieder- oder Bevölkerungszahlen bezogen werden. Die so beschriebene *Anbieterdichte* ist generell ein wichtiger Indikator für die Beschreibung von Weiterbildungslandschaften.[118]

Tab. 6: Anbieterdichte auf Ebene der Kirchenkreise

Kirchen-kreise	Gemeinde-glieder	Anbieter	Anbieter mit HA	Anbieter mit NA	Anbieter/ 1.000 GG	Anbieter HA/ 1.000 GG	Anbieter NA/ 1.000 GG
Nordrhein	334.700	71	15	56	0,21	0,04	0,17
Westfalen	458.991	121	14	107	0,26	0,03	0,23
Niedersachsen	250.550	51	16	35	0,20	0,06	0,14

HA= Hauptaufgabe Erwachsenenbildung; NA= Nebenaufgabe Erwachsenenbildung; GG = Gemeindeglieder

Eine vergleichende Untersuchung der Anbieterdichte ist in der vorliegenden Studie auf Ebene der *Kirchenkreise* relativ problemlos möglich, da hier, anders als auf überregionaler Ebene, vergleichbare Untersuchungseinheiten vorliegen und ein einheitliches Erhebungsverfahren angewandt wurde. Setzt man die Einrichtungszahlen der Kirchenkreise in Beziehung zur Gemeindegliederzahl[119] (vgl. Tab. 6), zeigt sich, dass in den westfälischen Kirchenkreisen insgesamt eine etwas größere Zahl an Einrichtungen pro Gemeindeglied vorhanden ist als in den nordrheinischen und niedersächsischen Kirchenkreisen, wobei der „Versorgungsunterschied" zwischen den westfälischen und den Kirchenkreisen in den anderen beiden Regionen jeweils etwa 20 Prozent beträgt. Dabei ist das etwas

---

        man in diesen ähnlich umfassende Anbietererhebungen durchführte, muss an dieser Stelle offen bleiben.
118 Vgl. z.B. Dietrich; Behrendsdorf; Schade (2008); Schemmann; Schmitt (2010).
119 Da sich, abgesehen von der Fortbildung von kirchlichen Mitarbeitenden, die Angebote der evangelischen Erwachsenenbildung an die gesamte Bevölkerung richten, ist neben der Zahl der Gemeindeglieder auch die der Einwohner eine relevante Bezugsgröße für die Anzahl an Bildungsanbietern in einer Region. Exakte Bevölkerungszahlen waren jedoch nicht für alle Kirchenkreise verfügbar, sodass hier nur die Gemeindegliederzahlen als Bezugsgröße verwendet werden.

günstigere Verhältnis von Einrichtungen zu Gemeindegliedern im westfälischen Gebiet nicht auf die (zumindest teilweise) großstädtisch geprägten Kirchenkreise Dortmund und Münster, sondern auf die vergleichsweise hohen Anbieterzahlen in den Kirchenkreisen Hattingen-Witten und Minden zurückzuführen, die eher in kleinstädtisch-ländlichen Regionen liegen.[120] Ein ähnliches Bild ergibt sich in Nordrhein für den Kirchenkreis Jülich und in Niedersachsen für den Synodalverband Grafschaft Bentheim, die beide relativ höhere Einrichtungszahlen vorweisen als andere, eher städtisch geprägte Kreise. Ein städtisches Umfeld, so der vorläufige Befund, führt demnach nicht zwangsläufig zu einer höheren Zahl an evangelischen Erwachsenenbildungsanbietern pro Gemeindeglied. Gleichzeitig fällt allerdings auf, dass in einem sehr großstädtischen Kontext wie Köln bzw. in einer sehr ländlichen Gegend wie Ammerland das Verhältnis zwischen Einrichtungen und Gemeindegliedern deutlich höher bzw. niedriger ausfällt als in anderen Kirchenkreisen, sodass hier das städtische bzw. ländliche Umfeld doch eine Rolle für die Anbieterzahlen zu spielen scheint.

Schaut man sich die Erwachsenenbildungsanbieter nach Haupt- und Nebenaufgabe getrennt an, differenzieren sich die Ergebnisse weiter, wobei sich in beiden Fällen das Muster wiederholt, dass die Einrichtungszahl nach Gemeindegliedern nicht zwangsläufig mit dem städtischen Umfeld korreliert (vgl. Tab. 6). In Bezug auf Anbieter mit der Nebenaufgabe Erwachsenenbildung kann wiederum beobachtet werden, dass diese in den westfälischen Kirchenkreisen in Relation zu den Gemeindegliedern zahlreicher vertreten sind als in den übrigen Regionen. Insbesondere in den niedersächsischen Kirchenkreisen sind vergleichsweise wenige Einrichtungen dokumentiert, die Erwachsenenbildung als Nebenaufgabe durchführen. Dies scheint unter anderem daran zu liegen, dass hier deutlich weniger Familienzentren aufgeführt sind als in den nordrheinischen und westfälischen Kreisen (und dies wiederum auch in Bezug auf die Gemeindeglieder). Anbieter mit der Hauptaufgabe Erwachsenenbildung sind demgegenüber im Verhältnis zu den Gemeindegliedern häufiger in den niedersächsischen Kirchenkreisen als in den übrigen Regionen vertreten.

Der Vergleich der untersuchten Gebiete zeigt somit sowohl Gemeinsamkeiten als auch Unterschiede hinsichtlich der vorherrschenden Institutionalformen der Erwachsenenbildungsanbieter und deren Dichte in Relation zu den Gemeindegliedern. Offenbar gibt es einerseits gebietsübergreifende gemeinsame Charakteristika von evangelischen Erwachsenenbildungslandschaften, die andererseits durch gebietsspezifische Strukturen ergänzt werden.

---

120 Die Angaben für die einzelnen Kirchenkreise sind in Tabelle A19 im Anhang dokumentiert.

4.5 Eindrücke aus der Praxis – Ergebnisse der Experteninterviews zum evangelischen Bildungshandeln mit Erwachsenen

Im Rahmen der Expertengespräche wurde nicht nur die Anwendung des Kategoriensystems bei der Anbietererfassung wissenschaftlich begleitet, sondern es wurde auch untersucht, wie die Befragten ihr eigenes Arbeitsfeld einschätzen (vgl. Kap. 4.2.2). Dabei interessierte vor allem, wie die Beteiligten die evangelische Erwachsenenbildungslandschaft vor Ort und insbesondere das Zusammenspiel von öffentlich geförderter und nicht geförderter evangelischer Erwachsenenbildung wahrnehmen. Diese Fragen beziehen sich auf das sogenannte „Deutungswissen" der Expertinnen und Experten, also auf deren subjektive Relevanzen, Perspektiven und Interpretationsmuster in Bezug auf die regionale evangelische Erwachsenenbildungslandschaft.[121] Da hierzu bislang kaum empirische Untersuchungen vorliegen, waren die Interviews sehr offen angelegt. Sie dienten vor allem der Informationsgewinnung und der Exploration dieses Themengebiets, was sich auch in ihrer induktiven Auswertung widerspiegelt.

Im Folgenden werden die zentralen Ergebnisse zu diesem Deutungswissen diskutiert, nachdem das methodische Vorgehen bei der Interviewführung und Datenauswertung kurz dargestellt wurde.

4.5.1 Methodisches Vorgehen

Um die Einschätzungen und Wahrnehmungen der an den Anbietererfassungen beteiligten Expertinnen und Experten zu erfassen, wurden diese im Anschluss an die Diskussion des Kategoriensystems explizit nach den regionalen Besonderheiten der evangelischen Bildungsarbeit mit Erwachsenen sowie nach der Bedeutung von nicht öffentlich geförderten Anbietern gefragt.[122] Abgesehen von diesen beiden Gesprächsimpulsen gab der Interviewleitfaden keine weiteren Fragen vor, sodass die Expertinnen und Experten ihre Einschätzungen sehr frei äußern konnten.

Dieses explorative Vorgehen bei der Interviewführung korrespondiert mit einer textnahen Auswertung der Interviews, die mit der Methode des offenen/induktiven Kodierens durchgeführt wurde.[123] Ein besonderes Analyseinteresse galt dabei der Frage, inwiefern sich die Aussagen der Mitglieder der verschie-

---

121 Vgl. Bogner; Menz (2005), S. 33–69.
122 Zur Durchführung der Interviews und der Transkription vgl. Fußnote 85. Der Interviewleitfaden ist im Anhang dokumentiert.
123 Vgl. Schreier (2012), Kap. 3. Die Codierungen wurden mit dem Programm MAXQDA 12 vorgenommen. Anschließend wurden die Codes sowohl hinsichtlich der Häufigkeit ihres Auftretens als auch bzgl. ihrer Beziehung untereinander ausgewertet.

denen Berufsgruppen voneinander unterscheiden, waren doch Expertinnen und Experten aus verschiedenen Einrichtungstypen und mit differierenden beruflichen Positionen an den Anbietererfassungen beteiligt. Da davon ausgegangen werden kann, dass der professionelle Kontext die subjektiven Wahrnehmungen von evangelischem Bildungshandeln mit Erwachsenen und insbesondere des Verhältnisses zwischen öffentlich geförderter und nicht geförderter evangelischer Erwachsenenbildung zumindest teilweise beeinflusst, wurden bei der Analyse insgesamt vier Expertengruppen unterschieden, von denen die erste die Geschäftsführenden/die Leitungspersonen der beteiligten landeskirchlichen Erwachsenenbildungsorganisationen umfasst. Diese Gruppe wird im Folgenden als *EEB überregional* bezeichnet. Die zweite Gruppe besteht aus Leitungspersonen und Mitarbeitenden der Erwachsenenbildungswerke bzw. anderer Einrichtungen der öffentlich geförderten evangelischen Erwachsenenbildung auf Kirchenkreisebene und wird als *EEB regional* bezeichnet. Leitungspersonen, also (stellvertretende) Superintendenten bzw. Präses, und Referentinnen und Referenten der Kirchenkreise bilden die dritte Expertengruppe *Kirchenkreis*. Die vierte Gruppe schließlich umfasst sowohl (leitende) Mitarbeitende der öffentlich geförderten evangelischen Erwachsenenbildung als auch der Kirchenkreise, da in drei westfälischen Kirchenkreisen auf Wunsch der Beteiligten die Anbietererfassungen samt flankierender Gespräche von Vertreterinnen und Vertretern beider Einrichtungstypen gemeinsam durchgeführt wurden (vgl. auch Tab. 3 in Kap. 4.2.2). Diese Gruppe wird als *gemischte Gruppe* bezeichnet.[124] Tabelle 7 fasst zusammen, welche Berufsgruppen und wie viele Personen die vier Expertengruppen ausmachen.

---

124 Die Interviews, die mit mehr als einer Person geführt wurden, wurden also als jeweils ein Fall ausgewertet. Eine getrennte Auswertung nach einzelnen Gesprächspartnerinnen und -partner wäre nicht angemessen gewesen, weil die Interviews durch häufige wechselseitige Bezugnahmen sehr diskursiv angelegt waren und somit nicht hätte entschieden werden können, welche der genannten Aspekte welcher Person zugeordnet werden sollte.

Tab. 7: Übersicht über die Expertengruppen

Expertengruppe	Berufsgruppe	Anzahl der Interviewten	Anzahl der Interviews
EEB überregional	Geschäftsführende der landeskirchlichen Erwachsenenbildungsorganisationen	5[125]	5
EEB regional	Leitungspersonen und Mitarbeitende regionaler Erwachsenenbildungswerke/ regionaler Einrichtungen der öffentlich geförderten evangelischen Erwachsenenbildung	5	5
Kirchenkreis	Leitungspersonen und Mitarbeitende für Erwachsenenbildung der Kirchenkreise	4	4
Gemischte Gruppe	Leitungspersonen und Mitarbeitende der regionalen Erwachsenenbildungswerke; Leitungspersonen und Mitarbeitende der Kirchenkreise	8	3
Gesamt		22	17

Vor dem Hintergrund der oben beschriebenen sehr offenen Gesprächsführung erstaunt es umso mehr, dass sich die Inhalte der Interviews in großen Teilen ähneln, und dies häufig auch über die verschiedenen Expertengruppen hinweg. In den folgenden Abschnitten werden diejenigen thematischen Aspekte dargestellt, die sich in allen oder vielen Gesprächen als relevant herausgestellt haben.[126]

4.5.2 Kooperation und Konkurrenz

In allen Experteninterviews spielt die Beziehung der eigenen Einrichtung zu anderen Anbietern von Erwachsenenbildung eine zentrale Rolle. Vermutlich lenken das Nachdenken über die regionale Anbieterlandschaft und die Arbeit mit dem Kategoriensystem den Blick verstärkt auf mögliche Beziehungen zwischen den identifizierten Anbietern, die sowohl kooperativ als auch konkurrierend sein können. Bei den Gesprächen steht jedoch vor allem die regelmäßige bzw. häufige Zusammenarbeit mit anderen Einrichtungen im Fokus der Aufmerksamkeit, die von allen Expertinnen und Experten betont wird – allerdings häufig, ohne die Art

---

125 Für die Gespräche zu den überregionalen Anbietererfassungen stellten sich für das EEB Westfalen-Lippe sowohl dessen ehemaliger Geschäftsführer als auch die gegenwärtige Geschäftsführerin zur Verfügung, sodass in der Gruppe *EEB überregional* insgesamt fünf Experteninterviews geführt wurde.

126 Um die Anonymität der Gesprächspartnerinnen und -partner zu wahren, werden bei Zitaten die Expertengruppe des Gesprächs samt der Nummer genannt, die der Einrichtung zugeteilt wurde. Außerdem werden die Namen von in den Gesprächen erwähnten Personen, Einrichtungen und Regionen anonymisiert.

der Kooperation weiter zu spezifizieren.[127] Wenn dies geschieht, wird in vielen Gesprächen auf die gemeinsame Planung von Angeboten bzw. auf gemeinsam durchgeführte Veranstaltungen verwiesen. Darüber hinaus wird in 12 Gesprächen die umfassende Vernetzung der eigenen Einrichtung als besondere Stärke herausgestellt:

> B1: „Und die Kooperationen sind sehr vielfältig und umfassend."
> B2: „Ja, auch mit dem Schulreferat und dem Frauenreferat. Da macht ihr ja ganz oft viel zusammen."
> B1: „Ja. Aber auch gerade die dann wieder mit Gemeinden, mit WCRP[128], mit dem Verbund."
> B2: „Das Netzwerk funktioniert."
> B1: „Das funktioniert sehr gut." (Gemischte Gruppe 2)

> „Als Besonderheit würde ich sehen, dass wir eine gute Vernetzung zu den Gemeinden haben. Und dass wir eine gute Vernetzung zu anderen Einrichtungen haben, die nicht evangelischer Natur sind. Also, zum Beispiel andere Bildungsträger. Wir sind durchaus ein bisschen stolz darauf, dass wir zu denen gehören, die zur Gründung des Netzwerkes ‚Weiterbildung' hier in der Region beigetragen haben. (…)" (EEB regional 4)

In fünf Interviews wird darüber hinaus allgemein auf die Chancen eingegangen, die die Zusammenarbeit mit anderen Einrichtungen bietet:

> „(…) Kooperationen haben einen sehr hohen Stellenwert. Weil ich glaube, dass wir auf Dauer alle nur überleben können, wenn wir in Kooperationen denken. Also, Netzwerkarbeit. Es gibt für mich kaum eine Arbeit, die alleine für sich bestehen kann. (…) Und wir merken es in der praktischen Arbeit. Wie wichtig es ist, die unterschiedlichen Perspektiven zu haben. (…) Die eine Kollegin im Projekt ist keine Pädagogin. Sie ist eine Ingenieurin für Landschaftsplanung, Städteplanung. Und das gibt schon eine ganz andere Perspektive, wenn man miteinander redet." (EEB überregional 1)

Ein weiterer Indikator für die Bedeutung der Zusammenarbeit mit anderen Einrichtungen ist die große Anzahl an Kooperationspartnern, die in allen Interviews spontan, also ohne Nachfrage genannt wird. Insgesamt werden 175 verschiedene Partnereinrichtungen in den Gesprächen erwähnt, die in Abbildung 38 nach ihrem religiösen Hintergrund dargestellt werden.

---

127 In der Fachliteratur werden mehrere Kooperationsarten unterschieden, die vom informellen Informationsaustausch über die Vermittlung von Teilnehmenden und die Durchführung gemeinsamer Veranstaltungen bis zur formalen Kooperation in organisationalen Strukturen reichen. Vgl. z.B. Bernhard (2017), S. 138–139.

128 Die Abkürzung steht für „World Conference of Religions for Peace".

4.5 Eindrücke aus der Praxis

Abb. 38: Anzahl genannter Kooperationspartner nach religiösem Hintergrund

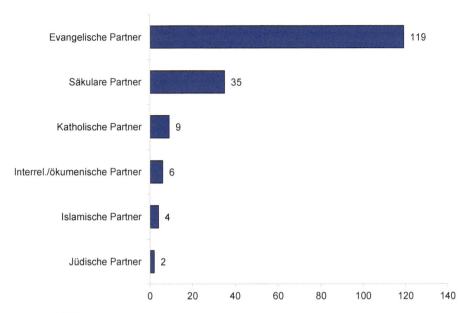

Gesamtzahl: 175

Mit einer Anzahl von 119 gehört der Großteil der genannten Kooperationspartner entweder der evangelischen Kirche an oder bringt ein evangelisches Selbstverständnis zum Ausdruck. Es folgen mit deutlichem Abstand 35 säkulare Partner, zu denen beispielsweise Nichtregierungsorganisationen, Volkshochschulen, Universitäten und insbesondere auch kulturelle Einrichtungen wie Theater, Museen, Kinos etc. gehören. Einrichtungen anderer Religionsgruppen werden demgegenüber deutlich seltener genannt. Da die unterschiedlichen Kooperationspartner jedoch nicht explizit erfragt wurden, zeigt dieses Ergebnis vor allem, welche Einrichtungen den Expertinnen und Experten während der Gespräche präsent waren und erwähnenswert schienen. Zwar kann davon ausgegangen werden, dass mit den genannten Partnern auch tatsächlich kooperiert wird; Rückschlüsse auf der Grundlage von nicht Genanntem darauf, mit welchen Einrichtungen nicht oder nur wenig kooperiert wird, sind demgegenüber nicht möglich.

Abbildung 39 stellt die evangelischen Kooperationspartner differenziert nach ihrer Institutionalform dar, wozu das für die Anbietererfassung entwickelte Kategoriensystem genutzt wurde (vgl. Tab. 4 in Kap. 4.3.5).

Bildungsbericht

Abb. 39: Anzahl genannter evangelischer Kooperationspartner nach Institutionalform

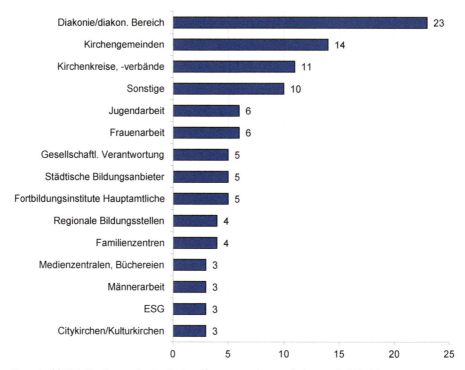

Gesamtzahl: 106. Gezeigt werden Institutionalformen, zu denen mindestens drei Einrichtungen genannt wurden.

Die meisten der in den Gesprächen genannten evangelischen Kooperationspartner gehören entweder der Diakonie an oder sind in einem diakonischen Arbeitsfeld tätig. Die starke Präsenz dieser Einrichtungen entspricht ihrer hohen Anzahl in den Anbieterlisten, und dort insbesondere auf Kirchenkreisebene (vgl. Kap. 4.4). Zu den insgesamt 23 Nennungen gehören sowohl „die Diakonie" allgemein als auch einzelne diakonische Werke und Bildungszentren vor Ort, während Hospizvereine und Notfallseelsorge weniger oft erwähnt werden. Mit 14 bzw. 11 Nennungen repräsentieren Kirchengemeinden und Kirchenkreise bzw. -verbände die zweit- und drittgrößte Gruppe. Die folgende Sammelkategorie „Sonstiges" umfasst zehn so unterschiedliche Einrichtungen wie Beratungszentren, Bibelgesellschaften sowie freie Kreise, Initiativen und Gruppen. Alle anschließend aufgeführten Einrichtungstypen von Einrichtungen der Frauen- und Jugendarbeit bis zu City- und Kulturkirchen werden demgegenüber deutlich seltener erwähnt.

Insgesamt zeigt sich somit eine sehr große Bandbreite an Kooperationspartnern, mit denen in ganz unterschiedlichen Bereichen zusammengearbeitet wird, wie beispielsweise bei Ausstellungen zum Thema „Heimat", bei Filmvorführungen, bei interreligiösen Gesprächskreisen und vielem mehr. Gleichzeitig fällt auf, dass die Gesprächspartnerinnen und -partner relativ selten auf die Zusammenarbeit mit Einrichtungen eingehen, die im Bereich der Familienbildung tätig sind, wie beispielsweise Familienbildungsstätten oder Familienzentren. Offenbar sind diese als Kooperationspartner in den Gesprächen nicht so präsent – was auch daran liegen kann, dass Familienbildungsstätten und regionale Erwachsenenbildungswerke teilweise in denselben Kirchenkreisen zu finden sind (vgl. Kap. 4.4.1) und die Zusammenarbeit bereits so selbstverständlich ist, dass sie nicht mehr erwähnenswert scheint.

Neben der grundsätzlich positiven Beurteilung einer möglichst breit aufgestellten Zusammenarbeit mit anderen Einrichtungen kommen in einigen Gesprächen auch die möglichen Schwierigkeiten von Kooperationen zur Sprache. So werden in vier der Interviews Gründe thematisiert, die gegen eine Kooperation sprechen können, zum Beispiel wenn die Qualität der eigenen Angebote sichtbar gemacht werden soll oder wenn man den gesellschaftlichen Beitrag von kirchlichem Bildungshandeln hervorheben möchte. Darüber hinaus sind andere Bildungsanbieter natürlich nicht nur potenzielle Kooperationspartner, sondern auch Konkurrenten um Teilnehmende in der regionalen Erwachsenenbildungslandschaft:

> „Häufig ist es auch so, dass man in einem zum Teil auch wirklich unangenehmen Konkurrenzkampf zu den örtlichen Bildungseinrichtungen steht. Da haben wir Glück, das ist hier nicht so. (…) Aber es ist schon in der Vergangenheit so gewesen, dass mich etwa der katholische Bildungsträger angerufen und gefragt hat, warum ich ein Seminar kostenlos anbiete. Sie müssten Geld dafür nehmen. Also, man hat sich gegenseitig im Blick. Und beobachtet auch, was da in der Konkurrenz passiert."
>
> (EEB regional 2)

Das Konkurrenzverhältnis zu anderen Anbietern wird in insgesamt neun Interviews angesprochen. Dabei kommen neben katholischen und säkularen Einrichtungen auch andere evangelische Bildungsanbieter in den Blick, wie beispielsweise die Diakonie oder Familienbildungsstätten.

4.5.3 Öffentlich geförderte und nicht geförderte evangelische Erwachsenenbildung

Wie oben ausgeführt, ist ein wesentliches Ziel der Anbietererfassungen die Erweiterung des Blicks über die Arbeit der öffentlich geförderten evangelischen Erwachsenenbildung hinaus, um auch evangelisches Bildungshandeln mit Erwachsenen sichtbar zu machen, das beispielsweise in Kirchengemeinden oder in evangelischen Verbänden stattfindet (vgl. Kap. 4.1). Aus diesem Grund wurde in den Experteninterviews nach der Bedeutung von nicht öffentlich geförderten evangelischen Erwachsenenbildungsanbietern gefragt. In 14 Interviews wurde

Bildungsbericht

auf diese Art von Bildungsanbietern näher eingegangen, während ein Gesprächspartner angab, dass er diese Art von Anbietern nicht kenne. In den übrigen Gesprächen wird die Arbeit dieser Anbieter als überwiegend positiv beschrieben, wie Abbildung 40 zeigt.[129]

Abb. 40: Die Bedeutung von nicht öffentlich geförderten evangelischen Erwachsenenbildungsanbietern

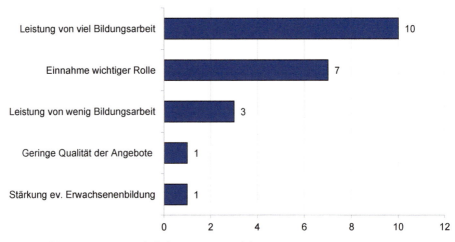

Gesamtzahl an Interviews: 14; Mehrfachnennungen möglich

In zehn Interviews wird herausgestellt, dass von den nicht öffentlich geförderten evangelischen Bildungsanbietern viel Erwachsenenbildungsarbeit geleistet würde, während in sieben Gesprächen betont wird, dass diese Anbieter allgemein eine wichtige Rolle einnähmen.

> „(…) Das spielt eine total große Rolle. Weil es einfach auf der anderen Ebene nicht so viele gibt. Es gibt nicht so viele Stadtakademien. Es gibt nicht so viele reine Bildungsanbieter. (…) Die Bedeutung der anderen ist auch deswegen so groß, weil es innerhalb dieser traditionellen Bildungsstruktur einfach nur ganz, ganz wenig gibt."
> (EEB überregional 5)

Eine allgemeine „Stärkung" der evangelischen Erwachsenenbildung durch die nicht geförderten evangelischen Anbieter wird darüber hinaus in einem Interview gesehen. Gleichzeitig wird in vier Gesprächen die Arbeit dieser Anbieter in Bezug auf Qualität oder Umfang auch eher zurückhaltend kommentiert:

---

129 In einem Interview wurde die Frage versehentlich nicht gestellt. In einem weiteren Interview wurde die Frage lediglich mit einem allgemeinen Verweis auf die Vorteile von Kooperationen beantwortet, sodass diese Aussage hier nicht weiter berücksichtigt wird.

> „(…) Da passt noch einmal der Arbeitskreis Frauenmahl. Da funktionieren manchmal Sachen, die man als Hauptamtlicher trotz größter Anstrengungen nicht hinbekommt (…) Und das an Stellen, wo es genau nötig ist. Deswegen finde ich es schon wichtig, dass es so etwas gibt. Und ich denke, das muss auch von hauptamtlicher Seite unterstützt und gefördert werden, wo es gewünscht ist. Aber das sind nicht die großen Zahlen. (…) Es ist wichtig, dass diese Initiativen da sind. Aber sie sind nicht der große Mitspieler an der Stelle. Und trotzdem glaube ich, dass im Ganzen etwas fehlen würde, wenn sie nicht da wären." (Kirchenkreis 2)

In der letzten Äußerung wird deutlich, dass einschränkende Bemerkungen hinsichtlich des Umfangs an geleisteter Bildungsarbeit die allgemein positive Einschätzung von evangelischer Bildungsarbeit, die außerhalb des staatlichen Fördersystems stattfindet, nicht mindern müssen. Gleiches gilt für Bedenken hinsichtlich der Qualität dieser Angebote, die in einem Gespräch zum Ausdruck gebracht werden. Nur in einem Interview wird eine eher skeptische Einschätzung des Umfangs der Bildungsarbeit nicht durch andere positive Äußerungen flankiert und führt zu einer allgemein eher kritischen Beurteilung dieser Bildungsanbieter. Interessant ist, dass es bei den positiven Äußerungen keine größeren Unterschiede zwischen den verschiedenen Expertengruppen gibt, während die eher skeptischen Bemerkungen vor allem von Vertreterinnen und Vertretern der regionalen und überregionalen Erwachsenenbildungsorganisationen gemacht werden. Diese äußern sich auch verstärkt zu dem Verhältnis zwischen nicht öffentlich geförderten Anbietern und der öffentlich geförderten evangelischen Erwachsenenbildung, das in insgesamt 11 Interviews thematisiert und wiederum vor allem positiv beschrieben wird. Dabei wird letzterer in acht Gesprächen eine beratende Funktion zugeschrieben:

> „Das heißt, wir als Erwachsenenbildungswerk des Kirchenkreises beraten die Gemeinden in jeglicher Form von Bildungsarbeit. Wir beraten sie nicht nur, sondern wir bieten ihnen auch einen Themenkatalog an, den wir hier zusammenstellen. (…) Das heißt, wenn Sie jetzt zum Beispiel Gruppenleiterin in einer Kirchengemeinde wären, bekämen Sie von uns so einen Themenkatalog mit einem Planungsbogen zugeschickt. Und dann würden wir Sie bitten aufzuschreiben: Welche Erwachsenenbildungsveranstaltungen planen Sie im nächsten Jahr? (…) Von daher legen wir großen Wert darauf, mit den Kirchengemeinden zu kooperieren. Und die Kirchengemeinden legen großen Wert darauf, mit uns zu kooperieren." (EEB regional 4)

Zudem werden in drei Gesprächen die gegenseitige Wertschätzung zwischen öffentlich geförderten und anderen evangelischen Erwachsenenbildungsanbietern und die Tatsache betont, dass es mittlerweile weniger Konkurrenz zwischen beiden Gruppen gäbe als früher. Darüber hinaus wird in drei Interviews die bündelnde Funktion herausgestellt, die das regionale Erwachsenenbildungswerk für die Bildungslandschaft übernähme.

Bildungsbericht

Auch gehen viele der Befragten auf die positiven Auswirkungen der Zusammenarbeit zwischen öffentlich geförderter und nicht geförderter evangelischer Erwachsenenbildung ein. In insgesamt neun Interviews werden positive Konsequenzen wie die erhöhte Sichtbarkeit von Angeboten, das Erreichen von mehr Teilnehmenden, die Vermeidung von doppelten Angeboten oder der Vorteil von erweiterten Personal- und Kompetenzressourcen genannt, und das ohne nennenswerte Unterschiede zwischen den drei Expertengruppen.

> „(…) Wir haben zum Teil so hochkarätige Bildungsveranstaltungen in einzelnen Gemeinden, dass es schade ist, wenn da immer nur zehn Leute hinkommen. Und wir haben gesagt: Wir möchten das gerne einfach erweitern und schauen, dass sich die Leute tatsächlich auf den Weg machen. Das tun sie jetzt mehr und mehr. (…) Und da ist (Name der Einrichtung) so ein bisschen auch ein Label. Wenn das dran steht, dann kommen die Leute auch durchaus." (EEB regional 2)

Neben diesen positiven Aspekten beschreiben viele der Expertinnen und Experten auch verschiedene Schwierigkeiten, die sich bei der Zusammenarbeit zwischen öffentlich geförderten und nicht geförderten Einrichtungen ergeben (vgl. Abb. 41). Dieser Aspekt ist ein wichtiges Thema in 14 Interviews und damit in einer großen Mehrzahl der Gespräche.

Abb. 41: Problematische Aspekte bei der Zusammenarbeit zwischen öffentlich geförderter und nicht geförderter evangelischer Erwachsenenbildung

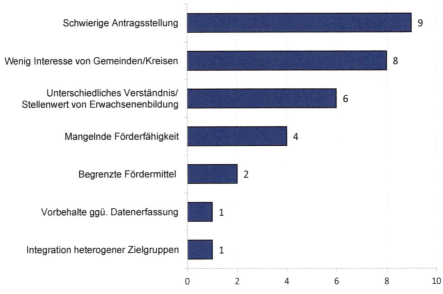

Gesamtzahl an Interviews: 14; Mehrfachnennungen möglich

Mit Blick auf die Antragsstellung wird vor allem thematisiert, dass diese mit großem Aufwand verbunden sei, dem letztlich eine relativ geringe Fördersumme gegenüberstehe. Auch wird betont, dass die lange Planungszeit für Kirchengemeinden oftmals schwierig sei. In acht Gesprächen wird darüber hinaus hervorgehoben, dass nicht alle Kirchengemeinden Interesse an einer Zusammenarbeit bzw. an Bildungsarbeit hätten und dass häufig keine Ansprechpartner auf der Ebene der Gemeinden und Kreise vorhanden seien. Die Problematik der mangelnden Förderfähigkeit mancher Angebote bzw. der nur begrenzt zur Verfügung stehenden Fördermittel werden in vier bzw. zwei Interviews angesprochen, während Vorbehalte seitens der Kirchengemeinden gegenüber der Erfassung der Daten von Teilnehmenden sowie die Schwierigkeit, heterogene Zielgruppen bei gemeinsamen Veranstaltungen zusammenzuführen, in jeweils einem Gespräch diskutiert werden. Differenzen zwischen den öffentlich geförderten Einrichtungen und den Kirchengemeinden bzw. anderen nicht öffentlich geförderten Anbietern hinsichtlich des Stellenwerts und des Verständnisses von evangelischer Erwachsenenbildung werden in insgesamt sechs Interviews festgestellt:

„(…) Und ich darf schon sagen, dass es ein unermüdliches Tun ist, Menschen in den Gemeinden davon zu überzeugen, dass Bildungsarbeit sinnvoll ist. Woanders haben Sie wieder Leute, die voll dahinterstehen. Da macht es auch Spaß und Freude, mit denen zusammenzuarbeiten und Sachen zu entwickeln und umzusetzen. Aber es ist schade, wenn man auf ein konservativeres Verständnis in Kirchengemeinden trifft, wo gesagt wird, dass andere Dinge wichtiger sind als Bildungsarbeit. Und wo nicht gesehen wird, welche Chancen Bildungsarbeit auch bietet."   (EEB regional 3)

„Oft kommen Anfragen aus den Kirchengemeinden, welchen Bildungsauftrag Erwachsenenbildung eigentlich hat. (…) Ich weiß, dass oft Anfragen kommen: ‚Muss man denn als evangelische Erwachsenenbildung Computerkurse durchführen?'"
(Gemischte Gruppe 2)

4.5.4 Angebot und Nachfrage: die Gestaltung der Bildungsangebote und die Gewinnung von Teilnehmenden

Im Vergleich zur Zusammenarbeit zwischen verschiedenen Einrichtungen und speziell zwischen der öffentlich geförderten und nicht geförderten evangelischen Erwachsenenbildung nimmt die Gestaltung und thematische Ausrichtung der Bildungsangebote in den Interviews einen geringeren Stellenwert ein. Diese Schwerpunktsetzung kann, wie oben bereits angedeutet, dem durch das Kategoriensystem vorgegebenen Fokus auf die institutionelle Ebene von Bildungshandeln mit Erwachsenen geschuldet sein. Doch trotz dieser Rahmung kommen alle Expertinnen und Experten im Laufe der Gespräche auch auf ihre Bildungsangebote zu sprechen. Deren Charakteristika werden in sieben Interviews angesprochen, wie beispielsweise ihre methodische Gestaltung und dabei insbesondere ihre partizipative Ausrichtung, ihre hohe Qualität oder der Umstand, dass viele Veranstaltungen sehr günstig oder sogar kostenfrei angeboten werden.

> „Das Besondere ist, dass wir für die Menschen ein möglichst qualifiziertes Angebot machen. In einem Kontext und in einer Umgebung, in der sie Spaß daran haben, zu uns zu kommen. Und in der ganz überwiegenden Zahl der Fälle bieten wir diese Veranstaltungen kostenlos an. Weil ich denke, die meisten, die zu uns kommen, zahlen schon Kirchensteuern. Und im Grunde finanzieren sie schon die Bildungsarbeit. Und deswegen sollen sie das als ein Angebot ihrer Kirche für sich zu ihrer Qualifizierung wahrnehmen. Wenn wir sagen: ‚Evangelische Bildungsarbeit ist unglaublich wichtig und Bestandteil unseres Christentums', dann, finde ich, soll das für die Leute, die zu uns kommen, auch eine Serviceleistung sein." (EEB regional 2)

Weiterhin wird in neun Interviews die Vielfalt der Angebote beschrieben:

> „Unsere Hauptamtlichen decken fast alle Bereiche ab. Sie machen zum Beispiel ganz viel im Bereich nachhaltige Bildung, auch große Projekte. Das macht sonst fast niemand. Man kann wirklich nicht sagen, dass wir ein oder zwei besondere Schwerpunkte hätten. (…) Ich glaube, was es so geben kann, das findet man bei uns. (…) Es gibt, glaube ich, keinen Bereich, den wir gar nicht anbieten." (EEB überregional 4)

Auf konkrete Themenfelder der Angebote wird in allen Gesprächen eher beiläufig, aber durchgängig eingegangen. Dabei werden am häufigsten Angebote aus dem politisch-gesellschaftlichen Bereich erwähnt, wie beispielsweise Veranstaltungen zum Nahostkonflikt, zur nachhaltigen Entwicklung oder allgemein zur politischen Bildung. Nur wenig seltener werden Angebote zur religiös-ethischen Bildung genannt, gefolgt von den Bereichen Kultur/Gestalten und Familie/Gender/Generationen. Weitere thematische Gebiete werden in den Gesprächen seltener erwähnt, spielen aber auch eine Rolle, wie unter anderem Angebote zur interreligiösen Arbeit und zur Arbeit mit Geflüchteten. Einen Rückschluss auf die tatsächlichen inhaltlichen Schwerpunkte der Einrichtungen erlauben diese Ergebnisse nicht, da die thematische Ausrichtung der Angebote nicht systematisch abgefragt, sondern spontan erwähnt wurde.[130] Sie zeigen jedoch, dass ein vielfältiges inhaltliches Angebot und insbesondere die Bearbeitung von politisch-gesellschaftlichen Themen von hoher subjektiver Relevanz für die Befragten sind.

Neben der thematischen Ausrichtung der Veranstaltungen heben viele Expertinnen und Experten einen speziellen Angebotsbereich hervor: die Fortbildung und Begleitung von Ehrenamtlichen. Zwar wurde dieser Bereich in vielen Interviews quasi automatisch thematisiert, wenn bei der Besprechung des Kategoriensystems die Kategorie für Einrichtungen mit Angeboten für Ehrenamtliche

---

130 Inhaltliche Schwerpunkte von Erwachsenenbildungseinrichtungen können über systematische Programmanalysen untersucht werden, wie sie im Rahmen der Vertiefungsstudie zum Bildungsbericht durchgeführt wurden.

4.5 Eindrücke aus der Praxis

diskutiert wurde. Dennoch fällt auf, dass die besondere Bedeutung und die vielfältigen Formen der Begleitung von Ehrenamtlichen durch die Erwachsenenbildungswerke bzw. Kirchenkreise und –gemeinden besonders hervorgehoben werden.[131] Dies geschieht in 15 Gesprächen entweder in Bezug auf den eigenen Verantwortungsbereich der Interviewten oder auch allgemein mit Blick auf evangelisches Bildungshandeln.

> „Wenn Sie in unserem Programm sehen: ‚Fortbildung für ehrenamtliche Mitarbeiter', dann ist dieses Gebiet immer breiter geworden. Für Mitarbeiter in der Frauenhilfe, für Mitarbeiter in der Seniorenarbeit oder in der Seelsorgearbeit. Und auch in der ganzen Planungsarbeit. Das ist auch ein wichtiger Aspekt, dass wir uns mit den verschiedenen Frauenhilfen regelmäßig zur Reflexion und Planung der Arbeit zusammensetzen. Von daher hat das auch noch einmal einen bedeutenden Stellenwert."
>
> (EEB regional 3)

> „(…) Das würde ich bildungspolitisch gerne nach vorne bringen und auch mit dieser öffentlichen Dimension versehen: die Qualifizierung von Ehrenamtlichen. Das ist eine gesellschaftlich höchst relevante Aufgabe. Und da tun wir sehr viel. Sowohl auf der Ebene der Kirchenkreise, auch partiell auf der Gemeindeebene, wenn man an die Gewinnung von Mitarbeitenden für Jugendfreizeiten, für Seniorenfreizeiten denkt. Die Qualifizierung von Diensten im sozialen Bereich, wie die ‚Grünen Damen', die sich ehrenamtlich in Krankenhäusern engagieren und dort tätig sind, oder Hospizmitarbeiter. Dieser ganze Bereich von Ehrenamtlichen, der fußt immer auf Bildungsarbeit. Das ist ein großes Pfund. Das sollte die evangelische Kirche sehr deutlich machen."
>
> (EEB überregional 3)

Abgesehen von den Ehrenamtlichen werden weitere Ziel- oder Teilnehmendengruppen nur am Rande angesprochen, wie beispielsweise Menschen mit Migrationshintergrund, Geflüchtete oder kirchen- bzw. bildungsferne Menschen. In drei Gesprächen wird darüber hinaus hervorgehoben, dass „alle Menschen" an den Bildungsangeboten teilnehmen könnten. Demgegenüber ist die Verschränkung von Angebot und Nachfrage und damit die Frage der Gewinnung von Teilnehmenden ein wichtiges Thema in insgesamt 12 Interviews. Dabei fällt auf, dass vor allem die Vertreterinnen und Vertreter der regionalen Erwachsenenbildungswerke auf diese Problematik eingehen, während sie für die übrigen Expertengruppen zwar auch relevant, aber weniger virulent zu sein scheint. Abbildung 42 zeigt die unterschiedlichen Facetten der Gewinnung von Teilnehmenden, die in den Gesprächen benannt werden.

---

131 Die Fortbildung von Hauptamtlichen, die ja auch durch das Kategoriensystem Thema der Gespräche war, wurde demgegenüber nur in acht Interviews und deutlich weniger ausführlich diskutiert.

Bildungsbericht

Abb. 42: Herausforderungen bei der Gewinnung von Teilnehmenden

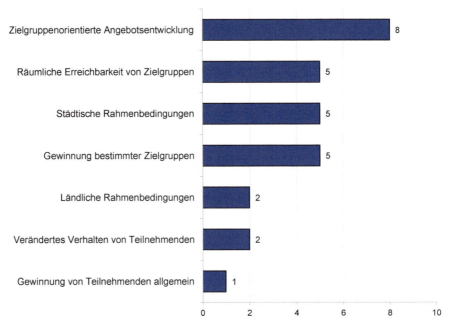

Gesamtzahl an Interviews: 12; Mehrfachnennungen möglich

In acht Gesprächen wird die Entwicklung von zielgruppenorientierten Angeboten als eine zentrale Herausforderung bei der Teilnehmendengewinnung dargestellt.

> „(…) Wenn wir etwas anbieten, bei dem wir ein Thema in den Raum stellen und sagen: ‚So, Leute. Das ist ein tolles Thema, das ist wichtig, wir haben das gut vorbereitet. Kommt einmal zu uns.' Dann kann es einem ganz schnell passieren, dass man mit sehr wenigen Leuten dasteht. (…) Es ist etwas anderes, wenn Sie sich mit einer Gruppe verabreden. Wenn man zum Beispiel fünf Kindergärten besucht und den Mitarbeitern sagt: ‚Leute, wenn Ihr einmal eine richtig schicke Fortbildung haben wollt, mit Themen, die Ihr Euch selber aussuchen könnt, und garantiert wisst: Das ist praxisnah und das bringt mir etwas für meine Arbeit. Dann sagt mir Bescheid, dann stricke ich Euch etwas.' Das funktioniert. In so einem Seminar haben Sie 40 Leute sitzen. Wenn Sie nicht die ‚Komm-Struktur' haben, sondern die ‚Bring-Struktur'. Und das müssen wir noch stärker entwickeln." (Kirchenkreis 1)

In vier Gesprächen werden in diesem Zusammenhang auch die jeweiligen Spezifika einer städtisch oder ländlich geprägten Bevölkerung genannt, die es zu berücksichtigen gilt, wie beispielsweise eine stärkere Kirchenbindung auf dem Land oder ein stärker akademisch ausgerichtetes Zielpublikum in der Stadt. Die Unterschiede zwischen Stadt und Land werden auch mit Blick auf die Rahmenbedingungen hervorgehoben, die man bei der Programmgestaltung jeweils berücksichtigen muss, wie z.B. die starke Konkurrenz durch andere Bildungsanbieter und Veranstaltungen im städtischen Umfeld, aber auch die teilweise geschlossenen sozialen Räume auf dem Land, die man sich erst „erobern" muss. Insgesamt werden die Unterschiede zwischen städtischem und ländlichem Umfeld deutlich häufiger erwähnt als die religiöse bzw. konfessionelle Prägung der regionalen Bevölkerung. Zwar wird das religiöse Umfeld in manchen Gesprächen ebenfalls zur Erläuterung der regionalen Erwachsenenbildungslandschaft herangezogen, es wird aber bis auf einen Fall nicht als die Arbeit erleichternder oder erschwerender Faktor beschrieben.

Die schwierige räumliche Erreichbarkeit von potenziellen Teilnehmenden aufgrund des großen Einzugsgebiets der Einrichtung wird in fünf Interviews hervorgehoben. Darüber hinaus wird die Gewinnung bestimmter Zielgruppen wie jüngere oder bildungsferne Menschen oder allgemein männliche Teilnehmende als problematischer Aspekt der Teilnehmendengewinnung genannt. Weniger prominent sind Aussagen zu einem veränderten Verhalten der Teilnehmenden, die sich nach Meinung von zwei Befragten seltener und häufig nur für eine kurze Dauer auf die Teilnahme an Angeboten festlegen möchten.

4.5.5 Die Verortung von evangelischem Bildungshandeln mit Erwachsenen in Kirche und Gesellschaft

Die bislang vorgestellten Aspekte beziehen sich überwiegend auf das konkrete Tätigkeitsfeld der Expertinnen und Experten bzw. auf das regionale Umfeld, in dem sie ihre Arbeit verrichten. Darüber hinaus wird in einer Mehrzahl der Interviews auch grundsätzlich die Rolle diskutiert, die evangelisches Bildungshandeln mit Erwachsenen in Kirche und Gesellschaft einnimmt. Derartige Erörterungen finden sich in insgesamt 11 Interviews und haben somit eine hohe subjektive Relevanz für viele der Gesprächspartnerinnen und -partner. Dies gilt vor allem für die Vertreterinnen und die Vertreter der Erwachsenenbildungswerke, die sich alle grundsätzlich zur evangelischen Erwachsenenbildung äußern, sowie für die gemischten Gesprächsgruppen. Von den Mitarbeitenden der Kirchenkreise wird demgegenüber nur in einem Interview auf derart grundsätzliche Fragen eingegangen.[132]

Abbildung 43 stellt die relevanten Aspekte der doppelten Verortung von evangelischem Bildungshandeln mit Erwachsenen in Kirche und Gesellschaft zusammenfassend grafisch dar, wie sie sich aus der vorliegenden Untersuchung ergeben.

---

132 Da sich vor allem Vertreterinnen und Vertreter der öffentlich geförderten evangelischen Erwachsenenbildung zum Thema „Verortung" geäußert haben, könnte man annehmen, dass die Aussagen insbesondere diesen Bereich von evangelischem Bildungshandeln mit Erwachsenen betreffen. Diese Vermutung bestätigt die empirische Analyse allerdings nicht, da die Ausführungen der Interviewten häufig sehr allgemein gehalten sind, sodass nicht eindeutig ersichtlich wird, auf welche Art von Erwachsenenbildung sie sich im Einzelnen beziehen.

Abb. 43: Verortung von evangelischem Bildungshandeln mit Erwachsenen in Kirche und Gesellschaft

Im Zentrum der Abbildung stehen sowohl das evangelische Bildungshandeln mit Erwachsenen als auch die evangelische Bildungsarbeit allgemein, auf die verschiedene Befragte ebenfalls in ihren Überlegungen eingehen. Die Beziehung zwischen beiden Handlungsfeldern wird in drei Gesprächen diskutiert, wobei stets eine gewisse Nachrangigkeit der evangelischen Erwachsenenbildung im Vergleich zu anderen kirchlichen Bildungsangeboten wie denen für Kinder oder Jugendliche konstatiert wird:

> „Wenn ich jetzt zum Beispiel an die Synode unserer Kirche denke, da wird alle paar Jahre ein Jugendbericht erstellt und gefeiert. Weil man danach das Gefühl hat, man weiß jetzt über Jugendliche Bescheid. (…) Es ist ja wichtig, über Jugendliche Bescheid zu wissen, und auch über Kinder. Aber warum gibt es keinen Erwachsenenbericht? Da wäre so viel zu sagen." (EEB regional 5)

Gleichzeitig wird die evangelische Erwachsenenbildung auch als Teil der evangelischen Bildungsarbeit insgesamt erörtert, wobei beiden Bereichen in insgesamt vier Interviews ein eher geringer Stellenwert im Vergleich zu anderen kirchlichen Handlungsfeldern bescheinigt wird. Diese Wertigkeit wird aber nicht unbedingt kritisiert, sondern in drei Gesprächen zumindest teilweise verstanden, gerade angesichts knapper Ressourcen:

> „(…) Es ist nicht so, dass irgendjemand sagen würde: ‚Das ist nicht wichtig.' Sondern einfach nur: ‚Wo setzt man Prioritäten in der Kirchengemeinde?' Mir fällt ein Beispiel aus der Region ein: In (Name der Stadt) wurde vor einigen Jahren eine Stadtakademie gegründet. (…) Das war eine Projektstelle, die auf fünf Jahre befristet war. Und dann war es so, dass das über die fünf Jahre aufgebaut wurde, auch sichtbar und wahrnehmbar. Und als die Projektstelle auslief, fehlte eben einfach das Geld. Und dann ist das eine Initiative, die wieder zurückgefahren wird. Das ist schade, weil man merkt: In den Regionen, gerade vielleicht auch in den Kleinstädten, kann man mit Bildungsarbeit noch wahrgenommen werden. Und andererseits muss man dann auch sagen: Wenn das bedeutet hätte, dann sparen wir halt eine Pfarrstelle, damit wir die Akademie aufrechterhalten, wäre das eben auch schwierig gewesen. Insofern muss man das in der Balance halten." (EEB überregional 2)

Die Problematik knapper Ressourcen und die daraus resultierenden Verteilungskämpfe bzw. der Legitimationsdruck, unter dem die evangelische Erwachsenenbildung und die Bildungsarbeit allgemein stehen, werden in vier Gesprächen thematisiert. Darüber hinaus werden in einem Interview, ähnlich wie bei der Diskussion über die Zusammenarbeit mit nicht öffentlich geförderten evangelischen Bildungsanbietern, die Differenzen im Bildungsverständnis angesprochen, die sich bei der evangelischen Erwachsenenbildung und in ihrem kirchlichen Umfeld finden.

Diese Äußerungen machen deutlich, dass das Verhältnis zwischen evangelischer (Erwachsenen-)Bildungsarbeit und Kirche nicht immer spannungsfrei ist. Gleichzeitig betonen die Gesprächspartnerinnen und -partner in sieben Interviews die zentrale Bedeutung, die Bildung allgemein und speziell mit der Zielgruppe Erwachsene für die evangelische Kirche habe. Dabei wird zum einen grundsätzlich festgestellt, dass Bildungsarbeit zum „Kerngeschäft" der evangelischen Kirche gehöre, zum anderen werden spezifische Funktionen von Bildungsarbeit (mit Erwachsenen) genannt, so beispielsweise in einem Interview der „temporäre Gemeindeaufbau"[133] oder das Erreichen von sonst eher kirchenfernen Menschen.

> „(…) Aber vor allem ist es wichtig, so eine Agentur zu haben, damit die Erwachsenenbildung als Äußerungsform der Kirche gestärkt wird. Das ist ja eine ganz wichtige kirchliche Aktivität. Genau wie die diakonische oder die gottesdienstliche Tätigkeit." (Kirchenkreis 1)

> „(…) Wir haben es jetzt bei diesen Flüchtlingsseminaren sehr deutlich gemerkt: Es kommen Menschen, die mit Kirche so ohne Weiteres nichts am Hut haben oder nicht *mehr* am Hut haben. Und die stellen ganz überrascht fest, dass es qualifizierte Ange-

---

133 Ein entsprechender Begriff ist der einer „Gemeinde auf Zeit". Beide Begriffe beziehen sich darauf, dass „Gemeinde" als zeitlich begrenzte, durch ein gemeinsames Thema oder Anliegen konstituierte Gemeinschaftsform ohne einen formellen (juristischen) Status verstanden wird.

bote gibt und dass sie da etwas lernen können. (…) Und sie nehmen das als Angebot der evangelischen Kirche wahr, oder sogar *ihrer* evangelischen Kirche. Und das ist für mich der zweite Aspekt der Bildungsarbeit. Wir sprechen Menschen an und überzeugen sie davon, dass wir da etwas Gutes machen. (…)" (EEB regional 2)

Nicht nur das Verhältnis zwischen evangelischer Bildungsarbeit und Kirche wird von den Expertinnen und Experten thematisiert, sondern auch die Verortung ersterer im allgemeinem gesellschaftlichen Kontext. Auch diese Beziehung wird in insgesamt vier Interviews unterschiedlich beschrieben: Einerseits wird in zwei Gesprächen konstatiert, dass die evangelische Bildungsarbeit in der Gesellschaft zu wenig präsent sei. Andererseits wird in drei Interviews der wichtige gesellschaftliche Beitrag herausgestellt, den die evangelische Bildungsarbeit leiste:

„(…) dass wir uns als Kirche in gesellschaftliche Veränderungen einmischen, in gesellschaftliche Wirklichkeit. Und nicht sagen: ‚Wir haben nur unsere ureigenen Dinge, wie Glaube und so weiter. Sondern wir sind Bestandteil dieser Gesellschaft und das Salz der Erde. Wir spielen mit, und wir gestalten mit. Wir sind auch mitverantwortlich für die Schöpfung, für die Menschen und für ein Stück Gerechtigkeit. Und das passiert durch Bildung. (…) Man muss sich mit seinem Umfeld auseinandersetzen können. Man muss denken können, man muss urteilen und handeln können. Das darf nicht zu kurz kommen. Das ist für mich ein ganz wichtiger Aspekt von außerschulischer, evangelischer Bildungsarbeit." (EEB regional 4)

Bei der Verortung der evangelischen Bildungs- bzw. Erwachsenenbildungsarbeit fällt auf, dass dieser in vielen der Gespräche ein eher nachgeordneter Stellenwert und zugleich eine zentrale Aufgabe im kirchlichen bzw. gesellschaftlichen Kontext zugeschrieben wird. Dies ist in sechs der 11 Interviews der Fall, die das Verhältnis zwischen evangelischer Bildungs- bzw. Erwachsenenbildungsarbeit und Kirche und Gesellschaft thematisieren. Offenbar besteht das Bedürfnis, die zentrale Bedeutung von evangelischem Bildungshandeln besonders herauszustellen, wenn dieses bzw. die evangelische Kirche in einer gewissen Randposition gesehen wird. Dieser Zusammenhang wird in folgender Äußerung explizit hergestellt:

„(…) Die Frage stellt sich natürlich immer: Was ist unser genuin evangelischer Auftrag? Auch als Bildungsauftrag, den ich ja schon im Zentrum unserer Kirche verortet sehe, auch von der Reformation herkommend. Und da sehe ich schon auch gewisse Tendenzen in der Gesellschaft, die Kirche auch ein bisschen in der Bedeutung zurückdrängen zu wollen. Die Atheismus-Debatte. Zwar ist das eine Minderheit, die sich hier sehr wortstark und auch sehr erfolgreich über Journalisten zu Wort meldet. Man darf, glaube ich, in keine Verteidigungshaltung kommen, sondern müsste noch klarer unsere Beiträge zur Gesellschaft, zur Selbstständigkeit des einzelnen Individuums, die Mündigkeit, die Verantwortungsethik etc. herausstellen. Das versuchen wir ja auch."

(Gemischte Gruppe 1)

4.5.6 Profilbildung

Ein zentrales Element des oben beschriebenen Prozesses der Selbstverortung von evangelischer Erwachsenenbildung in Kirche und Gesellschaft ist die Bestimmung der eigenen Position gegenüber anderen Akteuren in beiden Kontexten. Diese Positionsbestimmung erfordert zwangsläufig auch die Vergewisserung über das eigene Profil, da nur bei dessen Klärung sowohl die Abgrenzung zu als auch die selbstbewusste Zusammenarbeit mit anderen Akteuren möglich wird. In insgesamt sieben Interviews wird dieses Thema implizit angesprochen, wenn auf die Merkmale von evangelischem Bildungshandeln mit Erwachsenen eingegangen wird, und zwar vor allem in der Gruppe der *überregionalen EEB* und den Teilnehmerinnen und Teilnehmern in den *gemischten Gruppen*. Dabei äußern sich die Expertinnen und Experten zu verschiedenen profilbildenden Dimensionen, die in Abbildung 44 dargestellt werden.

Abb. 44: Profilbildende Dimensionen von evangelischem Bildungshandeln mit Erwachsenen

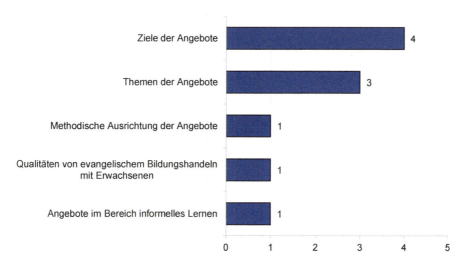

Gesamtzahl an Interviews: 7; Mehrfachnennungen möglich

In vier Gesprächen wird auf allgemeine charakteristische Ziele von Angeboten der evangelischen Erwachsenenbildung eingegangen, zu denen die Persönlichkeitsentwicklung, die Stärkung von Mündigkeit und Verantwortungsbewusstsein sowie die Ermöglichung von reflexivem Handeln gehören. Als charakteristische Angebotsthemen werden in drei Interviews die religiöse und spirituelle Bildung sowie die Fortbildung von Ehrenamtlichen und die Behandlung grundlegender Lebensfragen genannt:

> „Ich glaube, es gibt immer noch sehr, sehr viele wichtige Fragen, bei deren Antworten wir den Menschen als kirchlicher Bildungsanbieter helfen können. Zum Beispiel haben wir eine Fortbildung zur Sterbebegleitung gemacht. Da war eine langjährige Mitarbeiterin der AWO dabei, die dann gesagt hat, als es an die ‚letzten Fragen' ging: ‚Bei diesen Fragen wurde in unseren Fortbildungen immer vorher aufgehört'. Und diese Fragen überhaupt stellen zu können, sie benennen zu können. (…) Das war für uns als kirchliche Mitarbeiter auch ganz spannend zu erfahren: Welche Fragen werden denn anderswo nicht behandelt? Wo haben wir ein Alleinstellungsmerkmal?"
>
> (EEB überregional 1)

Außerdem wird in einem Gespräch darauf hingewiesen, dass evangelisches Bildungshandeln mit Erwachsenen insbesondere auch Bereiche des informellen Lernens abdecke. Auf die spezielle methodische Herangehensweise wird ebenfalls in einem Gespräch eingegangen, wobei diese als partizipativ und ganzheitlich beschrieben wird. Schließlich wird die Flexibilität bei der Bearbeitung neuer Themen als eine Stärke von evangelischem Bildungshandeln mit Erwachsenen benannt.

Die bisherigen Äußerungen beziehen sich alle auf die allgemeinen Charakteristika von evangelischem Bildungshandeln mit Erwachsenen. Demgegenüber wird in insgesamt sieben Gesprächen speziell die öffentlich geförderte evangelische Erwachsenenbildung in den Blick genommen und in ihrer Besonderheit teilweise bewusst von nicht öffentlich gefördertem evangelischem Bildungshandeln mit Erwachsenen, aber auch von anderen Erwachsenenbildungsanbietern abgegrenzt. Diese Art von spezifischer Profilbestimmung der öffentlich geförderten evangelischen Erwachsenenbildung findet sich – wenig überraschend – vor allem bei Vertreterinnen und Vertretern der regionalen und überregionalen Erwachsenenbildungseinrichtungen. Die Relevanz einer Profilbestimmung wird dabei in zwei Gesprächen ausdrücklich erwähnt:

> „(…) Wir sind auf dem Markt mit unseren Angeboten. Und da müssen wir uns eigentlich immer fragen, auch schon, um zu verantworten, dass wir dafür Kirchensteuermittel ausgeben: Was ist denn nun eigentlich das spezifisch Evangelische daran? Und gibt es das überhaupt noch? Oder haben wir uns durch die Anforderungen, die die öffentlichen Institutionen an uns stellen, von dem evangelischen Bildungsideal schon längst entfernt? Ich würde sagen: ‚Nein.' (…) Das würde mich schon interessieren: Sind wir einfach nur ein Anbieter auf dem Markt? Oder haben wir ein eigenes Profil? Und wie stellt sich dann dieses Profil eigentlich dar? Also, welcher Spirit ist da eigentlich drin?"
>
> (EEB regional 2)

Hinsichtlich der oben erwähnten unterschiedlichen Dimensionen der Profilbildung wird in drei Gesprächen auf die Themen der Angebote eingegangen, wobei u.a. die Mitarbeiterfortbildung, die theologische Begleitung von Erwachsenen sowie die wissenschaftlich fundierte theologische Bildung von Laien als genuine

Themenfelder der *öffentlich geförderten* evangelischen Erwachsenenbildung hervorgehoben werden.

> „(…) Ja, und dieser Versuch, das Lernen im christlichen Glauben zu etwas immer Normalerem zu machen, das finde ich eigentlich auch das Schönste. Das ist sozusagen das Feuer der evangelischen Erwachsenenbildung, dass man gemeinsam an Themen dran ist. Und dass der christliche Glaube und die christliche Theologie keine Dinge sind, die an der Universität bleiben, dann an ein paar Hauptamtliche gehen und dann nur ab und zu über die Predigtarbeit oder über die Gemeindepädagogik weitervermittelt werden. Ich glaube, es braucht solche Orte, wo man über den Tellerrand hinausschauen kann und wo auch die sogenannten ‚Laien', die als Ehrenamtliche hier oft auch ein wenig ausgebeutet werden, erst einmal zwecklos im christlichen Glauben weiterkommen. Und dass das auch einen akademischen Anspruch hat und man hier nicht frommer werden muss oder soll. Das geht, glaube ich, nicht unbedingt in einer Kirchengemeinde. Sondern es braucht sozusagen diese weitere Ebene. Und dafür ist so eine Einrichtung wie unsere wunderbar." (EEB regional 5)

Darüber hinaus werden der öffentlich geförderten evangelischen Erwachsenenbildung in fünf Gesprächen allgemeine Qualitätsmerkmale zugeschrieben, die sie von anderen evangelischen Bildungsakteuren unterscheiden. Dazu gehören das hauptamtliche Personal, die Vielfalt der Angebote, die Fähigkeit zur Marktbeobachtung und damit zur effektiven Programmplanung sowie die Kapazitäten, auch große Projekte erfolgreich durchführen zu können und andere evangelische Erwachsenenbildungsanbieter in ihrer Arbeit zu stärken.

4.5.7 Evangelisches Bildungshandeln mit Erwachsenen aus Expertensicht: zusammenfassende Betrachtungen

Die im Rahmen der Anbietererfassung durchgeführten Expertengespräche haben gezeigt, welche Aspekte von professionellem Bildungshandeln mit Erwachsenen in evangelischen Organisationen für die Befragten gegenwärtig relevant sind, und dies häufig über verschiedene institutionelle Kontexte hinweg. So spielt die Kooperation mit anderen Einrichtungen, die in der Erwachsenenbildung tätig sind, in allen Interviews eine wichtige Rolle und wird weitaus stärker betont als deren Kehrseite, die vor allem in der Konkurrenz um Teilnehmende gesehen wird. Die Zusammenarbeit zwischen öffentlich geförderten und nicht geförderten Anbietern von evangelischer Erwachsenenbildung wird überwiegend positiv beurteilt, obgleich die diversen Schwierigkeiten dieser Kooperationen ebenfalls beschrieben werden. Diese werden sowohl in verfahrenstechnischen als auch in ideellen Aspekten gesehen, so zum Beispiel in den divergierenden Bildungsverständnissen der unterschiedlichen Akteure. Als zentrale Herausforderung des Arbeitsfelds wird schließlich in vielen Gesprächen auf die Gewinnung von Teilnehmenden eingegangen.

Neben diesen die praktische Arbeit unmittelbar betreffenden Themen werden von vielen Expertinnen und Experten auch allgemeinere Fragen angesprochen, wie die nach der grundsätzlichen Bedeutung, die evangelisches Bildungshandeln (mit Erwachsenen) in Kirche und Gesellschaft hat. Bei dieser „*doppelten Verortung*" klingt bisweilen ein Gefühl der Nachrangigkeit bzw. der fehlenden Sichtbarkeit des eigenen Arbeitsfelds an, die auch bedauert wird, weil der (Erwachsenen-)Bildungsarbeit gleichzeitig eine große Relevanz für Kirche und Gesellschaft zugeschrieben wird. Die für eine weitreichende Präsenz in beiden Bereichen notwendige Profilbildung von professionellem Bildungshandeln mit Erwachsenen in evangelischen Organisationen wird zwar eher selten explizit angesprochen, ist aber häufig implizites Thema, wenn über die besonderen Merkmale dieses Bildungsbereichs hinsichtlich seiner Zielsetzungen, Inhalte und Methoden gesprochen wird. Dabei nehmen verschiedene Vertreterinnen und Vertreter der öffentlich geförderten evangelischen Erwachsenenbildung eine „*doppelte Profilbildung*" vor, indem sie ihre Alleinstellungsmerkmale sowohl gegenüber den nicht öffentlich geförderten evangelischen Einrichtungen als auch gegenüber anderen Anbietern von Erwachsenenbildung im staatlichen Fördersystem herausstellen. Die Verortung von evangelischer Erwachsenenbildung in ihren unterschiedlichen Bezugssystemen scheint demnach für viele der Befragten eine anspruchsvolle Aufgabe zu sein, die noch weitergehender Klärungen bedarf.

Die Ausführungen zu der zweifachen Art der Profilierung auf Seiten der öffentlich geförderten evangelischen Erwachsenenbildung weisen bereits darauf hin, dass es neben den eingangs beschriebenen Gemeinsamkeiten in den Gesprächen auch einige Unterschiede zwischen den Expertengruppen gibt. Verschiedene Themen werden vor allem oder ausschließlich von den Vertreterinnen und Vertretern der öffentlich geförderten evangelischen Erwachsenenbildung genannt. Dazu gehören die gerade erörterten „Grundsatzfragen" zu Verortung und Profilierung von evangelischer Erwachsenenbildung ebenso wie die eher kritischen Bemerkungen gegenüber den nicht öffentlich geförderten evangelischen Erwachsenenbildungsakteuren. Der Wunsch nach Profilbestimmung und damit einhergehend nach Abgrenzung scheint somit bei diesen Befragten stärker ausgeprägt zu sein als bei den Repräsentantinnen und Repräsentanten der Kirchenkreise. Insgesamt fällt bei den Interviewten aus den regionalen und überregionalen Einrichtungen der öffentlich geförderten evangelischen Erwachsenenbildung auf, dass hier nur wenige Unterschiede bezüglich der Wahrnehmung dieses Handlungsfelds festzustellen sind. Es scheint, als ob diese Befragten eine ähnliche professionelle Sicht auf ihr jeweiliges Arbeitsfeld entwickelt hätten – sei es aufgrund vergleichbarer institutioneller Kontexte und/oder einer ähnlichen beruflichen Sozialisation. Allerdings wird die Herausforderung, Teilnehmende für die eigenen Bildungsangebote zu finden, vor allem bei den Interviewten aus den regionalen Einrichtungen der öffentlich geförderten evangelischen Erwachsenenbildung thematisiert – die natürlich in ihrer täglichen Arbeit am stärksten mit dieser Aufgabe konfrontiert sind.

Neben den für die Befragten relevanten Themen geben die Interviews erste Einblicke in das professionelle Selbstverständnis der Expertinnen und Experten. Dieses ähnelt sich in einer Hinsicht über alle Gruppen hinweg, und zwar in der Bedeutung, die der gesellschaftlichen Offenheit von evangelischem Bildungshandeln mit Erwachsenen beigemessen wird. Dass dieser Aspekt des eigenen Arbeitsfeldes für viele Befragte sehr wichtig ist, wird zum einen daran deutlich, dass sie die große Vielfalt an Kooperationspartnern auch außerhalb der evangelischen Kirche implizit oder explizit betonen. Zum anderen werden hinsichtlich der thematischen Ausrichtung der Angebote vor allem politisch-gesellschaftliche Veranstaltungen hervorgehoben, ebenso wie die Fortbildung und Begleitung von Ehrenamtlichen und das Erreichen bestimmter Zielgruppen wie Menschen mit Migrationshintergrund oder bildungs- und kirchenferne Personen. Es zeigt sich also, dass eine enge und offene Beziehung zwischen evangelischer Erwachsenenbildung und Gesellschaft eine wichtige Orientierung der Expertinnen und Experten darzustellen scheint.

4.6 Zwischenfazit

Die hier vorgestellten Anbietererfassungen und die begleitend durchgeführten Experteninterviews beschreiben ausgewählte evangelische Erwachsenenbildungslandschaften sowohl strukturell als auch inhaltlich. Dabei liefern die Anbieterlisten die strukturellen Informationen zum Vorkommen von Bildungsanbietern, welche anhand der Ergebnisse der Expertengespräche inhaltlich ergänzt und vertieft werden.

4.6.1 Zusammenfassung zentraler Ergebnisse

Evangelische Erwachsenenbildungslandschaften sind durch eine große institutionelle und thematische Heterogenität gekennzeichnet

Die Anbieterlisten demonstrieren unmittelbar die große institutionelle Heterogenität der evangelischen Erwachsenenbildung in den untersuchten Gebieten, wodurch auch die damit verbundene thematische Vielfalt zumindest in Teilen mittelbar sichtbar wird.[134] Diese Heterogenität zeigt sich in allen überregionalen und regionalen evangelischen Erwachsenenbildungslandschaften anhand der großen Bandbreite an vorgefundenen Einrichtungen, und zwar insbesondere bei denen mit der Nebenaufgabe Erwachsenenbildung.

---

134 Letzteres trifft zum Beispiel auf die Einrichtungen zu, die durch besondere thematische Schwerpunkte charakterisiert sind.

Darüber hinaus weist die vorliegende Untersuchung darauf hin, dass sich die institutionelle Heterogenität offenbar auch teilweise darin widerspiegelt, wie die Mitarbeitenden ihr eigenes Arbeitsfeld wahrnehmen und welche Herausforderungen sie für ihre Bildungsarbeit sehen. Hier scheint es einige Unterschiede zwischen den Mitarbeitenden in der öffentlich geförderten evangelischen Erwachsenenbildung und anderen evangelischen Erwachsenenbildungseinrichtungen zu geben, wie die Expertengespräche andeuten. Dadurch bestätigen sie, was als grundlegende Schwierigkeit bei der Entwicklung des Kategoriensystems für die Anbietererfassung identifiziert wurde, und zwar das Fehlen eines allgemein geteilten kirchlichen Verständnisses darüber, was professionelles Bildungshandeln mit Erwachsenen in evangelischen Organisationen ausmacht (vgl. Kap. 4.3.2). Die Wahrnehmung dieser Schwierigkeit basierte zu Beginn der Studie vor allem auf den praktischen Erfahrungen des Autorenteams und der projektbegleitenden Arbeitsgruppe und weniger auf empirisch gestützten Befunden. Diese liefern nun die Expertengespräche, in denen an verschiedenen Stellen auf unterschiedliche Bildungsverständnisse innerhalb der öffentlich geförderten und nicht geförderten evangelischen Erwachsenenbildung und die daraus resultierenden Spannungen verwiesen wurde.

Evangelische Erwachsenenbildungslandschaften ähneln sich hinsichtlich ihrer Strukturen und in ihrer Orientierung an Lebensbegleitung und allgemeiner Bildungsarbeit

Die überregionalen und regionalen Anbietererfassungen zeigen, dass die evangelischen Erwachsenenbildungslandschaften in den am Bildungsbericht beteiligten Landeskirchen/Erwachsenenbildungsorganisationen teilweise ähnliche Strukturen aufweisen. Zwar wurden die *Träger der Einrichtungen* nicht systematisch erfasst. Bei vielen Anbietern ist aber eindeutig feststellbar, dass es sich um Einrichtungen handelt, die von Landeskirchen oder Kirchenkreisen getragen werden, wie beispielsweise bei Pastoralkollegs, Evangelischen Akademien oder Kirchenkreisreferaten. Wie die ausführliche Darstellung der Anbieterlisten gezeigt hat, gestalten die Landeskirchen alle überregionalen Erwachsenenbildungslandschaften durch ihre Angebote entscheidend mit.[135] Gleiches gilt auch für die Kirchenkreise als regionale kirchliche Mittelebene in Nordrhein, Westfalen-Lippe und Niedersachsen, in deren Trägerschaft eine Vielzahl der erfassten regionalen Erwachsenenbildungswerke liegt. Insbesondere in den nordrheinischen und westfälischen Kirchenkreisen, die in der vorliegenden Studie berücksichtigt wurden, treten außerdem diverse Kirchenkreisreferate als Bildungsanbieter auf. Kirchen-

---

135 Bei dieser Feststellung muss wiederum beachtet werden, dass für die Konföderation evangelischer Kirchen in Niedersachsen Einrichtungen aus fünf Landeskirchen erhoben wurden.

kreise scheinen somit, ähnlich wie Kirchengemeinden, zumindest in einigen der untersuchten Gebiete zentrale Bildungsorte darzustellen, wobei weitere Studien zeigen müssen, inwieweit dieses Ergebnis auf andere Regionen übertragbar ist.

Mit Blick auf die *Institutionalformen* sind auf überregionaler Ebene – mit Ausnahme der Evangelischen Kirche in Mitteldeutschland – bei Einrichtungen mit der Hauptaufgabe Erwachsenenbildung Familienbildungsstätten und regionale Bildungsstellen die am häufigsten vorkommenden Organisationsformen. Bei Anbietern, für die Erwachsenenbildung eine unter mehreren Aufgaben darstellt, gehören Einrichtungen der Diakonie/diakonisch tätige Einrichtungen in allen beteiligten Landeskirchen/Erwachsenenbildungsorganisationen zu den häufigsten Organisationstypen, und dies auch auf Ebene der untersuchten Kirchenkreise. Berücksichtigt man darüber hinaus das dichte Netz an Evangelischen Studierendengemeinden, die regionsübergreifend in den größeren Städten vertreten sind, und die häufig seelsorgliche Ausrichtung der diakonisch tätigen Einrichtungen, verweisen diese Ergebnisse auf die große Bedeutung der Lebensbegleitung durch evangelisches Bildungshandeln mit Erwachsenen. Insbesondere bei Diakonie/diakonisch tätigen Einrichtungen, bei den Familienbildungsstätten und den Familienzentren, die auf Kirchenkreisebene in Westfalen-Lippe und Nordrhein in der Anbietergruppe mit der Nebenaufgabe Erwachsenenbildung bestimmend sind, zeigt sich eine enge *Verknüpfung von alltäglicher Lebenswelt und Lebenslagen mit Bildungsangeboten.*

Die große Verbreitung von regionalen Bildungswerken/-stellen, die aufgrund ihres öffentlichen Bildungsauftrags ein breit angelegtes Bildungsangebot (zum Beispiel der religiösen, familienbezogenen, kulturellen Bildung u.a.) bereitstellen müssen, verdeutlicht gleichzeitig, dass evangelisches Bildungshandeln mit Erwachsenen viele Facetten hat und ganz unterschiedliche Bereiche abdeckt, wie exemplarisch an der Vertiefungsstudie zum Bildungsbericht gezeigt wird. Dieser Befund spiegelt sich auch in den Wahrnehmungen der interviewten Expertinnen und Experten wider, die häufig auf die Angebotsvielfalt ihrer Einrichtung eingehen.

Gleichzeitig sind evangelische Erwachsenenbildungslandschaften durch spezifische Bedingungen und Profile geprägt

Neben diesen Gemeinsamkeiten geben die Anbieterlisten aber auch Hinweise auf regionsspezifische Charakteristika, wie beispielsweise die unterschiedlichen Anbieterdichten auf Ebene der untersuchten Kirchenkreise oder bestimmte überregionale Anbieterprofile. Insbesondere auf dem Gebiet der EKM nehmen Fortbildungsinstitutionen für hauptamtliche Mitarbeitende hinsichtlich ihrer Anzahl eine führende Position ein, während Familienbildungsstätten und regionale Bildungsstellen eine untergeordnete Rolle spielen. Darüber hinaus fällt auf, dass hier eine Reihe von Arbeitskreisen auf regionaler Ebene aktiv sind, die relativ

Bildungsbericht

unabhängig von Kirchengemeinden agieren und deren Ursprünge häufig in der ehemaligen DDR liegen. Zusammen mit der Beobachtung, dass sich viele Einrichtungen mit der Nebenaufgabe Erwachsenenbildung in der EKM nicht in das vorliegende Kategoriensystem einordnen lassen, während dieses Problem in den übrigen Landeskirchen/Erwachsenenbildungsorganisationen seltener auftritt, könnte dieses Ergebnis einerseits auf die besonderen Bedingungen in Ostdeutschland und andererseits auf die Bedeutung historisch gewachsener Strukturen allgemein hindeuten, die evangelische Erwachsenenbildungslandschaften bis heute prägen. Allerdings muss diese Interpretation hier vorläufig bleiben, vor allem da eine entsprechende empirische Untersuchung anderer ostdeutscher Landeskirchen bislang aussteht.

Darüber hinaus sind strukturelle Unterschiede auch zwischen den westdeutschen Regionen zu finden. In Westfalen-Lippe fällt die Dominanz von regionalen Bildungsstellen und in Nordrhein und Niedersachsen das starke Vorkommen von Familienbildungsstätten auf. Gleichzeitig scheinen in den westfälischen und nordrheinischen Gebieten Verbände wie z.B. die Frauenhilfe bzw. Frauenarbeit eine größere Rolle zu spielen, als dies in Niedersachsen der Fall ist. Thematisch deuten die erfassten Institutionalformen zudem im westfälischen Gebiet eine Schwerpunktsetzung im Bereich „gesellschaftliche Verantwortung" und in Nordrhein eine starke Beschäftigung mit dem Bereich „Kirchenmusik/Gottesdienst" an. Auch wenn diese Befunde wiederum nur vorläufig sind und weiterer Untersuchungen bedürfen, verstärken sie den Eindruck, dass im Bereich der evangelischen Erwachsenenbildung eine große landeskirchliche Vielfalt existiert.

Die Zusammenarbeit zwischen öffentlich geförderter und nicht geförderter evangelischer Erwachsenenbildung wird überwiegend positiv wahrgenommen

Ein Grund für die umfassend angelegte Erfassung möglichst aller evangelischer Einrichtungen, die Bildungsarbeit mit Erwachsenen verrichten, war das Bestreben, öffentlich geförderte und nicht geförderte evangelische Erwachsenenbildung als ein gemeinsames kirchliches Handlungsfeld sichtbar zu machen. Der Befund der Experteninterviews, dass die befragten Mitarbeitenden die Zusammenarbeit zwischen Einrichtungen aus beiden Bereichen überwiegend positiv beurteilen, deutet darauf hin, dass in der Praxis zumindest einige Voraussetzungen für die Entwicklung eines derart umfassenden Verständnisses von professionellem Bildungshandeln mit Erwachsenen in evangelischen Organisationen vorhanden sind – auch wenn natürlich keine allgemeingültigen Aussagen über die Wahrnehmungen von Mitarbeitenden in der evangelischen Erwachsenenbildung getroffen werden können.

Mitarbeitende der evangelischen Erwachsenenbildung zeigen eine professionelle Sicht auf ihr Arbeitsfeld, die von gesellschaftlicher Offenheit und einer „doppelten Verortung" geprägt ist

Die Ergebnisse der Experteninterviews verdeutlichen, dass die befragten Mitarbeitenden der gesellschaftlichen Offenheit von evangelischem Bildungshandeln mit Erwachsenen eine große Bedeutung beimessen, und dies über die verschiedenen Berufsgruppen hinweg. Darauf verweist die in den Gesprächen hervorgehobene Relevanz von gesellschaftlich-politischen Angebotsthemen, eher kirchenfernen Zielgruppen und säkularen Kooperationspartnern. Diese Offenheit ist einerseits notwendiger Bestandteil insbesondere der öffentlich anerkannten und geförderten evangelischen Erwachsenenbildung, aber auch anderer evangelischer Einrichtungen, die sich gemäß ihrem Bildungsverständnis mit ihren Angeboten an alle Menschen unabhängig von deren Konfession oder religiöser Gruppenzugehörigkeit richten. Andererseits deutet sie die Schwierigkeit evangelischer Erwachsenenbildung an, eine angemessene Balance zwischen Offenheit und Identifikation und Bewahrung eines eigenständigen Profils zu finden. Wie zeigt sich und woran erkennt man, dass es sich um *evangelische* Erwachsenenbildungsarbeit handelt? Diese Frage bewegt viele der Interviewten, auch da ihre Beantwortung für eine Bestimmung des eigenen Standorts in Kirche und Gesellschaft notwendig ist. Für die professionelle Selbstwahrnehmung der Mitarbeitenden ist konstitutiv, dass sie bei ihrer Bildungsarbeit sowohl auf die innerkirchliche Anerkennung als auch auf die Nachfrage von potentiellen Teilnehmenden auch außerhalb der Kirche angewiesen sind – was eine „doppelte Verortung" in Kirche und Gesellschaft erforderlich macht.

4.6.2 Anregungen für weitere Forschungsprojekte

Die Anbietererfassungen weisen auf einige Forschungslücken hin, die zwar nicht im Rahmen der Bildungsberichterstattung, aber anhand weiterführender Studien bearbeitet werden können. So wurde in den Expertengesprächen der hohe Stellenwert von Kooperationen für die evangelische Erwachsenenbildungsarbeit deutlich. Welche Einrichtungen genau zusammenarbeiten und in welchem Umfang bzw. auf welche Art die Kooperation erfolgt, könnte in vertiefenden Regionalstudien untersucht werden, beispielsweise mit Hilfe von Netzwerkanalysen.

Um mehr darüber zu erfahren, welche äußeren Bedingungen sich auf die Strukturen von evangelischen Erwachsenenbildungslandschaften auswirken, könnten darüber hinaus die politischen, rechtlichen und wirtschaftlichen Rahmenbedingungen der unterschiedlichen Regionen vergleichend in den Blick genommen werden. In diesem Zusammenhang sind auch weitergehende Sozialraumanalysen von Interesse, die Einrichtungen der evangelischen Erwachsenenbildung in ihrem jeweiligen sozialen Umfeld untersuchen.

Hinsichtlich der Experteninterviews könnte der Zusammenhang zwischen professionellem und institutionellem Kontext einerseits und subjektiver Wahrnehmung von evangelischem Bildungshandeln mit Erwachsenen andererseits in Folgestudien vertiefend analysiert werden. Relevant ist in diesem Zusammenhang auch, durch welche weiteren Orientierungsdimensionen das professionelle Selbstverständnis der in der evangelischen Bildungsarbeit mit Erwachsenen Tätigen bestimmt wird und welche ggf. zusätzlichen Differenzierungen sich aus einer vergleichenden Betrachtung verschiedener Berufsgruppen ergeben (siehe auch Kap. 3.8.2).

4.6.3 Anregungen für die Weiterentwicklung von evangelischem Bildungshandeln mit Erwachsenen

Die Experteninterviews haben gezeigt, dass ein gemeinsames Bildungsverständnis innerhalb des in der vorliegenden Studie deutlich erweiterten Handlungsfelds evangelischer Erwachsenenbildung fehlt. Unter dem Gesichtspunkt einer gemeinsamen kirchlichen Verantwortung für dieses Handlungsfeld wäre es sinnvoll und notwendig, einen die verschiedenen Institutionalformen übergreifenden Diskurs unter den beiden Leitfragen zu initiieren: Was ist evangelisches Bildungshandeln mit Erwachsenen? Wer versteht sich als Akteur in diesem Handlungsfeld? Als Zielprojektion eines solchen Diskurses, der in kirchlichen Leitungsgremien und Verbänden geführt werden könnte, ginge es darum, ein Verständnis von Erwachsenenbildung zu erarbeiten, das sowohl innerkirchlich anschlussfähig und theologisch reflektiert ist als auch in der Fachwissenschaft wahrgenommen wird und in öffentlichen Diskurskontexten artikuliert werden kann.

Darüber hinaus wurde sowohl in den Expertengesprächen als auch in den Anbietererfassungen deutlich, dass die Begleitung und Fortbildung von Ehrenamtlichen, die u. a. in zahlreichen diakonisch tätigen Einrichtungen geschieht, eine wichtige Rolle in der evangelischen Erwachsenenbildungsarbeit spielt. Dieses Handlungsfeld und seine gesellschaftlichen Implikationen könnten noch umfassender als bislang in den öffentlichen Diskurs eingebracht werden, um die zivilgesellschaftliche Relevanz von evangelischem Bildungshandeln mit Erwachsenen zu verdeutlichen und dessen sichtbare „gesellschaftliche Verortung" zu befördern.

Neben ihren möglichen Konsequenzen für die Weiterentwicklung von kirchlichen und gesellschaftlichen Diskursen können die Anbietererfassungen auch Anregungen für konzeptionelle Überlegungen auf Ebene der einzelnen Einrichtungen bzw. Kirchengemeinden geben. Ausgehend von dem hohen Stellenwert von Kooperationen, der durch die Experteninterviews verdeutlicht worden ist, könnten Konzepte entwickelt werden, die die Einrichtungen der evangelischen Erwachsenenbildung verstärkt als Teile regionaler Netzwerke verstehen und dazu anregen, systematisch neue Partner für thematische Kooperationen zu identifizieren. Gleichzeitig könnten Gemeindekonzeptionen eine intensivere Vernetzung der evangelischen Erwachsenenbildung mit anderen kirchlichen Handlungsfeldern anstreben.

5. Gesamtfazit und Ausblick

Der Bildungsbericht zum professionellen Bildungshandeln mit Erwachsenen in evangelischen Organisationen gibt einen ersten Überblick über die evangelische Erwachsenenbildung in ihrer Gesamtheit, also über Einrichtungen, die Bildungsangebote für Erwachsene inner- und außerhalb des staatlich anerkannten Weiterbildungssystems bereitstellen. Dies geschieht zum einen auf Grundlage der DEAE- und Verbundstatistik, die hinsichtlich der Rechtsformen und der Finanz- und Personalstruktur der Einrichtungen sowie ihrer thematischen Veranstaltungsprofile ausgewertet wurden. Zum anderen wurden für ausgewählte Gebiete regionale und überregionale Anbietererfassungen durchgeführt, um möglichst umfassend alle öffentlich geförderten und nicht geförderten evangelischen Einrichtungen mit Bildungsangeboten für Erwachsene zu dokumentieren.

5.1 Zusammenfassung zentraler Ergebnisse

(Religiöse) Lebensbegleitung ist ein thematisches und institutionelles profilbildendes Merkmal der evangelischen Erwachsenenbildung

Die Auswertung der DEAE- und Verbundstatistik hat verdeutlicht, dass Einrichtungen der DEAE ein thematisches Veranstaltungsprofil realisieren, das sie von den übrigen Verbänden unterscheidet. Dieses Profil wird sowohl durch Veranstaltungen im Bereich „Familie/Gender/Generationen" als auch im Bereich „Religion/Ethik" geprägt und ist somit an der (religiösen) Lebensbegleitung von Menschen orientiert. Gleichzeitig spielen jedoch auch andere Themenfelder wie „Kultur/Gestalten" oder „Gesundheit" eine wichtige Rolle in den Angeboten von DEAE-Einrichtungen.

Die große Bedeutung der (religiösen) Lebensbegleitung zeigt sich nicht nur anhand der Themen, die von Einrichtungen der DEAE in ihren Veranstaltungen behandelt werden, sondern auch in der institutionellen Infrastruktur von evangelischer Erwachsenenbildung insgesamt, also von öffentlich geförderten und nicht geförderten Einrichtungen, wie sie in den Anbietererfassungen dokumentiert wurde. In allen untersuchten Gebieten spielen Einrichtungen der Diakonie bzw. diakonisch tätige Einrichtungen eine herausragende Rolle, ebenso wie in vielen Gebieten Familienbildungsstätten und Familienzentren an evangelischen Kindertagesstätten. Und auch die flächendeckende Verbreitung der evangelischen Studierendengemeinden weist darauf hin, dass sich evangelisches Bildungshandeln mit Erwachsenen häufig an bestimmten Lebenslagen der Menschen orientiert.

Bildungsbericht

Evangelische Erwachsenenbildung ist durch eine „mehrfache Heterogenität" gekennzeichnet

Sowohl die Auswertungen der DEAE- und Verbundstatistik als auch die Anbietererfassungen bestätigen nachdrücklich die im nationalen Bildungsbericht für den Bereich „Weiterbildung und Lernen im Erwachsenenalter" als zentrales Charakteristikum hervorgehobene *„mehrfache Heterogenität"* dieses Bildungsbereichs.[136] Die Anbietererfassungen demonstrieren, wie groß die *institutionelle Heterogenität* und damit auch die *thematische Heterogenität* von evangelischer Erwachsenenbildung in allen untersuchten Regionen ist. Die Vielfalt an Bildungsorten umfasst u.a. regionale Erwachsenenbildungswerke, Familienbildungsstätten, Einrichtungen der Diakonie, Verbände wie Frauenhilfe und Frauen- und Männerarbeit, Referate von Kirchenkreisen und Arbeitskreise auf gemeindlicher Ebene. Dabei existieren vielfältige Kooperationsbeziehungen zwischen den verschiedenen öffentlich geförderten und nicht geförderten Einrichtungen, die eine enge Zusammenarbeit von Mitarbeitenden mit unterschiedlichen institutionellen und professionellen Hintergründen erfordern.

Diese *personale Heterogenität* scheint ebenfalls konstitutiv für die evangelische Erwachsenenbildung zu sein, und zwar nicht nur in Bezug auf die Zusammenarbeit zwischen verschiedenen Organisationen, sondern auch hinsichtlich der Zusammensetzung der Kollegien innerhalb der Einrichtungen. Dies zeigt die Verbundstatistik, die für Einrichtungen der DEAE einen wesentlich höheren Anteil an nicht hauptamtlichen Mitarbeitenden ausweist als für Einrichtungen des Gesamtverbunds. Die drei Personalgruppen Hauptamtliche, Honorarkräfte und Ehrenamtliche können als „institutioneller Qualitätskern" der evangelischen Erwachsenenbildung bezeichnet werden und stellen eine ihrer zentralen Ressourcen, aber auch eine Herausforderung hinsichtlich der Ausgestaltung der Zusammenarbeit sowie der angemessenen Qualifizierung und Begleitung aller Mitarbeitenden dar. Nicht zuletzt deuten die Experteninterviews der Anbietererfassungen an, dass nicht immer davon ausgegangen werden kann, dass alle Mitarbeitenden ein gemeinsames Verständnis darüber teilen, was „evangelische Erwachsenenbildung" eigentlich ausmacht.

Schließlich wird in den Anbietererfassungen eine *regionale Heterogenität* hinsichtlich der vorherrschenden Institutionalformen sowie der Anbieterdichte deutlich. Offenbar unterscheiden sich die am Bildungsbericht beteiligten Landeskirchen bzw. Erwachsenenbildungsorganisationen zumindest in Teilen in ihren institutionellen Strukturen, wenngleich auch Gemeinsamkeiten insbesondere zwischen den westdeutschen Gebieten festzustellen sind.

---

136 Autorengruppe Bildungsberichterstattung (2016), S. 143.

5.1 Zusammenfassung zentraler Ergebnisse

Evangelische Erwachsenenbildung unterscheidet sich in west- und ostdeutschen Regionen

Insbesondere in der Auswertung der DEAE-Statistik deutet sich an, dass sich professionelles Bildungshandeln mit Erwachsenen in evangelischen Organisationen in west- und ostdeutschen Regionen unterschiedlich darstellt. So sind inhaltliche Unterschiede in Bezug auf Schwerpunktsetzungen bei den Veranstaltungsthemen in beiden Landesteilen festzustellen, mit einem stärkeren Gewicht von familienbezogenen Veranstaltungen in Westdeutschland und von politisch-gesellschaftlichen Themen in Ostdeutschland. Darüber hinaus unterscheidet sich offenbar die Struktur der Einnahmen von ost- und westdeutschen Einrichtungen: Die Finanzierung durch die Eigenmittel der Träger (sprich Landeskirchen) spielt in Ostdeutschland eine wesentlich größere Rolle als in Westdeutschland. Hinsichtlich der Personalstruktur ist ein starker Zuwachs an Honorarkräften ausschließlich in westdeutschen Einrichtungen zu beobachten, während nur in Ostdeutschland die Ehrenamtlichen nach wie vor eine relevante Mitarbeitendengruppe stellen. Allerdings muss bei Aussagen über Ostdeutschland die schwierige Datenlage beachtet werden, sodass die Auswertungsergebnisse hier lediglich als ein erster Einblick in die Situation ostdeutscher Einrichtungen zu verstehen sind.

Die Anbietererfassungen scheinen den Befund von strukturellen Unterschieden zwischen ost- und westdeutschen Regionen zu bestätigen, weist doch die institutionelle Landschaft in der hier untersuchten mitteldeutschen Landeskirche eine Reihe von Merkmalen auf, die sich in den drei berücksichtigten westdeutschen Gebieten nicht finden, und umgekehrt. Augenfällig ist u.a. das häufige Vorkommen von Fortbildungsinstitutionen für Hauptamtliche in der EKM sowie die große Anzahl an Einrichtungen, die keiner Institutionalform zugeordnet werden konnten, während die in den westdeutschen Gebieten dominierenden regionalen Erwachsenenbildungswerke und Familienbildungsstätten kaum eine Rolle spielen. Allerdings muss auch hier auf die begrenzte Datenlage hingewiesen werden, die dem explorativen Charakter der Anbietererfassungen geschuldet ist.

Heterogenität ist Ressource und Herausforderung der evangelischen Bildungsarbeit mit Erwachsenen

Die oben angesprochene „mehrfache Heterogenität" der evangelischen Erwachsenenbildung stellt eine wichtige Ressource dieses kirchlichen Handlungsfelds dar. Durch die Kooperation von unterschiedlichen Institutionalformen können Synergieeffekte entstehen, wie die Erweiterung des thematischen Angebots oder der Zielgruppen. Hierauf weisen auch die Expertinnen und Experten hin, die im Rahmen der Anbietererfassungen interviewt wurden. Außerdem kann die umfassende Einbindung von „externen" Honorarkräften und Ehrenamtlichen dazu führen, dass die für die Erwachsenenbildung so notwendige enge Anbindung an die

Interessen der (potentiellen) Teilnehmenden und, allgemeiner, an gesellschaftliche Entwicklungen erhalten bleibt und ein Austausch mit Mitgliedern möglichst vieler gesellschaftlicher Gruppen stattfindet. Nicht zuletzt können regionale Unterschiede Anlass für Vergleiche und für die Entwicklung und Übernahme von „Best-Practice-Modellen" geben.

Ein derartiger Umgang mit Heterogenität, der auch eine Herausforderung darstellt, kann auf verschiedene Weise gestaltet werden. Für eine konstruktive Nutzung der unterschiedlichen professionellen Hintergründe von Mitarbeitenden verschiedener Einrichtungen und Beschäftigtengruppen könnten auf diese ausgerichtete Fortbildungsangebote und Berufseinführungskonzepte eine wichtige Rolle spielen. Gleiches gilt für vertiefende Studien zu Motivation und Selbstverständnis der unterschiedlichen Mitarbeitenden. Um die institutionelle Vielfalt an evangelischen Erwachsenenbildungseinrichtungen mitsamt ihren Kooperationsmöglichkeiten zu erfassen und für eine Weiterentwicklung von regionalen Netzwerken zu nutzen, könnten vertiefende Netzwerk- und Sozialraumanalysen durchgeführt werden. Schließlich sind zur adäquaten Erfassung der regionalen Unterschiede und insbesondere der Situation in Ostdeutschland weitere Untersuchungen auf landeskirchlicher Ebene bzw. für einzelne Bundesländer notwendig, auch um regional angepasste Entwicklungsstrategien erarbeiten zu können.

5.2 Ausblick: Weiterentwicklungen in der Bildungsberichterstattung zu evangelischer Erwachsenenbildung

5.2.1 Fortsetzung der Bildungsberichterstattung

Für eine dauerhafte empiriegestützte Beobachtung des kirchlichen Handlungsfelds evangelische Erwachsenenbildung, die verlässliches Orientierungswissen für die Weiterentwicklung dieses Bereichs zur Verfügung stellt, ist eine Fortsetzung des vorliegenden Bildungsberichts erforderlich. Dazu sollte zum einen die Datengrundlage der DEAE- und Verbundstatistik weiter genutzt werden – wobei zu überlegen wäre, wie die Bereitschaft zu einer umfassenden Beteiligung an der Statistik insbesondere auch in den ostdeutschen Einrichtungen erhöht werden kann. Auch wäre eine größere Vergleichbarkeit der Daten der an der Verbundstatistik beteiligten Verbände wünschenswert, um die Strukturen der DEAE besser in den Gesamtkontext öffentlich verantworteter Erwachsenenbildung einordnen zu können.

Zum anderen können die Anbietererfassungen als Basis für eine umfassende Zusammenstellung von evangelischen Erwachsenenbildungsanbietern dienen. Bei einer Fortsetzung der Anbietererfassungen wäre es jedoch notwendig, die identifizierten Einrichtungen zu kontaktieren und sie nach Art und Umfang ihrer

Erwachsenenbildungsarbeit zu befragen. Verzichtet man auf diesen Schritt, beruht die Zuordnung aller erfassten Einrichtungen zur Erwachsenenbildung auf der „äußeren" Zuschreibung durch die mit der Erfassung betrauten Mitarbeitenden, ohne Gewähr dafür, dass diese Zuordnungen auch dem Selbstverständnis der Einrichtungen entsprechen und ohne Gewissheit darüber, dass alle der aufgeführten Anbieter tatsächlich Erwachsenenbildungsarbeit im Sinne der Studie leisten. Bei einem solch umfassenden Vorgehen könnten zudem weitergehende Informationen zum „Versorgungsgrad" einer Region mit evangelischen Erwachsenenbildungsangeboten und zur Relevanz der einzelnen Einrichtungen hinsichtlich des Umfangs ihrer Bildungsarbeit erhoben werden. Nicht zuletzt könnte durch den direkten Austausch mit den jeweiligen Einrichtungen geklärt werden, ob diese für eine Beteiligung an der DEAE-Statistik und damit für eine Erweiterung deren Grundgesamtheit gewonnen werden können, wie es das ursprüngliche Ziel dieser Studie war.

Eine derartige Ausweitung der Anbietererfassungen würde den ohnehin bestehenden hohen Arbeitsaufwand nochmals vergrößern. Es empfiehlt sich deshalb eine Eingrenzung der Erfassungen, die auf zwei Wegen erreicht werden könnte: (1) die Konzentration auf ausgewählte Kirchenkreise, ggf. unter Berücksichtigung einiger der bereits untersuchten Kreise, deren evangelische Erwachsenenbildungslandschaften anhand des kompletten Kategoriensystems umfassend untersucht werden; (2) die Konzentration auf die überregionale Ebene und dabei auf die landeskirchenweite Erfassung ausgewählter Institutionalformen, die relativ einfach zusammenzustellen sind. Bei beiden Vorgehensweisen wäre eine Beteiligung von Landeskirchen aus weiteren Regionen Deutschlands wünschenswert, um einen Eindruck davon zu erhalten, inwieweit die vorliegenden Ergebnisse für die gesamte EKD gelten. Insbesondere würde die Berücksichtigung von weiteren Landeskirchen in Ostdeutschland zu einem verbesserten Verständnis möglicher Ost-West-Unterschiede beitragen. Außerdem sollten bei einer Fortsetzung der die Anbietererfassung flankierenden Experteninterviews insbesondere Mitarbeitende von Einrichtungen mit der Nebenaufgabe Erwachsenenbildung befragt werden, da diese in der vorliegenden Studie (mit Ausnahme von Mitarbeitenden der Kirchenkreise) nicht berücksichtigt wurden.

5.2.2 Evangelisches Bildungshandeln mit Erwachsenen vor Ort: eine Vertiefungsstudie zu einzelnen Einrichtungen

Der vorliegende erste Bildungsbericht zu evangelischem Bildungshandeln mit Erwachsenen liefert vor allem Erkenntnisse über die institutionellen Strukturen, innerhalb derer das Bildungshandeln stattfindet. Weniger im Fokus stehen demgegenüber die Handlungen einzelner Akteure bzw. deren Wahrnehmungen und Deutungsmuster, sodass diese Mikroebene von evangelischer Erwachsenenbildung weitgehend ausgeblendet bleibt – mit Ausnahme der Experteninterviews, die im Rahmen der Anbietererfassungen durchgeführt wurden (vgl. Kap. 4.5). Gleichzeitig lassen die Auswertungen der DEAE- und Verbundstatistik sowie die Anbietererfassungen einige Fragen offen: Wie genau manifestieren sich die festgestellten regionalen Unterschiede in der Bildungsarbeit auf Einrichtungsebene? Welche Rolle spielen differierende institutionelle Kontexte für die inhaltliche Ausgestaltung des Bildungshandelns und das Selbstverständnis der Mitarbeitenden? Auf welche Weise werden Kooperationen mit anderen Einrichtungen bzw. deren Mitarbeitenden realisiert und welche Herausforderungen treten dabei auf?

Auch wenn die Beantwortung dieser Fragen über das eigentliche Anliegen eines Bildungsberichts hinausgeht, dient sie doch einem tieferen Verständnis dessen, was professionelles Bildungshandeln mit Erwachsenen in evangelischen Organisationen ausmacht, und kann dadurch auch für eine Fortsetzung der Bildungsberichterstattung in diesem Bereich wertvolle Anregungen liefern. Vor diesem Hintergrund ist es erfreulich, dass im Rahmen der Berichterstellung zur evangelischen Erwachsenenbildung eine vergleichend angelegte Fallstudie zu insgesamt sieben Einrichtungen mit unterschiedlichen Institutionalformen durchgeführt werden konnte. Diese Vertiefungsstudie wird im Folgenden präsentiert.

Literatur

Ambos, Ingrid; Huntemann, Hella; Knauber, Carolin; Reichart, Elisabeth (2018): Kontinuierlich aktuell: Große Revision der Anbieter- und Angebotsstatistiken am DIE. In: Weiter bilden, 25 (1), S. 32–35.

Autorengruppe Bildungsberichterstattung (2016): Bildung in Deutschland 2016. Ein indikatorengestützter Bericht mit einer Analyse zu Bildung und Migration. Bielefeld: wbv.

Autorengruppe Bildungsberichterstattung (2018): Bildung in Deutschland 2018. Ein indikatorengestützter Bericht mit einer Analyse zu Wirkungen und Erträgen von Bildung. Bielefeld: wbv.

Bergold, Ralph; Gieseke, Wiltrud; Hohmann, Reinhard; Seiverth, Andreas (Hrsg.) (2000): Pädagogische Professionalität und Berufseinführung. Abschlussbericht zum Projekt „Entwicklung und Erprobung eines Berufseinführungskonzepts für hauptberuflich pädagogische Erwachsenenbilder/innen." Recklinghausen: Bitter.

Bernhard, Christian (2017): Erwachsenenbildung und Region. Eine empirische Analyse in Grenzräumen. Bielefeld: Bertelsmann Verlag.

Biehl, Peter (1991): Theologische Aspekte des Bildungsverständnisses. In: Der evangelische Erzieher. Zeitschrift für Pädagogik und Theologie 43 (6), S. 575–591.

Bogner, Alexander; Menz, Wolfgang (2005): Das theoriegenerierende Experteninterview. Erkenntnisinteresse, Wissensformen, Interaktionen. In: Alexander Bogner; Littig, Beate; Menz, Wolfgang (Hrsg.): Das Experteninterview. Theorie, Methode, Anwendung. 2. Aufl. Wiesbaden: VS Verlag für Sozialwissenschaften, S. 33–69.

Bundesinstitut für Berufsbildung (o.J.): Weiterbildungsmonitor. URL: https://metadaten.bibb.de/metadatengruppe/11 [Zugriff: 19.12.2018].

Comenius-Institut (Hrsg.) (2014): Evangelische Tageseinrichtungen für Kinder. Daten – Entwicklungen – Perspektiven. Münster: Comenius-Institut.

Comenius-Institut (Hrsg.) (2018a): Gottesdienstliche Angebote mit Kindern. Empirische Befunde und Perspektiven. (Evangelische Bildungsberichterstattung, Band 1.) Autorinnen: Bücker, Nicola; Greier, Kirsti, unter Mitwirkung von Peter Schreiner. Münster; New York: Waxmann.

Comenius-Institut (Hrsg.) (2018b): Evangelische Tageseinrichtungen für Kinder. Empirische Befunde und Perspektiven. (Evangelische Bildungsberichterstattung, Band 2.) Autor: Böhme, Thomas, unter Mitwirkung von Nicola Bücker und Peter Schreiner. Münster; New York: Waxmann.

Deutsches Institut für Erwachsenenbildung (DIE) (2018): Große Revision der DIE-Anbieter-/Angebotsstatistiken. URL: https://www.die-bonn.de/id/32304/about/html/ [Zugriff: 29.10.2018].

Deutsches Institut für Erwachsenenbildung (DIE) (o.J.): Weiterbildungsstatistik im Verbund. URL: https://www.die-bonn.de/weiterbildung/statistik/verbundstatistik/default.aspx [Zugriff: 14.11.2018].

Deutsches Institut für Erwachsenenbildung (DIE); Katholische Erwachsenenbildung Deutschland (KEB) (2017): Statistik 2015 – Katholische Erwachsenenbildung in Deutschland. Tabellen und Abbildungen. Weiterbildungsstatistik Mai 2017. URL: https://www.keb-deutschland.de/wp-content/uploads/2017/07/KEB-Standard-2015.pdf [Zugriff: 29.10.2018].

Deutsches Institut für Internationale Pädagogische Forschung (DIPF) (2016): Aufgaben und Ziele. URL: https://www.bildungsbericht.de/de/forschungsdesign/aufgaben-und-ziele [Zugriff: 25.10.2018].

Diakonisches Werk evangelischer Kirchen in Niedersachsen e.V. (DWiN); evangelische arbeitsgemeinschaft familie in Niedersachsen (eaf) (2015): Familien stärken. Evangelische Familienzentren – Orte der Unterstützung und Begegnung. Hannover. URL: https://www.diakonie-in-niedersachsen.de/pages/mitgliederservices/soziale_themen/fachberatung_ev__kitas/publikationen_-_bestellformular/subpages/_bdquo_familien_staerken___evangelische_familienzentren_-_orte_der_unterstuetzung_und_begegnung_ldquo__/index.html [Zugriff: 12.09.2018].

Dietrich, Stephan (2008): Weiterbildungseinrichtungen in Deutschland. Problemaufriss für eine Erhebungsstrategie. URL: http://www.die-bonn.de/doks/dietrich0701.pdf [Zugriff: 25.10.2017].

Dietrich, Stephan; Behrensdorf, Hans-Joachim; Schade, Bernd (2008): Ergebnisbericht Projekt Weiterbildungskataster. URL: http: www.die-bonn.de/doks/dietrich0803.pdf [Zugriff: 25.10.2017].

Döbert, Hans (2009): Bildungsmonitoring als Instrument der Outputsteuerung. In: Böttcher, Wolfgang; Dicke, Jan Nikolas (Hrsg.): Enzyklopädie Erziehungswissenschaft Online. Weinheim u.a.: Juventa Verlag, S. 1–36. DOI: 10.3262/EEO08090012.

eeb Thüringen (o.J.): Wir über uns: Struktur der EEBT. URL: http://www.eebt.de/de/struktur.html [Zugriff: 12.10.2018].

Elsenbast, Volker; Fischer, Dietlind; Schöll, Albrecht; Spenn, Matthias (2008): Evangelische Bildungsberichterstattung – Studie zur Machbarkeit. Münster: Comenius-Institut.

Eurostat (o.J.): Correspondence table. Degree of Urbanisation (DEGURBA) – Local Administrative Units. URL: http://ec.europa.eu/eurostat/ramon/miscellaneous/index.cfm?TargetUrl=DSP_DEGURBA [Zugriff: 12.09.2018].

Evangelische Akademien in Deutschland e.V. (EAD) (1997): Protestantisch – Weltoffen – Streitbar. 50 Jahre Evangelische Akademien in Deutschland. URL: http://www.ev-akademie-boll.de/fileadmin/user_upload/04_Akademie/01_Akademie/EAD_Protetantisch_Streitbar.pdf [Zugriff: 12.09.2018].

Evangelische Erwachsenenbildung Niedersachsen (o.J.): Über die EEB Niedersachsen. URL: https://www.eeb-niedersachsen.de/Hauptmenue/Ueber-die-EEB/Unsere-Einrichtung-EEB-Niedersachsen/Unsere-Einrichtung-EEB-Niedersachsen [Zugriff: 12.10.2018].

Evangelische Kirche im Rheinland (2018a): Zahlenspiegel: Gebiet und Fläche. URL: https://www.ekir.de/www/ueber-uns/gebiet-und-flaeche-1935.php [Zugriff: 12.10.2018].

Evangelische Kirche im Rheinland (2018b): Tabellensammlung Gemeindeglieder. URL: https://www.ekir.de/www/ueber-uns/gemeindeglieder-und-bevoelkerung-1938.php [Zugriff: 21.01.2019].

Evangelische Kirche in Deutschland (EKD) (2017): Kirchenmitgliederzahlen Stand 31.12.2015. URL: https://www.ekd.de/ekd_de/ds_doc/kirchenmitglieder_2015.pdf [Zugriff: 12.10.2018].

Evangelische Kirche in Deutschland (EKD) (2018a): Gezählt 2018. Zahlen und Fakten zum kirchlichen Leben. URL: https://archiv.ekd.de/statistik/105153.html [Zugriff: 9.1.2019].

Evangelische Kirche in Deutschland (EKD) (2018b): Kirchenmitgliederzahlen Stand 31.12.2017. URL: https://archiv.ekd.de/download/Kirchenmitglieder_2017.pdf [Zugriff: 16.1.2019].

Evangelische Kirche in Deutschland (EKD); Wissenschaftliche Arbeitsstelle Evangelische Schule (WAES) (2016): Statistik Evangelische Schule. Fakten und Trends 2012 bis 2014. Ergebnisse der Basisuntersuchung und der Haupterhebung 2013/14. Hannover: EKD.

Evangelische Kirche in Mitteldeutschland (2018): EKM in Kürze. URL: https://www.ekmd.de/kirche/ekm-in-kuerze/ [Zugriff: 12.10.2018].

Evangelische Kirche von Westfalen (o.J.a): Presbyterial-synodal: Gemeinden sind die Basis. URL: https://www.evangelisch-in-westfalen.de/kirche/unsere-struktur/ [Zugriff: 12.10.2018].

Evangelische Kirche von Westfalen (o.J.b): Von der Christianisierung bis zur Neuordnung der Kirche nach 1945. Unsere Geschichte. URL: https://www.evangelisch-in-westfalen.de/kirche/unsere-geschichte/ [Zugriff: 12.10.2018].

Evangelische Kirche von Westfalen (o.J.c): Das kirchliche Leben im Spiegel der Zahlen: Jede Menge Statistik. URL: https://www.evangelisch-in-westfalen.de/kirche/daten-und-fakten/ [Zugriff: 12.10.2018].

Evangelische Medienarbeit der Evangelisch-lutherischen Landeskirche Hannovers (o.J.): Fortbildung und Fachberatung Evangelische Religion. URL: http://www.kirche-schule.de/themen/religionsunterricht/fortbildung_fachberatung [Zugriff: 12.09.2018].

Evangelische Medienarbeit der Evangelisch-lutherischen Landeskirche Hannovers (o.J.): Vokationstagungen. URL: https://www.kirche-schule.de/themen/vokation/vokationstagungen0 [Zugriff: 12.02.2019].

Evangelisches Erwachsenenbildungswerk Nordrhein (o.J.): Ev. Erwachsenenbildungswerk Nordrhein. URL: https://www.eeb-nordrhein.de/ueber-uns.html [Zugriff: 12.10.2018].

Evangelisches Erwachsenenbildungswerk Westfalen und Lippe e.V. (2018): Das Ev. Erwachsenenbildungswerk Westfalen und Lippe e.V. bietet Ihnen viele Möglichkeiten. URL: https://www.ebwwest.de/bildungswerk.html [Zugriff: 12.10.2018].

Fleige, Marion (2011): Lernkulturen in der öffentlichen Erwachsenenbildung. Theorieentwickelnde und empirische Betrachtungen am Beispiel evangelischer Träger. Münster: Waxmann.

Gieseke, Wiltrud (2008): Bedarfsorientierte Angebotsplanung in der Weiterbildung. Bielefeld: W. Bertelsmann.

Gieseke, Wiltrud (Hrsg.) (2000): Programmplanung als Bildungsmanagement? Qualitative Studie in Perspektivverschränkung. Begleituntersuchung des Modellversuchs „Erprobung eines Berufseinführungskonzeptes für hauptberufliche pädagogische Mitarbeiter/innen in der konfessionellen Erwachsenenbildung." Recklinghausen: Bitter.

Gieseke, Wiltrud; Opelt, Karin; Stock, Helga; Börjesson, Inge (2005): Kulturelle Erwachsenenbildung in Deutschland. Exemplarische Analyse Berlin/Brandenburg. Münster u.a.: Waxmann.

GoG (1984): Sächsische Gruppenbezogene Gemeindearbeit. In: Seiverth, Andreas; DEAE e.V. (Hrsg.) (2002): Am Menschen orientiert. Re-Visionen Evangelischer Erwachsenenbildung. Bielefeld: W. Bertelsmann Verlag, S. 190–191.

Harrison, Helena; Birks, Melanie; Franklin, Richard & Mills, Jane (2017): Case Study Research: Foundations and Methodological Orientations [34 paragraphs]. Forum Qualitative Sozialforschung /Forum: Qualitative Social Research, 18(1), Art. 19. URL: http://nbn-resolving.de/urn:nbn:de:0114-fqs1701195 [Zugriff: 23.01.2018].

Hefft, Gesine (1987): Glauben in der Koordination von Raum und Zeit. Kirchliche Erwachsenenarbeit in der DDR. In: Informationspapier Nr. 68/69.

Herbrechter, Dörthe; Schemmann, Michael (2008): Abschlussbericht – Bestandsaufnahme und Analyse des Funktionsgefüges der Bildungslandschaft Mittelhessen. URL: https://www.uni-giessen.de/fbz/fb03/institute/ifezw/prof/wb/projekte/projektdok/ZLL-Konzeptentwicklung_Abschlussbericht.pdf [Zugriff: 09.11.2017].

Hering, Linda; Schmidt, Robert J. (2014): Einzelfallanalyse, in: Baur, Nina; Blasius, Jörg (Hrsg.): Handbuch Methoden der empirischen Sozialforschung. Wiesbaden: Springer VS, S. 529–541.

Hof, Christiane; Ludwig, Joachim; Schäffer, Burkhard (Hrsg.) (2011): Steuerung – Regulation – Gestaltung. Dokumentation der Jahrestagung der Sektion Erwachsenenbildung der Deutschen Gesellschaft für Erziehungswissenschaft (DGfE). Bad Heilbrunn: Schneider Hohengehren.

Horn, Heike; Lux, Thomas; Ambos, Ingrid (2017): Weiterbildungsstatistik im Verbund 2015 – Kompakt. Herausgegeben vom Deutschen Institut für Erwachsenenbildung (DIE). URL: www.die-bonn.de/doks/2017-weiterbildungsstatistik-01.pdf [Zugriff: 29.10.2018].

Jütting, Dieter H. (Hrsg.) (1992): Situation, Selbstverständnis Qualifizierungsbedarf – Nicht-hauptberufliche Mitarbeiter/-innen in der Deutschen Evangelischen Arbeitsgemeinschaft für Erwachsenenbildung. Frankfurt: Peter Lang.

Kaufmann, Thomas (2009): Geschichte der Reformation. Frankfurt am Main: Verlag der Weltreligionen.

Kirche und Schule (o.J.): Fortbildung und Fachberatung Evangelische Religion. URL: https://www.kirche-schule.de/themen/religionsunterricht/fortbildung_fachberatung [Zugriff: 19.12.2018].

Kirchenamt der EKD (Hrsg.) (2003): Maße des Menschlichen. Evangelische Perspektiven zur Bildung in der Wissens- und Lerngesellschaft. Eine Denkschrift. Gütersloh: Gütersloher Verlagshaus.

Kirchenamt der EKD (Hrsg.) (2009): Kirche und Bildung. Herausforderungen, Grundsätze und Perspektiven evangelischer Bildungsverantwortung und kirchlichen Bildungshandelns. Eine Orientierungshilfe des Rates der Evangelischen Kirche in Deutschland. Gütersloh: Gütersloher Verlagshaus.

Klieme, Eckhard u.a. (2006): Grundkonzeption der Bildungsberichterstattung für Deutschland. In: Zeitschrift für Erziehungswissenschaft 9 (Beiheft 6), S. 129–145.

Konföderation evangelischer Kirchen in Niedersachsen (o.J.): Konföderation evangelischer Kirchen in Niedersachsen. URL: https://www.evangelische-konfoederation.de/die_konfoederation [Zugriff: 12.10.2018].

Konsortium Bildungsberichterstattung (2005): Gesamtkonzeption der Bildungsberichterstattung. URL: https://www.bildungsbericht.de/de/forschungsdesign/pdf-grundlagen/gesamtkonzeption.pdf [Zugriff: 25.10.2018].

Kuckartz, Udo (2016): Qualitative Inhaltsanalyse. Methoden, Praxis, Computerunterstützung. 3., überarbeitete Auflage. Beltz Juventa: Weinheim; Basel.

Pehl, Klaus (2002): Evangelische Erwachsenenbildung in Zahlen, in: Seiverth, Andreas, Deutsche Evangelische Arbeitsgemeinschaft für Erwachsenenbildung (DEAE) (Hrsg.) (2002): Am Menschen orientiert – Re-Visionen evangelischer Erwachsenenbildung. W. Bertelsmann Verlag: Bielefeld, S. 213–230.

Rothe, Aribert (2000): Evangelische Erwachsenenbildung in der DDR. Ihr Beitrag zur politischen Bildung. Leipzig: Evangelische Verlagsanstalt.

Rürup, Matthias (2008): Zum Wissen der Bildungsberichterstattung. Der deutsche Bildungsbericht als Beispiel und Erfolgsmodell. In: Brüsemeister, Thomas; Eubel, Klaus-Dieter (Hrsg.): Evaluation, Wissen und Nichtwissen. Wiesbaden: VS Verlag für Sozialwissenschaften, S. 141–169.

Schemmann, Michael (2015): Organisationsforschung in der Erwachsenenbildung. Eine thematische Einführung. In: Internationales Jahrbuch der Erwachsenenbildung 38, S. 7–18.

Schemmann, Michael; Schmitt, Thomas (2010): Entwicklung eines regionalen Weiterbildungsberichts für den Odenwaldkreis. URL: http://www.uni-giessen.de/fbz/fb03/institute/ifezw/prof/wb/projekte/projektdok/Ergebnis-Odenw2 [Zugriff: 25.10.2017].

Schlutz, Erhard; Schrader, Josef (1997): Systembeobachtung in der Weiterbildung. Zur Angebotsentwicklung im Lande Bremen. In: Zeitschrift für Pädagogik 43 (6), S. 987–1008.

Schreier, Margrit (2012): Qualitative Content Analysis in Practice. Los Angeles u.a.: Sage.

Schweitzer, Friedrich (2016): Das Bildungserbe der Reformation. Bleibender Gehalt – Herausforderungen – Zukunftsperspektiven. Gütersloh: Gütersloher Verlagshaus.

Seitter, Wolfgang (2013): Profile konfessioneller Erwachsenenbildung in Hessen. Eine Programmanalyse. Wiesbaden: Springer VS.

Seiverth, Andreas (1993): Evangelische Erwachsenenbildung als „Ort der Moderne" in der Kirche. In: DEAE (Hrsg.): Informationspapier Nr. 105/106, S. 89–94.

Seiverth, Andreas (2007): Statistik als Element der Qualitätsentwicklung. Anregungen zur Entwicklung eines kirchlichen Bildungsberichts. Frankfurt: DEAE Veröffentlichung, Eigenverlag.

Seiverth, Andreas (2013): Lernerfahrungen der Evangelischen Erwachsenenbildung. In: Ders. (Hrsg.): Jahrbuch Evangelische Erwachsenenbildung 2011/2012. Leipzig: Evangelische Verlagsanstalt, S. 13–69.

Seiverth, Andreas; Deutsche Evangelische Arbeitsgemeinschaft für Erwachsenenbildung (Hrsg.) (2002): Am Menschen orientiert – Re-Visionen evangelischer Erwachsenenbildung. W. Bertelsmann Verlag: Bielefeld.

Siebert, Horst (2009): Erwachsenenbildung in der Bundesrepublik Deutschland – Alte Bundesländer und neue Bundesländer. In: Tippelt, Rudolf; Hippel, Aiga von (Hrsg.): Handbuch Erwachsenenbildung/Weiterbildung. 3. überarb. u. erw. Aufl., Wiesbaden: VS Verlag für Sozialwissenschaften, S. 59–85.

Statistisches Bundesamt (2017a): Bundesländer mit Hauptstädten nach Fläche, Bevölkerung und Bevölkerungsdichte am 31.12.2015, im Juli 2017 wegen korrigierter Fläche revidiert. URL: https://www.destatis.de/DE/ZahlenFakten/LaenderRegionen/Regionales/Gemeindeverzeichnis/Administrativ/Archiv/Standardtabellen/02_BundeslaenderVorjahr.html [Zugriff: 12.10.2018].

Statistisches Bundesamt (2017b): Gemeindeverzeichnis (Gebietsstand: 31.12.2015, im Juli 2017 revidiert). URL: https://www.destatis.de/DE/ZahlenFakten/LaenderRegionen/Regionales/Gemeindeverzeichnis/Archiv/ArchivReiter.html [Zugriff: 12.09.2018].

Zuordnungsgesetz der EKD (2014): URL: https://www.ekd.de/ekd_de/ds_doc/sl4_vii_7_ZuOG.pdf [Zugriff: 12.09.2018].

Verzeichnis der Abbildungen

Abb. 1:	Anzahl der DEAE-Einrichtungen und Beteiligung an der DEAE-Statistik	34
Abb. 2:	Rechtsformen der Einrichtungen: DEAE und Gesamtverbund (2015, in %)	37
Abb. 3:	Rechtsformen der Einrichtungen: DEAE in West- und Ostdeutschland (2015, in %)	38
Abb. 4:	Art der Einnahmen: DEAE und Gesamtverbund (2015, in %)	40
Abb. 5:	Art der Einnahmen: DEAE in West- und Ostdeutschland (2015, in %)	41
Abb. 6:	Art der Ausgaben: DEAE und Gesamtverbund (2015, in %)	44
Abb. 7:	Art der Ausgaben: DEAE in West- und Ostdeutschland (2015, in %)	45
Abb. 8:	Anzahl an besetzten Stellen (Vollzeitäquivalente) für Hauptamtliche: DEAE gesamt, West- und Ostdeutschland (2007–2014)	47
Abb. 9:	Anzahl an Honorarkräften (neben- und freiberuflich Mitarbeitende) und Ehrenamtlichen: DEAE gesamt, West- und Ostdeutschland (2007–2014)	49
Abb. 10:	Anzahl an besetzten Stellen (Vollzeitäquivalente) für Hauptamtliche nach Funktionsgruppen: DEAE gesamt (2007–2014)	50
Abb. 11:	Anzahl an besetzten Stellen (Vollzeitäquivalente) für Hauptamtliche nach Funktionsgruppen: DEAE in Ostdeutschland (2007–2014)	51
Abb. 12:	Besetzte Stellen für Hauptamtliche nach Funktionsgruppen: DEAE in West- und Ostdeutschland (2014, in %)	52
Abb. 13:	Anzahl an hauptamtlich Beschäftigten, Honorarkräften und Ehrenamtlichen: DEAE gesamt (2007–2014)	54
Abb. 14:	Anzahl an hauptamtlich Beschäftigten, Honorarkräften und Ehrenamtlichen: DEAE in Ostdeutschland (2007–2014)	55
Abb. 15:	Hauptamtlich Beschäftigte, Honorarkräfte und Ehrenamtliche: DEAE in West- und Ostdeutschland (2007–2014, in %)	56
Abb. 16:	Frauenanteile in den Beschäftigungsgruppen: DEAE gesamt (2007–2014, in %)	57
Abb. 17:	Mit Frauen besetzte hauptamtliche Stellen (Vollzeitäquivalente) nach Funktionsgruppen: DEAE gesamt (2007–2014, in %)	58
Abb. 18:	Themenbereiche bei Veranstaltungen mit mehr als 3 Unterrichtsstunden: DEAE (2007–2015, in %)	63
Abb. 19:	Themenbereiche bei Veranstaltungen mit mehr als 3 Unterrichtsstunden: DEAE in Ostdeutschland (2007–2015, in %)	64
Abb. 20:	Themenbereiche bei Veranstaltungen mit mehr als 3 Unterrichtsstunden: Gesamtverbund (2007–2015, in %)	66
Abb. 21:	Themenbereiche bei Veranstaltungen mit bis zu 3 Unterrichtsstunden: DEAE (2007–2015, in %)	67
Abb. 22:	Themenbereiche bei Veranstaltungen mit bis zu 3 Unterrichtsstunden: DEAE in Ostdeutschland (2007–2015, in %)	58
Abb. 23:	Themenbereiche bei Veranstaltungen mit bis zu 3 Unterrichtsstunden: Gesamtverbund (2007–2015, in %)	69

Verzeichnis der Abbildungen

Abb. 24:	Einrichtungen mit der Hauptaufgabe Erwachsenenbildung im Gebiet des Ev. Erwachsenenbildungswerks Nordrhein	103
Abb. 25:	Einrichtungen mit der Nebenaufgabe Erwachsenenbildung im Gebiet des Ev. Erwachsenenbildungswerks Nordrhein	104
Abb. 26:	Einrichtungen mit der Hauptaufgabe Erwachsenenbildung in den beteiligten nordrheinischen Kirchenkreisen	106
Abb. 27:	Einrichtungen mit der Nebenaufgabe Erwachsenenbildung in den beteiligten nordrheinischen Kirchenkreisen	107
Abb. 28:	Einrichtungen mit der Hauptaufgabe Erwachsenenbildung im Gebiet des Ev. Erwachsenenbildungswerks Westfalen-Lippe	109
Abb. 29:	Einrichtungen mit der Nebenaufgabe Erwachsenenbildung im Gebiet des Ev. Erwachsenenbildungswerks Westfalen-Lippe	110
Abb. 30:	Einrichtungen mit der Hauptaufgabe Erwachsenenbildung in den beteiligten westfälischen Kirchenkreisen	112
Abb. 31:	Einrichtungen mit der Nebenaufgabe Erwachsenenbildung in den beteiligten westfälischen Kirchenkreisen	113
Abb. 32:	Einrichtungen mit der Hauptaufgabe Erwachsenenbildung im Gebiet der Ev. Erwachsenenbildung Niedersachsen	115
Abb. 33:	Einrichtungen mit der Nebenaufgabe Erwachsenenbildung im Gebiet der Ev. Erwachsenenbildung Niedersachsen	116
Abb. 34:	Einrichtungen mit der Hauptaufgabe Erwachsenenbildung in den beteiligten niedersächsischen Kirchenkreisen	118
Abb. 35:	Einrichtungen mit der Nebenaufgabe Erwachsenenbildung in den beteiligten niedersächsischen Kirchenkreisen	119
Abb. 36:	Einrichtungen mit der Hauptaufgabe Erwachsenenbildung in der EKM	121
Abb. 37:	Einrichtungen mit der Nebenaufgabe Erwachsenenbildung in der EKM	122
Abb. 38:	Anzahl genannter Kooperationspartner nach religiösem Hintergrund	131
Abb. 39:	Anzahl genannter evangelischer Kooperationspartner nach Institutionalform	132
Abb. 40:	Die Bedeutung von nicht öffentlich geförderten evangelischen Erwachsenenbildungsanbietern	134
Abb. 41:	Problematische Aspekte bei der Zusammenarbeit zwischen öffentlich geförderter und nicht geförderter evangelischer Erwachsenenbildung	136
Abb. 42:	Herausforderungen bei der Gewinnung von Teilnehmenden	140
Abb. 43:	Verortung von evangelischem Bildungshandeln mit Erwachsenen in Kirche und Gesellschaft	142
Abb. 44:	Profilbildende Dimensionen von evangelischem Bildungshandeln mit Erwachsenen	145

Verzeichnis der Tabellen

Tab. 1:	Anzahl der DEAE-Einrichtungen in West- und Ostdeutschland (2015)	36
Tab. 2:	Anzahl an Veranstaltungen mit bis zu 3 und mehr als 3 Unterrichtsstunden: DEAE gesamt, West- und Ostdeutschland und Gesamtverbund (2007 und 2015)	61
Tab. 3:	An der Anbietererfassung beteiligte Einrichtungen/Kirchenkreise	81
Tab. 4:	Das Kategoriensystem	97
Tab. 5:	Institutionalformen auf überregionaler Ebene	124
Tab. 6:	Anbieterdichte auf Ebene der Kirchenkreise	125
Tab. 7:	Übersicht über die Expertengruppen	129
Tab. A1:	Rechtsform der Einrichtungen: DEAE und Gesamtverbund (2007–2015)	170
Tab. A2:	Rechtsform der Einrichtungen: DEAE in West- und Ostdeutschland (2007–2015)	171
Tab. A3:	Aufgabenschwerpunkt: DEAE (2007–2015)	172
Tab. A4:	Art der Einnahmen: DEAE und Gesamtverbund (2007–2015, in %)	172
Tab. A5a:	Art der Einnahmen: DEAE in West- und Ostdeutschland (2007–2015)	173
Tab. A5b:	Art der Einnahmen: DEAE in West- und Ostdeutschland (2007–2015) (Fortsetzung)	174
Tab. A6:	Art der Ausgaben: DEAE und Gesamtverbund (2007–2015, in %)	175
Tab. A7a:	Art der Ausgaben: DEAE in West- und Ostdeutschland (2007–2015)	176
Tab. A7b:	Art der Ausgaben: DEAE in West- und Ostdeutschland (2007–2015) (Fortsetzung)	177
Tab. A8:	Anzahl an besetzten hauptamtlichen Stellen (Vollzeitäquivalente) und Anzahl an Honorarkräften: DEAE gesamt, DEAE West- und Ostdeutschland und Gesamtverbund (2007–2014)	178
Tab. A9a:	Anzahl an besetzten Stellen (Vollzeitäquivalente) für Hauptamtliche nach Funktionsgruppen: DEAE gesamt und in West- und Ostdeutschland (2007–2014)	179
Tab. A9b:	Anzahl an besetzten Stellen (Vollzeitäquivalente) für Hauptamtliche nach Funktionsgruppen: DEAE gesamt und in West- und Ostdeutschland (2007–2014) (Fortsetzung)	180
Tab. A10a:	Hauptamtlich Beschäftigte, Honorarkräfte und Ehrenamtliche: DEAE gesamt und in West- und Ostdeutschland (2007–2014)	181
Tab. A10b:	Hauptamtlich Beschäftigte, Honorarkräfte und Ehrenamtliche: DEAE gesamt und in West- und Ostdeutschland (2007–2014) (Fortsetzung)	182
Tab. A11a:	Im Berichtsjahr tätige Frauen in den Beschäftigungsgruppen: DEAE gesamt und in West- und Ostdeutschland (2007–2014)	183
Tab. A11b:	Im Berichtsjahr tätige Frauen in den Beschäftigungsgruppen: DEAE gesamt und in West- und Ostdeutschland (2007–2014) (Fortsetzung)	184

Verzeichnis der Tabellen

Tab. A12a: Mit Frauen besetzte hauptamtliche Stellen (Vollzeitäquivalente) in den Funktionsgruppen: DEAE (2007–2014) 185

Tab. A12b: Mit Frauen besetzte hauptamtliche Stellen (Vollzeitäquivalente) in den Funktionsgruppen: DEAE (2007–2014) (Fortsetzung) 185

Tab. A13: Mit Frauen besetzte hauptamtliche Stellen (Vollzeitäquivalente): DEAE gesamt, DEAE in West und Ostdeutschland und Gesamtverbund (2007–2014) 186

Tab. A14a: Anzahl an Veranstaltungen mit mehr als 3 Unterrichtsstunden nach Themenbereichen: DEAE und Gesamtverbund (2007–2015) 187

Tab. A14b: Anzahl an Veranstaltungen mit mehr als 3 Unterrichtsstunden nach Themenbereichen: DEAE und Gesamtverbund (2007–2015) (Fortsetzung) 188

Tab. A15a: Anzahl an Veranstaltungen mit mehr als 3 Unterrichtsstunden nach Themenbereichen: DEAE in West- und Ostdeutschland (2007–2015) 189

Tab. A15b: Anzahl an Veranstaltungen mit mehr als 3 Unterrichtsstunden nach Themenbereichen: DEAE in West- und Ostdeutschland (2007–2015) (Fortsetzung) 190

Tab. A16a: Anzahl an Veranstaltungen mit bis zu 3 Unterrichtsstunden nach Themenbereichen: DEAE und Gesamtverbund (2007–2015) 191

Tab. A16b: Anzahl an Veranstaltungen mit bis zu 3 Unterrichtsstunden nach Themenbereichen: DEAE und Gesamtverbund (2007–2015) (Fortsetzung) 192

Tab. A17a: Anzahl an Veranstaltungen mit bis zu 3 Unterrichtsstunden nach Themenbereichen: DEAE in West- und Ostdeutschland (2007–2015) 193

Tab. A17b: Anzahl an Veranstaltungen mit bis zu 3 Unterrichtsstunden nach Themenbereichen: DEAE in West- und Ostdeutschland (2007–2015) (Fortsetzung) 194

Tab. A18: Anzahl der Einrichtungen, die Angaben übermittelt haben: DEAE gesamt, DEAE in West- und Ostdeutschland und Gesamtverbund (2007–2015) 195

Tab. A19: Anbietererfassungen: Gemeindeglieder und Einrichtungen auf Ebene der Kirchenkreise 196

Anhang

Tabellen[137]

Tab. A1: Rechtsform der Einrichtungen: DEAE und Gesamtverbund (2007–2015)

Jahr		Einrichtungen mit Angaben zur Rechtsform	Davon				
			Körperschaft des öffentlichen Rechts	Eingetragener Verein	GmbH/ sonstiger privater Träger	Privatrechtliche Stiftung	Andere Rechtsform
		Anzahl	in %				
2007	DEAE	296	66,9	31,1	1,4	0,0	0,7
	Verbund	1.643	50,3	40,7	6,4	0,1	2,6
2008	DEAE	272	65,4	32,7	1,1	0,0	0,7
	Verbund	1.638	49,1	40,3	6,4	0,1	4,2
2009	DEAE	273	66,7	31,5	1,1	0,0	0,7
	Verbund	1.595	51,2	37,7	7,0	0,0	4,1
2010	DEAE	273	68,1	30,0	1,1	0,0	0,7
	Verbund	1.627	49,7	39,3	7,1	0,1	3,7
2011	DEAE	262	68,3	29,4	1,1	0,0	1,1
	Verbund	1.716	51,3	36,9	7,0	0,1	4,7
2012	DEAE	268	67,2	30,2	1,5	0,4	0,7
	Verbund	1.702	51,4	36,7	7,5	0,2	4,2
2013	DEAE	290	64,8	27,2	1,0	0,0	6,9
	Verbund	1.681	52,3	35,2	7,1	0,1	5,3
2014	DEAE	288	64,9	26,0	1,0	0,0	8,0
	Verbund	1.675	52,1	35,9	7,4	0,1	4,5
2015	DEAE	281	64,1	26,7	1,1	0,0	8,2
	Verbund	1.653	51,4	36,5	7,6	0,1	4,4

---

137 Aufgrund von Rundungsfehlern ergeben die in den Tabellen dokumentierten Prozentangaben in der Summe nicht immer 100 %

Tab. A2: Rechtsform der Einrichtungen: DEAE in West- und Ostdeutschland (2007–2015)

Jahr		Einrichtungen mit Angaben zur Rechtsform	Davon				
			Körperschaft des öffentlichen Rechts	Eingetragener Verein	GmbH/ sonstiger privater Träger	Privatrechtliche Stiftung	Andere Rechtsform
		Anzahl	in %				
2007	DEAE West	261	65,9	32,2	1,1	0,0	0,8
	DEAE Ost	35	74,3	22,9	2,9	0,0	0,0
2008	DEAE West	241	63,9	34,4	0,8	0,0	0,8
	DEAE Ost	31	77,4	19,4	3,2	0,0	0,0
2009	DEAE West	238	65,5	32,8	0,8	0,0	0,8
	DEAE Ost	35	74,3	22,9	2,9	0,0	0,0
2010	DEAE West	237	67,1	31,2	0,8	0,0	0,8
	DEAE Ost	36	75,0	22,2	2,8	0,0	0,0
2011	DEAE West	230	67,4	30,9	0,9	0,0	0,9
	DEAE Ost	32	75,0	18,8	3,1	0,0	3,1
2012	DEAE West	230	66,5	31,3	0,9	0,4	0,9
	DEAE Ost	38	71,1	23,7	5,3	0,0	0,0
2013	DEAE West	251	64,1	27,5	0,8	0,0	7,6
	DEAE Ost	39	69,2	25,6	2,6	0,0	2,6
2014	DEAE West	248	64,5	26,6	0,8	0,0	8,1
	DEAE Ost	40	67,5	22,5	2,5	0,0	7,5
2015	DEAE West	241	63,5	27,4	0,8	0,0	8,3
	DEAE Ost	40	67,5	22,5	2,5	0,0	7,5

Tab. A3: Aufgabenschwerpunkt: DEAE (2007–2015)

Jahr	Einrichtungen mit Angaben zum Aufgabenschwerpunkt	Davon	
		Einrichtungen mit EB als Hauptaufgabe	Einrichtungen mit EB als Nebenaufgabe
	Anzahl	in %	
2007	296	67,2	32,8
2008	290	68,3	31,7
2009	281	66,2	33,8
2010	277	68,2	31,8
2011	278	69,4	30,6
2012	285	66,7	33,3
2013	290	67,2	32,8
2014	288	66,7	33,3
2015	281	68,7	31,3

Tab. A4: Art der Einnahmen: DEAE und Gesamtverbund (2007–2015, in %)

Jahr		Gesamteinnahmen	Teilnahmegebühren	Eigenmittel des Trägers	Öffentliche Mittel	Nicht öffentliche Mittel	Sonstige Einnahmen
2007	DEAE	100	30,2	27,3	23,2	0,3	19,0
	Verbund	100	37,4	27,8	25,8	0,6	8,3
2008	DEAE	100	31,0	31,5	23,6	0,2	13,8
	Verbund	100	36,9	28,5	26,2	0,6	7,7
2009	DEAE	100	29,3	30,3	21,4	0,2	18,9
	Verbund	100	36,4	29,1	26,0	0,4	8,1
2010	DEAE	100	30,8	31,4	22,5	0,2	15,1
	Verbund	100	36,2	27,9	27,0	0,4	8,7
2011	DEAE	100	30,4	30,9	21,8	0,3	16,7
	Verbund	100	36,5	27,7	26,4	0,4	9,1
2012	DEAE	100	30,5	32,9	22,4	0,3	14,0
	Verbund	100	36,9	27,5	26,3	0,5	8,8
2013	DEAE	100	30,9	31,6	22,8	0,1	14,7
	Verbund	100	38,0	28,3	25,1	0,5	8,1
2014	DEAE	100	30,6	32,0	24,0	0,2	13,1
	Verbund	100	37,7	28,1	25,1	0,7	8,5
2015	DEAE	100	31,3	31,8	26,6	0,1	10,3
	Verbund	100	37,7	28,2	25,1	0,4	8,6

Die Eigenmittel des Trägers umfassen beim Gesamtverbund die kommunalen Zuschüsse bei Volkshochschulen. Die öffentlichen Mittel werden beim Gesamtverbund ohne die kommunalen Zuschüsse bei Volkshochschulen angegeben.

Tab. A5a: Art der Einnahmen: DEAE in West- und Ostdeutschland (2007–2015)

Jahr		Gesamteinnahmen	Davon				
			Teilnahme-gebühren	Eigenmittel des Trägers	Öffentliche Mittel	Nicht öffentl. Mittel	Sonstige Einnahmen
			in Euro				
2007	DEAE West	59.348.129	18.390.279	15.656.369	13.797.271	123.581	11.380.629
	DEAE Ost	3.779.204	703.735	1.576.809	843.678	40.056	614.926
2008	DEAE West	110.582.932	19.492.986	67.553.309	14.627.618	81.234	8.827.785
	DEAE Ost	2.420.531	547.265	1.120.871	633.901	25.000	93.494
2009	DEAE West	67.553.309	20.167.908	19.499.626	14.483.115	97.718	13.304.942
	DEAE Ost	3.435.202	603.684	2.015.744	684.575	30.000	101.199
2010	DEAE West	64.726.403	20.475.875	19.196.954	14.655.831	136.354	10.261.389
	DEAE Ost	3.569.593	531.880	2.242.797	716.127	0	78.789
2011	DEAE West	67.721.514	21.411.033	19.442.838	14.907.829	168.360	11.791.454
	DEAE Ost	3.750.027	308.243	2.607.697	666.242	17.990	149.855
2012	DEAE West	65.742.020	20.905.520	20.144.614	14.938.975	170.025	9.582.886
	DEAE Ost	3.777.923	318.044	2.711.714	623.722	6.442	118.001
2013	DEAE West	68.322.449	22.001.117	20.084.646	15.737.274	53.867	10.445.545
	DEAE Ost	4.024.962	373.359	2.754.090	728.594	2.855	166.064
2014	DEAE West	68.268.407	21.843.279	20.163.189	16.716.511	163.439	9.381.989
	DEAE Ost	4.401.672	412.359	3.101.854	726.949	6.218	154.292
2015	DEAE West	67.900.713	22.137.363	19.876.906	18.543.150	37.015	7.306.279
	DEAE Ost	4.414.079	469.222	3.137.943	690.667	5.756	110.491

Tab. A5b: Art der Einnahmen: DEAE in West- und Ostdeutschland (2007–2015) (Fortsetzung)

Jahr		Gesamteinnahmen	Davon				
			Teilnahme-gebühren	Eigenmittel des Trägers	Öffentliche Mittel	Nicht öffentl. Mittel	Sonstige Einnahmen
			in %				
2007	DEAE West	100	31,0	26,4	23,2	0,2	19,2
	DEAE Ost	100	18,6	41,7	22,3	1,1	16,3
2008	DEAE West	100	31,3	30,9	23,5	0,1	14,2
	DEAE Ost	100	22,6	46,3	26,2	1,0	3,9
2009	DEAE West	100	29,9	28,9	21,4	0,1	19,7
	DEAE Ost	100	17,6	58,7	19,9	0,9	2,9
2010	DEAE West	100	31,6	29,7	22,6	0,2	15,9
	DEAE Ost	100	14,9	62,8	20,1	0,0	2,2
2011	DEAE West	100	31,6	28,7	22,0	0,2	17,4
	DEAE Ost	100	8,2	69,5	17,8	0,5	4,0
2012	DEAE West	100	31,8	30,6	22,7	0,3	14,6
	DEAE Ost	100	8,4	71,8	16,5	0,2	3,1
2013	DEAE West	100	32,2	29,4	23,0	0,1	15,3
	DEAE Ost	100	9,3	68,4	18,1	0,1	4,1
2014	DEAE West	100	32,0	29,5	24,5	0,2	13,7
	DEAE Ost	100	9,4	70,5	16,5	0,1	3,5
2015	DEAE West	100	32,6	29,3	27,3	0,1	10,8
	DEAE Ost	100	10,6	71,1	15,6	0,1	2,5

Tab. A6: Art der Ausgaben: DEAE und Gesamtverbund (2007–2015, in %)

Jahr		Gesamt-ausgaben	Personal-ausgaben (Hauptberufliche)	Ausgaben für nicht hauptberufl. Mitarbeitende*	Veranstaltungs-bezogene Sachkosten	Betriebskosten der Einrichtung	Sonstige Ausgaben
2007	DEAE	100	50,5	12,7	15,4	14,2	7,1
	Verbund	100	41,5	28,2	7,2	15,6	7,5
2008	DEAE	100	44,8	12,6	15,1	13,0	14,7
	Verbund	100	41,3	28,0	7,0	15,6	8,1
2009	DEAE	100	43,7	13,0	15,5	14,5	13,2
	Verbund	100	41,8	28,2	7,2	15,1	7,7
2010	DEAE	100	46,1	13,7	15,0	15,3	9,9
	Verbund	100	42,4	27,9	6,7	14,6	8,5
2011	DEAE	100	44,3	12,5	14,6	14,2	14,5
	Verbund	100	42,3	27,4	6,3	14,4	9,5
2012	DEAE	100	45,7	13,0	15,2	15,1	10,9
	Verbund	100	42,7	27,3	6,2	14,6	9,2
2013	DEAE	100	46,2	13,2	14,6	15,3	10,7
	Verbund	100	42,4	28,3	6,4	15,2	7,8
2014	DEAE	100	45,2	12,2	13,2	15,1	14,3
	Verbund	100	42,4	28,3	6,1	15,1	8,0
2015	DEAE	100	47,3	12,5	16,7	11,0	12,4
	Verbund	100	42,3	28,9	6,2	14,5	8,1

*Honorarkräfte (frei- und nebenberuflich Tätige) und Ehrenamtliche

Tab. A7a: Art der Ausgaben: DEAE in West- und Ostdeutschland (2007–2015)

Jahr		Gesamtausgaben	Personalausgaben (Hauptberufliche)	Ausgaben für nicht hauptberuflich Mitarbeitende*	Veranstaltungs- bezogene Sachkosten	Betriebskosten der Einrichtung	Sonstige Ausgaben
					in Euro		
2007	DEAE West	58.454.942	29.045.530	7.632.917	8.942.983	8.467.471	4.366.041
	DEAE Ost	3.354.701	2.181.939	233.152	578.438	315.170	46.002
2008	DEAE West	63.440.137	28.030.271	8.149.994	9.671.236	8.177.033	9.411.603
	DEAE Ost	2.424.605	1.454.300	116.671	247.707	352.662	253.265
2009	DEAE West	66.776.997	28.412.334	8.969.132	10.668.720	9.677.101	9.049.710
	DEAE Ost	3.435.940	2.280.229	177.438	237.217	535.252	205.804
2010	DEAE West	64.207.130	28.779.007	9.058.798	9.964.426	9.924.922	6.479.977
	DEAE Ost	3.551.221	2.462.448	208.260	222.676	410.409	247.428
2011	DEAE West	68.135.922	29.573.222	8.820.322	10.107.166	9.936.721	9.698.491
	DEAE Ost	3.703.524	2.253.064	178.001	351.204	233.973	687.282
2012	DEAE West	65.362.119	29.313.166	8.785.434	10.241.112	10.218.786	6.803.621
	DEAE Ost	3.725.771	2.227.010	230.299	277.336	243.031	748.095
2013	DEAE West	67.833.891	30.963.691	9.226.016	10.204.477	10.721.039	6.718.668
	DEAE Ost	4.182.913	2.293.495	266.185	339.305	284.966	998.962
2014	DEAE West	70.729.151	31.399.493	8.919.493	9.587.871	11.023.134	9.799.160
	DEAE Ost	4.419.055	2.546.696	281.006	318.148	346.600	926.605
2015	DEAE West	70.508.459	33.110.331	9.150.407	12.086.943	8.000.353	8.160.425
	DEAE Ost	4.743.333	2.502.542	288.752	447.393	299.732	1.204.914

*Honorarkräfte (frei- und nebenberuflich Tätige) und Ehrenamtliche

Tab. A7b: Art der Ausgaben: DEAE in West- und Ostdeutschland (2007–2015) (Fortsetzung)

Jahr		Gesamtausgaben	Personalausgaben (Hauptberufliche)	Ausgaben für nicht hauptberuflich Mitarbeitende*	Veranstaltungs-bezogene Sachkosten	Betriebskosten der Einrichtung	Sonstige Ausgaben
				in %			
2007	DEAE West	100	49,7	13,1	15,3	14,5	7,5
	DEAE Ost	100	65,0	7,0	17,2	9,4	1,4
2008	DEAE West	100	44,2	12,8	15,2	12,9	14,8
	DEAE Ost	100	60,0	4,8	10,2	14,5	10,4
2009	DEAE West	100	42,5	13,4	16,0	14,5	13,6
	DEAE Ost	100	66,4	5,2	6,9	15,6	6,0
2010	DEAE West	100	44,8	14,1	15,5	15,5	10,1
	DEAE Ost	100	69,3	5,9	6,3	11,6	7,0
2011	DEAE West	100	43,4	12,9	14,8	14,6	14,2
	DEAE Ost	100	60,8	4,8	9,5	6,3	18,6
2012	DEAE West	100	44,8	13,4	15,7	15,6	10,4
	DEAE Ost	100	59,8	6,2	7,4	6,5	20,1
2013	DEAE West	100	45,6	13,6	15,0	15,8	9,9
	DEAE Ost	100	54,8	6,4	8,1	6,8	23,9
2014	DEAE West	100	44,4	12,6	13,6	15,6	13,9
	DEAE Ost	100	57,6	6,4	7,2	7,8	21,0
2015	DEAE West	100	47,0	13,0	17,1	11,3	11,6
	DEAE Ost	100	52,8	6,1	9,4	6,3	25,4

* *Honorarkräfte (frei- und nebenberuflich Tätige) und Ehrenamtliche*

Bildungsbericht

Tab. A8: Anzahl an besetzten hauptamtlichen Stellen (Vollzeitäquivalente) und Anzahl an Honorarkräften: DEAE gesamt, DEAE West- und Ostdeutschland und Gesamtverbund (2007–2014)

Jahr		Besetzte hauptamtliche Stellen	Honorarkräfte (neben-, freiberuflich Mitarbeitende), Ehrenamtliche
2007	Verbund	11.150,8	241.235
	DEAE gesamt	1.211,2	30.252
	DEAE West	1.093,0	29.130
	DEAE Ost	118,2	1.122
2008	Verbund	11.152,1	245.744
	DEAE gesamt	1.174,2	32.843
	DEAE West	1.076,7	31.832
	DEAE Ost	97,5	1.011
2009	Verbund	10.664,7	249.979
	DEAE gesamt	1.149,2	37.386
	DEAE West	1.044,1	36.262
	DEAE Ost	105,1	1.124
2010	Verbund	11.196,6	250.560
	DEAE gesamt	1.114,9	37.852
	DEAE West	1.014,3	36.750
	DEAE Ost	100,6	1.102
2011	Verbund	10.942,7	260.555
	DEAE gesamt	1.072,3	46.484
	DEAE West	979,0	45.580
	DEAE Ost	93,3	904
2012	Verbund	10.935,0	256.515
	DEAE gesamt	1.079,2	48.290
	DEAE West	942,9	47.222
	DEAE Ost	136,3	1.068
2013	Verbund	10.467,9	257.103
	DEAE gesamt	1.118,4	49.833
	DEAE West	969,3	48.802
	DEAE Ost	149,1	1.031
2014	Verbund	10.617,8	258.876
	DEAE gesamt	1.137,5	51.771
	DEAE West	992,3	50.738
	DEAE Ost	145,2	1.033

Tab. A9a: Anzahl an besetzten Stellen (Vollzeitäquivalente) für Hauptamtliche nach Funktionsgruppen: DEAE gesamt und in West- und Ostdeutschland (2007–2014)

Jahr		Gesamt	Leitungspersonal	Pädagogisches Personal	Verwaltungspersonal	Wirtschaftspersonal	Sonstiges Personal
				Anzahl			
2007	DEAE Gesamt	1.211,2	191,1	469,5	303,3	191,0	56,3
	DEAE West	1.093,0	168,5	433,6	275,8	167,3	47,8
	DEAE Ost	118,2	22,6	35,9	27,5	23,7	8,5
2008	DEAE Gesamt	1.174,2	178,2	477,7	291,0	166,3	61,0
	DEAE West	1.076,7	160,0	447,0	268,8	152,4	48,5
	DEAE Ost	97,5	18,2	30,7	22,2	13,9	12,5
2009	DEAE Gesamt	1.149,2	183,1	427,9	304,4	179,4	54,4
	DEAE West	1.044,1	165,5	390,9	277,4	163,7	46,6
	DEAE Ost	105,1	17,6	37,0	27,0	15,7	7,8
2010	DEAE Gesamt	1.114,9	206,4	388,9	297,9	170,9	50,8
	DEAE West	1.014,3	188,9	354,8	269,3	154,3	47,0
	DEAE Ost	100,6	17,5	34,1	28,6	16,6	3,8
2011	DEAE Gesamt	1.072,3	190,1	385,4	287,3	163,4	46,1
	DEAE West	979,0	174,1	355,5	259,3	147,5	42,6
	DEAE Ost	93,3	16,0	29,9	28,0	15,9	3,5
2012	DEAE Gesamt	1.079,2	196,0	379,0	289,1	169,4	45,7
	DEAE West	942,9	177,9	326,4	249,1	146,8	42,7
	DEAE Ost	136,3	18,1	52,6	40,0	22,6	3,0
2013	DEAE Gesamt	1.118,4	200,0	396,7	298,9	174,8	48,0
	DEAE West	969,3	180,0	335,7	257,9	151,5	44,2
	DEAE Ost	149,1	20,0	61,0	41,0	23,3	3,8
2014	DEAE Gesamt	1.137,5	202,3	411,4	303,1	171,5	49,2
	DEAE West	992,3	180,6	353,1	264,3	150,6	43,7
	DEAE Ost	145,2	21,7	58,3	38,8	20,9	5,5

Bildungsbericht

Tab. A9b: Anzahl an besetzten Stellen (Vollzeitäquivalente) für Hauptamtliche nach Funktionsgruppen: DEAE gesamt und in West- und Ostdeutschland (2007–2014) (Fortsetzung)

Jahr		Gesamt	Leitungs-personal	Pädagogisches Personal	Verwaltungs-personal	Wirtschafts-personal	Sonstiges Personal
				in %			
2007	DEAE Gesamt	100	15,8	38,8	25,0	15,8	4,6
	DEAE West	100	15,4	39,7	25,2	15,3	4,4
	DEAE Ost	100	19,1	30,4	23,3	20,1	7,2
2008	DEAE Gesamt	100	15,2	40,7	24,8	14,2	5,2
	DEAE West	100	14,9	41,5	25,0	14,2	4,5
	DEAE Ost	100	18,7	31,5	22,8	14,3	12,8
2009	DEAE Gesamt	100	15,9	37,2	26,5	15,6	4,7
	DEAE West	100	15,9	37,4	26,6	15,7	4,5
	DEAE Ost	100	16,7	35,2	25,7	14,9	7,4
2010	DEAE Gesamt	100	18,5	34,9	26,7	15,3	4,6
	DEAE West	100	18,6	35,0	26,6	15,2	4,6
	DEAE Ost	100	17,4	33,9	28,4	16,5	3,8
2011	DEAE Gesamt	100	17,7	35,9	26,8	15,2	4,3
	DEAE West	100	17,8	36,3	26,5	15,1	4,4
	DEAE Ost	100	17,1	32,0	30,0	17,0	3,8
2012	DEAE Gesamt	100	18,2	35,1	26,8	15,7	4,2
	DEAE West	100	18,9	34,6	26,4	15,6	4,5
	DEAE Ost	100	13,3	38,6	29,3	16,6	2,2
2013	DEAE Gesamt	100	17,9	35,5	26,7	15,6	4,3
	DEAE West	100	18,6	34,6	26,6	15,6	4,6
	DEAE Ost	100	13,4	40,9	27,5	15,6	2,5
2014	DEAE Gesamt	100	17,8	36,2	26,6	15,1	4,3
	DEAE West	100	18,2	35,6	26,6	15,2	4,4
	DEAE Ost	100	14,9	40,2	26,7	14,4	3,8

Tab. A10a: Hauptamtlich Beschäftigte, Honorarkräfte und Ehrenamtliche: DEAE gesamt und in West- und Ostdeutschland (2007–2014)

Jahr		Insgesamt	Hauptamtliche	Honorarkräfte (neben-, freiberuflich Mitarbeitende)	Ehrenamtliche
				Anzahl	
2007	DEAE Gesamt	31.843	1.591	21.444	8.808
	DEAE West	30.572	1.442	20.771	8.359
	DEAE Ost	1.271	149	673	449
2008	DEAE Gesamt	34.495	1.652	23.755	9.088
	DEAE West	33.353	1.521	23.328	8.504
	DEAE Ost	1.142	131	427	584
2009	DEAE Gesamt	38.896	1.510	28.015	9.371
	DEAE West	37.636	1.374	27.506	8.756
	DEAE Ost	1.260	136	509	615
2010	DEAE Gesamt	39.317	1.465	28.600	9.252
	DEAE West	38.079	1.329	28.176	8.574
	DEAE Ost	1.238	136	424	678
2011	DEAE Gesamt	47.939	1.455	37.823	8.661
	DEAE West	46.910	1.330	37.433	8.147
	DEAE Ost	1.029	125	390	514
2012	DEAE Gesamt	49.741	1.451	39.765	8.525
	DEAE West	48.510	1.288	39.225	7.997
	DEAE Ost	1.231	163	540	528
2013	DEAE Gesamt	51.330	1.497	41.275	8.558
	DEAE West	50.121	1.319	40.800	8.002
	DEAE Ost	1.209	178	475	556
2014	DEAE Gesamt	53.335	1.564	43.250	8.521
	DEAE West	52.104	1.366	42.711	8.027
	DEAE Ost	1.231	198	539	494

Tab. A10b: Hauptamtlich Beschäftigte, Honorarkräfte und Ehrenamtliche: DEAE gesamt und in West- und Ostdeutschland (2007–2014) (Fortsetzung)

Jahr		Insgesamt	Hauptamtliche	Honorarkräfte (neben-, freiberuflich Mitarbeitende)	Ehrenamtliche
				in %	
2007	DEAE Gesamt	100	5,0	67,3	27,7
	DEAE West	100	4,7	67,9	27,3
	DEAE Ost	100	11,7	53,0	35,3
2008	DEAE Gesamt	100	4,8	68,9	26,3
	DEAE West	100	4,6	69,9	25,5
	DEAE Ost	100	11,5	37,4	51,1
2009	DEAE Gesamt	100	3,9	72,0	24,1
	DEAE West	100	3,7	73,1	23,3
	DEAE Ost	100	10,8	40,4	48,8
2010	DEAE Gesamt	100	3,7	72,7	23,5
	DEAE West	100	3,5	74,0	22,5
	DEAE Ost	100	11,0	34,2	54,8
2011	DEAE Gesamt	100	3,0	78,9	18,1
	DEAE West	100	2,8	79,8	17,4
	DEAE Ost	100	12,1	37,9	50,0
2012	DEAE Gesamt	100	2,9	79,9	17,1
	DEAE West	100	2,7	80,9	16,5
	DEAE Ost	100	13,2	43,9	42,9
2013	DEAE Gesamt	100	2,9	80,4	16,7
	DEAE West	100	2,6	81,4	16,0
	DEAE Ost	100	14,7	39,3	46,0
2014	DEAE Gesamt	100	2,9	81,1	16,0
	DEAE West	100	2,6	82,0	15,4
	DEAE Ost	100	16,1	43,8	40,1

Tab. A11a: Im Berichtsjahr tätige Frauen in den Beschäftigungsgruppen: DEAE gesamt und in West- und Ostdeutschland (2007–2014)

Jahr		Insgesamt			Hauptberufliche		
		Alle Beschäftigten	Frauen	Frauen in %	Alle Beschäftigten	Frauen	Frauen in %
2007	DEAE gesamt	31.843	19.462	61,1	1.591	1.198	75,3
	DEAE West	30572	18624	60,9	1442	1087	75,4
	DEAE Ost	1271	838	65,9	149	111	74,5
2008	DEAE gesamt	34.495	21.435	62,1	1.652	1.263	76,5
	DEAE West	33353	20644	61,9	1521	1167	76,7
	DEAE Ost	1142	791	69,3	131	96	73,3
2009	DEAE gesamt	38.896	23.739	61,0	1.510	1.150	76,2
	DEAE West	37636	22897	60,8	1374	1048	76,3
	DEAE Ost	1260	842	66,8	136	102	75,0
2010	DEAE gesamt	39.317	24.030	61,1	1.465	1.122	76,6
	DEAE West	38079	23176	60,9	1329	1017	76,5
	DEAE Ost	1238	854	69,0	136	105	77,2
2011	DEAE gesamt	47.939	28.791	60,1	1.455	1.134	77,9
	DEAE West	46910	28074	59,8	1330	1038	78,0
	DEAE Ost	1029	717	69,7	125	96	76,8
2012	DEAE gesamt	49.741	30.672	61,7	1.451	1.124	77,5
	DEAE West	48510	29905	61,6	1288	1006	78,1
	DEAE Ost	1231	767	62,3	163	118	72,4
2013	DEAE gesamt	51.330	32.094	62,5	1.497	1.167	78,0
	DEAE West	50121	31320	62,5	1319	1037	78,6
	DEAE Ost	1209	774	64,0	178	130	73,0
2014	DEAE gesamt	53.335	34.000	63,7	1.564	1.201	76,8
	DEAE West	52104	33211	63,7	1366	1061	77,7
	DEAE Ost	1231	789	64,1	198	140	70,7

Bildungsbericht

Tab. A11b: Im Berichtsjahr tätige Frauen in den Beschäftigungsgruppen: DEAE gesamt und in West- und Ostdeutschland (2007–2014) (Fortsetzung)

Jahr		Honorarkräfte (neben-, freiberuflich MA)			Ehrenamtliche		
		Alle Beschäftigten	Frauen	Frauen in %	Alle Beschäftigten	Frauen	Frauen in %
2007	DEAE gesamt	21.444	12.043	56,2	8.808	6.221	70,6
	DEAE West	20771	11679	56,2	8359	5858	70,1
	DEAE Ost	673	364	54,1	449	363	80,8
2008	DEAE gesamt	23.755	13.777	58,0	9.088	6.395	70,4
	DEAE West	23328	13540	58,0	8504	5937	69,8
	DEAE Ost	427	237	55,5	584	458	78,4
2009	DEAE gesamt	28.015	16.588	59,2	9.371	6.001	64,0
	DEAE West	27506	16320	59,3	8756	5529	63,1
	DEAE Ost	509	268	52,7	615	472	76,7
2010	DEAE gesamt	28.600	16.953	59,3	9.252	5.954	64,4
	DEAE West	28176	16708	59,3	8574	5450	63,6
	DEAE Ost	424	245	57,8	678	504	74,3
2011	DEAE gesamt	37.823	21.571	57,0	8.661	6.087	70,3
	DEAE West	37433	21360	57,1	8147	5677	69,7
	DEAE Ost	390	211	54,1	514	410	79,8
2012	DEAE gesamt	39.765	23.778	59,8	8.525	5.770	67,7
	DEAE West	39225	23495	59,9	7997	5404	67,6
	DEAE Ost	540	283	52,4	528	366	69,3
2013	DEAE gesamt	41.275	25.119	60,9	8.558	5.807	67,9
	DEAE West	40800	24861	60,9	8002	5421	67,7
	DEAE Ost	475	258	54,3	556	386	69,4
2014	DEAE gesamt	43.250	26.924	62,3	8.521	5.875	68,9
	DEAE West	42711	26634	62,4	8027	5516	68,7
	DEAE Ost	539	290	53,8	494	359	72,7

Tab. A12a: Mit Frauen besetzte hauptamtliche Stellen (Vollzeitäquivalente) in den Funktionsgruppen: DEAE (2007–2014)

Jahr	Leitungspersonal			Pädagogisches Personal			Verwaltungspersonal		
	Alle Stellen	Mit Frauen besetzt	Mit Frauen besetzt in %	Alle Stellen	Mit Frauen besetzt	Mit Frauen besetzt in %	Alle Stellen	Mit Frauen besetzt	Mit Frauen besetzt in %
2007	191,1	81,1	42,4	469,5	308,0	65,6	303,3	277,5	91,5
2008	178,2	73,8	41,4	477,7	326,4	68,3	291,0	263,8	90,7
2009	183,1	81,4	44,4	427,9	280,6	65,6	304,4	290,5	95,4
2010	206,4	107,1	51,9	388,9	278,6	71,6	297,9	261,3	87,7
2011	190,1	93,5	49,2	385,4	271,2	70,4	287,3	256,8	89,4
2012	196,0	95,7	48,8	379,0	260,1	68,6	289,1	264,7	91,6
2013	200,0	102,5	51,3	396,7	262,2	66,1	298,9	285,6	95,5
2014	202,3	100,6	49,7	411,4	307,1	74,7	303,1	289,0	95,3

Tab. A12b: Mit Frauen besetzte hauptamtliche Stellen (Vollzeitäquivalente) in den Funktionsgruppen: DEAE (2007–2014) (Fortsetzung)

Jahr	Wirtschaftspersonal			Sonstiges Personal		
	Alle Stellen	Mit Frauen besetzt	Mit Frauen besetzt in %	Alle Stellen	Mit Frauen besetzt	Mit Frauen besetzt in %
2007	191,0	142,7	74,7	56,3	17,3	30,7
2008	166,3	125,6	75,5	61,0	22,3	36,6
2009	179,4	161,4	90,0	54,4	15,8	29,0
2010	170,9	126,5	74,0	50,8	15,5	30,5
2011	163,4	123,1	75,3	46,1	15,3	33,2
2012	169,4	125,5	74,1	45,7	15,9	34,8
2013	174,8	133,6	76,4	48,0	18,0	37,5
2014	171,5	128,6	75,0	49,2	16,4	33,3

Tab. A13: Mit Frauen besetzte hauptamtliche Stellen (Vollzeitäquivalente): DEAE gesamt, DEAE in West- und Ostdeutschland und Gesamtverbund (2007–2014)

Jahr		Alle Stellen	Mit Frauen besetzt	Mit Frauen besetzt in %
2007	Verbund	11.150,8	7.549,8	67,7
	DEAE gesamt	1.211,2	826,6	68,2
	DEAE West	1.093,0	745,7	68,2
	DEAE Ost	118,2	80,9	68,4
2008	Verbund	11.152,1	7.612,3	68,3
	DEAE gesamt	1.174,2	811,9	69,1
	DEAE West	1.076,7	743,8	69,1
	DEAE Ost	97,5	68,1	69,8
2009	Verbund	10.664,7	7.439,3	69,8
	DEAE gesamt	1.149,2	829,6	72,2
	DEAE West	1.044,1	754,7	72,3
	DEAE Ost	105,1	74,9	71,3
2010	Verbund	11.196,6	7.781,5	69,5
	DEAE gesamt	1.114,9	789,0	70,8
	DEAE West	1.014,3	715,2	70,5
	DEAE Ost	100,6	73,8	73,4
2011	Verbund	10.942,7	7.728,1	70,6
	DEAE gesamt	1.072,3	759,8	70,9
	DEAE West	979,0	690,1	70,5
	DEAE Ost	93,3	69,7	74,7
2012	Verbund	10.935,0	7.778,5	71,1
	DEAE gesamt	1.079,2	761,9	70,6
	DEAE West	942,9	664,7	70,5
	DEAE Ost	136,3	97,2	71,3
2013	Verbund	10.467,9	7.547,6	72,1
	DEAE gesamt	1.118,4	801,9	71,7
	DEAE West	969,3	693,2	71,5
	DEAE Ost	149,1	108,7	72,9
2014	Verbund	10.617,8	7.760,1	73,1
	DEAE gesamt	1.137,5	841,7	74,0
	DEAE West	992,3	738,8	74,5
	DEAE Ost	145,2	102,9	70,9

Tab. A14a: Anzahl an Veranstaltungen mit mehr als 3 Unterrichtsstunden nach Themenbereichen: DEAE und Gesamtverbund (2007–2015)

Jahr		Gesamt	Politik - Gesellschaft	Familie/ Gender/ Generationen	Religion/ Ethik	Umwelt	Kultur/ Gestalten	Gesundheit	Sprachen	Arbeit/ Beruf	Grundbildung/ Schulabschlüsse
						Anzahl an Veranstaltungen					
2007	DEAE	61.902	3.622	22.233	11.514	306	10.363	9.148	965	2.245	1.506
	Verbund	735.404	36.923	78.070	22.275	12.821	115.832	189.522	181.717	85.537	12.707
2008	DEAE	62.749	3.767	22.418	11.690	346	10.220	9.541	947	2.456	1.364
	Verbund	731.087	36.818	69.952	22.273	13.900	115.451	194.264	179.997	85.685	12.747
2009	DEAE	63.801	4.389	22.326	11.970	262	10.518	9.571	1.005	2.467	1.293
	Verbund	727.528	35.370	69.286	22.803	9.720	114.020	200.280	179.287	83.570	13.192
2010	DEAE	64.098	4.692	21.785	12.478	278	10.458	9.364	1.160	2.622	1.261
	Verbund	740.840	38.407	68.458	22.930	10.382	118.016	207.049	178.693	82.762	14.143
2011	DEAE	63.931	4.272	20.299	12.858	359	11.101	9.928	1.157	2.622	1.335
	Verbund	735.873	36.779	66.410	22.682	10.577	118.974	209.928	177.569	79.395	13.559
2012	DEAE	64.699	3.523	19.349	14.554	302	11.564	10.222	1.066	2.609	1.510
	Verbund	737.276	35.148	65.059	25.083	10.212	118.978	215.426	175.672	75.520	16.178
2013	DEAE	64.591	3.424	18.916	13.838	251	11.684	10.968	1.153	2.160	2.197
	Verbund	740.006	32.846	61.897	23.727	9.756	119.342	222.775	178.487	73.378	17.798
2014	DEAE	59.489	3.390	17.384	11.657	348	10.143	10.570	1.242	2.202	2.553
	Verbund	736.829	30.917	58.077	20.704	10.353	117.269	224.810	184.403	70.628	19.668
2015	DEAE	57.194	3.208	16.624	11.541	304	9.840	10.327	1.525	1.634	2.191
	Verbund	742.361	30.645	61.426	20.616	9.198	114.968	224.613	195.944	65.391	19.560

Tab. A14b: Anzahl an Veranstaltungen mit mehr als 3 Unterrichtsstunden nach Themenbereichen: DEAE und Gesamtverbund (2007–2015) (Fortsetzung)

Jahr		Gesamt	Politik - Gesellschaft	Familie/ Gender/ Generationen	Religion/ Ethik	Umwelt	Kultur/ Gestalten	Gesundheit	Sprachen	Arbeit/ Beruf	Grundbildung/ Schul- abschlüsse
						in %					
2007	DEAE	100,0	5,9	35,9	18,6	0,5	16,7	14,8	1,6	3,6	2,4
	Verbund	100,0	5,0	10,6	3,0	1,7	15,8	25,8	24,7	11,6	1,7
2008	DEAE	100,0	6,0	35,7	18,6	0,6	16,3	15,2	1,5	3,9	2,2
	Verbund	100,0	5,0	9,6	3,0	1,9	15,8	26,6	24,6	11,7	1,7
2009	DEAE	100,0	6,9	35,0	18,8	0,4	16,5	15,0	1,6	3,9	2,0
	Verbund	100,0	4,9	9,5	3,1	1,3	15,7	27,5	24,6	11,5	1,8
2010	DEAE	100,0	7,3	34,0	19,5	0,4	16,3	14,6	1,8	4,1	2,0
	Verbund	100,0	5,2	9,2	3,1	1,4	15,9	27,9	24,1	11,2	1,9
2011	DEAE	100,0	6,7	31,8	20,1	0,6	17,4	15,5	1,8	4,1	2,1
	Verbund	100,0	5,0	9,0	3,1	1,4	16,2	28,5	24,1	10,8	1,8
2012	DEAE	100,0	5,4	29,9	22,5	0,5	17,9	15,8	1,6	4,0	2,3
	Verbund	100,0	4,8	8,8	3,4	1,4	16,1	29,2	23,8	10,2	2,2
2013	DEAE	100,0	5,3	29,3	21,4	0,4	18,1	17,0	1,8	3,3	3,4
	Verbund	100,0	4,4	8,4	3,2	1,3	16,1	30,1	24,1	9,9	2,4
2014	DEAE	100,0	5,7	29,2	19,6	0,6	17,1	17,8	2,1	3,7	4,3
	Verbund	100,0	4,2	7,9	2,8	1,4	15,9	30,5	25,0	9,6	2,7
2015	DEAE	100,0	5,6	29,1	20,2	0,5	17,2	18,1	2,7	2,9	3,8
	Verbund	100,0	4,1	8,3	2,8	1,2	15,5	30,3	26,4	8,8	2,6

Tab. A15a: Anzahl an Veranstaltungen mit mehr als 3 Unterrichtsstunden nach Themenbereichen: DEAE in West- und Ostdeutschland (2007–2015)

Jahr		Gesamt	Politik/ Gesellschaft	Familie/ Gender/ Generationen	Religion/ Ethik	Umwelt	Kultur/ Gestalten	Gesundheit	Sprachen	Arbeit/ Beruf	Grundbildung/ Schulabschlüsse
						Anzahl an Veranstaltungen					
2007	West	58.637	3.009	21.796	10.754	258	9.905	8.771	893	1.778	1.473
	Ost	3.265	613	437	760	48	458	377	72	467	33
2008	West	59.446	3.189	21.935	11.002	321	9.713	9.152	888	1.913	1.333
	Ost	3.303	578	483	688	25	507	389	59	543	31
2009	West	59.678	3.317	21.577	11.206	218	10.023	9.176	954	1.940	1.267
	Ost	4.123	1.072	749	764	44	495	395	51	527	26
2010	West	59.801	3.279	21.254	11.591	204	10.026	9.020	1.114	2.094	1.219
	Ost	4.297	1.413	531	887	74	432	344	46	528	42
2011	West	60.447	3.154	19.677	12.369	315	10.761	9.653	1.112	2.115	1.291
	Ost	3.484	1.118	622	489	44	340	275	45	507	44
2012	West	61.379	3.016	18.897	13.793	264	11.128	9.689	984	2.128	1.480
	Ost	3.320	507	452	761	38	436	533	82	481	30
2013	West	61.304	2.866	18.450	12.907	218	11.199	10.448	1.071	1.991	2.154
	Ost	3.287	558	466	931	33	485	520	82	169	43
2014	West	55.797	3.107	16.849	10.754	235	9.598	9.616	1.106	2.014	2.518
	Ost	3.692	283	535	903	113	545	954	136	188	35
2015	West	53.646	2.961	16.225	10.473	204	9.251	9.402	1.429	1.559	2.142
	Ost	3.548	247	399	1.068	100	589	925	96	75	49

Bildungsbericht

Tab. A15b: Anzahl an Veranstaltungen mit mehr als 3 Unterrichtsstunden nach Themenbereichen: DEAE in West- und Ostdeutschland (2007–2015) (Fortsetzung)

Jahr		Gesamt	Politik/ Gesellschaft	Familie/ Gender/ Generationen	Religion/ Ethik	Umwelt	Kultur/ Gestalten	Gesundheit	Sprachen	Arbeit/ Beruf	Grundbildung/ Schul- abschlüsse
						in %					
2007	West	100,0	5,1	37,2	18,3	0,4	16,9	15,0	1,5	3,0	2,5
	Ost	100,0	18,8	13,4	23,3	1,5	14,0	11,5	2,2	14,3	1,0
2008	West	100,0	5,4	36,9	18,5	0,5	16,3	15,4	1,5	3,2	2,2
	Ost	100,0	17,5	14,6	20,8	0,8	15,3	11,8	1,8	16,4	0,9
2009	West	100,0	5,6	36,2	18,8	0,4	16,8	15,4	1,6	3,3	2,1
	Ost	100,0	26,0	18,2	18,5	1,1	12,0	9,6	1,2	12,8	0,6
2010	West	100,0	5,5	35,5	19,4	0,3	16,8	15,1	1,9	3,5	2,0
	Ost	100,0	32,9	12,4	20,6	1,7	10,1	8,0	1,1	12,3	1,0
2011	West	100,0	5,2	32,6	20,5	0,5	17,8	16,0	1,8	3,5	2,1
	Ost	100,0	32,1	17,9	14,0	1,3	9,8	7,9	1,3	14,6	1,3
2012	West	100,0	4,9	30,8	22,5	0,4	18,1	15,8	1,6	3,5	2,4
	Ost	100,0	15,3	13,6	22,9	1,1	13,1	16,1	2,5	14,5	0,9
2013	West	100,0	4,7	30,1	21,1	0,4	18,3	17,0	1,7	3,2	3,5
	Ost	100,0	17,0	14,2	28,3	1,0	14,8	15,8	2,5	5,1	1,3
2014	West	100,0	5,6	30,2	19,3	0,4	17,2	17,2	2,0	3,6	4,5
	Ost	100,0	7,7	14,5	24,5	3,1	14,8	25,8	3,7	5,1	0,9
2015	West	100,0	5,5	30,2	19,5	0,4	17,2	17,5	2,7	2,9	4,0
	Ost	100,0	7,0	11,2	30,1	2,8	16,6	26,1	2,7	2,1	1,4

Tab. A16a: Anzahl an Veranstaltungen mit bis zu 3 Unterrichtsstunden nach Themenbereichen: DEAE und Gesamtverbund (2007–2015)

Jahr		Gesamt	Politik/ Gesellschaft	Familie/ Gender/ Generationen	Religion/ Ethik	Umwelt	Kultur/ Gestalten	Gesundheit	Sprachen	Arbeit/ Beruf	Grundbildung/ Schulabschlüsse
						Anzahl an Veranstaltungen					
2007	DEAE	72.957	7.431	11.306	24.530	278	20.180	7.809	48	960	415
	Verbund	250.900	62.245	29.106	51.886	355	61.282	30.941	4.292	9.593	1.200
2008	DEAE	79.841	8.212	11.695	25.690	277	21.683	10.047	74	1.554	609
	Verbund	264.775	64.749	29.428	54.781	375	64.092	33.693	4.845	11.257	1.555
2009	DEAE	90.994	8.202	11.175	24.584	254	39.054	5.409	121	1.825	370
	Verbund	320.372	75.754	29.438	53.335	330	93.136	44.867	9.207	12.932	1.373
2010	DEAE	76.089	8.464	11.902	26.313	284	21.373	5.677	210	1.502	364
	Verbund	264.062	70.940	29.100	54.398	352	64.922	26.603	5.958	10.658	1.131
2011	DEAE	74.448	8.087	11.761	26.106	291	20.353	5.701	64	1.678	407
	Verbund	261.704	70.430	27.916	53.962	385	63.578	28.038	5.723	10.326	1.346
2012	DEAE	76.486	7.923	11.490	26.356	296	21.181	6.887	69	1.531	753
	Verbund	269.224	70.496	27.965	54.217	417	63.507	30.454	9.779	10.772	1.617
2013	DEAE	74.804	8.118	10.826	26.235	403	21.042	6.080	178	1.347	575
	Verbund	268.571	70.867	26.358	54.660	571	63.032	30.292	9.819	11.525	1.447
2014	DEAE	77.071	8.790	11.124	27.563	291	21.251	5.998	117	1.351	586
	Verbund	266.006	69.585	26.476	52.558	498	64.025	29.495	10.294	10.150	2.925
2015	DEAE	72.724	8.113	10.270	26.139	907	20.389	5.609	106	742	449
	Verbund	261.161	68.842	24.926	50.337	1.105	62.889	28.596	11.330	9.892	3.244

Tab. A16b: Anzahl an Veranstaltungen mit bis zu 3 Unterrichtsstunden nach Themenbereichen: DEAE und Gesamtverbund (2007–2015) (Fortsetzung)

Jahr		Gesamt	Politik/ Gesellschaft	Familie/ Gender/ Generationen	Religion/ Ethik	Umwelt	Kultur/ Gestalten	Gesundheit	Sprachen	Arbeit/ Beruf	Grundbildung/ Schul-abschlüsse
						in %					
2007	DEAE	100,0	10,2	15,5	33,6	0,4	27,7	10,7	0,1	1,3	0,6
	Verbund	100,0	24,8	11,6	20,7	0,1	24,4	12,3	1,7	3,8	0,5
2008	DEAE	100,0	10,3	14,6	32,2	0,3	27,2	12,6	0,1	1,9	0,8
	Verbund	100,0	24,5	11,1	20,7	0,1	24,2	12,7	1,8	4,3	0,6
2009	DEAE	100,0	9,0	12,3	27,0	0,3	42,9	5,9	0,1	2,0	0,4
	Verbund	100,0	23,6	9,2	16,6	0,1	29,1	14,0	2,9	4,0	0,4
2010	DEAE	100,0	11,1	15,6	34,6	0,4	28,1	7,5	0,3	2,0	0,5
	Verbund	100,0	26,9	11,0	20,6	0,1	24,6	10,1	2,3	4,0	0,4
2011	DEAE	100,0	10,9	15,8	35,1	0,4	27,3	7,7	0,1	2,3	0,5
	Verbund	100,0	26,9	10,7	20,6	0,1	24,3	10,7	2,2	3,9	0,5
2012	DEAE	100,0	10,4	15,0	34,5	0,4	27,7	9,0	0,1	2,0	1,0
	Verbund	100,0	26,2	10,4	20,1	0,2	23,6	11,3	3,6	4,0	0,6
2013	DEAE	100,0	10,9	14,5	35,1	0,5	28,1	8,1	0,2	1,8	0,8
	Verbund	100,0	26,4	9,8	20,4	0,2	23,5	11,3	3,7	4,3	0,5
2014	DEAE	100,0	11,4	14,4	35,8	0,4	27,6	7,8	0,2	1,8	0,8
	Verbund	100,0	26,2	10,0	19,8	0,2	24,1	11,1	3,9	3,8	1,1
2015	DEAE	100,0	11,2	14,1	35,9	1,2	28,0	7,7	0,1	1,0	0,6
	Verbund	100,0	26,4	9,5	19,3	0,4	24,1	10,9	4,3	3,8	1,2

Tab. A17a: Anzahl an Veranstaltungen mit bis zu 3 Unterrichtsstunden nach Themenbereichen: DEAE in West- und Ostdeutschland (2007–2015)

Jahr		Gesamt	Politik/ Gesellschaft	Familie/ Gender/ Generationen	Religion/ Ethik	Umwelt	Kultur/ Gestalten	Gesundheit	Sprachen	Arbeit/ Beruf	Grundbildung/ Schulabschlüsse
						Anzahl an Veranstaltungen					
2007	West	72.007	7.186	11.191	24.333	265	19.902	7.719	48	958	405
	Ost	950	245	115	197	13	278	90	0	2	10
2008	West	78.376	7.941	11.539	25.455	250	21.432	9.989	74	1.242	454
	Ost	1.465	271	156	235	27	251	58	0	312	155
2009	West	89.900	8.002	11.065	24.431	239	38.811	5.346	121	1.515	370
	Ost	1.094	200	110	153	15	243	63	0	310	0
2010	West	74.868	8.216	11.821	26.063	267	21.139	5.602	210	1.192	358
	Ost	1.221	248	81	250	17	234	75	0	310	6
2011	West	73.097	7.866	11.587	25.824	280	20.121	5.605	64	1.370	380
	Ost	1.351	221	174	282	11	232	96	0	308	27
2012	West	75.617	7.836	11.408	26.070	278	20.989	6.800	69	1.415	752
	Ost	869	87	82	286	18	192	87	0	116	1
2013	West	74.079	8.001	10.715	26.028	389	20.876	6.008	178	1.318	566
	Ost	725	117	111	207	14	166	72	0	29	9
2014	West	76.342	8.652	11.004	27.359	263	21.073	5.955	117	1.345	574
	Ost	729	138	120	204	28	178	43	0	6	12
2015	West	72.067	7.976	10.162	25.957	884	20.224	5.576	104	742	442
	Ost	657	137	108	182	23	165	33	2	0	7

Tab. A17b: Anzahl an Veranstaltungen mit bis zu 3 Unterrichtsstunden nach Themenbereichen: DEAE in West- und Ostdeutschland (2007–2015) (Fortsetzung)

Jahr		Gesamt	Politik/ Gesellschaft	Familie/ Gender/ Generationen	Religion/ Ethik	Umwelt	Kultur/ Gestalten	Gesundheit	Sprachen	Arbeit/ Beruf	Grundbildung/ Schul- abschlüsse
						in %					
2007	West	100,0	10,0	15,5	33,8	0,4	27,6	10,7	0,1	1,3	0,6
	Ost	100,0	25,8	12,1	20,7	1,4	29,3	9,5	0,0	0,2	1,1
2008	West	100,0	10,1	14,7	32,5	0,3	27,3	12,7	0,1	1,6	0,6
	Ost	100,0	18,5	10,6	16,0	1,8	17,1	4,0	0,0	21,3	10,6
2009	West	100,0	8,9	12,3	27,2	0,3	43,2	5,9	0,1	1,7	0,4
	Ost	100,0	18,3	10,1	14,0	1,4	22,2	5,8	0,0	28,3	0,0
2010	West	100,0	11,0	15,8	34,8	0,4	28,2	7,5	0,3	1,6	0,5
	Ost	100,0	20,3	6,6	20,5	1,4	19,2	6,1	0,0	25,4	0,5
2011	West	100,0	10,8	15,9	35,3	0,4	27,5	7,7	0,1	1,9	0,5
	Ost	100,0	16,4	12,9	20,9	0,8	17,2	7,1	0,0	22,8	2,0
2012	West	100,0	10,4	15,1	34,5	0,4	27,8	9,0	0,1	1,9	1,0
	Ost	100,0	10,0	9,4	32,9	2,1	22,1	10,0	0,0	13,3	0,1
2013	West	100,0	10,8	14,5	35,1	0,5	28,2	8,1	0,2	1,8	0,8
	Ost	100,0	16,1	15,3	28,6	1,9	22,9	9,9	0,0	4,0	1,2
2014	West	100,0	11,3	14,4	35,8	0,3	27,6	7,8	0,2	1,8	0,8
	Ost	100,0	18,9	16,5	28,0	3,8	24,4	5,9	0,0	0,8	1,6
2015	West	100,0	11,1	14,1	36,0	1,2	28,1	7,7	0,1	1,0	0,6
	Ost	100,0	20,9	16,4	27,7	3,5	25,1	5,0	0,3	0,0	1,1

Tab. A18: Anzahl der Einrichtungen, die Angaben übermittelt haben: DEAE gesamt, DEAE in West- und Ostdeutschland und Gesamtverbund (2007–2015)

Jahr		Einrichtungen insgesamt	Davon mit Angaben zu…			
			Institution	Personal	Finanzen	Veranstaltungen
2007	Verbund	2286	1963	0	0	0
	DEAE gesamt	479	402	0	0	0
	DEAE West	372	306	0	0	0
	DEAE Ost	107	96	0	0	0
2008	Verbund	2275	1940	0	0	0
	DEAE gesamt	478	401	0	0	0
	DEAE West	372	308	0	0	0
	DEAE Ost	106	93	0	0	0
2009	Verbund[1]	2140	1896	0	0	0
	DEAE gesamt	468	392	0	0	0
	DEAE West	361	296	0	0	0
	DEAE Ost	107	96	0	0	0
2010	Verbund	2240	1927	0	0	0
	DEAE gesamt	473	394	0	0	0
	DEAE West	365	298	0	0	0
	DEAE Ost	108	96	0	0	0
2011	Verbund	2218	1853	1685	1689	1845
	DEAE gesamt	462	382	266	276	280
	DEAE West	356	290	234	244	248
	DEAE Ost	106	92	32	32	32
2012	Verbund	2198	1838	1656	1664	1830
	DEAE gesamt	461	387	268	277	287
	DEAE West	355	289	237	246	249
	DEAE Ost	106	98	31	31	38
2013	Verbund	2092	1805	1626	1627	1797
	DEAE gesamt	459	386	267	275	285
	DEAE West	353	287	235	243	246
	DEAE Ost	106	99	32	32	39
2014	Verbund	2072	1808	1655	1660	1761
	DEAE gesamt	461	384	283	284	295
	DEAE West	355	284	250	251	255
	DEAE Ost	106	100	33	33	40
2015	Verbund	2065	1791	1699	1654	1777
	DEAE gesamt	455	377	285	287	377[2]
	DEAE West	344	277	248	250	277
	DEAE Ost	111	100	37	37	100[2]

1) Der Arbeitskreis deutscher Bildungsstätten nahm im Berichtsjahr 2009 und seit dem Berichtsjahr 2013 nicht mehr an der Verbundstatistik teil.
2) Der starke Anstieg erklärt sich durch Eingabefehler einer ostdeutschen Sammeleinrichtung in den Jahren 2007–2014.

Bildungsbericht

Tab. A19: Anbietererfassungen: Gemeindeglieder und Einrichtungen auf Ebene der Kirchenkreise

Kirchenkreis	Gemeindeglieder (GG)	Anzahl Einrichtungen	Anzahl Einrichtungen mit Hauptaufgabe EB	Anzahl Einrichtungen mit Nebenaufgabe EB	Einrichtungen pro 1000 GG	Einrichtungen mit Hauptaufgabe EB pro 1000 GG	Einrichtungen mit Nebenaufgabe EB pro 1000 GG
Nordrhein gesamt	**334.700**	**71**	**15**	**56**	**0,21**	**0,04**	**0,17**
Aachen	79.500	10	5	5	0,13	0,06	0,06
Gladbach-Neuss	127.200	21	4	17	0,17	0,03	0,13
Jülich	81.000	19	3	16	0,23	0,04	0,20
Köln-Mitte	47.000	21	3	18	0,45	0,06	0,38
Westfalen-Lippe gesamt	**458.991**	**121**	**14**	**107**	**0,26**	**0,03**	**0,23**
Münster	106.531	22	6	16	0,21	0,06	0,15
Dortmund	208.500	43	6	37	0,21	0,03	0,18
Hattingen-Witten	66.052	28		28	0,42		0,42
Minden	77.908	28	2	26	0,36	0,03	0,33
Niedersachsen gesamt	**250.550**	**51**	**16**	**35**	**0,20**	**0,06**	**0,14**
Ammerland	72.116	6	2	4	0,08	0,03	0,06
Hildesheim-Sarstedt	57.722	18	6	12	0,31	0,10	0,21
Braunschweig	75.212	14	4	10	0,19	0,05	0,13
Grafschaft Bentheim	45.500	13	4	9	0,29	0,09	0,20

Leitfaden für die Experteninterviews im Rahmen der Anbietererfassungen

1. Vielleicht können Sie einleitend etwas zu Ihrem Tätigkeitsfeld in der evangelischen Erwachsenenbildung sagen.

   Mögliche weitere Gesprächsimpulse:
   1.1. Was hat Sie zur evangelischen Erwachsenenbildung gebracht?
   1.2. Was sind Ihre derzeitigen Aufgaben?
   1.3. Hatten Sie zuvor auch schon mit evangelischer Erwachsenenbildung zu tun?

2. Sie sind im Vorfeld gebeten worden, Einrichtungen der evangelischen Erwachsenenbildung mit dem für das Projekt entworfenem Kategorienraster zu erfassen. Welche Erfahrungen haben Sie bei der Anwendung gemacht?

3. Sind Ihnen evangelische Bildungsanbieter in der Region bekannt, die nicht öffentlich gefördert werden bzw. nicht in der DEAE organisiert sind – ggf. außer denjenigen, die bereits mit dem Kategoriensystem erfasst wurden?

   Nachfragen (falls nicht spontan genannt):
   3.1. Inwiefern bestehen Kooperationen mit diesen Bildungsanbietern?
   3.2. Wie schätzen Sie die Bedeutung dieser Bildungsanbieter für die evangelische Erwachsenenbildung ein?

4. Welche Besonderheiten sehen Sie in der evangelischen Erwachsenenbildung in Ihrer Region?

5. Das Projekt zur Evangelischen Bildungsberichterstattung möchte die evangelische Erwachsenenbildungslandschaft möglichst vollständig und flächendeckend erfassen. Welche Möglichkeiten sehen Sie für das weitere Vorgehen?

6. Wir sind nun am Ende des Gesprächs angekommen. Möchten Sie noch etwas ergänzen? Ist Ihnen irgendein Thema zu kurz gekommen?

Vertiefungsstudie:

Programmplanung
in sieben Einrichtungen der
evangelischen Erwachsenen- und
Familienbildung

1. Einführung

Der erste Bildungsbericht zur evangelischen Erwachsenenbildung liefert mit der Auswertung der DEAE-Statistik einerseits und den regionalen Anbietererfassungen andererseits einen Überblick über die institutionelle Infrastruktur von professionellem Bildungshandeln mit Erwachsenen in evangelischen Organisationen. Mit der Vertiefungsstudie wird nun angestrebt, gleichsam die organisationsspezifische „Individualität" der Bildungseinrichtungen zu erfassen und das für diese Organisationen spezifische Handlungsparadigma des „Programmplanungshandelns" sowie das Einrichtungsprogramm als dessen Resultat zu beschreiben. Dabei beschränkt sich die Untersuchung auf sieben *Einrichtungen mit der Hauptaufgabe Erwachsenenbildung,* die im Zuständigkeitsgebiet der an dem Bildungsbericht beteiligten Landeskirchen bzw. Erwachsenenbildungsorganisationen liegen:[1] die Erwachsenenbildung der Evangelischen Kirchengemeinde zu Düren, das Evangelische Familienbildungswerk Moers, die Evangelische Familien-Bildungsstätte Wolfenbüttel, die EEB Geschäftsstelle Hannover, das Evangelische Erwachsenenbildungswerk Westfalen und Lippe e.V., die Evangelische Stadtakademie „Meister Eckhart" in Erfurt sowie das Evangelische Augustinerkloster zu Erfurt.[2]

Die Vertiefungsstudie untersucht die Frage, ob und in welcher Weise sich die organisationsstrukturellen Merkmale und Bedingungen der jeweiligen Einrichtung auf das Programmplanungshandeln der Akteure und damit auf das Einrichtungsprogramm auswirken. Entsprechend werden zum einen die strukturellen Organisationsmerkmale der Einrichtungen dargestellt. Zum anderen werden zentrale Dimensionen des Programmplanungshandelns anhand von Experteninterviews rekonstruiert und die Einrichtungsprogramme analysiert, und zwar vor allem hinsichtlich ihrer thematischen Ausrichtung.

Im Folgenden wird zunächst kurz der theoretische Rahmen und das methodische Vorgehen der Studie vorgestellt, bevor ihre Ergebnisse für jede der untersuchten Einrichtungen separat dargestellt werden. Im Fazit werden die Befunde vergleichend und unter Berücksichtigung des gegenwärtigen Forschungsstands zusammengefasst. Anregungen zur weiteren Forschung und zur Ausgestaltung der erwachsenenbildnerischen Praxis schließen die Studie ab.

---

1   Dies sind die Evangelische Kirche in Mitteldeutschland, die Konföderation evangelischer Kirchen in Niedersachsen, die Evangelische Landeskirche von Westfalen sowie das Evangelische Erwachsenenbildungswerk Nordrhein (vgl. Bildungsbericht, Kap. 2.4).
2   Alle untersuchten Einrichtungen haben sich mit der Veröffentlichung ihrer einrichtungsbezogenen Angaben unter ihrem Namen einverstanden erklärt.

2. Theoretische Rahmung

Die Vertiefungsstudie orientiert sich an theoretischen und empirischen Arbeiten zur Programmforschung in der Erwachsenenbildung (Programmanalysen und die Untersuchung von Programmplanungshandeln) und dabei insbesondere an dem Ansatz von Wiltrud Gieseke und dessen Weiterführung.[3]

In Anlehnung an Sigrid Nolda[4] werden als Programm einer Erwachsenenbildungseinrichtung diejenigen Texte definiert, in denen das aktuelle Veranstaltungsangebot einer Einrichtung öffentlich angekündigt wird. Dies kann in gedruckter oder digitaler Form über Broschüren, Flyer oder Anzeigen geschehen. Programme informieren also potentielle Teilnehmende (Adressatinnen und Adressaten) über das Bildungsangebot der Einrichtung und präsentieren diese nach außen; sie bilden somit „die Scharnierstelle zwischen Institution, Öffentlichkeit und Individuum"[5]. Mit ihrer Funktion, Teilnehmende für Bildungsangebote zu gewinnen, stellen sie dabei ein zentrales „Marketinginstrument"[6] von Erwachsenenbildungseinrichtungen dar, sind aber auch und zuvorderst das zentrale pädagogische Produkt der Einrichtung und präsentieren den pädagogischen Kern des professionellen Handelns. Dabei stellt das Programm die Bündelung, Gewichtung und konzeptionelle Rahmung der einzelnen Angebote dar.[7]

Das Einrichtungsprogramm ist das Ergebnis eines komplexen Arbeits- und Abstimmungsprozesses, der in der erwachsenenbildungswissenschaftlichen Forschung als „Programmplanungshandeln" bezeichnet wird. Der oben angedeuteten Relevanz des Programms entsprechend stellt das Programmplanungshandeln

---

3 Die Konzeption und Durchführung der Vertiefungsstudie wurde während des Wintersemesters 2015/16 von einer Gruppe von Wissenschaftlerinnen und Wissenschaftlern begleitet: Dr. Marion Fleige (Deutsches Institut für Erwachsenenbildung, Leibniz-Zentrum für Lebenslanges Lernen; zu dieser Zeit Gastprofessorin an der Humboldt-Universität zu Berlin), Prof. Dr. Wiltrud Gieseke (Seniorprofessorin an der Humboldt-Universität zu Berlin), Prof. Dr. Steffi Robak (Leibniz Universität Hannover) und Prof. Dr. Rudolf Tippelt (Ludwig-Maximilians-Universität München). An der Humboldt-Universität und an der Leibniz-Universität Hannover fand unter Leitung von Dr. Marion Fleige bzw. Prof. Dr. Steffi Robak jeweils ein Master-Seminar zur Programmforschung statt, in dem anhand einer modifizierten Version des in der Vertiefungsstudie entwickelten Kodierleitfadens verschiedene Einrichtungsprogramme analysiert wurden. Auf dieser Grundlage wurden Modulabschlussarbeiten sowie zwei Masterarbeiten erstellt, von denen eine veröffentlicht wurde (vgl. Steffens-Meiners (2017)).
4 Vgl. Nolda (2000).
5 Gieseke; Opelt (2005), S. 43.
6 Käpplinger (2008), Abs. 4.
7 Vgl. Fleige (2016).

2. Theoretische Rahmung

das zentrale Aufgabenfeld der hauptamtlichen pädagogischen Mitarbeitenden dar und umfasst so unterschiedliche Tätigkeiten wie die Erschließung von Weiterbildungsbedarfen und -bedürfnissen auf Seiten der Adressaten, das Finden und Setzen von Themen, die Gewinnung von Kursleitenden und Kooperationspartnern, die Konzeption konkreter Angebote, die Sicherung finanzieller Ressourcen, die Organisation von Räumen etc.[8]

Während die empirische Analyse der Programme von Erwachsenenbildungseinrichtungen bereits in den 1960er Jahren begann und die Zahl der Programmanalysen seit den 1990er Jahren deutlich zugenommen hat,[9] wurde das Programmplanungshandeln bislang weniger umfassend untersucht.[10] Die vorliegenden Studien haben zur Entwicklung verschiedener Modelle von Programmplanung geführt, die sich auf die Mikro-, Meso- und Makroebene von Bildungshandeln mit Erwachsenen beziehen.[11] Für die Vertiefungsstudie sind Ansätze zentral, die insbesondere die Ausgestaltung und Bedingungen von Programmplanungshandeln auf der meso- und mikrodidaktischen Ebene in den Blick nehmen. Von spezieller Relevanz ist in diesem Kontext die empirische Studie von Wiltrud Gieseke und weiteren Wissenschaftlerinnen, die sich auf Erwachsenenbildung in kirchlicher Trägerschaft bezieht und in der u.a. das Programmplanungshandeln von Mitarbeitenden in verschiedenen Bildungsinstitutionen der evangelischen und katholischen Erwachsenenbildung anhand von teilnehmenden Beobachtungen und Leitfadeninterviews untersucht wurde.[12]

Aus dieser Studie, die zum ersten Mal auf empirischer Basis das professionelle erwachsenenpädagogische Programmplanungshandeln theoretisch beschreibt, resultieren verschiedene Konzepte von Programmplanungshandeln. Zum einen weisen die Autorinnen darauf hin, dass Programmplanung kein linearer Prozess sei, sondern auf der angebotsspezifischen Verknüpfung unterschiedlicher Teilvorgänge des Planens wie Bedarfserhebungen, Evaluation etc. beruhe, wobei unterschiedliche *Wissensinseln* genutzt würden.[13] Zum anderen wird die besondere Bedeutung des Austauschs und der Kooperation mit Dritten wie Kolleginnen und Kollegen, Kursleiterinnen und -leitern oder anderen Institutionen hervorgehoben. Mit diesen finde eine permanente Abstimmung von unterschiedlichen Anliegen und Interessen statt, weshalb Programmplanungshandeln als *Anglei-*

---

8   Vgl. Gieseke; Gorecki (2000).
9   Vgl. Käpplinger (2011).
10 Vgl. von Hippel (2017). Für aktuelle empirische Studien zum Programmplanungshandeln siehe z.B. Robak u.a. (2015) oder von Hippel; Röbel (2016). Ein Lehrbuch zur Programm- und Angebotsentwicklung in der Erwachsenenbildung wurde 2018 von Fleige u.a. vorgelegt.
11 Vgl. von Hippel (2017).
12 Vgl. Gieseke (2000a).
13 Vgl. Gieseke (2000b).

chungshandeln beschrieben wird. Die in diesem Modus erfolgende *vernetzte Programmplanung* beruhe häufig auf langfristigen Kontakten, die sukzessive in eine Zusammenarbeit mündeten.[14] Schließlich wird die Beziehung zwischen Programmplanungshandeln und Bildungsmanagement konzeptualisiert, indem beide Tätigkeitsfelder als voneinander getrennte Bereiche verstanden werden, die jedoch voneinander abhängig sind und deren Aufgaben sich in Teilen im *kooperativen Management* überschneiden, z.B. hinsichtlich der Öffentlichkeitsarbeit oder des Qualitätsmanagements.[15]

Eine wichtige Fortführung hat der Ansatz von Gieseke durch die Arbeiten von Aiga von Hippel erfahren, die sich mit den Spannungsfeldern beschäftigt, innerhalb derer Programmplanungshandeln stattfindet.[16] Von Hippel versteht „Antinomien als Strukturkern der professionellen Handlungslogik"[17] und Programmplanung als „Ausgestaltung von Antinomien"[18], die sich aus gesellschaftlichen Strukturen und Widerspruchskonstellationen ergeben. Als für die Erwachsenenbildung zentral sieht sie dabei den Widerspruch zwischen pädagogischen Zielen und ökonomischen Kriterien, der bestimmte professionelle Antinomien wie die der Differenzierung und Selektion verstärke.

Für die vorliegende Vertiefungsstudie dient der hier in aller Kürze vorgestellte theoretische Rahmen als grundsätzliche Orientierung. Dabei wird von der Annahme ausgegangen, dass sich im Programmplanungshandeln und in den öffentlichen Programmen ein Zusammenhang zwischen einem spezifischen Organisationstyp und einem besonderen programmatischen Profil zeigt. Ferner wird davon ausgegangen, dass sich mit dieser Forschungsperspektive zeigen lässt, welche Relevanz die kirchliche Trägerschaft bzw. die Zugehörigkeit zur evangelischen Kirche für das Programmplanungshandeln und für die Einrichtungsprogramme hat.

---

14 Vgl. Gieseke; Gorecki (2000).
15 Vgl. Gieseke (2000c); Robak (2003).
16 Vgl. von Hippel (2011).
17 Ebd., S. 46.
18 Ebd., S. 54.

3. Methodisches Vorgehen

Für die Vertiefungsstudie wurden insgesamt sieben Erwachsenenbildungseinrichtungen aus dem Zuständigkeitsgebiet der an dem Bildungsbericht beteiligten Landeskirchen/Erwachsenenbildungsorganisationen ausgewählt, die alle Erwachsenenbildung bzw. Familienbildung als Hauptaufgabe wahrnehmen (vgl. Fußnote 1). Durch diese relative Homogenität wird ein Mindestmaß an Vergleichbarkeit zwischen den Einrichtungen gewährleistet. Gleichzeitig werden innerhalb dieser Gruppe verschiedene Organisationstypen berücksichtigt, um den vermuteten Zusammenhang zwischen Institutionalform[19] und Programmplanungshandeln/Programm untersuchen zu können. Zu den untersuchten Institutionalformen gehören zum einen die *Familienbildungsstätten* (beteiligte Einrichtungen: Evangelische Familien-Bildungsstätte Wolfenbüttel und Evangelisches Familienbildungswerk Moers) und zum anderen die *regionalen Bildungsstellen/Erwachsenenbildungswerke* (beteiligte Einrichtungen: EEB Geschäftsstelle Hannover und Evangelische Stadtakademie „Meister Eckhart" in Erfurt). In organisationspolitischer Hinsicht teilen die Familienbildungsstätten und die regionalen Bildungsstellen/Erwachsenenbildungswerke das Merkmal, dass sie auf landeskirchlicher Ebene und auf der Ebene der Bundesländer Dachorganisationen geschaffen haben, die als bildungspolitische Interessenorganisationen ihre unterschiedlichen Belange gegenüber kirchlichen und staatlichen Institutionen vertreten. Außerdem wurde das Evangelische Bildungswerk Westfalen-Lippe e.V. als Repräsentant der Institutionalform *überregionales Bildungswerk/Dachorganisation* ausgewählt. Zwei weitere Untersuchungen beziehen sich auf Einrichtungen, die in einer historischen und organisationstheoretischen Perspektive zwei der ältesten Sozialgestalten kirchlicher Vergemeinschaftung darstellen: Es ist dies einerseits das *Kloster* und andererseits die *parochiale Kirchengemeinde.* Sie sind hier vertreten durch das Augustinerkloster zu Erfurt, das gleichzeitig die Institutionalform *hybrides Bildungszentrum* repräsentiert (vgl. Bildungsbericht, Kap. 4.3.4), und durch die Erwachsenenbildung der evangelischen Kirchengemeinde zu Düren[20].

Die Vertiefungsstudie umfasst somit sieben Fälle, die zunächst einzeln und im Anschluss vergleichend dargestellt werden. Die Einzeldarstellungen beste-

---

19 Zum Begriff der Institutionalform vgl. u.a. Schäffter (2010).
20 Angesichts ihrer Größe ist diese Gemeinde jedoch nur sehr bedingt als repräsentativ für die auf der Ebene der Kirchengemeinden organisierte Erwachsenenbildung zu betrachten. Die gemeindlich organisierte Erwachsenenbildung wird in der Regel in Kooperation mit regionalen Bildungswerken oder im fachlichen Austausch mit und in juristischer Trägerschaft durch die Landesorganisation der evangelischen Erwachsenenbildung organisiert, (vgl. die in den Kapiteln 4, 7 und 8 und im Bildungsbericht, Kap. 4.3.4 beschriebenen Einrichtungen).

hen aus jeweils drei Teilen, die auf unterschiedlichen Datenquellen beruhen:[21] (1) Vorstellung der allgemeinen Organisationsmerkmale; (2) Darstellung des Programmplanungshandelns; (3) Präsentation des thematischen Profils des Einrichtungsprogramms. Die allgemeinen Organisationsmerkmale wurden anhand von einrichtungsinternen Dokumenten, Auskünften der Mitarbeitenden sowie der Internetauftritte der Einrichtungen zusammengestellt. Soweit wie möglich wurden für alle Einrichtungen folgende Merkmale berücksichtigt: gesetzliche und politische Rahmenbedingungen, Rechtsform, Leitungs- und Aufsichtsgremien, Personalausstattung, Finanzierungs-[22] und Vernetzungsstruktur, Leitbild und Qualitätsmanagement.

Die Darstellung des Programmplanungshandelns basiert auf Leitfadeninterviews[23], die mit den für die Programmplanung Verantwortlichen und das heißt in der Regel mit den hauptamtlichen pädagogischen Mitarbeitenden der Einrichtungen geführt wurden – mit Ausnahme des Augustinerklosters (vgl. Tab. 1). Neben der Programmplanung bzw. der pädagogischen Arbeit nehmen alle Gesprächspartnerinnen und -partner im Rahmen ihrer beruflichen Tätigkeit weitere Aufgaben wahr, wozu in den meisten Fällen die Übernahme von Leitungsfunktionen gehört – wiederum mit Ausnahme der Mitarbeitenden des Augustinerklosters sowie einer hauptamtlichen pädagogischen Mitarbeiterin in der Evangelischen Erwachsenenbildung Düren. Die Bezeichnungen der Stellen der Mitarbeitenden mit entsprechenden Leitungsfunktionen variieren dabei zwischen den Einrichtungen:

---

21 Die Datenerhebung fand zwischen Februar und November 2016 statt und wurde von zwei Master-Studierenden und einer freiberuflichen Sozialwissenschaftlerin durchgeführt sowie vom Autorenteam begleitet und ergänzt (vgl. die Anmerkungen zu Kap. 4, 9 und 10). Im Rahmen von eintägigen Einrichtungsbesuchen wurden zum einen die Leitfadeninterviews mit einer Dauer von etwa ein bis zwei Stunden geführt und zum anderen die Organisationsmerkmale der Einrichtungen soweit wie möglich aufgenommen. Die Projektmitarbeiterinnen transkribierten die Interviews vollständig und kodierten die Einrichtungsprogramme anhand des vom Autorenteam entwickelten Kodierleitfadens. Dieser ist im Anhang der Vertiefungsstudie dokumentiert (vgl. Anhang).

22 Obwohl die meisten Einrichtungen auch ihre konkreten Jahresbudgets und deren Zusammensetzung (Herkunft der Einnahmen und allgemeine Hinweise zur Verwendung) zur Verfügung gestellt haben, wurden diese bei den Beschreibungen nicht aufgeführt, um nicht unangemessenen Vergleichen zwischen den Einrichtungen und Korrelierungen von finanzieller Ausstattung und „Output" (i.S.v. Veranstaltungsanzahl) Vorschub zu leisten. Dem Autorenteam ist jedoch bewusst, dass dadurch eine entscheidende Strukturbedingung („Inputgröße") nur in einem allgemeinen Sinn und nicht in der konkreten Ausgestaltung benannt wird.

23 Der Interviewleitfaden ist im Anhang dokumentiert. Die Interviews wurden mit der Methode des offenen/induktiven Kodierens ausgewertet (vgl. Schreier [2012], Kap. 3).

3. Methodisches Vorgehen

Während die Erwachsenenbildung Düren, das Familienbildungswerk Moers, die Familien-Bildungsstätte Wolfenbüttel sowie die Stadtakademie „Meister Eckhart" den Begriff „Leiterin" bzw. „Leiter" verwenden, spricht das Evangelische Erwachsenenbildungswerk Westfalen-Lippe von dem „Geschäftsführer" bzw. der „Geschäftsführerin". In der Evangelischen Erwachsenenbildung Hannover entfällt die Benennung von Leitungsfunktionen in den Stellenbezeichnungen, da die Einrichtung eine Zweigstelle der Evangelischen Erwachsenenbildung Niedersachsen ist (vgl. Kap. 7.1).

Tab. 1: Gesprächspartnerinnen und -partner in den untersuchten Einrichtungen

Einrichtung	Gesprächspartner*innen
Erwachsenenbildungsstätte der ev. Gemeinde zu Düren	• Leiterin der Erwachsenenbildung • Hauptamtliche pädagogische Mitarbeiterin der Erwachsenenbildung
Ev. Familienbildungswerk Moers	• Leiterin
Ev. Familien-Bildungsstätte Wolfenbüttel	• Leiterin • Stellvertretende Leiterin
Ev. Erwachsenenbildung Geschäftsstelle Hannover	• Zwei hauptamtliche pädagogische Mitarbeiterinnen der Geschäftsstelle (ein Interview)
Ev. Erwachsenenbildungswerk Westfalen und Lippe e.V.	• Geschäftsführerin • Ehemaliger Geschäftsführer
Ev. Stadtakademie "Meister Eckhart"	• Leiter
Augustinerkloster zu Erfurt	• Bildungsreferent • Kurator • Pfarrerin • Bibliotheksleiter
Gesamtzahl	14

Diese enge Verschränkung von Leitungsfunktionen und pädagogischen Gestaltungsaufgaben ist eine Folge der institutionellen Besonderheiten der öffentlich geförderten evangelischen Erwachsenenbildung, deren Einrichtungen in der Regel als „unselbstständige Einrichtungen" im rechtlichen Sinne „Organisationsteile" der verfassten Kirchen (der Landeskirchen als Rechtsträger) darstellen[24], anderen Institutionen und Organisationen gegenüber jedoch als eigenständige Akteure auftreten.[25] Aus dieser spezifschen Rechtskonstellation resultiert die *zweifache und ungetrennte Verantwortungsstruktur* der meisten der Gesprächspartnerinnen

---

24 Eine Ausnahme stellt das als Verein verfasste Evangelische Erwachsenenbildungswerk Westfalen-Lippe dar (vgl. Kap. 8.1).
25 Siehe auch Fußnote 60.

und -partner, die sowohl die pädagogische Arbeit als auch Managementaufgaben wie die Beantragung finanzieller Mittel oder die Mitwirkung in Gremien betrifft.[26] Aus organisationstheoretischer Perspektive kann das Handeln dieser Befragten als ein *abgeleitetes Leitungshandeln* verstanden werden. Bei der Beschreibung und der Interpretation des Programmplanungshandelns muss diese Besonderheit mitberücksichtigt werden.

In den Programmanalysen wurden alle Veranstaltungen berücksichtigt, die zwischen dem 01.07.2015 und dem 30.06.2016 begannen und die in Broschüren, Flyern oder im Internet veröffentlicht wurden. Kurzfristig ins Programm aufgenommene Veranstaltungen, die beispielsweise über Zeitungen angekündigt wurden, konnten in der Untersuchung nicht berücksichtigt werden. Für die thematische Analyse von Programmen von Einrichtungen in konfessioneller Trägerschaft liegen verschiedene Systematiken vor.[27] Die Vertiefungsstudie orientiert sich im Wesentlichen an der Systematik der DEAE-Statistik, um die unterschiedlichen thematischen Felder möglichst genau erfassen und die Ergebnisse auf die der statistischen Auswertungen im Bildungsbericht beziehen zu können (vgl. Bildungsbericht, Kap. 3.7). Wie bei qualitativ orientierten inhaltsanalytischen Verfahren üblich wurden die einzelnen Oberkategorien mit Definitionen, Beispielen und wenn nötig mit Abgrenzungsregeln versehen sowie die deduktiv generierten Kategorien durch induktiv am Material entwickelte ergänzt.[28] Der Bereich „Religion/Ethik", der für die evangelische Erwachsenenbildung eine besondere Rolle spielt, wurde zudem in weitere Unterkategorien differenziert. Die Bereiche „Familie/Gender/Generationen" und „Politik/Gesellschaft" wurden von den Kodiererinnen induktiv mit weiteren Unterkategorien versehen. Darüber hinaus wurden alle Veranstaltungen hinsichtlich ihrer Zielgruppen kodiert.[29] Sämtliche Kodes und Kodierungen wurden vom Autorenteam anhand der Programme hinsichtlich ihrer Qualität bzw. Plausibilität überprüft und in Teilen überabeitet.[30]

---

26 Zur Beziehung zwischen Leitungs- und Programmplanungshandeln siehe z.B. Robak (2016).

27 Vgl. Heuer; Robak (2000); Fleige (2011); Seitter (2013).

28 Vgl. z.B. Kuckartz (2016); Schreier (2012). Zum methodischen Vorgehen speziell bei Programmanalysen vgl. auch die Beiträge der „Expertengruppe Programmforschung" (Deutsches Institut für Erwachsenenbildung [2018]).

29 Die ebenfalls erfolgten Kodierungen der Art, Dauer und Häufigkeit von Veranstaltungen sowie ihrer Ankündigungsformen und Kooperationspartner wurden im Rahmen der Vertiefungsstudie nicht weiter berücksichtigt. Der um diese Kategorien ergänzte Kodierleitfaden wird auf Anfrage zur Verfügung gestellt. Gleiches gilt für die generellen Hinweise zum Kodieren, anhand derer die Projektmitarbeiterinnen die Programme bearbeiteten.

30 Zu den Qualitätskriterien von Kodierleitfäden siehe z.B. Schreier (2006).

4. Erwachsenenbildung der Evangelischen Gemeinde zu Düren[31]

4.1 Allgemeine Einrichtungsmerkmale

Die Evangelische Erwachsenenbildung der Evangelischen Gemeinde zu Düren (EEB Düren) ist eine Einrichtung in Trägerschaft des Evangelischen Erwachsenenbildungswerks Nordrhein e.V. (EEB Nordrhein) und der Evangelischen Gemeinde zu Düren. Diese ist mit ca. 22.000 Mitgliedern die größte Gemeinde in der evangelischen Landeskirche im Rheinland und entspricht in ihrer Größenordnung einem oder mehreren Kirchenkreisen.

Als Organisationszweck werden unterschiedliche Bildungsangebote für Menschen jeden Alters und die Unterstützung junger Familien und älterer Menschen angegeben (vgl. Familien- und Erwachsenenbildungsstätte 2018a). Seinen Ausdruck findet er darin, dass im „Haus der Evangelischen Gemeinde zu Düren" die Erwachsenenbildung, die Familienbildung, die Seniorenbildung/"Das Netz" und der Nachbarschaftstreff Düren-Nord als eigenständige Organisationseinheiten tätig sind, die ihre Angebote in einem gemeinsamen Programmheft bzw. online veröffentlichen.[32] Das Koordinierungs- und Leitungsorgan für diese vier Organisationseinheiten ist das „Bildungsteam der Gemeinde". In ihm sind neben dem Gemeindepfarrer die sieben hauptamtlichen Mitarbeitenden der Erwachsenenbildung, der Familienbildung und des Nachbarschaftstreffs sowie eine Verwaltungsmitarbeiterin vertreten. Die Dienstaufsicht nimmt der Gemeindepfarrer wahr, die Fachaufsicht für die Erwachsenenbildung liegt beim EEB Nordrhein. Eine besondere Organisationsform stellt das „Netz" dar, ein Zusammenschluss verschiedener Gruppen mit unterschiedlichen Angeboten und ca. 150 ehrenamtlichen Mitarbeitenden. Die Familien- und Erwachsenenbildung ist Kooperationspartner im „Forum Politik", einem 2014 gegründeten parteiunabhängigen Zusammenschluss verschiedener Institutionen und Initiativen, „um gesellschaftspolitische Themen in einer breiten, lokalen und regionalen Öffentlichkeit zu diskutieren" (Familien- und Erwachsenenbildungsstätte 2018b).

Die EEB Düren ist eine autonom planende und abrechnende Unterabteilung des Kirchenkreises Jülich. Der Kirchenkreis ist Mitglied im EEB Nordrhein, einer nach dem Weiterbildungsgesetz des Landes Nordrhein-Westfalen anerkannten

---

31 Die Datenerhebung für diese und die folgenden vier Einrichtungen wurde von Josephine Hage durchgeführt, zu dieser Zeit freiberufliche Sozialwissenschaftlerin.

32 Trotz ihres gemeinsamen Internetauftritts sind die Familienbildung und die Erwachsenenbildung der evangelischen Gemeinde zu Düren in rechtlicher Hinsicht und im Blick auf die Verbandszugehörigkeit selbstständige Organisationen; sie sind auch nach unterschiedlichen Qualitätsmanagementsystemen zertifiziert.

Weiterbildungseinrichtung (vgl. Bildungsbericht, Kap. 2.4.4). Dort liegt auch die Verantwortung für die Planung und Abrechnung der von der Erwachsenenbildung angebotenen Weiterbildungsveranstaltungen. Die Erwachsenenbildungsstätte hat aufgrund ihrer Mitgliedschaft im EEB Nordrhein als Qualitätsmanagement das Gütesiegel Weiterbildung eingeführt.

Die Finanzierungsstruktur der EEB Düren wird durch Zuschüsse nach dem Weiterbildungsgesetz von Nordrhein-Westfalen, durch Gewährleistungsbeiträge der Kirchengemeinde als Träger sowie durch Mittel des Bundesamts für Migration und Flüchtlinge (BAMF) für Integrationskurse und durch Spenden bestimmt.

4.2 Programmplanungshandeln: Beteiligte, Aktivitäten und Handlungsorientierungen

Die Ausführungen zum Programmplanungshandeln basieren auf den beiden Interviews, die mit der Leiterin der EEB Düren und ihrer hauptamtlichen pädagogischen Mitarbeiterin geführt wurden. Während erstere neben der Einrichtungsleitung u.a. für Integrations- und Sprachkurse sowie für umweltpädagogische Veranstaltungen verantwortlich ist, gestaltet die pädagogische Mitarbeiterin den Schwerpunkt Seniorenbildung.

In der EEB Düren werden sowohl eigene Bildungsangebote konzipiert und durchgeführt als auch eine Reihe von Veranstaltungen in den sogenannten „Außenstellen" der Familien- und Erwachsenenbildungsstätte begleitet, die sich in verschiedenen Vororten bzw. Stadtteilen von Düren befinden. Diese Veranstaltungen werden von Kooperationspartnern wie Kirchengemeinden oder kirchlichen Verbänden organisiert, wobei die Abstimmung mit der EEB Düren unterschiedlich intensiv ausfällt und von der bloßen Meldung zwecks Veröffentlichung im Programm bis zur gemeinsamen inhaltlichen Konzeption reicht.

Für die Programmplanung der Erwachsenenbildung sind vor allem die Einrichtungsleiterin und die hauptamtliche pädagogische Mitarbeiterin zuständig. Weitere Anregungen kommen von den Kooperationspartnern in den verschiedenen Außenstellen sowie den Dozentinnen und Dozenten der Erwachsenenbildung. Außerdem findet ein Austausch mit der Leitung der Erwachsenenbildung im Kirchenkreis Jülich statt, zu dem die Kirchengemeinde zu Düren gehört. Das Programm der Familien- und Erwachsenenbildungsstätte wird vom Ausschuss „Bildung und Gesellschaft" der Kirchengemeinde zu Düren verabschiedet. Dieser legt die Grundlagen der Arbeit fest und übt dadurch als Einrichtungsträger einen direkten Einfluss auf die Programmplanung aus, u.a. durch inhaltliche Schwerpunktsetzungen, agiert dabei allerdings nach Meinung beider Gesprächspartnerinnen vor allem in beratender und unterstützender Form.

Die konkrete Ausgestaltung der Programmplanung hängt vom jeweiligen Bildungsbereich ab. Bei den Integrations- und Sprachkursen bestimmt laut Einrichtungsleiterin der über die Anmeldungen geäußerte Bedarf, welche Veranstaltungen durchgeführt werden. Die Nachfrage übersteigt hier das Angebot, sodass Wartelisten für die Kurse geführt werden. Sobald genügend Teilnehmende für einen Sprachkurs angemeldet sind, wird dieser durchgeführt. In anderen Bildungsbereichen wie der ökologischen Bildung oder der Seniorenbildung spielt der Austausch mit den verschiedenen Kooperationspartnern bei der Programmplanung eine wichtige Rolle. Gleiches gilt für die Aufnahme der Vorstellungen der Dozentinnen und Dozenten, die ihre Ideen in eine zentrale Liste im Internet eintragen können, und für die Berücksichtigung der Interessen der Zielgruppen. Diese wurden bei der Seniorenbildung beispielsweise über eine Umfrage in den Seniorenkreisen der Gemeindebezirke erhoben, wie die hauptamtliche Mitarbeiterin erläutert. Darüber hinaus werden die Veranstaltungen evaluiert, indem das Feedback der Teilnehmenden über Fragebögen aufgenommen und das Teilnahmeverhalten analysiert wird.

Die vorangegangenen Ausführungen zeigen bereits, dass das Programmplanungshandeln stark an den Interessen und Bedürfnissen der Teilnehmenden bzw. Zielgruppen orientiert ist. Diese werden in Teilen direkt geäußert bzw. erhoben und in Teilen von den Programmplanenden antizipiert – beispielsweise, indem sich die Mitarbeitenden darum bemühen, aktuelle Themen wie vegane Ernährung in das Programm aufzunehmen, oder durch die aufmerksame Beobachtung von gesellschaftlichen Entwicklungen, auch über den informellen Austausch mit Dritten. Allgemein wird angestrebt, die Teilnehmenden in ihrer Lebensgestaltung zu unterstützen:

> „(…) Ich möchte, dass die Menschen, die zu uns kommen, gern hierher kommen und auch insofern etwas mitnehmen, dass sie nicht nur Wissen erwerben, sondern selbstständiger und selbstbewusster werden. Wir machen Bildungsveranstaltungen, damit die Menschen freier und mutiger werden, sich für Dinge interessieren, sich stärker in gesellschaftliche Zusammenhänge einbringen und auch die Möglichkeiten in dieser Gesellschaft besser nutzen können. Ob es jetzt die Alphabetisierung ist, oder wir haben zum Beispiel Fahrradfahrlernkurse für Frauen angeboten (…) oder Schwimmkurse für muslimische Frauen (…)." (Leiterin der EEB Düren)

Diese Orientierung kollidiert allerdings in Teilen mit den verfügbaren Ressourcen, die ebenfalls bei der Programmplanung berücksichtigt werden. Nicht immer reichen die Ressourcen aus, um die Bedarfe der Zielgruppen zu erfüllen. Dies gilt insbesondere für die Sprach- und Integrationskurse, die nicht für alle Interessenten ausreichend angeboten werden können:

> „(…) Die Zahl der Menschen, die Hilfe brauchen, nimmt immer weiter zu, und es ist nicht schön, so viele Menschen abweisen zu müssen, weil man ihnen kein adäquates Angebot machen kann. Wir haben einfach nicht unendlich viele Räume und Lehrer, um die Menschen zu alphabetisieren, die zu uns kommen. (…). Wir haben die Zahl der Kurse verdoppelt, aber es reicht immer noch nicht (…)." (Leiterin der EEB Düren)

4.3 Programmanalyse

Für die Programmanalyse wurden die Jahresprogramme der Familien- und Erwachsenenbildung von 2015 und 2016 (45 und 49 Seiten) sowie das Herbstzusatzprogramm von 2015 (4 Seiten) berücksichtigt. Wie oben ausgeführt, sind in diesen Programmen die Veranstaltungen der Erwachsenen- und Familienbildung gemeinsam aufgeführt; in den Jahresprogrammen sind zusätzlich die Angebote des Nachbarschaftstreffs Düren-Nord zu finden. Da sich die vorliegende Untersuchung auf die Erwachsenenbildung konzentriert, wurde die Programmanalyse auf die Veranstaltungen beschränkt, die in den Programmen eindeutig als Veranstaltungen der Erwachsenenbildung gekennzeichnet sind.[33]

Bei der Untersuchung fehlen die Integrationskurse, da diese nicht im Programmheft, sondern nur online veröffentlicht werden. Diese werden gestartet, sobald Lehrkräfte und Räume verfügbar sind. Dabei macht dieser Bereich mehr als 90% der WBG-Stunden der Einrichtung aus.

Abb. 1: Anzahl an Veranstaltungen der EEB Düren nach Themenbereichen (ohne Integrationskurse)

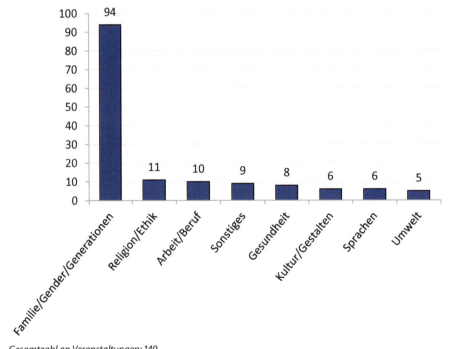

Gesamtzahl an Veranstaltungen: 149

---

33 Diese Veranstaltungen haben entweder Kursnummern, die mit „E" beginnen, und/oder stehen unter der Überschrift „Erwachsenenbildung".

4. Erwachsenenbildung der Evangelischen Gemeinde zu Düren

Wie Abbildung 1 demonstriert, gehört der überwiegende Teil der Veranstaltungen der EEB Düren zum Bereich „Familie/Gender/Generationen". Dieses Themenfeld macht mehr als 60 % des gesamten Programms aus. Es folgen mit deutlichem Abstand die Bereiche „Religion/Ethik", „Arbeit/Beruf", „Gesundheit", „Kultur/Gestalten", „Sprachen" und „Umwelt". Zu den neun Veranstaltungen, die keinem Bereich zugeordnet werden konnten, gehören beispielsweise die Fahrradschule Düren-Nord oder das „Essen in Gemeinschaft", bei dem Interessierte an einem gemeinsamen Mittagessen teilnehmen können.

Schaut man sich den Bereich „Familie/Gender/Generationen" genauer an, wird deutlich, dass sich ein Großteil der Veranstaltungen speziell an Ältere richtet (vgl. Abb. 2) – was angesichts der Zuständigkeit der zweiten hauptamtlichen pädagogischen Mitarbeiterin für den Bereich der Seniorenbildung zu erwarten war. Hier reicht das Angebotsspektrum von Ausflügen über offene Treffs bis hin zu Englischkursen und Einführungsseminaren zu technischen Geräten wie Smartphones oder Tablets.

Abb. 2: Anzahl an Veranstaltungen der EEB Düren im Themenbereich „Familie/Gender/Generationen"

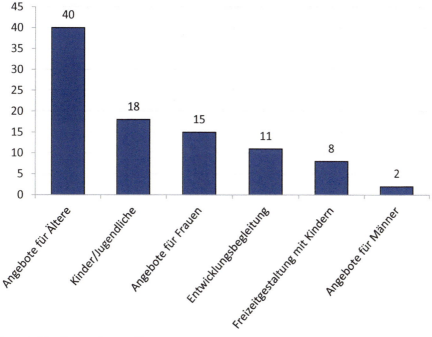

Gesamtzahl an Veranstaltungen: 94

Thematisch steht bei den Angeboten für Kinder und Jugendliche, der gemeinsamen Freizeitgestaltung von Familien und der Entwicklungsbegleitung der Kinder (z.B. in Eltern-Kind-Gruppen) häufig die Umweltpädagogik im Vordergrund, etwa wenn Kinder in Waldgruppen die Natur erkunden, mit ihren Eltern gemeinsam im Garten arbeiten oder mit ihren Vätern und Großvätern Nistkästen und Insektenhotels bauen. Die Angebote für Frauen sind häufig (auch) für Frauen mit Migrationshintergrund konzipiert, wie beispielsweise die bereits oben erwähnten Schwimmkurse für muslimische Frauen oder Deutschkurse für Migrantinnen, bzw. dienen dem interkulturellen Austausch, wie internationale Kochkurse oder Gesprächsrunden.

4.4 Zusammenfassende Betrachtungen

Die Organisationsstruktur der Evangelischen Erwachsenenbildung der Gemeinde zu Düren ist dadurch bestimmt, dass sie einerseits in einem gemeindebezogenen Verbund agiert, der sowohl in dem gemeinsam mit der Familienbildung veröffentlichten Programm als auch in dem arbeitsfeldübergreifenden „Bildungsteam" zum Ausdruck kommt. Diese nach außen gerichtete Gemeinsamkeit der Bildungsakteure und ihres Angebots unterstreicht die Verantwortlichkeit der Gemeinde und die Integration der Bildungsarbeit mit Erwachsenen in das institutionelle Selbstverständnis der Gemeinde als kooperativer Träger. Andererseits gehören die beiden Bildungsanbieter „Erwachsenenbildung" und „Familienbildung" zu zwei unterschiedlichen Politik- und Gesetzgebungskontexten, was sich in unterschiedlichen Verbandszugehörigkeiten und Qualitätsmanagementverfahren zeigt.

Für die Interpretation der im Programmprofil deutlich erkennbaren beiden Schwerpunkte mit Bildungsangeboten für Ältere einerseits und einem großen Anteil an familienbezogenen Angeboten andererseits muss vermutlich auf zwei unterschiedliche Bedingungsfaktoren zurückgegriffen werden: Die Selbstorganisation der an Bildung und Geselligkeit interessierten älteren Menschen, wie sie im „Netz" zum Ausdruck kommt, wird von einer hauptamtlichen Mitarbeiterin unterstützt, die die organisatorischen Rahmenbedingungen gewährleistet und thematische Anregungen vermittelt. Die familienbezogenen Angebote weisen mit ihrem Schwerpunkt in der Natur- und Umweltbildung auf die besondere professionelle Kompetenz der Leiterin hin: Sie ist von ihrer beruflichen Sozialisation her Biologin und Gärtnerin und setzt thematische Akzente, in der ihre fachliche Kompetenz zum Ausdruck kommt. Dadurch erhält das Programm eine umweltpädagogische Akzentuierung. An dieser durch individuelle Kompetenzen und Interessen bestimmten Ausrichtung zeigt sich auch, welch wichtige Rolle die beiden hauptamtlichen pädagogischen Mitarbeiterinnen bei der Themensetzung spielen.

Die Evangelische Gemeinde zu Düren hat durch die Ausdifferenzierung der Erwachsenen- und Familienbildung und durch den ebenfalls hauptamtlich unter-

4. Erwachsenenbildung der Evangelischen Gemeinde zu Düren

stützten „Nachbarschaftstreff" der Sozialgestalt der Gemeinde/der Kirche einen spezifischen Ausdruck gegeben. In organisatorischer Hinsicht zeigt sich dies im „Bildungsteam", das gegenüber anderen Grundfunktionen einer evangelischen Gemeinde und insbesondere gegenüber dem kultischen (gottesdienstlichen) Zentrum die sozialen Aktivitäten und Räume ausgestaltet, die primär durch eine reflexive Haltung bestimmt sind. Reflexive Elemente enthält allerdings auch jeder Gottesdienst in der Gestalt der Schriftauslegung, die aus der Tradition des jüdischen Lehrhauses in die Ausprägung des christlichen Gottesdienstes eingegangen sind (vgl. Seiverth (2018)). In beiden Sozialgestalten – Bildungsräumen und Gottesdiensten – gewinnt der Anspruch einer „reflexiven ethischen Lebensführung" einen jeweils eigenständigen Ausdruck. Dass dieser Anspruch nicht auf eine unmittelbare Zugehörigkeit zur Gemeinde beschränkt ist, zeigt sich in exemplarischer Weise durch die Angebote, die speziell auch für muslimische Frauen entwickelt werden.

Vertiefungsstudie

5. Evangelisches Familienbildungswerk Moers

5.1 Allgemeine Einrichtungsmerkmale

Das Familienbildungswerk Moers ist eine nach dem Weiterbildungsgesetz des Landes Nordrhein-Westfalen anerkannte Einrichtung der Familienbildung in der Trägerschaft des EEB Nordrhein und in Kooperation mit dem Kirchenkreis Moers. Dieser umfasst 28 Gemeinden mit ca. 100.000 Gemeindemitgliedern. Das Werk ist zugleich Mitglied in der Landesorganisation evangelischer Familienbildungsstätten und Mitglied im Gesprächskreis für Landesorganisationen der gemeinwohlorientierten Weiterbildung.

Das Familienbildungswerk gliedert sich in drei Regionalstellen mit je einer verantwortlichen pädagogischen Leiterin. Diese drei hauptamtlichen pädagogischen Mitarbeiterinnen werden durch zwei Verwaltungsmitarbeiterinnen mit einem Gesamtstundenumfang von 25 Wochenstunden bei ihrer Arbeit unterstützt.

Das Werk ist Teil des „Neuen Evangelischen Forums", einem organisatorischen Verbund von kirchlichen Einrichtungen des Kirchenkreises, zu dem auch die Evangelische Erwachsenenbildung, die synodale Kinder- und Jugendarbeit, die Fachberatung für Tageseinrichtungen für Kinder und der Bereich Frauenarbeit gehören. Die Entscheidungskompetenz für Finanz- und Personalfragen des Familienbildungswerks liegt bei dem übergeordneten „Fachausschuss des Neuen Evangelischen Forums", der auch für die genannten vier weiteren Arbeitsbereiche zuständig ist. Die Programmgestaltung des Familienbildungswerks wird von einem Bereichsausschuss begleitet, einem Gremium, in dem Vertreterinnen und Vertreter der Gemeinden und der Familienzentren ehrenamtlich mitarbeiten. Der Ausschuss begleitet und reflektiert die Programmarbeit der Leiterinnen, gibt Impulse für thematische Angebote und sichert den engen Austausch mit den wichtigsten Kooperationspartnern. Die Aufsichtsstruktur ist geteilt: Die Dienstaufsicht liegt beim Superintendenten des Kirchenkreises Moers, die Fachaufsicht bei dem Leiter/der Leiterin des EEB Nordrhein.

Eine bedeutsame strukturelle Einflussgröße für die Bildungsarbeit sind die politischen Initiativen der letzten Jahre in Nordrhein-Westfalen, die auf den Ausbau der Kindertagesstätten zu „Familienzentren" und die Umsetzung des Rechtsanspruchs für Kinder auf Förderung in Tageseinrichtungen und Kindertagespflege (nach Sozialgesetzbuch VIII, §§ 22 – 24) vom vollendeten ersten Lebensjahr bis zur Versetzung in die fünfte Schuljahrgangsstufe zielten. Dadurch ist der Umfang eines traditionellen Aufgaben- und Schwerpunktbereichs des Familienbildungswerkes, nämlich die Begleitung von Eltern-Kind-Gruppen und die Qualifizierung und Beratung von deren Leiterinnen, rückläufig geworden. Als Konsequenz hat sich das Aufgabenspektrum des Familienbildungswerks auf die

Kooperation mit Kindertagesstätten und Familienzentren erweitert und teilweise verlagert. Insgesamt arbeitet die Einrichtung mit rund 60 Kooperationspartnern zusammen, zu denen neben den Kindertagesstätten und Familienzentren zum Beispiel Jugendämter, Jugendhilfeeinrichtungen oder Schulen gehören.

Das auf der Internetseite veröffentlichte Leitbild[34] ist Teil des Qualitätsmanagements[35], an dem sich die Bildungsarbeit orientiert und mit dem es sich in der Öffentlichkeit darstellt.

Aus der doppelten Trägerstruktur (EEB Nordrhein und Kirchenkreis Moers) resultiert die finanzielle Basis des Familienbildungswerks, die sich primär auf Fördermittel nach dem Weiterbildungsgesetz des Landes und Zuschüsse des Kirchenkreises stützt und durch andere Mittel des Landes und der Kommune für Familienbildung sowie durch Projektmittel, Innovationsmittel und Teilnamebeiträge ergänzt wird. Ein besonderes Organisationsmerkmal und zugleich eine organisatorische Ressource ist das breite Netzwerk von fast 50 Veranstaltungsorten, an denen das pädagogische Angebot des Familienbildungswerks in den Regionen des Kirchenkreises präsent wird.

5.2 Programmplanungshandeln: Beteiligte, Aktivitäten und Handlungsorientierungen

Zum Programmplanungshandeln gab die Leiterin des Familienbildungswerks Auskunft, die gleichzeitig als pädagogische Leiterin für die Regionalstelle Moers verantwortlich ist.

Das Programmplanungshandeln im Familienbildungswerk Moers resultiert nicht in einem gemeinsamen Dokument für die gesamte Einrichtung, sondern führt zu der Erstellung von jeweils gesonderten Programmen für die Bereiche Familienbildung, Angebote für Eltern und Kinder sowie Fortbildungen für Tagespflegepersonen für Kinder und Leiterinnen und Leiter von Eltern-Kind-Gruppen (vgl. Kap. 5.3). Am Planungsprozess beteiligt sind nach Aussage der Einrichtungsleiterin vor allem die drei hauptamtlichen pädagogischen Mitarbeiterinnen und die Kooperationspartner, und zwar insbesondere die Leitungen der 14 Familienzentren, mit denen das Familienbildungswerk u. a. in „Planungskonferenzen" zusammenarbeitet. Weitere Impulse kommen vom synodalen Ausschuss für Familienbildung, in dem u.a. Kursleitungen des Familienbildungswerks, Leitungen der Kindertagesstätten, Pfarrerinnen und Pfarrer sowie eine Anwältin für Familienfragen vertreten sind. Die geplanten Veranstaltungen werden an das EEB Nordrhein als Einrichtungsträger weitergeleitet. Dieses beeinflusst die Programmplanung eher indirekt, beispielsweise über sein Leitbild, durch Beratung im Rahmen von Mitarbeitendengesprächen oder über die Klausurtagungen der

---

34 Vgl. Evangelisches Familienbildungswerk Moers (2018).
35 Vgl. Evangelisches Erwachsenenbildungswerk Nordrhein (o.J.).

pädagogischen Mitarbeitenden (s. u.). Dadurch wird nach Meinung der Leiterin zum einen eine gemeinsame Identität der Mitarbeitenden aller zum EEB Nordrhein gehörenden Einrichtungen vermittelt, zum anderen aber auch ein großes Maß an Gestaltungsfreiheit vor Ort ermöglicht.

Die zentrale Bedeutung, die die Zusammenarbeit zwischen Familienbildungswerk und Familienzentren seit deren flächendeckenden Ausbau in Nordrhein-Westfalen ab 2007 erhalten hat (vgl. Kap. 5.1), hat auch die Programmplanung verändert. Während vor diesem Ausbau die Veranstaltungsplanung für und mit kirchengemeindlichen Eltern-Kind-Gruppen im Mittelpunkt gestanden hat, nimmt nunmehr die Vermittlung von Dozentinnen und Dozenten an die Familienzentren großen Raum ein:

> „(...) Wenn eine Einrichtung Veranstaltungsideen hat, dann überlege ich, wen kann ich vermitteln, wer könnte da in Frage kommen. Das ist eigentlich meine wichtigste Aufgabe, Personen zu vermitteln und zu gucken, wer könnte wo gut hinpassen. Und im günstigsten Fall ist das wie ein Puzzle, das passt."
>
> (Leiterin des Familienbildungswerks Moers)

Die Vermittlung von jeweils „passenden" Dozentinnen und Dozenten erfordert neben dem systematischen Austausch mit den Familienzentren eine genaue Kenntnis der jeweiligen Einrichtung, z.B. in Bezug auf deren räumliche und personelle Ausstattung, ihr soziales Umfeld und die Bedürfnisse der dort lebenden Menschen. Die intensive Begleitung und Beratung der Familienzentren und auch anderer Kooperationspartner stellt entsprechend eine zentrale Aktivität im Programmplanungshandeln dar. Dazu kommt der Austausch mit dem oben genannten synodalen Ausschuss sowie mit pädagogischen Mitarbeitenden anderer Zweigstellen des EEB Nordrhein bei gemeinsamen Klausurtagungen. Die Evaluation vergangener Veranstaltungen, u.a. anhand des über Fragebögen erhobenen Feedbacks der Teilnehmenden und der Dozentinnen und Dozenten, ist ebenfalls ein wichtiges Element des Programmplanungshandelns. Gleichzeitig werden in Ergänzung zu diesem Planungsprozess aber auch kurzfristig Veranstaltungen in das Angebot aufgenommen, wenn die Leiterin geeignete Dozentinnen und Dozenten mit passenden Themen findet.

Wie die Ausführungen zum Programmplanungshandeln zeigen, stellen die Interessen der Kooperationspartner eine wichtige Handlungsorientierung bei der Programmplanung dar – ebenso wie die Bedarfe der Teilnehmenden, die über Evaluationen erhoben werden, und die Wünsche der Zielgruppen. Die Erfüllung dieser Wünsche wird dadurch angestrebt, dass beispielsweise aktuelle gesellschaftliche Entwicklungen wie die Nutzung von digitalen Medien in den Familien behandelt werden. Grundsätzlich liegt der Fokus allerdings neben der Vermittlung von bestimmten Kenntnissen oder Fertigkeiten insbesondere darauf, den persönlichen Austausch zwischen den Teilnehmenden zu ermöglichen und

Reflexionsräume bereitzustellen – u.a. mit dem Ziel, gesellschaftliche Trends auch kritisch zu hinterfragen. Gleichzeitig wird bei der Programmplanung die evangelische Ausrichtung des Familienbildungswerks berücksichtigt, die sich in den Angeboten widerspiegeln soll:

> „(…) Das Elterntraining ‚starke Eltern, starke Kinder' (…) ist vom Konzept her sehr subjektorientiert, und da haben wir gesagt: Das kommt einer evangelischen Haltung nahe. Insofern achten wir bei den Angeboten schon sehr darauf, ob sie einer evangelischen Haltung entsprechen. Wir wollen nicht Verhalten trainieren, wir wollen eher für Haltung sensibel machen, und das ist in diesen Kursen ganz wunderbar gelungen, finde ich." (Leiterin des Familienbildungswerks Moers)

Neben diesen eher ideellen Handlungsorientierungen sind auch Fragen des Finanzmanagements für die Programmplanung relevant. Eine Herausforderung stellt dabei laut Einrichtungsleiterin die Berücksichtigung unterschiedlicher finanzieller Förderlinien dar, wie beispielsweise das vom Bundesland Nordrhein-Westfalen geförderte Angebot „Elternstart NRW" oder Angebote für Geflüchtete, die inhaltliche Spielräume für die Angebotsentwicklung bieten, jedoch jeweils separat abgerechnet und zu unterschiedlichen Zeitpunkten beantragt werden müssen. Dafür sind neben einem nicht unerheblichen Zeitaufwand spezifische, neu anzueignende Kenntnisse erforderlich. Da es keine Verwaltungskräfte gibt, die diese administrativen Aufgaben übernehmen könnten, gehören sie zum Aufgaben- und Zuständigkeitsbereich der Einrichtungsleiterin.

5.3 Programmanalyse

Für die Programmanalyse wurden folgende Dokumente untersucht: 2 Programme für Eltern-Kind-Angebote (z.B. DELFI, PEKiP) (32 und 36 Seiten); 1 Programm für Fortbildungen für Eltern-Kind-Gruppenleitungen (7 Seiten); 2 Programme für Fortbildungen für Tagespflegepersonen (8 und 12 Seiten); und 2 Programme mit Angeboten zur Familienbildung (jeweils 2 Seiten).

Wie Abbildung 3 zeigt, dominiert der Bereich „Familie/Gender/Generationen" das Veranstaltungsprofil des Familienbildungswerks mit 418 Veranstaltungen bzw. einem Anteil von 84 %. Mit sehr deutlichem Abstand folgen die Bereiche „Kultur/Gestalten", „Fortbildungen" und „Gesundheit", die alle ungefähr gleich stark vertreten sind. Lediglich sechs Veranstaltungen wurden dem Bereich „Religion/Ethik" zugeordnet.

Abb. 3: Anzahl an Veranstaltungen des Familienbildungswerks Moers nach Themenbereichen

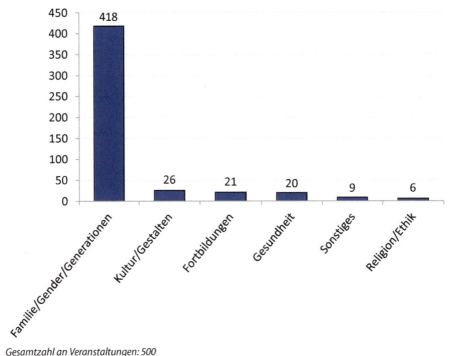

Gesamtzahl an Veranstaltungen: 500

Eine detaillierte Untersuchung des Bereichs „Familie/Gender/Generationen" offenbart, dass dieser durch Veranstaltungen zur „Entwicklungsbegleitung" und zur „Erziehung/Förderung" bestimmt wird, wobei ersterer mit 213 Veranstaltungen 51 % und letzterer mit 167 Veranstaltungen 40 % aller Veranstaltungen umfasst (vgl. Abb. 4). Unter „Entwicklungsbegleitung" sind hier v. a. Eltern-Kind-Gruppen, aber auch PEKiP- und DELFI-Kurse sowie Turn- und Musikgruppen zusammengefasst, an denen Kinder und Eltern gemeinsam teilnehmen. Zur Kategorie „Erziehung/Förderung" gehören sowohl Informationsveranstaltungen zu Erziehungsfragen als auch Gesprächsgruppen, die dem Austausch zwischen Eltern oder auch Alleinerziehenden dienen.

Alle anderen Bereiche wie die gemeinsame Freizeitgestaltung von Eltern mit Kindern (z. B. Besichtigungen, Drachenbau etc.), Angebote nur für Kinder bzw. Jugendliche oder Angebote speziell für Frauen oder Ältere sind weit weniger häufig vertreten.

Abb. 4: Anzahl an Veranstaltungen des Familienbildungswerks Moers im Themenbereich „Familie/Gender/Generationen"

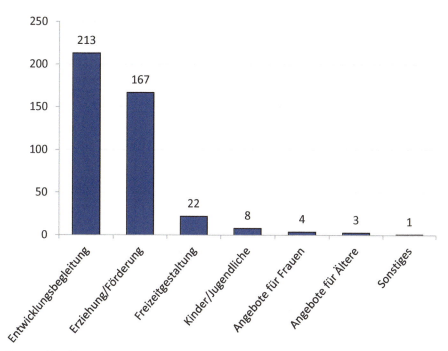

Gesamtzahl an Veranstaltungen: 418

5.4 Zusammenfassende Betrachtungen

Der Organisationstypus „evangelische Familienbildungsstätte" prägt sich in einem klaren, auf die Zielgruppe „Familie" ausgerichteten Programmprofil aus, wobei vor allem gemeinsame Veranstaltungen für Eltern und Kinder angeboten werden. Der Trägerbezug zur evangelischen Kirche zeigt sich dabei dadurch in einer impliziten Form, dass die Bildungsintentionen (Wissens- und Kompetenzvermittlung, persönlicher Austausch, Reflexivität) als Ausdruck einer „evangelischen Haltung" verstanden werden. Diese Intentionen materialisieren sich im Programm beispielsweise durch die Vielzahl an Gesprächs- und Austauschgruppen für Eltern, aber auch durch den großen Anteil an Informationsveranstaltungen zu Erziehungsfragen. Der auffällige Programmschwerpunkt „Entwicklungsbegleitung" (vor allem Eltern-Kind-Gruppen) verweist zudem darauf, dass das Aufwachsen der Kinder und die damit zusammenhängenden Veränderungen und Herausforderungen auch im Leben der Erwachsenen eine besondere Aufmerksamkeit erfahren und „Erziehung" als ein reflexiver und kommunikativer Veränderungsprozess der Eltern unterstützt wird.

Vertiefungsstudie

Das Programmplanungshandeln im Familienbildungswerk erscheint als Prozess der *kooperativen Programmentwicklung,* in welchem die Einrichtungsleiterin sowohl eine vermittelnde als auch eine initiierende Rolle spielt. Letztere zeigt sich u. a. in dem Bestreben, flexibel auf aktuelle Interessen zu reagieren und für entsprechende Veranstaltungen jeweils kompetente Dozenten und Dozentinnen zu finden. Diese „Findungskompetenz", die insbesondere bei der Zusammenarbeit mit den Familienzentren relevant wird, scheint eine entscheidende professionelle Kompetenz in Einrichtungen darzustellen, deren Bildungsarbeit stark auf die Beratung und Begleitung von Kooperationspartnern ausgerichtet ist.

6. Evangelische Familien-Bildungsstätte Wolfenbüttel

6.1 Allgemeine Einrichtungsmerkmale

Die Familien-Bildungsstätte ist eine Einrichtung in der Trägerschaft der Propstei Wolfenbüttel und ist für die Stadt und den Landkreis Wolfenbüttel zuständig. Die Propstei umfasst 20 evangelische Gemeinden mit 31.000 Gemeindemitgliedern und gehört zur Evangelisch-lutherischen Landeskirche in Braunschweig, die Mitglied in der Konföderation evangelischer Kirchen in Niedersachsen ist.

Als ihren Organisationszweck bezeichnet die Familien-Bildungsstätte Wolfenbüttel die Begleitung aller Phasen des Familienlebens auf der Grundlage des christlichen Menschenbildes.[36] In ihrem Leitbild beschreibt sie ihr Selbstverständnis. Dazu zählt auch, dass die Einrichtung als Teil des öffentlichen Bildungswesens „familienpädagogische Aufgaben im Sinne des Kinder- und Jugendhilfegesetzes, der Richtlinien des Landes Niedersachsen zur Förderung von Familien-Bildungsstätten sowie der Richtlinien des Rates der Konföderation für die Arbeit Evangelischer Familien-Bildungsstätten in Niedersachsen erfüllt".[37] Dabei ist auffällig, dass die staatlichen Richtlinien konkrete Vorgaben zu den Themenbereichen enthalten, die die Familien-Bildungsstätte zu bearbeiten hat, während die kirchliche Richtlinie eher normativ-allgemeine Aussagen zur Programmgestaltung macht. Der in seinen Grundzügen gemeinsame normative Hintergrund der staatlichen und kirchlichen Richtlinien bildet damit einen allgemeinen Orientierungsrahmen, der auch die Stellung der Familien-Bildungsstätte als einer öffentlich anerkannten Bildungseinrichtung in kirchlicher Trägerschaft kennzeichnet.

Die Dienst- und Fachaufsicht für die Familien-Bildungsstätte als unselbstständige Einrichtung der Propstei Wolfenbüttel liegt beim Propst/bei der Pröpstin. Die inhaltliche Arbeit der Familien-Bildungsstätte wird durch einen vom Propsteivorstand berufenen ehrenamtlichen Vorstand begleitet, der auch für Personalfragen zuständig ist. Er fungiert als Beratungsgremium für den Propstei-Vorstand und für die pädagogischen Leitungspersonen der Familien-Bildungsstätte.

In der Familien-Bildungsstätte Wolfenbüttel sind zwei in Vollzeit tätige Leiterinnen und drei in Teilzeit tätige Mitarbeiterinnen beschäftigt; sie werden von zwei in Teilzeit tätigen Verwaltungsmitarbeiterinnen unterstützt. Das Angebot der Familien-Bildungsstätte wird durch 140 Honorarkräfte mit vielfältigen beruflichen und fachlichen Qualifikationen mitgestaltet. Zehn ehrenamtlich tätige Personen arbeiten in dem Kursbereich „Wellcome" mit.

---

36 Vgl. Evangelische Familien-Bildungsstätte Wolfenbüttel o.J.(a).
37 Evangelische Familien-Bildungsstätte Wolfenbüttel o.J.(b).

Vertiefungsstudie

Die Vernetzungsstruktur wird vor allem durch Kooperationen mit den kirchlichen und kommunalen Gremien für Familienberatung, mit dem Netz „Frühe Hilfen", mit Kindertagesstätten und Familienzentren sowie mit Schulen (in der Randstundenbetreuung) und Sozialraumzentren bestimmt.

Die Einführung eines neuen Systems des Qualitätsmanagements wird im Verbund mit anderen Familienbildungsstätten auf der Basis des QVB-Qualitätsmanagementmodells erarbeitet.[38]

Die Finanzierungsstruktur ist zum einen durch einen Festbetragszuschuss des Trägers und zum anderen durch öffentliche Mittel nach dem Jugendhilfegesetz bestimmt. Einen erheblichen Anteil haben jedoch auch die Teilnehmerbeiträge sowie Projekt- und Sondermittel.

6.2 Programmplanungshandeln: Beteiligte, Aktivitäten und Handlungsorientierungen

Das Programmplanungshandeln wurde von der Einrichtungsleiterin und ihrer Stellvertreterin in zwei separaten Interviews beschrieben. Beide machten deutlich, dass die Planung des Jahresprogramms der Familien-Bildungsstätte vor allem von ihnen verantwortet wird, wobei sie jeweils für bestimmte Fachbereiche zuständig sind und ihre Veranstaltungsideen zu Jahresbeginn miteinander abstimmen. Anschließend finden Fachbereichstreffen mit den jeweiligen Kursleitungen statt, bei denen diese ihre Ideen und Wünsche in den Planungsprozess einbringen können. Darüber hinaus kommen Anregungen durch den regelmäßigen Austausch mit den Mitarbeitenden anderer (Bildungs-)Einrichtungen, mit denen die Familien-Bildungsstätte vernetzt ist. Dazu gehören beispielsweise die am „Runden Tisch ‚Frühe Hilfen'" des Landkreises Wolfenbüttel beteiligten Fachkräfte oder die pädagogischen Mitarbeitenden der Familien-Bildungsstätten in Salzgitter und Braunschweig, mit denen auch gemeinsame Fortbildungen für die Kursleitungen durchgeführt werden.

Ebenfalls in den Programmplanungsprozess involviert ist der Vorstand der Familien-Bildungsstätte, in dem die Propstei Wolfenbüttel als Einrichtungsträger drei von fünf Mitgliedern stellt. Der Vorstand wird in der Planungsphase über das Programm informiert und begleitet den Planungsprozess beratend, wobei einerseits die Leiterinnen der Familien-Bildungsstätte nach eigener Aussage „viel Vertrauen" erfahren und einen großen Gestaltungsspielraum haben, andererseits der Vorstand auch eigene Ideen und Vorstellungen einbringt. Bei selten auftretenden Unstimmigkeiten zwischen Vorstand und Leitung werden Kompromisse ausgehandelt – wie beispielsweise bei der Gestaltung des Programmtitelblatts vor einigen Jahren.

---

38 QVB: Qualitätsmanagement im Verbund von Bildungseinrichtungen; vgl. Deutsche Ev. Arbeitsgemeinschaft für Erwachsenenbildung (DEAE) (2013).

Der oben beschriebene institutionalisierte Austausch mit diversen Personenkreisen und Gremien stellt einen zentralen Bestandteil des Programmplanungshandelns dar, wobei insbesondere die Berücksichtigung der Ideen der vielen freiberuflichen Mitarbeitenden einen hohen Stellenwert einnimmt:

> „Das ist ja sowieso immer die Kunst bei so einem Programmheft, die Interessen der freiberuflichen Dozenten mit unseren Ideen und Interessen (…) zusammenzubringen. Wir leben natürlich auch davon, dass die Dozenten selber ihre Themen einbringen oder auch neue Ideen für unser Programmheft haben."
> (Leiterin der Familien-Bildungsstätte Wolfenbüttel)

Dabei kann es auch zu kurzfristigen Angeboten in Ergänzung zum Programm kommen, falls ein Dozent/eine Dozentin nach Abschluss der Programmplanung eine interessante Veranstaltungsidee einbringt. Darüber hinaus spielt die Evaluation der vergangenen Veranstaltungen anhand des über Fragebögen erhobenen Feedbacks sowie des Teilnahmeverhaltens eine wichtige Rolle. Letzteres hat zur Folge, dass es zum Beispiel im Gesundheitsbereich weniger Veränderungen gibt als in anderen Fachbereichen: Manche Gymnastik- oder Yogakurse werden laut Einrichtungsleitung seit über 20 Jahren angeboten und laufen so lange weiter, wie es genügend Interessenten gibt und eine Kursleitung zur Verfügung steht. Demgegenüber wird beispielsweise bei Veranstaltungen zu Erziehungsfragen stärker darauf geachtet, wechselnde „Highlights" wie Vorträge mit prominenten Referentinnen und Referenten anzubieten.

Die Ausgestaltung des Programmplanungshandelns unterscheidet sich somit zwischen den einzelnen Fachbereichen, orientiert sich aber grundsätzlich an den Bedarfen der Teilnehmenden bzw. Zielgruppen. Dabei werden Bedarfe entweder von den Planenden antizipiert oder von den Teilnehmenden direkt geäußert, beispielsweise im Teilnahmeverhalten. Dieses spiegelt u.a. veränderte politische Rahmenbedingungen wie den Ausbau der Betreuung von unter Dreijährigen in den Kindertagesstätten wider, der dazu geführt hat, dass Angebote für diese Altersgruppe in der Familien-Bildungsstätte weit weniger nachgefragt werden. Stattdessen kommen vermehrt Eltern mit Kindern im ersten Lebensjahr.

Grundsätzliches Ziel der Programmplanung ist die Unterstützung von Familien:

> „Das Ziel ist, so weit wie möglich die Menschen hier in unser Haus zu holen und die Familien dabei zu unterstützen, ihr Leben gut zu bewältigen. Und zwar sowohl hinsichtlich des Umgangs miteinander, der Kommunikation, der Kontakte zwischen Eltern und Kindern, zwischen Ehepartnern und allen Beteiligten, als auch hinsichtlich einer sinnvollen Freizeitgestaltung oder mit Blick auf das Thema Gesundheit. (…)"
> (Leiterin der Familien-Bildungsstätte Wolfenbüttel)

Die Unterstützung von Familien, von der Leiterin umfassend verstanden als Menschen, die „gemeinschaftlich zusammenleben", soll zum einen über die Vermittlung konkreter Kenntnisse und Fertigkeiten geschehen, zum anderen über die Förderung von Gemeinschaft bzw. die Ermöglichung von „Gemeinde auf Zeit", wie es die Einrichtungsleiterin ausdrückt. Die evangelische Ausrichtung der Familien-Bildungsstätte stellt somit eine weitere Handlungsorientierung für die Einrichtungsleitung dar. Diese drückt sich zum Beispiel auch in dem Bestreben aus, eher kirchenfernen Menschen über die Angebote der Familien-Bildungsstätte einen Zugang zur Kirche zu ermöglichen, oder in der wahrgenommenen Herausforderung, die evangelische Ausrichtung der Familien-Bildungsstätte zu bewahren und nach außen zu verdeutlichen.

Gleichzeitig müssen bei der Programmplanung auch die vorhandenen personellen und finanziellen Ressourcen berücksichtigt werden. Wie oben bereits angedeutet, spielt hierbei insbesondere die Berücksichtigung der „Angebotsseite" seitens der freiberuflichen Kursleitungen eine wichtige Rolle: Wer steht mit welchen Kompetenzen für welche Angebote zur Verfügung? Nicht zu vernachlässigen sind dabei laut Einrichtungsleitung auch rechtliche Rahmenbedingungen, wie beispielsweise die Bestimmungen von Krankenkassen, die nur bestimmte Veranstaltungen im Gesundheitsbereich fördern. Außerdem zwingt die rückläufige finanzielle Grundausstattung laut den Einrichtungsleiterinnen zu vermehrter Projektarbeit und zur Akquise von Drittmitteln, was mit Planungsunsicherheit und hohem administrativem Aufwand verbunden ist.

6.3 Programmanalyse

Die Programmanalyse basiert auf der Auswertung des Programmhefts von 2015/2016 (100 Seiten).

Am stärksten vertreten ist der Bereich „Familie/Gender/Generationen", der mit 191 Veranstaltungen fast die Hälfte aller Angebote umfasst (vgl. Abb. 5).[39] Aber auch Veranstaltungen zur Förderung bzw. Erhaltung der Gesundheit sind mit einer Anzahl von 117 (30 % der Angebote) häufig vertreten, während die Bereiche „Kultur/Gestalten" und „Fortbildungen" nur jeweils 10 % bzw. 7 % aller Veranstaltungen ausmachen. Den Themenfeldern „Politik/Gesellschaft", „Religion/Ethik" und „Sprachen" gehört jeweils nur eine Veranstaltung an.

---

39 Teilweise werden in diesem Bereich Veranstaltungen „nach Bedarf" angeboten, sodass exakte Angaben zur Anzahl der angebotenen Kurse nicht vorliegen. In der vorliegenden Analyse wurden alle Veranstaltungen berücksichtigt, die mit Terminen im Programm angekündigt wurden.

Abb. 5: Anzahl an Veranstaltungen der Familien-Bildungsstätte Wolfenbüttel nach Themenbereichen

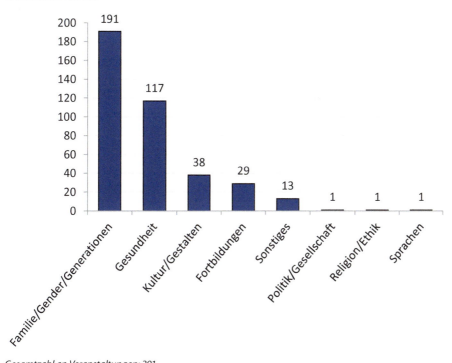

Gesamtzahl an Veranstaltungen: 391

Im Bereich „Familie/Gender/Generationen" richtet sich mit 54 Angeboten (28 %) die Mehrheit der Angebote speziell an Kinder und Jugendliche (vgl. Abb. 6), wobei Kinder die wesentlich größere Zielgruppe darstellen. Hier finden sich viele Musikkurse, aber auch Angebote zu Sport oder Basteln. Es folgt mit 44 Veranstaltungen (23 %) der Bereich „Entwicklungsbegleitung" mit Kursen für Eltern und Kinder, wozu Angebote zur musikalischen Früherziehung, Eltern-Kind-Gruppen, Spielgruppen etc. gehören.

An dritter Stelle stehen Angebote wie Gymnastik- oder Rückbildungskurse, die sich speziell an Frauen richten, gefolgt von Veranstaltungen rund um das Thema „Schwangerschaft und Geburt" und Angeboten speziell für Ältere. Veranstaltungen im Bereich „Erziehung/Förderung" und zur gemeinsamen Freizeitgestaltung von Eltern und Kinder sind demgegenüber etwas seltener vertreten.

Vertiefungsstudie

Abb. 6: Anzahl an Veranstaltungen der Familien-Bildungsstätte Wolfenbüttel im Themenbereich „Familie/Gender/Generationen"

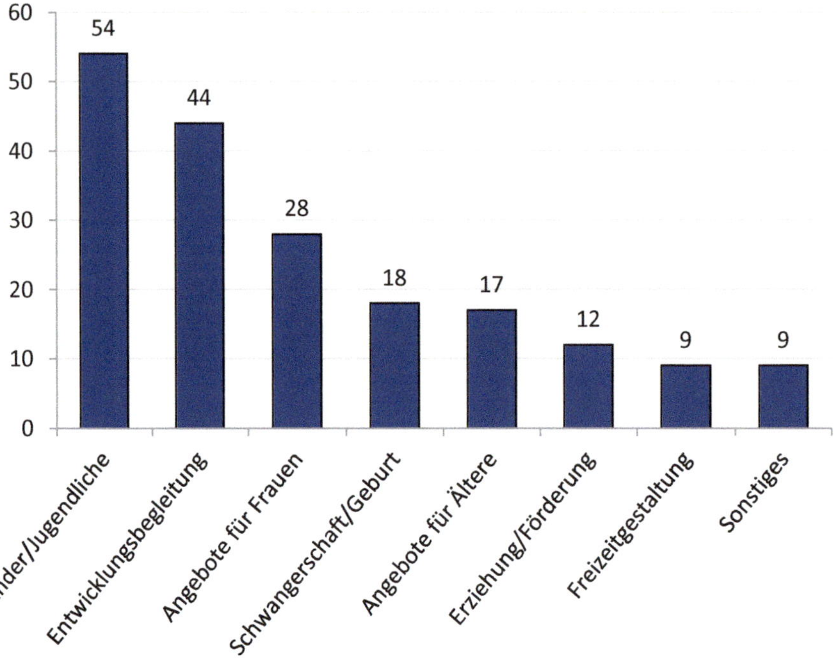

Kategorie	Anzahl
Kinder/Jugendliche	54
Entwicklungsbegleitung	44
Angebote für Frauen	28
Schwangerschaft/Geburt	18
Angebote für Ältere	17
Erziehung/Förderung	12
Freizeitgestaltung	9
Sonstiges	9

Gesamtzahl an Veranstaltungen: 191

6.4 Zusammenfassende Betrachtungen

In der Beschreibung ihres Programmplanungshandelns durch die beiden Leiterinnen der Einrichtung tritt ihre Initiativrolle sehr deutlich in Erscheinung; ihre Ideen, Vorschläge und Planungen bilden den Ausgangspunkt des Programmplanungshandelns. Daran schließt sich ein Abstimmungsprozess mit den fachlichen Personen und Gremien an, auf die sich die Leiterinnen für die Gestaltung des Programmangebots beziehen. Dabei wird eine Schrittfolge erkennbar, die gleichsam „von innen nach außen" gerichtet ist: Die Leiterinnen tauschen sich auf der Basis ihrer eigenen Vorüberlegungen mit den Kursleitenden über deren Themen und Vorschläge aus; daran schließt sich die Einbeziehung externer Kooperationspartner an bzw. die Integration von Impulsen, die die Leiterinnen aus ihrer Mitwirkung in familienunterstützenden Netzwerken gewinnen. Eine wichtige Rolle im Planungsprozess spielen darüber hinaus die vielen Honorarkräfte, deren Kompetenzen und Ideen in das faktisch zustande kommende Programm einfließen.

Das aus diesen Austauschprozessen entwickelte Programm wird durch den ehrenamtlich tätigen Vorstand beraten und gebilligt. Für den Prozess der Entwicklung und Veröffentlichung des Programmangebots zeigt sich somit die fachlich begründete Eigenständigkeit der hauptamtlichen Mitarbeiterinnen, die seitens der formal-rechtlichen Leitungsgremien (Vorstand der Familien-Bildungsstätte und dem Propstei-Vorstand bzw. dem Propst/der Pröpstin) anerkannt und respektiert wird. Die konzeptionelle und praktische Basis dieses anerkennungsbasierten sowie fach- und professionsgestützten Handlungsmodells der Familien-Bildungsstätte findet seinen Ausdruck auch darin, dass die pädagogischen Leiterinnen die Vertrauens- und Beratungsbeziehung betonen, durch die das Verhältnis der kirchlichen Leitungsgremien zu ihnen bestimmt sei. Der kirchliche Rückbezug der pädagogischen Leiterinnen kommt dann andererseits auch in explizit „theologischen Deutungen" des Selbstverständnisses und des Charakters ihrer „evangelischen" Bildungsarbeit zum Ausdruck.

Bedeutsam erscheint vor diesem Hintergrund die deutliche Hervorhebung des gesetzlichen Auftrags, dem die Familien-Bildungsstätte verpflichtet ist und der gleich zu Beginn der Selbstvorstellung auf der Internetseite der Einrichtung akzentuiert und auch von den Leiterinnen im Gespräch betont wird. Dabei gibt die oben genannte staatliche Richtlinie (vgl. Kap. 6.1) einen thematischen Strukturrahmen vor, in dem von acht Themenkomplexen sechs in jedem Falle berücksichtigt werden müssen, während die kirchliche Richtlinie auf der Grundlage eines sehr kurz skizzierten „christlichen Menschenbildes" allgemeine Hinweise für die Aufgabe der Familienbildungsstätte gibt. In beiden Richtlinien wird der Bereich der Gesundheitsbildung ausdrücklich erwähnt. Die Tatsache, dass dieser Bereich in der Familien-Bildungsstätte Wolfenbüttel deutlich ausgeprägter ist als im Familienbildungswerk Moers, weist einerseits darauf hin, dass der rechtliche Rahmen einen Orientierungshorizont für die programmatische Ausrichtung der Familien-Bildungsstätte Wolfenbüttel bereitstellt. Andererseits gibt die Nennung verschiedener möglicher Themenbereiche der Einrichtung einen gewissen Gestaltungsspielraum, in dem sie ihre „konzeptionelle Individualität" hinsichtlich ihres Programmprofils ausdrücken kann. Diese lässt sich nicht zwingend aus den objektiven Rahmenbedingungen ableiten und stellt somit eine Grenze für eine auf generalisierende Aussagen gerichtete Analyse dar.

Was zudem in der vorgelegten Programmanalyse nicht zum Ausdruck kommt, ist der Umstand, dass es in der Einrichtung einen sozusagen „historisch etablierten Programmteil" von Angeboten gibt, die konzeptionell nicht immer neu entwickelt, sondern solange angeboten werden, wie es für sie eine Nachfrage gibt. Andere Programmbereiche werden demgegenüber regelmäßig verändert. Die in diesem Zusammenhang von den Leiterinnen erwähnten Bemühungen, zu Erziehungsfragen „wechselnde „Highlights" wie Vorträge mit prominenten Referentinnen und Referenten anzubieten (vgl. Kap. 6.2), macht außerdem deutlich, dass in das Programmplanungshandeln auch marketingbezogene und reputationsrelevante Gesichtspunkte einfließen.

Vertiefungsstudie

7. EEB Geschäftsstelle Hannover

7.1 Allgemeine Einrichtungsmerkmale

Die Regionalstelle (Geschäftsstelle) der Evangelischen Erwachsenenbildung Hannover (EEB Hannover) stellt eine Organisationseinheit der Evangelischen Erwachsenenbildung Niedersachsen (EEB Niedersachsen) dar. Sie bildet eine von insgesamt 13 Zweigstellen in diesem Bundesland, deren entscheidendes Organisationsmerkmal als *Zweigstelle* sich aus der institutionellen Struktur und Verfassung der EEB Niedersachsen als einer unselbstständigen Einrichtung der Konföderation evangelischer Kirchen in Niedersachsen ergibt (vgl. Bildungsbericht, Kap. 2.4.2). Ihr Zuständigkeitsgebiet umfasst insgesamt zehn Kirchenkreise, die Landeskirche Schaumburg-Lippe (in der Größe eines Kirchenkreises), die evangelisch-reformierten Gemeinden und 32 landeskirchliche Werke und Einrichtungen. Dabei fungieren die Gemeinden in den Kirchenkreisen als die wesentlichen Kooperationspartner der Geschäftsstelle und bilden – zusammen mit den anderen genannten – die Gesamtheit und regionale Struktur der evangelischen Erwachsenenbildung. Ein zentraler Organisationszweck der Geschäftsstelle besteht daher darin, die Gemeinden in der Entwicklung ihrer Bildungsangebote zu begleiten und zu unterstützen. Dabei wird zugleich die Kompatibilität der in den Gemeinden ihres Zuständigkeitsgebietes organisierten Bildungsangebote für Erwachsene mit dem Erwachsenenbildungsgesetz des Landes Niedersachsen gewährleistet. Aus dieser Organisationsstruktur und der damit verbundenen Funktion der Kompatibilitätsprüfung und Abwicklung der finanziellen Förderung resultiert somit auch ein wesentlicher und der quantitativ größere Aufgabenbereich der beiden in Vollzeit tätigen pädagogischen Mitarbeiterinnen und der zwei Verwaltungsmitarbeiterinnen im Umfang von 1,25 Vollzeitstellen. Grundlage der Kompatibilitätsprüfung ist ein zentral organisiertes Programmverwaltungsprogramm, anhand dessen die geplanten Bildungsangebote der Gemeinden nach formalen und inhaltlichen Kriterien erfasst, geprüft und genehmigt bzw. bei Bedarf beraten und modifiziert werden. Ein zweiter Aufgabenbereich besteht in der Organisation von Bildungsangeboten in der pädagogischen Eigenverantwortung der Geschäftsstelle.

Die Dienst- und Fachaufsicht liegt bei der Leiterin/dem Leiter der EEB Niedersachsen. Ein ehrenamtlicher Vorstand berät die Mitarbeiterinnen, spricht Empfehlungen zu thematischen Schwerpunktsetzungen aus, überwacht den Haushaltsplan und entscheidet über die Weiterleitung finanzieller Mittel an die Gemeinden, mit denen die EEB Hannover kooperiert.

Die strukturellen Einflussfaktoren und die formalen Handlungsbedingungen für das Programmplanungshandeln der Geschäftsstelle ergeben sich damit u.a.

aus den formalen Anforderungen des Erwachsenenbildungsgesetzes und dessen politischer Interpretation hinsichtlich der mit der öffentlichen Finanzierung verbundenen Förderziele. Sie finden in den öffentlichen Zuweisungen an die EEB Niedersachsen ihren materiellen Ausdruck. Zusammen mit den kirchlichen Zuweisungen sowie in Einzelfällen der Zuweisung von Sondermitteln (z. B. für Integrationskurse) oder Mitteln aus der Beteiligung an Projekten ergibt sich der Gesamthaushalt, in dem das Verhältnis von staatlichem zu kirchlichem Anteil etwa 2,5 zu 1 beträgt. Von der Landesgeschäftsstelle der EEB Niedersachsen wird der Regionalstelle Hannover ein Gesamtbudget zugewiesen, das die finanzielle Grundlage für die Förderung der Bildungsarbeit der Kooperationspartner und der eigenverantwortlichen Bildungsveranstaltungen sowie der Personal- und Geschäftsführungsaufwände bildet. Hinzu kommen noch Einnahmen aus Teilnahmegebühren.

Durch die Einführung eines Qualitätsmanagementsystems hat die EEB Niedersachsen eine eigenständige Interpretation ihres Selbstverständnisses und ihres von staatlicher und kirchlicher Seite legitimierten Auftrags entwickelt (Leitbild). Die Festlegung von Jahreszielen innerhalb des Qualitätsmanagementsystems ist schließlich noch als strukturelle Einflussgröße auf das Programmplanungshandeln hervorzuheben.

Die Vernetzungsstruktur ist vor allem geprägt durch die Mitarbeit in einer Vielfalt von kollegialen Fachgremien und Arbeitsgruppen (Qualitätsworkshop, AG Leben in der globalisierten Welt), Konferenzen und Gremien der EEB Niedersachsen sowie durch die Mitarbeit in den regionalen Gremien der EEB Hannover (Vorstand und Delegiertenversammlung), in Arbeitsgruppen und in kirchlichen und außerkirchlichen Netzwerken (Netzwerk „Kriegskinder", Netzwerk „Fortbildungen für Ehrenamtliche in der Flüchtlingsarbeit begleiten").

7.2 Programmplanungshandeln: Beteiligte, Aktivitäten und Handlungsorientierungen

Die Ausführungen zum Programmplanungshandeln gründen auf den Aussagen der beiden pädagogischen Mitarbeiterinnen der Geschäftsstelle, die in einem gemeinsamen Interview dargelegt wurden. Wie bereits oben beschrieben, umfasst demnach die Bildungsarbeit der Geschäftsstelle der EEB Hannover sowohl die Begleitung und Betreuung von Veranstaltungen der Kooperationspartner, also vor allem der Kirchengemeinden, als auch die Planung und Durchführung von eigenen Bildungsveranstaltungen, den sogenannten „Eigenmaßnahmen". Für letztere wird keine gemeinsame Broschüre erstellt; stattdessen werden die Veranstaltungen über ein Jahresplakat und Flyer beworben. Alle Veranstaltungen sind zudem in einer gemeinsamen Datenbank der EEB Niedersachsen aufgeführt, die für die Allgemeinheit online zugänglich ist.

Vertiefungsstudie

Die Programmplanung obliegt vor allem den beiden pädagogischen Mitarbeiterinnen der Geschäftsstelle, die sich eng mit der Leitung der Landesgeschäftsstelle der EEB Niedersachsen abstimmen, z.B. im Rahmen von Jahresgesprächen. Die Konföderation evangelischer Kirchen in Niedersachsen als Einrichtungsträger ist somit indirekt über die Landesgeschäftsstelle in die Programmplanung involviert. Darüber hinaus sind der Einrichtungsvorstand und die Delegiertenversammlung, in der Delegierte aus den Kirchenkreisen zweimal im Jahr zusammenkommen, beratend in den Planungsprozess eingebunden. Weitere Impulse kommen von anderen Kooperationspartnern und Netzwerken sowie aus Arbeitsgruppen bzw. Konferenzen, die mit den pädagogischen Mitarbeitenden der übrigen Geschäftsstellen in Niedersachsen durchgeführt werden.

Die Vielzahl an beteiligten Gremien deutet bereits darauf hin, dass die Programmplanung durch einen institutionalisierten Beratungsprozess geprägt ist:

> „(…) Ich bin ja schon lange dabei, und während man früher vom Schreibtisch aus zentral gesagt hat: ‚Das sind die Themen, die der Mensch draußen braucht‘, ist dies schon seit einigen Jahren nicht mehr der Fall. Wir setzen zwar selbst Themen, aber es ist doch ein ausgeprägter, vielschichtiger Beratungsprozess, der auf unterschiedlichen Ebenen abläuft." (Pädagogische Mitarbeiterin der Geschäftsstelle)

Dazu kommt nach Auskunft der pädagogischen Mitarbeiterinnen die Evaluation vergangener Veranstaltungen auf Grundlage des Teilnahmeverhaltens sowie des Feedbacks von Kursleitungen und Teilnehmenden, das bei längeren Veranstaltungen über Fragebögen erhoben und nach der Auswertung mit den Kursleitungen besprochen wird. Darüber hinaus gehört zum Programmplanungshandeln eine systematische Beobachtung von gesellschaftlichen und kirchlichen Entwicklungen. Diese erfolgt über die Auswertung der kommunalen Sozialdaten und der sogenannten „Grundstandards kirchlicher Bildungsarbeit" der Kirchenkreise, also deren Bildungskonzepte, die seit 2009 vorgelegt werden müssen und z.B. Einblicke in thematische Schwerpunktsetzungen ermöglichen. Schließlich ist das jährliche Aufstellen von Qualitätszielen, die sich u.a. auf die Durchführung bestimmter Veranstaltungen bzw. die Bearbeitung bestimmter thematischer Bereiche beziehen, ein wichtiger Bestandteil der Programmplanung.

Entsprechend der großen Bedeutung, die der Beratung und Begleitung von Angeboten der Kirchengemeinden und anderer Kooperationspartner zukommt, stellen deren Wünsche und Interessen eine zentrale Handlungsorientierung für den Planungsprozess dar. Gleichzeitig soll das Angebot der Geschäftsstelle deren evangelische Ausrichtung widerspiegeln, und zwar u.a. im Umgang mit den Teilnehmenden:

> „(…) Es kommt bei den Teilnehmenden gut an, dass hier ein besonderes Klima herrscht, ein Klima der Wertschätzung in der Begegnung (…) Wenn wir die Veran-

staltungen organisieren, dann so, dass sich die Menschen wohlfühlen. Das ist uns wichtig, und das kommt rüber. Dann wird gesagt: ‚Das ist wirklich evangelische Erwachsenenbildung.' Das gibt es woanders nicht. Und darauf sind wir auch stolz."

(Pädagogische Mitarbeiterin der Geschäftsstelle)

Den Teilnehmenden soll zudem der persönliche Austausch über religiöse bzw. existentielle Fragen ermöglicht werden, was als weiteres „evangelisches" Charakteristikum des Bildungsangebots der Geschäftsstelle gesehen wird. Dieses Ziel deckt sich zugleich mit den wahrgenommenen Wünschen der zentralen Zielgruppe der Veranstaltungen, die nach Aussage beider pädagogischer Mitarbeiterinnen vor allem aus Frauen ab 40 Jahren besteht und an denen sich die Programmplanung ebenfalls orientiert. Die Orientierung an den Bedarfen von Teilnehmenden und Zielgruppen, die sowohl antizipiert als auch erhoben werden (s. o.), fällt demnach mit der Orientierung am evangelischen Profil der Einrichtung zusammen.

Finanzielle Aspekte beeinflussen insbesondere die Zusammenarbeit mit anderen Einrichtungen, die sich aufgrund der begrenzten Finanz- und Zeitressourcen vor allem auf innerkirchliche Kooperationspartner beschränkt. Die finanzielle und personelle Ausstattung stellt darüber hinaus eine ständige Handlungsorientierung bei der Programmplanung dar: Aus vielen möglichen Bildungsangeboten muss letztlich ausgewählt werden, welche tatsächlich zu realisieren sind – was gerade angesichts des großen Zuständigkeitsgebiets hinsichtlich der Durchführung von eigenen Bildungsangeboten in einzelnen Kirchengemeinden zu Einschränkungen zwingt.

7.3 Programmanalyse

Für die Programmanalyse wurden lediglich die Eigenmaßnahmen der Geschäftsstelle berücksichtigt und insgesamt 24 Flyer analysiert (meist 1-2 Seiten). Wie bei einigen der übrigen Einrichtungen auch wird mit der Programmanalyse also nur ein Teil der Bildungsarbeit erfasst – der hier aufgrund der großen Bedeutung, die der Begleitung der Bildungsangebote von Kirchengemeinden und anderen evangelischen Einrichtungen zukommt, vergleichsweise klein erscheint (vgl. Kap. 7.1).[40]

---

40 Nicht erfasst wurde die relativ große Anzahl an Babykursen, die in internen Dokumenten der Geschäftsstelle als Eigenmaßnahmen ausgewiesen sind, aber nicht über die für die Programmanalyse zur Verfügung gestellten Flyer beworben wurden.

Abb. 7: Anzahl an Veranstaltungen der EEB Hannover nach Themenbereichen

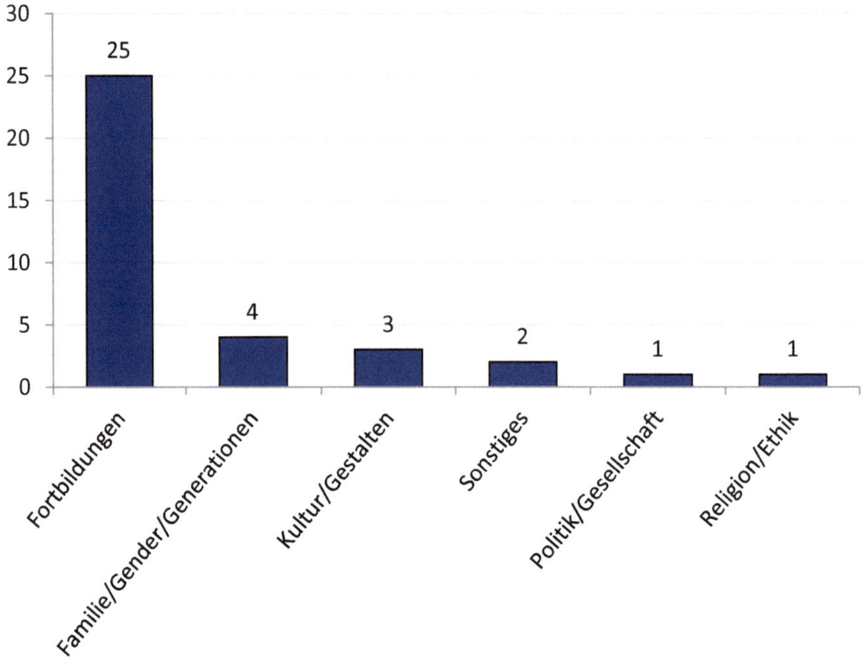

Themenbereich	Anzahl
Fortbildungen	25
Familie/Gender/Generationen	4
Kultur/Gestalten	3
Sonstiges	2
Politik/Gesellschaft	1
Religion/Ethik	1

Gesamtzahl an Veranstaltungen: 36

Der Schwerpunkt bei den Eigenmaßnahmen liegt auf Fortbildungsveranstaltungen, die mit einer Anzahl von 25 fast 70 % aller Angebote umfassen (vgl. Abb. 7). Alle übrigen thematischen Bereiche sind weit seltener vertreten. Schaut man sich die Zielgruppen der Fortbildungen an (vgl. Abb. 8), wird deutlich, dass diese häufig allgemein an Mitarbeitende adressiert sind – wobei sich einige der Angebote nach Informationen aus der internen Dokumentation der Geschäftsstelle trotz der allgemeinen Ausschreibung v.a. an ehrenamtliche Mitarbeitende richten, wie beispielsweise Angebote zur Seniorenarbeit oder zu Besuchsdiensten. Häufig sind Ehrenamtliche auch explizit als Zielgruppe erwähnt, für die im Untersuchungszeitraum insbesondere Fortbildungen für die Arbeit mit Geflüchteten angeboten werden. Ansonsten umfassen die Fortbildungen neben den bereits genannten Ausrichtungen ein breites thematisches Spektrum, wie die Leitung von Eltern-Kind-Gruppen, die Unterstützung bei der Arbeit mit Suchtkranken etc.

Abb. 8: Zielgruppen der Fortbildungen der EEB Hannover

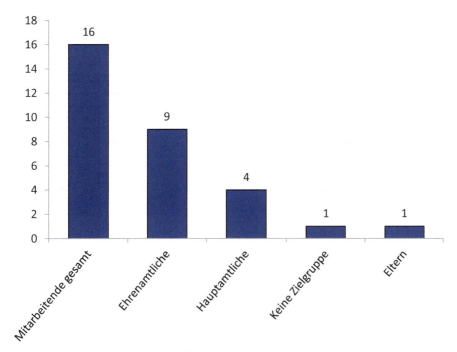

Gesamtzahl an Veranstaltungen: 25; Mehrfachnennungen pro Angebot möglich

7.4 Zusammenfassende Betrachtungen

Für eine angemessene Interpretation des Programmplanungshandelns der EEB Hannover als Zweigstelle der EEB Niedersachsen sind die räumlichen Dimensionen ihres Zuständigkeitsbereiches hervorzuheben: Wie oben ausgeführt, wird dieser durch faktisch elf Kirchenkreise, eine unbestimmte Anzahl evangelisch-reformierter Gemeinden und 32 landeskirchliche Werke und Einrichtungen definiert. Aus diesem großen Zuständigkeitsraum ergibt sich die primäre Aufgabendefinition für die pädagogischen Leiterinnen: Sie spielen eine sowohl begleitende und vermittelnde als auch prüfende Rolle gegenüber den in den Kirchengemeinden entwickelten Bildungsangeboten. Den Entscheidungsrahmen hierfür geben die Ausführungsbestimmungen des niedersächsischen Erwachsenenbildungsgesetzes vor. Insofern könnte man dieses Handeln als ein *vernetzt-legitimierendes Planungshandeln* deuten, weil die Kirchengemeinden die primären Akteure im Prozess der Programmentwicklung sind und die pädagogischen Leiterinnen eine Gewährleistungsfunktion für die Kompatibilität der Angebote mit den gesetzlichen Anerkennungsbedingungen wahrnehmen. In diesem Handlungsmodell treten damit Akteure des Bildungshandelns ins Blickfeld, nämlich die sich als

Lernort definierenden Kirchengemeinden, über deren Planungshandeln hier keine Aussagen getroffen werden können.

Neben der Koordinierungs- und Beratungsfunktion für die Kirchengemeinden und kirchlichen Werke, in der die Zuteilung der Finanzmittel ein entscheidender Gesichtspunkt ist, konzentriert sich das Aufgabenspektrum der Zweigstelle auf die Entwicklung und Realisierung von Fortbildungsangeboten. Dabei zeigt die Programmanalyse, dass sich die Fortbildungen auf „Mitarbeitende" und „Ehrenamtliche" konzentrieren. Man kann dieses Adressatenprofil als eine Auftragsorientierung interpretieren, die darauf ausgerichtet ist, das Professionalitätsniveau der – neben den Hauptamtlichen – für das Organisationsgefüge und die Programmentwicklung der evangelischen Erwachsenenbildung beiden wichtigsten Gruppen von Mitarbeitenden kontinuierlich zu sichern und fortzuentwickeln.

Vor dem Hintergrund der beiden genannten Aufgaben der pädagogischen Leiterinnen, Koordinierung und Beratung einerseits und Fortbildung andererseits, kommt ihrer ausgeprägten Vernetzungsstruktur ein besonderes Gewicht zu. Dabei ist zunächst die innerkirchliche Vernetzungspraxis hervorzuheben, die sich im ehrenamtlich tätigen Vorstand und der aus Vertreterinnen und Vertretern der Kirchenkreise und kirchlicher Werke gebildeten Delegiertenversammlung zeigt, durch die die pädagogischen Mitarbeiterinnen in einen persönlichen Austausch mit ihren Kooperationspartnern treten und die von diesen artikulierten Bildungsinteressen und -bedarfe wahrnehmen und aufgreifen können. Angesichts der aus der Kooperation mit Kirchengemeinden und kirchlichen Werken resultierenden Struktur der EEB Niedersachsen ist die „Organisation der pädagogischen Verantwortung" innerhalb dieser und für diese institutionelle Verfassung der EEB von herausragender Bedeutung. Diese zeigt sich zum einen in der Leitungs- und Vorgesetztenfunktion der Geschäftsführerin/ des Geschäftsführers der Landesorganisation gegenüber den hauptamtlichen pädagogischen Mitarbeitenden, die insbesondere in jährlichen Mitarbeitendengesprächen zum Ausdruck kommt. Zum anderen in dem exemplarisch bereits beschriebenen Aufgabenprofil der beiden pädagogischen Mitarbeiterinnen, die sich ihrerseits durch ihre Präsenz und Mitarbeit in unterschiedlichen Arbeitsgruppen und Gremien Informationen und Anregungen beschaffen, aber auch an konzeptionellen Weiterentwicklungen des Themenprofils der EEB Niedersachsen mitwirken.

8. Evangelisches Erwachsenenbildungswerk Westfalen und Lippe e.V.

8.1 Allgemeine Einrichtungsmerkmale

Das Evangelische Erwachsenenbildungswerk Westfalen und Lippe e.V. (EEB Westfalen-Lippe) ist ein gemeinnützig anerkannter Verein, der für das Gebiet der Evangelischen Kirche von Westfalen (EKvW) und der Lippischen Landeskirche zuständig ist (vgl. Bildungsbericht, Kap. 2.4.3). Seit seiner Gründung im Jahre 1975 nimmt das Erwachsenenbildungswerk im Bereich der Lippischen Landeskirche und der EKvW auch im Sinne einer Dachorganisation (s.u.) die Aufgaben evangelischer Erwachsenenbildung in der öffentlich verantworteten und pluralen Weiterbildung wahr. Der Verein ist eine nach dem Weiterbildungsgesetz des Landes Nordrhein-Westfalen (WbG NRW) anerkannte Einrichtung der Weiterbildung. Mitglieder des Vereins sind 35 regionale Bildungswerke, die sich über die gesamte Fläche der westfälischen und lippischen Landeskirche verteilen und dezentral Bildungsangebote entwickeln. Diese befinden sich zum großen Teil in Trägerschaft von Kirchenkreisen, die ihrerseits Körperschaften des öffentlichen Rechts sind. Weitere Mitglieder sind z.B. Institute in Trägerschaft der EKvW wie das Institut für Kirche und Gesellschaft. Hinzu kommen juristische Personen des öffentlichen oder privaten Rechts, die Mitglied einer Landeskirche oder der Evangelischen Kirche in Deutschland (EKD) sind und/oder mit diesen dauerhaft und eng kooperieren und Weiterbildung nach dem WbG NRW betreiben, z.B. das Kulturzentrum AGORA in Trägerschaft der griechischen Gemeinde Castrop-Rauxel oder das IBB (Internationales Bildungs- und Begegnungswerk e.V.).

Das EEB Westfalen-Lippe nimmt mit Unterstützung der Landeskirche in eigenständiger Weise die fachlichen, bildungspolitischen und rechtlichen Belange der evangelischen Erwachsenenbildung gegenüber staatlichen Stellen und anderen Verbänden der Weiterbildung wahr, soweit nicht grundsätzliche Fragen des Verhältnisses von Kirche und Staat (etwa Gesetzesänderungen) berührt sind. Neben der politischen Vertretung und der Lobbyarbeit gegenüber dem Land trägt das Erwachsenenbildungswerk Verantwortung für die Verwendung der öffentlichen Mittel des Landes, zum Teil auch des Bundes und der EU-Projektmittel.

Zu den Aufgaben des EEB Westfalen-Lippe auf der zentralen Ebene gehören die Durchführung von Fachveranstaltungen, Symposien und Bildungsforen, die Entwicklung von Arbeitsmaterialien für die Erwachsenenbildung, die Bildungsberatung für einzelne Personen, Gruppen und Organisationen, Leitungsqualifizierungen insbesondere für pädagogische und soziale Handlungsfelder sowie Langzeitfortbildungen mit Zertifikat. Darüber hinaus werden Angebote zur Fort- und Weiterbildung für die hauptamtlichen pädagogischen Mitarbeitenden gemacht. Schließlich ist das Erwachsenenbildungswerk auch für die Pflege und Praxis des Qualitätsmanagements verantwortlich, das durch eine Qualitätsbeauftragte in der Geschäftsstelle und durch Qualitätsbeauftragte in den Mitgliedseinrichtungen überwacht wird.

In den Regionalstellen des Erwachsenenbildungswerks werden mit unterschiedlicher Reichweite (gemeindebezogen, regional oder überregional) Bildungsprogramme angeboten, die eine große Angebotsbreite in den Bereichen politischer, kultureller und (inter-)religiöser Bildung sowie familienbezogene Angebote, berufsbezogene Weiterbildungen bis hin zur Qualifizierung im Ehrenamt umfassen.

Die Geschäftsführerin steuert gemeinsam mit dem Vorstand des Vereins nicht nur die Vereinsgeschäfte, sondern verantwortet als Leitung der Einrichtung das Gesamtangebot der Bildungsarbeit. Für die insgesamt mehr als 90 hauptamtlichen Pädagoginnen und Pädagogen in den Regionalstellen liegt die Fachaufsicht beim EEB Westfalen-Lippe und wird durch seine Geschäftsführerin ausgeübt; die Dienstaufsicht liegt bei den Mitgliedseinrichtungen als den Anstellungsträgern der Mitarbeitenden. Die Geschäfts-und Studienstelle (GUS) ist pädagogische Stabsstelle des Erwachsenenbildungswerks und verantwortet darüber hinaus ein eigenes Seminarangebot. In der GUS sind 2,5 Stellen im Bereich der hauptamtlichen pädagogischen Studienleiter und 4,0 Verwaltungsstellen vorhanden; hinzu kommen zwei Personalstellen im Bereich der Geschäftsführung. Unter dem Gesichtspunkt der personellen und organisatorischen Infrastruktur und seiner finanziellen Gesamtausstattung ist das EEB Westfalen-Lippe das größte evangelische Erwachsenenbildungswerk im Vergleich zu den übrigen vergleichbaren Einrichtungen in den Gliedkirchen der EKD.

Die finanzielle Basis des EEB Westfalen-Lippe e. V. ergibt sich zu einem erheblichen Teil aus Teilnahmebeiträgen, daneben aus Zuschüssen nach dem WbG NRW, aus weiteren projektbezogenen Bundes- und Landesmitteln, Zuschüssen der westfälischen Landeskirche und der Lippischen Landeskirche sowie aus themenbezogenen Zusatzförderungen nach dem WbG NRW.

8.2 Programmplanungshandeln: Beteiligte, Aktivitäten und Handlungsorientierungen

Wie oben angemerkt gehört zur Bildungsarbeit des EEB Westfalen-Lippe sowohl die Konzeption und Durchführung eigener Veranstaltungen als auch die Beratung und Begleitung der 35 Regionalstellen bei deren Programmplanung. Die vorliegende Untersuchung konzentriert sich auf das Programmplanungshandeln der Mitarbeitenden in der Geschäfts- und Studienstelle des Erwachsenenbildungswerks und damit auf die Erstellung dessen eigenen Bildungsprogramms, das quantitativ allerdings nur einen kleinen Teil des gesamten Bildungsprogramms des EEB Westfalen-Lippe ausmacht. Zur Programmplanung innerhalb der GuS äußerten sich die gegenwärtige Geschäftsführerin und der ehemalige Geschäftsführer des Erwachsenenbildungswerks in zwei separaten Interviews.

An der Programmplanung sind laut Aussage beider Gesprächspartnerinnen und -partner vor allem die Geschäftsführerin sowie die vier Studienleiterinnen und Studienleiter beteiligt, wobei die Geschäftsführerin laut Satzung der Einrichtung für die Programmplanung verantwortlich ist (vgl. Kap. 8.1). Eine direkte Einflussnahme anderer Einrichtungsgremien wie des Vorstands oder der Mitgliederversammlung erfolgt nicht. Weitere Impulse kommen vom Pädagogischen Beirat des Erwachsenenbildungswerks und den diversen Kooperationspartnern, mit denen viele der Veranstaltungen gemeinsam durchgeführt werden.

Ein zentraler Bestandteil des Programmplanungshandelns ist laut der Geschäftsführerin u.a. die Evaluation der Veranstaltungen des Vorjahres. Hier werden sowohl das Teilnahmeverhalten anhand der Belegungen als auch die entstandenen finanziellen Kosten der Veranstaltungen überprüft. Außerdem wird das Feedback der Teilnehmenden berücksichtigt, das über Fragebögen erhoben, manchmal aber auch den Verwaltungsmitarbeitenden direkt mitgeteilt wird. Ebenso werden die Rückmeldungen der Kursleitungen eingeholt; dies geschieht im Regelfall über persönliche Gespräche nach Abschluss der Veranstaltungen.

Der Austausch mit anderen Organisationen und (potentiellen) Kooperationspartnern stellt ein weiteres wichtiges Element des Programmplanungshandelns dar, wie der ehemalige Geschäftsführer erläutert. Hier werden neue Handlungsfelder erschlossen, die sich u.a. aus veränderten rechtlichen Rahmenbedingungen ergeben können, wie beispielsweise hinsichtlich der Nachmittagsbetreuung in Ganztagsschulen. Die Erschließung von Handlungsfeldern oder allgemeiner die Bedarfserschließung bzw. die Themensetzung insgesamt erfordert dabei die permanente Beobachtung von gesellschaftlichen Entwicklungen durch die pädagogischen Mitarbeitenden. Neben diesen individuellen Tätigkeiten steht der inhaltliche Austausch im Team der GuS im Mittelpunkt des Programmplanungshandelns:

„Dann gibt es eine Phase, in der die Studienleiter erst einmal für sich planen, und anschließend ist es vor allem ein Aushandlungsprozess im Team. (…) Die Ideen werden im Team präsentiert, und wir gehen diese durch und achten darauf, dass keine Doppelungen entstehen, oder geben noch Tipps, zum Beispiel zu möglichen Kooperationspartnern. Dann streichen wir auch. Das ist ein Prozess, der sich über mehrere Monate hinzieht." (Geschäftsführerin des EEB Westfalen-Lippe)

Als weiteres Austauschgremium dienen die sogenannten Hauptamtlichen-Konferenzen, bei denen die hauptamtlichen pädagogischen Mitarbeitenden des EEB Westfalen-Lippe und seiner Regionalstellen zusammenkommen und thematische Fragen diskutieren. Gleiches geschieht auf trägerübergreifenden Konferenzen.

Die Bedarfe der Teilnehmenden und Zielgruppen stellen eine wesentliche Handlungsorientierung beim Programmplanungshandeln dar: Einerseits wird auf steigende oder rückläufige Belegungszahlen und auf das Feedback der Teilnehmenden reagiert, andererseits wird beispielsweise die Aufnahme gesellschaftlich relevanter Themen angestrebt, um aktuellen Interessen der Zielgruppen zu entsprechen. Dies geschieht auch durch kurzfristig ergänzte Angebote. Gleichzeitig sollen die Angebote aber auch zur evangelischen Ausrichtung des Erwachsenenbildungswerks passen, auf welche die Geschäftsführerin im Zusammenhang mit der Relevanz des Einrichtungsleitbilds für die Programmplanung eingeht. In diesem verschmelzen nach ihrer Aussage christlich und emanzipatorisch geprägte Bildungsziele:

> „Wir wollen Bildungsarbeit im Sinne unseres Leitbildes machen, also Menschen stärken und Gerechtigkeit fördern, und natürlich wollen wir auch das christliche Menschenbild (…) umsetzen. Wir hatten jetzt zum Beispiel eine Diskussion, als eine Kollegin ein Seminar zur Anti-Aging-Ernährung vorgeschlagen hat. Da haben wir gesagt, das könnten wir natürlich anbieten, aber von unserem Leitbild her wollen wir vielleicht diesen Anti-Aging-Wahn eher hinterfragen. (…) Das ist unser Bildungsprofil, dass wir manche Trends dieser Gesellschaft auch hinterfragen wollen. Das entspricht unserem christlichen Anspruch, aber natürlich sind wir auch dem emanzipatorischen Bildungsbegriff sehr verbunden. Aber wir müssen natürlich auch finanziell zurechtkommen." (Geschäftsführerin des EEB Westfalen-Lippe)

Der letzte Satz des Zitats weist darüber hinaus darauf hin, dass das Programmplanungshandeln auch von den verfügbaren Ressourcen abhängt. Angesichts der für die Weiterbildung in einem begrenzten Rahmen zur Verfügung stehenden Ressourcen (z.B. dadurch, dass regelmäßig steigende Personalkosten in der Förderung keine Berücksichtigung finden), müssen Teilnahmebeiträge neben der öffentlichen Förderung und den kirchlichen Eigenmitteln zur Gesamtkostendeckung beitragen. Diese können laut der Geschäftsführerin in größerem Ausmaß insbesondere in Angeboten der beruflichen Bildung erhoben werden. Außerdem wird nach ihrer Aussage vermehrt die Akquise von Drittmitteln notwendig, was einerseits Personalressourcen bindet und andererseits dazu führt, dass die mit Drittmittelprojekten häufig einhergehenden befristeten Arbeitsverhältnisse die Gewinnung neuer Mitarbeitender erschwert. Ressourcenfragen beeinflussen somit das Programmplanungshandeln erheblich. Die Orientierung der Planungen am Weiterbildungsmarkt wird auch daran deutlich, dass für die Profilierung des Erwachsenenbildungswerks und seiner Regionalstellen laut dem ehemaligen Geschäftsführer spezifische Themensetzungen vorgenommen und dadurch inhaltliche Schwerpunkte gebildet werden, denen als „Markenangebote" große Bedeutung zukommt.

8.3 Programmanalyse

Das EEB Westfalen-Lippe insgesamt hat im Jahr 2016 mit seinen 35 regionalen Bildungswerken 6.364 Bildungsangebote mit 127.524 Teilnehmenden durchgeführt. 42,3 % der Veranstaltungen lagen dabei nach Angaben der GuS auf Ebene des EEB Westfalen-Lippe im Bereich „Religion – Ethik – Lebensgestaltung", 26,7 % im Bereich „Politik – Staat – Zivilgesellschaft – Medien", 6,5 % im Bereich „Beruf – Arbeit" und 9,2 % in dem Bereich „Familie – Generationen – Gender".[41]

Die differenzierte Programmanalyse der vorliegenden Untersuchung bezieht sich exemplarisch allerdings nur auf die beiden Jahresprogramme der Geschäfts- und Studienstelle des EEB Westfalen-Lippe von 2015 (100 Seiten) und 2016 (96 Seiten). Diese Programme ergänzen das Angebot der Regionalstellen. Die Bildungsarbeit der GuS geht jedoch auch über die Veranstaltungen, die in den Jahresprogrammen dokumentiert sind, hinaus. So gibt es weitere Angebote wie eine Reihe von Sprach- und Integrationskursen für Migranten und Geflüchtete, zahlreiche Angebote zur Pilgerbegleitung, die in Kooperation mit anderen kirchlichen Trägern westfalenweit angebotenen Veranstaltungen im Rahmen der Reformations-Dekade sowie landesweite Fachtagungen und Projekte, zum Beispiel zum Thema „Bildung für nachhaltige Entwicklung". Diese Angebote werden online bzw. in zusätzlichen zielgruppenspezifischen Broschüren und Flyern beworben, die im Rahmen der vorliegenden Studie nicht berücksichtigt werden konnten.

Das Veranstaltungsprofil der GuS wird durch zwei thematische Schwerpunkte geprägt (vgl. Abb. 9): zum einen durch Fortbildungen, die mit 38 Veranstaltungen gut 38 % aller Angebote ausmachen, und zum anderen durch den Bereich „Religion/Ethik" mit 32 Veranstaltungen (gut 32 % des Gesamtangebots). Veranstaltungen zu politisch-gesellschaftlichen Themen sowie in den Bereichen „Gesundheit" und „Kultur/Gestalten" sind demgegenüber seltener vertreten, ebenso wie der Bereich „Familie/Gender/Generationen".

---

41 Hier ist zu beachten, dass das EEB Westfalen-Lippe eine eigene Systematik zur Zuordnung von Veranstaltungen zu thematischen Schwerpunkten anwendet, sodass diese Angaben nicht mit den Ergebnissen der für die Vertiefungsstudie durchgeführten Programmanalysen vergleichbar sind.

Abb. 9: Anzahl an Veranstaltungen der GuS des EEB Westfalen-Lippe nach Themenbereichen

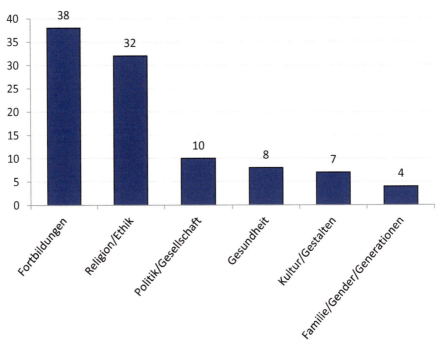

Gesamtzahl an Veranstaltungen: 99

Die Fortbildungen richten sich v.a. an hauptamtliche Mitarbeitende (vgl. Abb. 10), und hier insbesondere an pädagogische Fachkräfte in Kindertagesstätten oder Familienzentren. Themen sind beispielsweise die Förderung von unter Dreijährigen oder die Reggio-Pädagogik. Häufig sind die Veranstaltungen aber auch allgemein an Mitarbeitende adressiert, ohne den Personenkreis näher zu bestimmen, wie Angebote zur Arbeit mit Geflüchteten oder zur sozialraumorientierten Gemeindearbeit. Verschiedene Veranstaltungen richten sich sowohl an haupt- als auch an ehrenamtliche Mitarbeitende. Dazu gehört u.a. die Langzeitqualifikation zur Kirchenführerin/zum Kirchenführer. Veranstaltungen für „sonstige" Zielgruppen sind z.B. für Eltern, Großeltern oder Studierende konzipiert und behandeln Themen wie Medienkompetenzen oder Präsentationstechniken.

8. Evangelisches Erwachsenenbildungswerk Westfalen und Lippe e.V.

Abb. 10: Zielgruppen der Fortbildungen der GuS des EEB Westfalen-Lippe

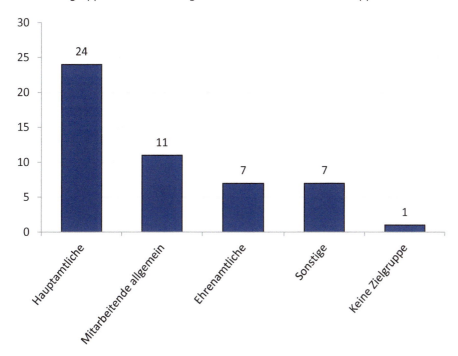

Gesamtzahl an Veranstaltungen: 38; Mehrfachnennungen pro Angebot möglich

Im zweiten zentralen Themenbereich „Religion/Ethik" befassen sich die meisten Veranstaltungen mit Aspekten des Christentums (vgl. Abb. 11). Die Angebote umfassen u.a. Exkursionen zum Bibeldorf Rietberg, Veranstaltungen rund um eine Ausstellung zu Kinderbibeln oder einen Studientag zur Kirchenpädagogik. Thematische Pilgertouren stellen den zweitwichtigsten Unterbereich innerhalb der religiösen Bildung dar. Hier werden eine Reihe unterschiedlicher Pilgerarten angeboten, wie ein Oldtimer-Pilgern, Radpilgern am Niederrhein oder ein Pilgerweg speziell für Paare. In der Kategorie „Sonstiges" findet sich zum Beispiel das mehrtägige kirchliche Filmfestival in Recklinghausen oder experimentelle Formate für jüngere Menschen wie Poetry und Science Slams. Zu den Unterbereichen „nicht christliche Religionen" und „interreligiöser Dialog" gehören beispielsweise ein Vortrag über die Scharia sowie ein Seminar zu Religion und Spiritualität in der Migrationsgesellschaft.

Vertiefungsstudie

Abb. 11: Anzahl an Veranstaltungen der GuS des EEB Westfalen-Lippe im Themenbereich „Religion/Ethik"

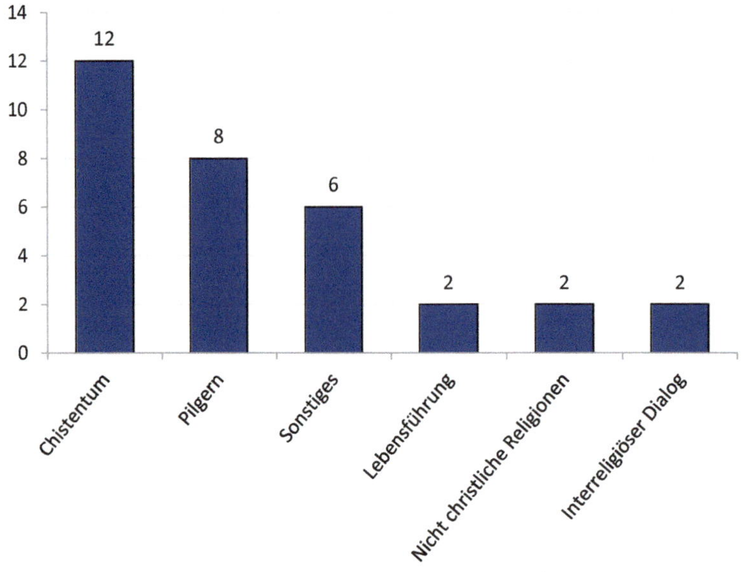

Kategorie	Anzahl
Chistentum	12
Pilgern	8
Sonstiges	6
Lebensführung	2
Nicht christliche Religionen	2
Interreligiöser Dialog	2

Gesamtzahl an Veranstaltungen: 32

8.4 Zusammenfassende Betrachtungen

Das Programmplanungshandeln im EEB Westfalen-Lippe geschieht im Kontext des fachlichen Aufgabenspektrums und des bildungspolitischen Handelns eines evangelischen Erwachsenenbildungswerks, das als Akteur gleichzeitig die Regionalstellen und die Geschäfts- und Studienstelle zusammenbindet. Dabei ist zu berücksichtigen, dass unterschiedliche Bedarfe von Zielgruppen und auch Bedarfe gemeindlicher, regionaler und überregionaler Art in das Programmplanungshandeln eingehen.

Die zentrale Ebene des Erwachsenenbildungswerks nimmt eine programmatische Leitfunktion für die insgesamt verantworteten Bildungsangebote wahr, die die Geschäftsführerin bestätigt, wenn sie betont, „Bildungsarbeit im Sinne unseres Leitbildes" zu machen und das „christliche Menschenbild umsetzen" zu wollen. Zur Sicherung der Programmqualität gehört auch das eingeführte Qualitätsmanagement. Gemeinsam sorgen die zentrale Qualitätsbeauftragte und die Qualitätsbeauftragten der Regionalstellen für die Sicherstellung pädagogischer und organisatorischer Standards für das Programmplanungshandeln. Darüber hinaus garantiert der Vereinsstatus formal-rechtlich die Unabhängigkeit und Selbstständigkeit des Programmplanungshandelns sowie eine im Rahmen des Vereinszwecks autonome Themensetzung. Die spezifische Funktion der

Geschäfts-und Studienstelle lässt sich dabei als Ausdruck der sowohl bildungs- als auch professionspolitisch begründeten Intention interpretieren, die Standards und das Niveau von Professionalität innerhalb der evangelischen Erwachsenenbildung in Westfalen (und Lippe) kontinuierlich zu entwickeln und zu sichern. Dies zeigt sich an der großen Anzahl von beruflich-qualifizierenden Angeboten, die auf hauptamtliche Mitarbeitende und Mitarbeitende in anderen Mitwirkungsformen (Honorarkräfte, Ehrenamtliche) gerichtet sind.

Hinsichtlich der inhaltlichen Differenzierung des Themengebiets „Religion/Ethik", das den zweiten Schwerpunkt des Programmprofils ausmacht, wird deutlich, dass hier vor allem Themen und Aspekte der christlichen Religion behandelt werden. Dass in diesem Schwerpunkt „Pilgern" als eigenständiger Themenbereich erscheint, verdient auch deshalb hervorgehoben zu werden, weil in ihm auf Erfahrungsvermittlung und Beteiligung gerichtete Angebotsformate eines „spirituellen Lernens" von einer Bildungsinstitution entwickelt werden, in deren protestantischer Tradition diese Erfahrungs- und Lernform nicht immer „zuhause" war.

Dass auch in dieser Bildungsinstitution, die im Vergleich zu anderen regionalen bzw. landeskirchlichen Dachverbänden in personeller und finanzieller Hinsicht deutlich besser ausgestattet ist, das Programmplanungshandeln von den vorhandenen Ressourcen entscheidend mitbestimmt wird, zeigt sich an den Hinweisen auf die Notwendigkeit, Drittmittel akquirieren zu *müssen* (vgl. Kap. 8.2). Die systematische Berücksichtigung finanzieller Bedingungen im Prozess der Programmplanung wird auch daran sichtbar, dass entsprechende Praktiken der Evaluation von der Geschäftsführerin betont werden. Dazu steht die im gleichen Zusammenhang beschriebene Praxis der Themenerschließung und -setzung zwar nicht in einem exklusiven *Widerspruchs*verhältnis, wohl aber in einem *Spannungs*verhältnis, in dem sich der professionelle Anspruch der pädagogischen Autonomie in widersprüchlichen Relationen und divergierenden Handlungsorientierungen zeigen und bewähren muss.

Vertiefungsstudie

9. Regionalstelle Nord der EEB Thüringen – die Evangelische Stadtakademie „Meister Eckhart" in Erfurt[42]

9.1 Allgemeine Einrichtungsmerkmale

Die Regionalstelle Nord ist eine von vier Regionalstellen der Landesorganisation der Evangelischen Erwachsenenbildung in Thüringen (EEB Thüringen), die von der Landesgeschäftsstelle in Erfurt geleitet wird (vgl. Bildungsbericht, Kap. 2.4.1). In formaler Hinsicht stellt die Evangelische Stadtakademie eine Organisationseinheit der EEB Thüringen dar, die durch das Regionalstellenprinzip die Absicht verfolgt, eine flächendeckende Präsenz der evangelischen Erwachsenenbildung zu gewährleisten. Die Landesorganisation ist eine unselbstständige Einrichtung der Evangelischen Kirche in Mitteldeutschland und der Evangelischen Kirche Kurhessen-Waldeck. Durch die Anerkennung der Landesorganisation nach dem Erwachsenenbildungsgesetz Thüringen (ThürEBG) sind auch die Regionalstellen anerkannt. Auf lokaler Ebene fungiert die Regionalstelle Nord als „Evangelische Stadtakademie Meister Eckhart" und hat damit vor allem einen städtisch-kommunalen Adressatenkreis und Einzugsbereich für die von ihr entwickelten Bildungsangebote. Die Stadtakademie ist mit dem Augustinerkloster Erfurt (vgl. Kap. 10) und der Katholischen Erwachsenenbildung durch Absprachen und die Planung und Durchführung gemeinsamer Veranstaltungen vernetzt.

Die Leitung der Stadtakademie obliegt einem bei der EEB Thüringen mit einer halben Vollzeitstelle[43] angestellten hauptamtlichen pädagogischen Mitarbeiter, der in weitgehender Eigenverantwortung und in Kooperation mit anderen kirchlichen und säkularen Bildungseinrichtungen die Bildungsangebote organisiert und verantwortet. Unterstützt wird er von einer in Teilzeit beschäftigten Verwaltungsmitarbeiterin. Die Leitungs- und Aufsichtsstruktur ist getrennt: Die Fachaufsicht liegt beim pädagogischen Leiter der EEB Thüringen, die Dienstaufsicht beim Dezernenten für Bildung der Kirchenleitung.

In ihrer Arbeit orientiert sich die Stadtakademie am Leitbild der EEB Thüringen, das im Rahmen der Einführung des Qualitätsmanagements QVB entwickelt worden ist.

---

42 Die Datenerhebung für diese Einrichtung wurde von Verena Wellnitz im Rahmen ihrer Masterarbeit „Potenziale und Herausforderungen der Programmplanung einer Evangelischen Bildungseinrichtung: eine Analyse" durchgeführt (Justus-Liebig-Universität Gießen; Betreuung: Prof. Dr. Bernd Käpplinger).

43 Der Stelleninhaber ist mit einer zweiten halben Vollzeitstelle Studierendenpfarrer an der Universität Erfurt.

Die Finanzierungsstruktur ist fast ausschließlich durch Zuweisungen der Landesorganisation für Erwachsenenbildung Thüringen bestimmt. Hinzu kommen relativ wenige Mittel nach dem ThürEBG sowie Teilnahmebeiträge und Spenden.

9.2 Programmplanungshandeln: Beteiligte, Aktivitäten und Handlungsorientierungen

Die folgenden Ausführungen basieren auf den Erläuterungen des Akademieleiters zum Programmplanungshandeln in seiner Einrichtung. Nach seinen Aussagen umfasst die Bildungsarbeit der Stadtakademie „Meister Eckhart" vor allem die Konzeption und Durchführung eigener Veranstaltungen und weniger die Begleitung und Beratung anderer Einrichtungen. Die Angebote werden häufig in Zusammenarbeit mit anderen Bildungseinrichtungen in Erfurt realisiert, beispielsweise mit der Katholischen Erwachsenenbildung, die der wichtigste Kooperationspartner der Stadtakademie ist, oder mit dem Augustinerkloster. Die Veranstaltungen, die u.a. zu verschiedenen Vortragsreihen wie den „Augustinergesprächen" gehören, werden nicht in einer gemeinsamen Broschüre veröffentlicht, sondern über Flyer und über die Homepage der Stadtakademie beworben.

Für die Programmplanung ist der Leiter der Stadtakademie zuständig. Am Planungsprozess sind außerdem die verschiedenen Kooperationspartner beteiligt. Die Programmplanung erfolgt laut dem Akademieleiter ohne spürbare Einflussnahme des Einrichtungsträgers, also der Landesorganisation EEB Thüringen und der Evangelischen Kirche in Mitteldeutschland.

Wichtiges Element des Programmplanungshandelns ist, wie oben angedeutet, der Austausch mit den Kooperationspartnern sowie die Aufnahme von Wünschen der Teilnehmenden, die teilweise direkt an den Einrichtungsleiter herangetragen werden:

> „Wir haben hier ein Stammpublikum, das sich von selbst meldet. Zum Beispiel wird gesagt: ‚Da ist doch in Gotha eine interessante Ausstellung. Können Sie da nicht mal etwas machen?'" (Leiter der Stadtakademie)

Außerdem wird das Teilnahmeverhalten bei den vergangenen Veranstaltungen im Planungsprozess berücksichtigt. Ebenso ist der Leiter darum bemüht, über die Beobachtung des regionalen Umfelds mögliche Bedarfe der Zielgruppen zu erkennen, wie beispielsweise der Wunsch nach anspruchsvollen Kinofilmen, der angesichts des Fehlens eines geeigneten Programmkinos in Erfurt durch Angebote der Stadtakademie erfüllt werden kann.

Die Berücksichtigung der Wünsche und Interessen von Kooperationspartnern, Teilnehmenden und Zielgruppen stellen somit zentrale Handlungsorientierungen im Programmplanungsprozess dar. In Bezug auf die Zielgruppen äußert sich diese Orientierung u.a. in dem Bestreben, attraktive Veranstaltungsformate zu entwickeln, indem beispielsweise Podiumsdiskussionen anstelle von Vorträgen angeboten werden. Darüber hinaus sollen mit gesellschaftlich relevanten Themen auch eher kirchenferne Menschen angesprochen werden, was insbesondere angesichts des relativ hohen konfessionslosen Bevölkerungsanteils in der Region relevant erscheint:

> „Generell merke ich, dass die Menschen sehr danach gehen, ob sie ein Thema interessiert oder nicht. Zum Beispiel wurde hier in einer Reihe versucht, das EKD-Thema ‚Reformation und die Eine Welt' aufzugreifen (…) Und da kamen nur vier Leute (…) Ich bemühe mich oft, etwas außerhalb dieser innerkirchlichen Themen anzubieten, und das hängt auch mit dem konfessionslosen Umfeld zusammen."
> (Leiter der Stadtakademie)

Die Berücksichtigung der Interessen von eher kirchenfernen Menschen drückt das Bemühen aus, die „Kernklientel" der Stadtakademie zu erweitern, die nach Auskunft des Akademieleiters vor allem zum „innerkirchlichen Milieu" gehört. Gleichzeitig soll aber auch die evangelische Ausrichtung der Stadtakademie in ihren Angeboten erkennbar sein und die Einrichtung von anderen Bildungsanbietern unterscheidbar bleiben. Die Vereinbarung der Orientierung an den (zum Teil kirchenfernen) Teilnehmenden und am evangelischen Einrichtungsprofil kann u. a. gelingen, wenn gesellschaftlich relevante Themen aus einem christlichen Blickwinkel bearbeitet werden, wie beispielsweise Fragen der Religionsfreiheit oder der Sterbebegleitung.

> „Das Problem ist, dass die Kirchen überhaupt nur noch ein sehr enges und überschaubares Milieu von Menschen erreichen, das immer kleiner und älter wird. (…) Mein Ansatz ist, über die Angebote, die wir machen, auch eine christliche Perspektive auf viele Fragen anzubieten, um zumindest denjenigen, die daran Interesse haben, die aber der Kirche nicht nahestehen, die Kirche etwas näher zu bringen."
> (Leiter der Stadtakademie)

Diese Ideen zur Programmgestaltung können jedoch nur in dem Ausmaß umgesetzt werden, wie finanzielle und personelle Ressourcen zur Verfügung stehen. Vor dem Hintergrund knapper Mittel bestimmen Fragen der Ressourcenausstattung das Programmplanungshandeln erheblich, und zwar sowohl hinsichtlich verfügbarer Räume und Dozentinnen und Dozenten als auch der finanziellen Mittel.

> „(…) Wir haben gar keine große Strategie bei der Programmplanung, weil wir eben wenig Geld haben. Wir können uns große Nummern gar nicht leisten. Bei uns spielt eine große Rolle, welche Referenten wir kostengünstig bekommen. Wer arbeitet um die Ecke, oder wer kostet nicht viel Geld. (…)."   (Leiter der Stadtakademie)

9.3 Programmanalyse

Die Programmanalyse basiert auf der Untersuchung von 26 Flyern (meist 1–2 Seiten).

Abb. 12: Anzahl an Veranstaltungen der Stadtakademie „Meister Eckhart" nach Themenbereichen

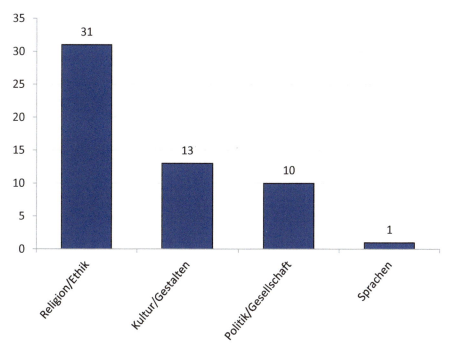

Gesamtzahl an Veranstaltungen: 55

Das thematische Profil der Stadtakademie „Meister Eckhart" wird stark von Angeboten zur religiösen Bildung dominiert, die über die Hälfte aller Veranstaltungen ausmachen (vgl. Abb. 12). Mit deutlichem Abstand folgen die Bereiche „Kultur/Gestalten" und „Politik/Gesellschaft". Andere Programmbereiche sind entweder nur sehr selten (Sprachen) oder gar nicht vertreten.

Im Bereich „Religion/Ethik" wird der Großteil der Veranstaltungen zum Christentum angeboten (vgl. Abb. 13). Einen Schwerpunkt stellen hier die Themen Reformation und speziell Luthers Wirken und seine Bedeutung in der heutigen Zeit dar – was sicher auch darin begründet ist, dass der Untersuchungszeitraum innerhalb der Reformationsdekade und relativ kurz vor dem Reformationsjubiläum 2017 lag. Außerdem werden verschiedene Veranstaltungen zu Fragen der Konfessionslosigkeit, zum Atheismus und zu alternativen religiösen bzw. weltanschaulichen Gruppierungen angeboten, wie beispielsweise den Freikirchen oder Sekten wie Scientology. Fragen der Lebensführung betreffen z.B. den Umgang mit dem Tod/Bestattungskulturen oder die Bedeutung des Fastens.

Abb. 13: Anzahl an Veranstaltungen der Stadtakademie „Meister Eckhart" im Themenbereich „Religion/Ethik"

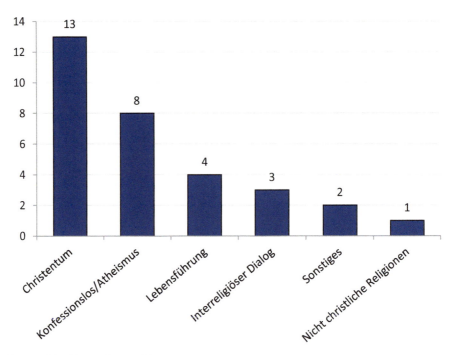

Gesamtzahl an Veranstaltungen: 31

9.4 Zusammenfassende Betrachtungen

Wie bei keiner anderen Einrichtung wird bei der Beschreibung der Organisationsmerkmale, des Programmplanungshandelns und in der Analyse des Programms deutlich, in welch hohem Maße die Entwicklung und Realisierung des Programmangebots der „Meister Eckhart Akademie" von einem Umfeld bestimmt wird, in dem nur noch ein geringer Prozentsatz (ca. 20 %) der Bevölkerung einer der beiden christlichen Konfessionen angehört. Diese an der Kirchenmitgliedschaft ablesbare objektive Minderheitensituation wirkt sich auf die personelle und finanzielle Ressourcenausstattung der Einrichtung aus: Die von einem Pfarrer ausgefüllte Stelle ist zweigeteilt und das bedeutet, dass für die expliziten Aufgaben der Erwachsenenbildung eine halbe Vollzeitstelle vorhanden ist; mit der anderen Hälfte ist der Stelleninhaber Hochschulpfarrer und bezieht sich damit zwar auch auf eine Klientel der Erwachsenenbildung, sein Aufgabengebiet umfasst in dieser Funktion jedoch auch noch andere, z.B. seelsorgerliche Aufgaben. Die knappe Personalausstattung führt dazu, dass der Akademieleiter das Programm überwiegend allein gestalten muss und sich kaum auf institutionalisierte Austauschprozesse und Kooperationsbeziehungen stützen kann. Seine Initiativrolle wird somit ausschlaggebend für die Realisierung des Bildungsauftrags der Stadtakademie.

Die im Verhältnis zu den Einrichtungen in den westlichen Bundesländern und Landeskirchen als „überwiegend konfessionslos" zu bezeichnende Umgebung wirkt sich im Programmplanungshandeln auch – wie die Programmanalyse zeigt – dahingehend aus, dass der pädagogische Leiter einerseits eine dezidert „christliche Perspektive" auf gesellschaftlich relevante Themenangebote zu artikulieren sucht, andererseits die Konfessionslosigkeit oder den Atheismus in Angeboten thematisiert. Hier zeigt sich, auf welch spezifische Weise der Programmbereich „Religion/Ethik" ausdifferenziert und an die jeweiligen Kontextbedingungen einer Einrichtung angepasst werden kann und wie ein Abgleich von Teilnehmenden- bzw. Adressatenorientierung und evangelischer Ausrichtung aussehen kann. Gleichzeitig macht das Beispiel der Stadtakademie allerdings auch sehr deutlich, wie diese Handlungsorientierungen von Ressourcenfragen dominiert werden – letztlich entscheidet der recht eng gesteckte finanzielle Rahmen, welche Veranstaltungen realisiert werden können.

Vertiefungsstudie

10. Augustinerkloster zu Erfurt[44]

10.1 Allgemeine Einrichtungsmerkmale

Das herausragende Organisationsmerkmal des Augustinerklosters zu Erfurt ergibt sich aus seiner Auftragsbestimmung, die darin liegt, die Tradition des Klosters als eines geistlichen und kulturellen Gedenk- und Bildungsortes unter den heutigen gesellschaftlichen Verhältnissen fortzuführen. Die traditionell zum Gebäudekomplex eines Klosters gehörende Kirche, die Arbeits- und Schlafräume sowie die Wirtschafts- und Verwaltungsräume bilden den materiellen, äußeren Handlungsrahmen und zugleich Gegenstandsbereich des Bildungsauftrags des Klosters. Als unselbstständige Einrichtung der Evangelischen Kirche in Mitteldeutschland verfügt es zwar in juristischer Hinsicht über eine prinzipielle Gewährleistung seiner Existenz, agiert jedoch gleichzeitig in wirtschaftlich-finanzieller Hinsicht als ein *eigenverantwortliches Unternehmen,* das über die Kostendeckung seiner personellen und organisatorischen Aufwände hinaus finanzielle Erträge zum Gebäudeunterhalt und zur Erneuerung der Klosteranlage zu erwirtschaften hat. Diese resultieren vor allem aus den Einnahmen des Hotelbetriebs sowie den Fremdbelegungen (Tagungen) und Klosterführungen. Aus diesen Erträgen werden auch die Kosten für die Bildungsangebote gedeckt. Einen für diese eigens ausgewiesenen „Bildungsetat" gibt es nicht. Eine für die Bildungsarbeit finanziell und ideell unterstützende Rolle spielen der „Freundeskreis des Evangelischen Augustinerklosters zu Erfurt e. V." und der „Förderverein der Bibliothek des Evangelischen Ministeriums zu Erfurt e. V."

Ein Qualitätsmanagement ist für das Augustinerkloster nicht eingeführt. Für seine Aufgabenorientierung und die Definition seines Organisationszwecks bestimmend ist die von der Landeskirche erlassene Satzung. Sein Charakter als „hybrider Organisationstypus" (vgl. Bildungsbericht, Kap. 4.3.4) ergibt sich sowohl aus der Aufgabenbestimmung des Klosters als einer bedeutenden reformatorischen Gedenkstätte als auch aus dem hotelförmig organisierten Übernachtungs- und Tagungsbetrieb sowie den vom Kloster verantworteten Bildungsangeboten, die in Einzelfällen zugleich mit der im Kloster geübten kultisch-spirituellen Praxis verbunden sind. Im gesamten Aufgabenspektrum spielen die durch Organisationen, Unternehmen und kirchliche Einrichtungen vorgenommenen Fremdbelegungen eine wichtige Rolle. Um die damit verbundenen organisatorischen und kurativen

---

44 Die Datenerhebung für diese Einrichtung wurde von Dr. Barbara Pühl im Rahmen ihrer Masterarbeit „Lernen am historischen Ort. Eine Fallstudie über Bildungsangebot und Programmplanung des Evangelischen Augustinerklosters zu Erfurt" durchgeführt (Ludwig-Maximilians-Universität München; Betreuung: Prof. Dr. Rudolf Tippelt).

Aufgaben zu erledigen, verfügt das Kloster über einen großen Verwaltungs- und Versorgungsstab. Schließlich fungiert das Kloster auch als Veranstaltungsort von kirchenmusikalischen Veranstaltungen, für die es zwar nicht inhaltlich verantwortlich ist, die aber mit dem Kloster als öffentlich-kirchlichem Wirkungsort identifiziert werden.

In rechtlicher Hinsicht wird die Gesamttätigkeit des Klosters durch den Verwaltungsrat als Aufsichtsgremium und ein Kuratorium als Beratungsgremium begleitet und kontrolliert. An den Bildungsveranstaltungen und Führungen im Augustinerkloster wirken vier hauptamtliche Personen mit, die (mit Ausnahme des mit einer halben Vollzeitstelle tätigen Bildungsreferenten) als Geschäftsführer (Kurator), Pfarrerin am Augustinerkloster und Leiter der Bibliothek ein breites Aufgabenspektrum verantworten, das über die Programmplanung deutlich hinausgeht.

Das Augustinerkloster ist zwar Mitglied in der Landesorganisation der Evangelischen Erwachsenenbildung Thüringen, aber keine öffentlich geförderte Bildungseinrichtung.

10.2 Programmplanungshandeln: Beteiligte, Aktivitäten und Handlungsorientierungen

Zum Programmplanungshandeln im Augustinerkloster liegen Beschreibungen aus vier Einzelinterviews vor, die mit dem Bildungsreferenten, der Augustinerpfarrerin, dem Bibliotheksleiter und dem Kurator geführt wurden. Diese vier Mitarbeitenden bilden die sogenannte „Bildungsrunde", die für einen Großteil der Bildungsarbeit des Klosters verantwortlich ist (s.u.).

Die Bildungsarbeit des Augustinerklosters besteht ausschließlich in der Konzeption und Durchführung eigener Veranstaltungen, umfasst also nicht die Begleitung der Programmplanung von anderen Einrichtungen. Zum Bildungsangebot gehören nach Aussage der Gesprächspartnerinnen und -partner zum einen einzelne Vorträge und Vortragsreihen, die teilweise zusammen mit Kooperationspartnern durchgeführt werden, und zum anderen Führungen und Veranstaltungen für Besuchergruppen des Klosters. Darüber hinaus werden weitere Veranstaltungen zum geistlichen Leben wie Meditationstage oder Einkehrwochenenden von der Pfarrerin des Augustinerklosters angeboten, die deshalb als Bildungsangebote klassifiziert werden, weil in ihnen Lernprozesse initiiert werden.

Alle Veranstaltungen, die im Kloster stattfinden, werden im Internet in einer gemeinsamen Veranstaltungsübersicht dargestellt und teilweise über zusätzliche Flyer und Plakate beworben. Die Beteiligung am Planungsprozess stellt sich je nach Veranstaltung unterschiedlich dar, wie die Gesprächspartnerinnen und -partner erläutern. Die Vortragsreihe „Augustinergespräche" wird von der oben erwähnten „Bildungsrunde" geplant. Weitere Anregungen kommen von Gremien wie dem Freundeskreis oder dem Verwaltungsrat des Klosters sowie vom Kooperationspartner der Reihe, der Stadtakademie „Meister Eckhart" (vgl. Kap. 9). Für die Vortragsreihe der Bibliothek sind vor allem der Bibliotheksleiter und der Vorstand des Fördervereins der Bibliothek zuständig, wobei sich auch Mitglieder des Vereins in die Vorbereitung und Durchführung der Vorträge einbringen. Die Veranstaltungen zum geistlichen Leben verantwortet die Augustinerpfarrerin weitgehend eigenständig. Die Führungen und Veranstaltungen für Besuchergruppen des Klosters werden schließlich von demjenigen Mitglied der „Bildungsrunde" durchgeführt, das über die den inhaltlichen Interessen der Gruppe entsprechenden Kompetenzen verfügt. Bei der Planung ihrer Bildungsangebote agieren die Beteiligten weitgehend eigenständig, d.h. ohne größere Einflussnahme der Evangelischen Kirche in Mitteldeutschland als Einrichtungsträger. Diese ist im Kuratorium des Klosters mit bis zu vier Repräsentantinnen und Repräsentanten des Landeskirchenamts vertreten. Das Kuratorium wirkt allerdings laut den Gesprächspartnerinnen und -partner vor allem beratend an der Programmplanung mit.

Zentrales Element der Programmplanung ist der Austausch in den oben genannten Personenkreisen bzw. Gremien. Dazu kommt die Evaluation des Teilnahmeverhaltens bei vergangenen Veranstaltungen, das vor allem über Beobachtungen erfasst wird, da Teilnahmelisten üblicherweise nicht geführt werden.

Die Berücksichtigung der Interessen der Teilnehmenden bzw. Zielgruppen stellt eine wichtige Handlungsorientierung im Planungsprozess dar. Dies wird besonders augenfällig bei den Veranstaltungen für Besuchergruppen, die auf die spezifischen Anliegen der jeweiligen Gruppe ausgerichtet werden. Aber auch bei den Vortragsreihen wird angestrebt, diese mit Blick auf die Interessen der Zielgruppen zu gestalten. So behandeln die von der Bibliothek veranstalteten Vorträge häufig stadtgeschichtliche Themen, da es für diese ein interessiertes Publikum gibt. Und auch die „Augustinergespräche" bemühen sich um ein attraktives Programm mit neuen Formaten und aktuellen Inhalten:

> „Wir denken darüber nach, dass wir zum Beispiel einmal keinen Vortrag, sondern eine Podiumsdiskussion anbieten, bei der zwei gegensätzliche Meinungen aufeinander prallen. Außerdem soll das Kloster als ein Ort wahrgenommen werden, der sich mit aktuellen Problemen beschäftigt und diese im Blick hat. Zum Beispiel gibt es bei uns einige Vorträge zur Flüchtlingssituation und zum fairen Handel."
>
> (Bildungsreferent des Augustinerklosters)

Mit neuen Formaten wie beispielsweise einem Poetry Slam zum Reformationsjubiläum wird zudem versucht, auch ein jüngeres Publikum anzusprechen, das die Vorträge normalerweise eher selten besucht. Die inhaltliche Ausrichtung dieses Formats zeigt aber auch, dass die Bemühungen um ein für viele Menschen attraktives Veranstaltungsangebot immer eingebettet bleiben in das Leitmotiv des Programmplanungshandelns: die Orientierung am „Bildungsort Augustinerkloster". Alle Bildungsveranstaltungen dienen dem Zweck, die jahrhundertealte Tradition des Klosters als Bildungsort zu bewahren und es auch in der Gegenwart als evangelischen Bildungsort zu profilieren – neben seiner Funktion als Hotel- und Tagungsort.

> „Wir möchten nicht unbedingt Modethemen bedienen, nur damit Menschen zu uns kommen, sondern es sollen bewusst Veranstaltungen hier stattfinden, die nur hier stattfinden können. (…) Das Kloster soll als lebendiger Ort wahrgenommen werden, an dem etwas passiert. Das ist ja eine Gratwanderung zwischen einem Hotelbetrieb und einem Bildungsort der Evangelischen Kirche. Die Augustinergespräche sollen den Anspruch widerspiegeln, dass wir auch ein Ort der Bildung sind, an dem wir uns mit Thematiken beschäftigen, die für das Kloster wichtig sind und auch für Erfurt, Thüringen oder für die Reformationsdekade (…)."
> (Bildungsreferent des Augustinerklosters)

Diese Orientierung am Bildungsort selbst zeigt sich auch bei den Vorträgen der Bibliothek, die häufig Themen behandeln, die einen Bezug zur Bibliothek haben oder von Referentinnen und Referenten gehalten werden, die mit dem Buchbestand der Bibliothek gearbeitet haben. Außerdem bieten die Bibliotheksvorträge nach Aussage des Bibliotheksleiters die Chance, auch eher kirchenferne Teilnehmende für das Kloster und seine weiteren Veranstaltungen zu interessieren.

Finanzielle Ressourcen spielen demgegenüber für die Programmplanung eine eher untergeordnete Rolle. Der Kurator des Klosters, der auch an der „Bildungsrunde" beteiligt ist, muss zwar das Kloster insgesamt nach betriebswirtschaftlichen Kriterien leiten, berücksichtigt hierbei aber nicht die Bildungsveranstaltungen. Diese werden wiederum in Bezug auf ihre Funktion für das Augustinerkloster wahrgenommen:

> „Wenn ich die Programme mit bespreche, sehe ich nichts Betriebswirtschaftliches. Damit brauche ich gar nicht anzufangen, weil man das nicht betriebswirtschaftlich rechnen kann. Wenn ich einen Vortrag halte, ist das für mich Bildungsarbeit. Bildungsarbeit kostet Geld, damit verdient man kein Geld. Das muss klar sein. (…) Wir geben viel Geld aus für gewisse Dinge, an denen wir nichts verdienen, die aber zum Profil des Klosters gehören."
> (Kurator des Augustinerklosters)

10.3 Programmanalyse

Für die Programmanalyse wurden 9 Flyer (1–2 Seiten), 2 Veranstaltungskalender (online ohne Seitenangaben), 14 Internetankündigungen sowie 11 Plakate berücksichtigt.

Abb. 14: Anzahl an Veranstaltungen des Augustinerklosters nach Themenbereichen

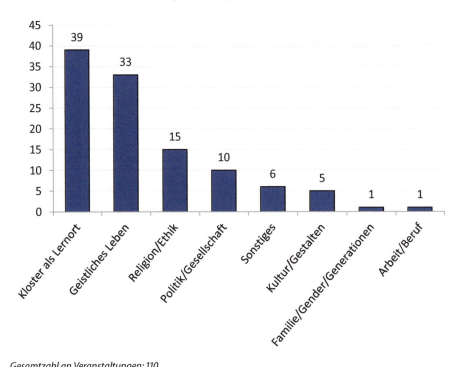

Gesamtzahl an Veranstaltungen: 110

Das Bildungsangebot des Augustinerklosters wird durch zwei Themenfelder bestimmt, die bei den anderen hier untersuchten Einrichtungen naturgemäß keine Rolle spielen: „Kloster als Lernort" und „Geistliches Leben". Insgesamt machen diese Bereiche mit 72 Veranstaltungen mehr als 65 % aller Angebote aus (vgl. Abb. 14).[45] Das „Kloster als Lernort" wird vor allem durch Führungen auf dem Klostergelände und in dessen Gebäuden sowie durch Schulveranstaltungen erfahrbar. Letztere umfassen hauptsächlich Angebote für Lehrkräfte verschiedener Fächer, in denen diese die örtlichen Gegebenheiten des Klosters kennenlernen und Anregungen zu deren didaktischen Nutzung erhalten können – zu Themen wie dem Leben und Wirken Martin Luthers im Kloster, der Nutzung der Bibliothek oder der Architektur verschiedener Gebäude. Zum „geistlichen Leben" gehören Gottesdienste, Einkehrtage, Exerzitien im Alltag, Meditationsangebote etc. Die übrigen thematischen Bereiche werden v. a. in der Vortragsreihe

---

45 Für beide Bereiche ist die exakte Anzahl an Angeboten nicht feststellbar, da viele Angebote wiederkehrend wöchentlich und/ oder nach Bedarf angeboten werden. Erfasst wurden bei der Programmanalyse zum einen diejenigen Angebote, die explizit mit einzelnen Terminen angekündigt wurden, und zum anderen Abrufangebote und regelmäßig stattfindende Angebote jeweils einmal.

„Augustinergespräche" und den von der Bibliothek organisierten Vorträge behandelt. Dabei finden sich im Bereich „Politik/Gesellschaft" häufig historische Vorträge, oftmals mit lokalem Bezug zu Erfurt bzw. Thüringen.

10.4 Zusammenfassende Betrachtungen

Das Augustinerkloster in Erfurt ist aus mehreren Gründen ein besonderer „Lernort", der sich von den übrigen hier vorgestellten Einrichtungen in vielfacher Hinsicht unterscheidet.

Dem kirchlichen Auftrag und dem Selbstverständnis der Verantwortlichen entsprechend ist das Kloster in erster Linie ein „reformatorischer Gedenkort"; das in ihm von unterschiedlichen Mandatsträgern ausgeübte intentionale Bildungshandeln zielt daher auch immer darauf, diesen Charakter unterschiedlichen Besuchergruppen zu vermitteln und dadurch zugleich eine Tradition „geistlichen Lebens" fortzuführen. In diesem Funktionsverständnis werden ein reflexives und ein kultisches Handeln zu einem Typus religiösen Lernens verschmolzen, der als „geistliches Leben" sowohl religiöse Erfahrungen ermöglichen und vermitteln als auch eine reflektierend-deutende Haltung einüben soll. Angesichts dieses Handlungsmodells, in dem sich eine affirmativ-kultische Haltung und eine distanziert-reflexive Haltung als Einheit verstehen, fällt das Augustinerkloster auch nicht unter die Anerkennungskriterien des Erwachsenenbildungsgesetzes des Bundeslands Thüringen.

Die entscheidende Voraussetzung und damit der Ermöglichungsgrund dieses Typus' eines geistlich-pädagogischen Handelns ist das historische Gebäudeensemble, das zum Beispiel in den Klosterführungen selbst zum Gegenstand historischen-theologischen Lernens wird, indem das Kloster als für die Geschichte und Tradition des protestantischen Glaubens bedeutsame Gedenkstätte vorgestellt wird. Der „Lernort Koster" wird zum Leitmotiv des Bildungshandelns, an welches andere Handlungsorientierungen angepasst werden – wie u.a. die Orientierung an der Ausstattung mit Ressourcen, die für die Realisierung der Bildungsveranstaltungen keine Rolle spielt. Diese sind, wie die Bemerkungen des Kurators eindrücklich zeigen, ein spezifisches Handlungsformat, das jenseits von betriebswirtschaftlichen Standards und ökonomischen Gewinnperspektiven umgesetzt wird. Dass dieses Handlungsformat gleichwohl dem öffentlichen Erscheinungsbild des Augustinerklosters als einer öffentlichen Bildungsstätte zugutekommt, macht die Bildungsarbeit zu einem Reputationsgewinn, der sich zwar nur eingeschränkt monetarisieren lässt (beispielsweise durch die Gewinnung neuer Besuchergruppen), aber als „symbolisches Kapital" verbucht werden kann.

Das Augustinerkloster unterscheidet sich von anderen Lernorten der evangelischen Erwachsenenbildung auch dadurch, dass es weder berechtigt noch gezwungen ist, auf öffentliche oder kirchliche Zuschüsse für den laufenden Unterhalt zurückzugreifen. Durch seinen hotelförmig organisierten Übernachtungs-, Verpflegungs- und Tagungsbetrieb erwirtschaftet es die Ressourcen, die auch eine aus der Pflege einer Gedenkstätte und einer kultisch-gottesdienstlichen Praxis ausdifferenzierte Bildungsarbeit ermöglichen. Der Vollständigkeit wegen soll aber darauf hingewiesen werden, dass die Aufwendungen für die bauliche Instandhaltung oder auch für Erweiterungsbauten durch Sondermittel der Landeskirche und anderer Zuschussgeber gedeckt werden.

11. Fazit

11.1 Zusammenfassung zentraler Ergebnisse und weiterführende Überlegungen

Programmprofile spiegeln die institutionellen Rahmenbedingungen der Einrichtungen in konzeptioneller Individualität wider

Die Vertiefungsstudie demonstriert, dass die organisationsstrukturellen Merkmale der untersuchten Einrichtungen eine wichtige Rolle für deren programmatische Ausrichtung spielen. Der institutionelle Auftrag wird insbesondere bei den thematischen Programmprofilen der beiden Familienbildungsstätten deutlich: Im Familienbildungswerk Moers zeigt sich dies daran, dass die Angebote im Bereich „Familie/Gender/Generationen" mehr als vier Fünftel (84 %) umfassen. Auch in der Familien-Bildungsstätte Wolfenbüttel ist der Themenbereich „Familie/Gender/Generationen" mit fast der Hälfte der Angebote (49 %) der weitaus größte. Besonders augenfällig wird die Bedeutung der institutionellen Rahmenbedingungen außerdem im Augustinerkloster, wo die Bildungsangebote in das dominierende „Geschäftsfeld", das Kloster als bedeutende „Luthergedenkstätte" zu profilieren, integriert sind. Ein bedeutendes und aus rechtlichen Gründen in den übrigen hier berücksichtigten Erwachsenenbildungseinrichtungen nicht mögliches Angebot sind zudem die geistlichen und spirituellen Angebote, die zum satzungsmäßigen Auftrag des Augustinerklosters gehören. Darüber hinaus kann sich das Augustinerkloster auch als ein Bildungsort verstehen, der selbst zum wichtigsten „Lerngegenstand" wird und als ein spezifischer „Lernort" genutzt wird.

Auch die Programmprofile der untersuchten regionalen und überregionalen Erwachsenenbildungswerke verweisen auf deren organisationsstrukturelle Merkmale. So hat die Evangelische Erwachsenenbildung Hannover in der Begleitung und Prüfung von gemeindlichen Bildungsangeboten einen Tätigkeitsschwerpunkt, der durch den thematischen Fokus auf Fortbildungsangebote im eigenen Programm ergänzt wird und gemeinsam mit diesem der Weiterentwicklung und Sicherung des Professionalitätsniveaus in der evangelischen Erwachsenenbildung dient. Diese Aufgabe kann in dem großen Zuständigkeitsgebiet der EEB Hannover nur aufgrund der personellen Ausstattung mit zwei hauptamtlichen pädagogischen Mitarbeiterinnen erfüllt werden. Die Stadtakademie „Meister Eckhart" ist demgegenüber nur mit einer halben Mitarbeiterstelle ausgestattet, sodass eine Fokussierung auf die eigenen Bildungsveranstaltungen notwendig wird. Der Aufgabenbereich „Fortbildung" kommt bei diesen überhaupt nicht vor – was auch daran liegen kann, dass die mitteldeutsche Landeskirche mehrere

Fortbildungsinstitutionen unterhält. Stattdessen dominiert der Themenbereich „Religion/Ethik" das Programmprofil. Im Angebotsprofil der Geschäfts- und Studienstelle des EEB Westfalen-Lippe verbinden sich schließlich die Angebotsbereiche, durch die sich die beiden eben beschriebenen Einrichtungen unterscheiden: Ihre Programmschwerpunkte sind die Programmbereiche „Fortbildungen" und „Religion/Ethik", wobei auch die weiteren für das Angebotsprofil der evangelischen Erwachsenenbildung charakteristischen Bereiche „Politik/Gesellschaft", „Gesundheit" und „Kultur/Gestalten" nicht fehlen (vgl. Bildungsbericht, Kap. 3.7).

Gleichzeitig sind die Programmprofile keine bloßen „Ableitungen" von institutionellen Rahmenbedingungen. Dies zeigt insbesondere die Ausdifferenzierung des Programms der Familien-Bildungsstätte Wolfenbüttel, das, anders als das Familienbildungswerk Moers, neben Angeboten im Bereich „Familie/Gender/Generationen" einen Schwerpunkt im Gesundheitsbereich hat sowie eine größere Anzahl an Fortbildungen und Veranstaltungen der kulturellen Bildung anbietet. Hier wird eine eigenständige Variante in der Ausgestaltung des Programmangebots einer Familien-Bildungsstätte deutlich. Ebenso verweist die deutliche Schwerpunktsetzung der Evangelischen Erwachsenenbildung Düren im Bereich der Umweltpädagogik auf die Bedeutung des professionellen Hintergrunds der hauptamtlichen pädagogischen Mitarbeitenden und auf individuelle Spielräume bei der Programmgestaltung. Gleiches gilt für die besondere Ausrichtung der Angebote zur religiösen Bildung der Stadtakademie „Meister Eckhart" an ihrem religionskulturellen Umfeld, das durch die Konfessionslosigkeit des überwiegenden Bevölkerungsteils und auch dadurch bestimmt ist, dass es ein traditionell katholisch geprägtes Gebiet (das „katholische Eichsfeld") ist. Die Stadtakademie muss daher ihr Angebot in einer durch diese beiden Merkmale bestimmten Minderheitenlage platzieren.

Kooperative Verbundstrukturen ermöglichen Austauschprozesse und erfordern ein Kooperationsmanagement

Das in organisationstheoretischer Hinsicht zentrale und übergreifende Merkmal der meisten der hier vorgestellten Bildungseinrichtungen ist ihre kooperative Organisationsstruktur. Sowohl die Familienbildungs- als auch die Erwachsenenbildungseinrichtungen sind auf der lokalen, der regionalen und der überregionalen Handlungsebene durch kooperative Verbundstrukturen bestimmt. Dies zeigt sich daran, dass die lokalen und regionalen Bildungseinrichtungen (Evangelische Erwachsenenbildung Düren, Familienbildungswerk Moers, Familien-Bildungsstätte Wolfenbüttel, Evangelische Erwachsenenbildung Hannover, Stadtakademie Erfurt) in einem für ihre institutionelle Existenz und ihre öffentlichen Bildungsangebote konstitutiven Sinne Organisationseinheiten der überregionalen juristischen Körperschaften der öffentlich geförderten Erwachsenenbildungseinrichtungen sind.[46] Diese Zugehörigkeit ist sowohl unter bildungspolitischen als auch unter betriebswirtschaftlichen Aspekten für die lokalen und regionalen Bildungseinrichtungen relevant, weil dadurch einerseits zu einem beträchtlichen Teil die finanziellen und personellen Ressourcen der Einrichtungen mit ermöglicht werden und ihr Gemeinwohlcharakter begründet wird, andererseits ihr Bildungsangebot als Teil der „öffentlich verantworteten Erwachsenenbildung" charakterisiert ist und als solches anerkannt und wahrgenommen wird.

Der kooperative Verbundcharakter der Einrichtungen, der sich auch im überregionalen Erwachsenenbildungswerk Westfalen-Lippe zeigt, ist zugleich ein Organisationsmerkmal, das die einrichtungsinterne Planung und Realisierung der Bildungsangebote in vielen der untersuchten Einrichtungen entscheidend bestimmt. Zum einen schafft der Verbundcharakter vielfältige Möglichkeiten zum institutionalisierten oder informellen fachlich-pädagogischen Austausch mit Verantwortlichen an „lokalen Standorten" bzw. „Außenstellen" der Einrichtung, in weiteren zum Verbund gehörenden Einrichtungen sowie mit Kirchengemeinden und anderen Einrichtungen in kirchlicher Trägerschaft. Zum anderen ist der Organisationszweck in vielen Fällen durch ein *Kooperationsmanagement* bestimmt, das als Unterstützungs- und Beratungspraxis anderer und damit als Aushandlungs- und Verständigungspraxis im Zuge der Programmerstellung praktiziert wird. Der Intensitätsgrad sowohl der Austauschprozesse als auch des Kooperationsmanagements ist in den hier untersuchten Einrichtungen jedoch unterschiedlich ausgeprägt. Dies wird an der Praxis in der Stadtakademie „Meister Eckhart" deutlich, in der der Leiter die Programmplanung weitgehend eigenständig und nur für die Akademie selbst vornimmt. Am anderen Ende der „Kooperationsskala" stehen die Evangelische Erwachsenenbildung Hannover und das Familienbildungswerk Moers, deren Bildungshandeln ganz entscheidend durch die Unterstützung und Beratung anderer Einrichtungen bei deren Programmplanung bestimmt wird. Die tatsächliche Ausgestaltung der vorgegebenen Organisationsstrukturen ergibt sich offenbar nicht zwangsläufig, sondern hängt von weiteren Bedingungsfaktoren ab, wie beispielsweise der generellen Ausstattung mit personellen und finanziellen Ressourcen: Kooperationen benötigen Zeit und Geld.

Diese Ergebnisse verweisen zum einen auf ein Spezifikum kirchlicher Erwachsenenbildung, das bereits Gieseke und Gorecki nennen: die „doppelte Zuständigkeit" der hauptamtlichen Mitarbeitenden für die eigene Programmplanung und die anderer kirchlicher Einrichtungen.[47] Zum anderen zeigen sie die enge Verzahnung

---

46 Wie oben erläutert, stellt das Augustinerkloster zu Erfurt eine Ausnahme dar: Es ist zwar Mitglied in der EEB Thüringen, aber keine nach dem Erwachsenenbildungsgesetz anerkannte Bildungseinrichtung und erhält auch keine Zuschüsse nach dem ThürEBG.

47 Gieseke; Gorecki (2000), S. 103.

von organisatorischen und pädagogischen Aktivitäten im Rahmen von Programmplanungshandeln – die sich offenbar besonders pointiert durch die „doppelte Zuständigkeit" in evangelischen Erwachsenenbildungseinrichtungen ergibt.[48]

Programmplanungshandeln ist durch komplexe Handlungslogiken bestimmt

Die enge „Verzahnung" von organisatorischen und pädagogischen Tätigkeiten im Programmplanungshandeln, die in anderen Studien als „kooperatives Management" bezeichnet wird,[49] drückt sich in komplexen Handlungslogiken aus, die die Programmplanung in den hier untersuchten Einrichtungen bestimmen. Im Unterschied zu hochformalisierten Bildungseinrichtungen wie den allgemeinbildenden Schulen und den Berufsschulen, in denen das pädagogische Handeln nach staatlich normierten Lehrplänen geregelt und durch ein professionelles Lehrpersonal ausgeübt wird, zeichnen sich die Erwachsenen- und Weiterbildungseinrichtungen dadurch aus, dass in ihnen die materiellen und personellen Ressourcen ebenso wie das konkrete Bildungsangebot durch ein spezifisches Leitungshandeln permanent hergestellt und gesichert werden müssen. Dieser Umstand, der etwa auch daran sichtbar wird, dass einige der untersuchten Einrichtungen trotz ihrer öffentlichen Förderung nach den jeweiligen Erwachsenenbildungsgesetzen der Länder *keinen Rechtsanspruch auf die Mittelzuweisung* haben, diese zudem grundsätzlich einem Haushaltsvorbehalt unterliegt und jährlich neu beantragt werden muss, führt dazu, dass für die Rekonstruktion des Handelns der hauptamtlichen Mitarbeitenden von komplexen Handlungslogiken ausgegangen werden kann. Zu diesen werden sowohl pädagogische als auch betriebswirtschaftliche Handlungslogiken gerechnet.[50] Diese „Vermischung" scheint in evangelisch getragenen Einrichtungen aufgrund der häufig beobachtbaren personellen Einheit von Einrichtungsleitung und für die Programmplanung verantwortlicher pädagogischer Mitarbeiterschaft besonders virulent zu sein.

In diesem Zusammenhang betonen die Gesprächspartnerinnen und -partner auch, dass das zentrale *Bedingungsverhältnis* für das Zustandekommen eines Bildungsangebots darin besteht, über geeignete Dozentinnen und Dozenten verfügen

---

48 Zur Verzahnung von organisatorischen und pädagogischen Tätigkeiten siehe auch Gieseke; Gorecki (2000), Kap. 4.5.4; Dollhausen (2008), Kap. 1.
49 Vgl. Gieseke (2000c); Robak (2003).
50 Hierbei muss jedoch ausdrücklich darauf hingewiesen werden, dass die theoretisch und praktisch notwendige Unterscheidung von „pädagogischer Autonomie" und (betriebswirtschaftlichem) „Management" nicht dadurch aufgehoben oder auch nur unterlaufen wird, dass in der Rekonstruktion der materiellen (tatsächlichen) Realisierungsbedingungen ihre wechselseitige Relativierung und Begrenzung und ihre unaufhebbare „Vermischung" sichtbar werden. Vgl. dazu auch Dollhausen (2008); von Hippel (2011).

11.1 Zusammenfassung zentraler Ergebnisse und weiterführende Überlegungen

zu können. Hierfür müssen ausreichende finanzielle Ressourcen vorhanden sein und ggf. auch immer neu beantragt werden. Die routinisierte Mittelbeantragung und Weiterleitung der öffentlichen Mittel muss daher zunehmend durch eine gesonderte Mittelakquise (Projekte, Sonderförderungen, Finanzierungslinien) ergänzt werden. Deshalb sind die fortlaufende Personalrekrutierung und ein differenziertes Ressourcenmanagement eigenständige Aufgaben der pädagogischen Leiterinnen und Leiter der Einrichtungen. Für die unmittelbare Planungsarbeit von Bildungsangeboten bedeutet dies, dass noch vor der Entscheidung für ein bestimmtes Bildungsangebot und seiner Veröffentlichung ein Allokationsprozess[51] stattgefunden haben muss, in dem professionelle Lehrkompetenz (Dozentinnen und Dozenten) und deren monetäre Entlohnung (Vergütung/Honorarsystem[52]) zusammengeführt und gesichert werden. Der dreistufige Entscheidungsprozess[53], der dem Programmplanungshandeln zugrunde liegt, wird daran erkennbar, dass die Gesprächspartnerinnen und -partner besonders das wechselseitige Bedingungsverhältnis betonen und auch bedauernd darauf hinweisen, dass bereits bei Fehlen eines Faktors wünschenswerte Bildungsangebote nicht realisiert werden bzw. eine Auswahl unter mehreren möglichen getroffen werden muss. Dabei kann dann auch der Gesichtspunkt der Rentabilität und der möglichen Teilnahmegebühren ins Spiel kommen und ausschlaggebend sein.

An dieser Stelle soll nochmals darauf hingewiesen werden, dass sich diese Interpretationen vor allem auf die Aussagen von Leiterinnen und Leitern der untersuchten Einrichtungen stützen. Vor diesem Hintergrund ist die Vermutung naheliegend, dass sich die hier beschriebenen komplexen Handlungslogiken in dem Maße reduzieren, in dem die materiellen und organisatorischen Rahmenbedingungen für die Entwicklung und Realisierung von Bildungsangeboten gegeben und gesichert sind bzw. *nicht* in das Aufgabenspektrum der pädagogischen Mitarbeitenden fallen.

Pädagogische Mitarbeitende planen ihr Angebot „vernetzt"

Der eben genannte Entscheidungsprozess ist eingebettet in ein „vernetztes Planungshandeln", das in vielfältigen Kooperations- und Austauschbeziehungen stattfindet und dessen Bedeutung für die Programmplanung bereits Gieseke

---

51   Dieser Allokationsprozess wird verstanden als „Zuweisung" oder „Platzierung" von Personen (Lehrenden) und Ressourcen.
52   Bei dieser Gelegenheit sei angemerkt, dass die interviewten Leiterinnen und Leiter bei der Frage der Angebotsplanung grundsätzlich von einer honorierten Mitarbeit ausgehen; ehrenamtlich tätige Referentinnen und Referenten bzw. Kursleiterinnen und -leiter werden in den meisten Fällen nicht erwähnt.
53   Folgende drei Stufen machen diesen Entscheidungsprozess aus: Identifizierung und Akzeptierung des Bedürfnisses/Interesses – Bereitstellung geeigneter Dozierender und ausreichender Finanzressourcen – Festlegung und Veröffentlichung eines Bildungsangebots.

und Gorecki herausgestellt haben.⁵⁴ Bei den meisten der untersuchten Einrichtungen ergibt sich die Notwendigkeit zum vernetzten Planungshandeln aus den Netzwerkstrukturen der Einrichtungen selbst, insofern sie auf die Kooperation mit Dritten angewiesen sind oder (etwa in Bezug auf die Kirchengemeinden und Verbände) gegenüber den öffentlichen Geldgebern für deren Bildungspraxis mitverantwortlich sind. Außerdem fällt unter diesen Begriff die Beteiligung und Mitwirkung an institutionalisierten Zusammenkünften, entweder in Gremien innerhalb der Einrichtung bzw. ihres Verbunds (z. B. Vorstandssitzungen, Delegiertenversammlungen, Mitarbeitendenkonferenzen, thematische Tagungen) oder durch die Beteiligung an fachlich-kollegialen Gesprächszusammenhängen („Runde Tische" u. a.), die unabhängig von den Einrichtungen existieren. Neben diesen institutionalisierten Kooperationsprozessen spielt auch der informelle Austausch mit Dozentinnen und Dozenten, Kooperationspartnern und Kolleginnen und Kollegen eine wichtige Rolle für die Programmplanung und auch für die individuelle „informelle" Fortbildung und Wissensgenerierung.

Dieses vielschichtige kooperative Kommunikationsgeflecht lässt sich nicht als intentional-zielgerichteter Planungsprozess rekonstruieren,⁵⁵ sondern als ein sukzessiver Sammlungs- und Sortierungsprozess, in den Worten einer Leiterin als „vielschichtiger Beratungsprozess, der auf unterschiedlichen Ebenen abläuft" (vgl. Kap. 7.2). Dabei wird jedoch in den Tätigkeitsbeschreibungen der Gesprächspartnerinnen und -partner implizit deutlich, dass sie sich als die zentralen Akteure des Programmplanungshandelns verstehen, auch wenn diese Aufgabenzuschreibung so selbstverständlich erscheint, dass sie zumeist nicht eigens thematisiert wird. Die Initiativ- und Integrationsfunktion und die zentrale Verantwortung für das Zustandekommen, den Inhalt und Umfang des Programms bildet offensichtlich die tief internalisierte berufliche Identität als hauptamtliche pädagogische Mitarbeitende, die einhergeht mit der Pflege und Mitgestaltung des oben beschriebenen Kommunikationsnetzwerks. Wie oben bereits betont, geschieht dies nicht im Modus einer direktiven, linear-steuernden und machtgestützten Kommunikationsform, sondern im Modus des „Angleichungshandelns"⁵⁶, indem die Ideen und Interessen der jeweils am Planungsprozess Beteiligten austariert werden. In Begriffen der Prozesslogik formuliert, verlangt dieser Aushandlungs- und Angleichungsprozess eine „personalisierte Verantwortungsinstanz", die mit einer hinreichenden Entscheidungskompetenz „ausgestattet" sein muss. Als eben diese „personalisierten Verantwortungsinstanzen" äußern und verhalten sich die Gesprächspartnerinnen und -partner in den hier vorgestellten Einrichtungen.⁵⁷

---

54 Gieseke; Gorecki (2000), Kap. 3.4. Vgl. auch Opelt (2005); Dollhausen (2008), Kap. 4.1.
55 Vgl. auch Gieseke; Gorecki (2000), Kap. 3.4.
56 Gieseke; Gorecki (2000), S. 80.
57 Dass die Interviewpartnerinnen und -partner ihre zentrale Akteursrolle nicht explizit thematisieren und reflektieren, folgt aus dem primären Forschungsinteresse der

11.1 Zusammenfassung zentraler Ergebnisse und weiterführende Überlegungen

Von einer systematischen Bedarfserschließung ist in den meisten Interviews keine Rede; gleichwohl spielt die Orientierung an vermuteten Bedürfnissen und Interessen potentieller Teilnehmender eine zentrale und selbstverständliche Rolle.[58] Diese Orientierung bildet sozusagen eine „systemimmanente" Handlungsorientierung, weil die Bildungsangebote nur zustande kommen, wenn sich genügend Teilnehmende tatsächlich einfinden.

Kirchliche Trägerschaft schafft einen institutionellen Ermöglichungs-, Gewährleistungs- und Identifikationsrahmen

Für alle sieben Einrichtungen ist die kirchliche Trägerschaft bzw. im Fall des EEB Westfalen-Lippe die organisatorische Nähe zur Landeskirche das entscheidende Merkmal ihrer institutionellen Verfassung.[59] Neben der für alle Einrichtungen gegebenen finanziellen Unterstützung ergibt sich die Mitwirkung der verfassten Kirche an den internen Leitungsstrukturen der Einrichtungen daraus, dass es sich bei ihnen (mit Ausnahme des EEB Westfalen-Lippe) um sogenannte „unselbstständige Einrichtungen" der Landeskirchen handelt.[60] Die ehrenamtlich tätigen Vorstände der Einrichtungen, die sich überwiegend aus Vertreterinnen und Vertretern kirchlicher Organisationen zusammensetzen, sind als kollegiale Beratungs- und formale Genehmigungsinstanzen an der Entwicklung der Programme beteiligt; eine direkt steuernde Einflussnahme auf die Programmentwicklung üben die Vorstände allerdings nach Aussage der Gesprächspartnerinnen und -partner

---

Vertiefungsstudie (vgl. Kap. 1) und damit aus der Logik des Interviewleitfadens, der nicht auf eine explizierende Beschreibung ihres *beruflichen Selbstverständnisses* abzielte. Um dieses subjektive Konstrukt in seiner für das Programmplanungshandeln konstitutiven Bedeutung rekonstruierend zu erfassen, bedürfte es eines sowohl forschungslogisch als auch personell und finanziell deutlich erweiterten Studiendesigns, das zudem auch grundlagentheoretische Forschungsintentionen verfolgen könnte (siehe auch Kap. 11.2).

58 Vgl. auch Dollhausen (2008), Kap. 4; Fleige (2011), Kap. 8.
59 Die westfälische und die Lippische Landeskirche sind Mitglieder im Vorstand des EEB Westfalen-Lippe. Dieses ist zwar als Verein organisiert, vertritt aber in Abstimmung mit den Landeskirchen die Belange der evangelischen Erwachsenenbildung gegenüber staatlichen Institutionen und anderen Organisationen der Erwachsenen- und Weiterbildung (vgl. Kap. 8.1).
60 Aus dem Charakter der „unselbstständigen Einrichtung" ergibt sich eine organisationsspezifische Konstellation: Die Einrichtungen treten „nach außen" als selbstständig agierende Anbieter von Erwachsenenbildung auf; „nach innen" verfügen sie über einen sehr hohen Grad an Autonomie hinsichtlich der Vertretung des Programms und der für die Einrichtung konstitutiven bzw. fachpolitisch motivierten Kooperationen. Personalentscheidungen und die Haushaltsgestaltung sind durch interne Rückkoppelungs- und Abstimmungsprozesse mit den kirchlichen Leitungsgremien (Synoden und Vorstände) geregelt.

Vertiefungsstudie

nicht aus.⁶¹ Angesichts des durchgehend artikulierten großen Gestaltungsspielraums und der zentralen Impulsfunktion der hauptamtlich tätigen pädagogischen Mitarbeitenden folgen die Interaktionsbeziehungen mit den übergeordneten Leitungsinstanzen in den hier vorgestellten Einrichtungen auch keinem linear-steuernden Handlungsmodell; sie werden vielmehr durch unterschiedliche und vielfältige Austausch- und Rückkopplungsprozesse charakterisiert, in denen den pädagogischen Leiterinnen und Leitern die entscheidende Initiativfunktion zukommt. Die kirchliche Trägerschaft und die daraus abgeleitete Einbeziehung kirchlicher Repräsentanten in die Leitungsinstanzen der Einrichtungen wirkt daher als institutioneller Ermöglichungs- und Gewährleistungsrahmen, weil den Einrichtungen durch sie einerseits die juristische Qualität von Körperschaften des öffentlichen Rechts zukommt und andererseits nach innen kooperative Gestaltungsspielräume ermöglicht und gesichert werden.

Im Gegensatz zu einer direkten Einflussnahme seitens der Träger ergibt sich jedoch eine indirekte, vermittelte Beeinflussung aus der erkennbaren Identifikation vieler Gesprächspartnerinnen und -partner mit der Aufgabe, den kirchlich-evangelischen Charakter der Einrichtung sichtbar werden zu lassen, und mit dem selbstgestellten Auftrag, „kirchenferne" Menschen für die Teilnahme zu gewinnen und damit in Kontakt zur Kirche zu bringen. Dass daraus nicht die Instrumentalisierung der Bildungsarbeit für „Zwecke der Organisation", etwa der Mitgliedergewinnung, abgeleitet werden kann, zeigen die Leitbilder und die Beschreibungen des Bildungsverständnisses und der übergreifenden Bildungsintentionen, die von den Programmverantwortlichen gegeben werden. Der mehrfach zum Ausdruck gebrachte affirmative Bezug auf „das christliche Menschenbild"⁶² bzw. auf die „evangelische" Ausrichtung der Programmgestaltung lässt darüber hinaus einen gemeinsamen Wertebezug und daraus abgeleitete Handlungsnormen erkennen, der auch als kritisches Differenzierungs- und Entscheidungskorrektiv für die Programmgestaltung wirksam wird. Die Wirksamkeit dieses christlichen Wertebezugs wird zum einen in den Angeboten der religiösen Bildung sichtbar, in denen u.a. Fragen der ethischen Verantwortung der einzelnen Individuen „vor Gott und den Menschen" thematisiert werden. Zum anderen wird die Profilierung der Einrichtung als „evangelisch" nach Meinung einiger der Befragten nicht nur über Angebote zur religiösen Bildung erreicht, sondern vor allem auch über den Umgang mit den Teilnehmenden, über emanzipatorisch ausgerichtete, lebensbegleitende Angebote sowie über ein kritisches Hinterfragen gesellschaftlicher Entwicklungen. Dieses weite Verständnis von „evangelischer" Erwachsenenbil-

---

61 Vgl. auch Dollhausen (2008), Kap. 4.3.
62 Dabei wird in diesem Zusammenhang davon abgesehen, dass der Begriff „christliches Menschenbild" nicht weiter charakterisiert und im Sinne einer dogmatischen Formel gebraucht wird, deren Sinngehalt für die Befragten offenbar außer Frage steht. Gleiches gilt für den Begriff des „Evangelischen".

11.1 Zusammenfassung zentraler Ergebnisse und weiterführende Überlegungen

dung bzw. die Bedeutung der kirchlichen Trägerschaft für die Programmplanung wurde auch in anderen empirischen Studien deutlich.[63]

Einschränkend muss an dieser Stelle darauf hingewiesen werden, dass diese Interpretation der Auswirkungen kirchlicher Trägerschaft ausschließlich auf den expliziten Äußerungen der Befragten basieren. Ihr kann aus einer organisationssoziologischen Perspektive, die die Analyse von Machtbeziehungen mit einschließt,[64] entgegengehalten werden, dass sie die tatsächlichen Machtverhältnisse innerhalb der Organisationsstruktur der Evangelischen Kirche ignoriere. Und tatsächlich kommt in dem durchgehend als beratend-unterstützend charakterisierten Agieren[65] der Vorstände, also der institutionellen Repräsentanten der Evangelischen Kirche, gleichsam nur eine Seite der institutionellen Machtdimension zur Geltung, nämlich die, durch die die Entscheidungsträger den tatsächlichen Gestaltungsspielraum der pädagogisch agierenden Leiterinnen und Leiter objektiv ermöglichen und gewährleisten. Die andere Seite der Machtdimension zeigt sich in der steuernden und auch restriktiv anwendbaren Entscheidungskompetenz der Vorstände, die sich in ihrer Verfügung über die Verteilung der finanziellen Mittel und in ihrer Entscheidungskompetenz in Personalfragen ausdrückt. Eine Analyse der Rolle der kirchlichen Trägerschaft, die diese Machtbeziehungen in den Blick nimmt, ist im Rahmen der vorliegenden Vertiefungsstudie jedoch weder intendiert noch realisierbar. Eine derartige Analyse müsste die hierarchisch abgestufte Machtverteilung und -ausübung berücksichtigen, die sich aus der Verfügungsgewalt der verschiedenen Akteure über die finanziellen Mittel (also der kirchlichen Steuereinnahmen sowie der mit dem Staat für die Erwachsenenbildung ausgehandelten Zuschüsse) ergibt. In diesem Zusammenhang muss betont werden, dass die für die Bildungsarbeit verfügbaren Ressourcen in letzter Instanz von politischen Machtkonstellationen abhängig sind, auf die die Leiterinnen und Leiter der Erwachsenenbildungseinrichtungen keinen unmittelbaren Einfluss nehmen können. Deshalb ist hier abschließend auf die wichtige Rolle hinzuweisen, die den bildungspolitischen Vertretungsorganen der evangelischen Erwachsenenbildung (Landesorganisationen) und ihrem Engagement und der Beteiligung an politischen Aushandlungsprozessen mit Kirche und Staat zukommt.

---

63 Vgl. Gieseke; Gorecki (2000), Kap. 3.5; Fleige (2011), Kap. 8.
64 Vgl. Crozier; Friedberg (1979); zur Analyse von Machtstrukturen siehe grundlegend Foucault (2010).
65 Die einzige Ausnahme, über die in einem Interview berichtet wird, bezog sich auf die Kritik des Vorstands an der Gestaltung der Titelseite des Programmhefts (vgl. Kap. 6.2).

Vertiefungsstudie

Hauptamtliche pädagogische Mitarbeitende agieren kreativ in Spannungsfeldern, die durch sechs Orientierungsdimensionen bestimmt werden

Die hier vorgestellten „Innenansichten" der untersuchten Einrichtungen vermitteln einen Einblick in die zentrale pädagogische Herausforderung, die von den am „vernetzten Planungshandeln" beteiligten Akteuren bewältig werden muss: ein erwachsenenpädagogisch reflektiertes, der evangelischen Ausrichtung der Einrichtung entsprechendes Programmangebot unter restriktiven und nur bedingt „stabilen" finanziellen Rahmenbedingungen zu entwickeln und auf einem pluralistisch verfassten „Bildungsmarkt" zu realisieren. Die dabei auftretenden Dilemmata und Paradoxien ergeben sich dabei nach den hier vorgestellten Ergebnissen vor allem aus der expliziten und gleichgewichtigen Berücksichtigung der folgenden sechs Orientierungsdimensionen, die als eine für die evangelische Erwachsenenbildung spezifische Ausprägung des „Programmplanungshandelns im Spannungsfeld heterogener Erwartungen"[66] verstanden werden kann. Dabei muss wiederum beachtet werden, dass einige der Orientierungsdimensionen wie beispielsweise der „Umgang mit Managementaufgaben" insbesondere für hauptamtliche pädagogische Mitarbeitende relevant sein dürften, die in ihrer Einrichtung Leitungsfunktionen übernehmen.

Folgende sechs Orientierungsdimensionen wurden anhand der Interviews rekonstruiert:
a) Bildungsbedürfnisse und Lerninteressen potenzieller Teilnehmender;
b) Bildungsidcalc und -ziele der hauptamtlichen pädagogischen Mitarbeitenden (normative Wertbindungen, pädagogische Intentionen);
c) kirchliche bzw. konfessionelle Trägerschaft der Einrichtung und Selbstverständnis der hauptamtlichen pädagogischen Mitarbeitenden („evangelische Haltung");
d) Interessen der Dozentinnen und Dozenten sowie der institutionellen Kooperationspartner;
e) Umgang mit Managementaufgaben (Personalrekrutierung, Ressourcensicherung, Netzwerkpflege);
f) politische und gesellschaftliche Rahmenbedingungen (gesetzliche Vorgaben wie Erwachsenenbildungs- und Weiterbildungsgesetze, Fördermöglichkeiten und -richtlinien, wahrgenommene Problemlagen und gesellschaftlicher „Zeitgeist").

Wenn diese hier zusammengefassten Spannungsverhältnisse aus einer handlungstheoretischen und akteursbezogenen Perspektive interpretiert werden, zeigt sich

---

66 von Hippel (2011). Eine differenzierte theoretische Interpretation anhand des Modells zur Ausgestaltung von Antinomien, das von Hippel vorschlägt, geht über die Intention der Vertiefungsstudie hinaus, kann aber Gegenstand zukünftiger Forschung zum Programmplanungshandeln sein.

11.1 Zusammenfassung zentraler Ergebnisse und weiterführende Überlegungen

zugleich die bedeutende praktische und kommunikative Gestaltungskompetenz, über die die Gesprächspartnerinnen und -partner verfügen. Darin zeigt sich eine „Kreativität des Handelns"[67], die auch in anderen bildungswissenschaftlichen Untersuchungen zum Programmplanungshandeln beschrieben worden ist. Dabei ist aus Sicht des Autorenteams und im Rückbezug auf eine „Theorie kreativen Handelns" zu betonen, dass mit dem Begriff der „Spannungsverhältnisse" ja gerade nicht starre und unveränderliche Handlungsbedingungen behauptet werden, sondern die Notwendigkeit und Möglichkeit eigenverantwortlicher Entscheidungen und damit Spielräume der Gestaltung beschrieben werden.

Aus philosophischer Perspektive verweist das kreative Handeln der Programmplanerinnen und -planer zudem auf den der idealistischen bürgerlichen Tradition entstammenden *Begriff der Autonomie* und seine in der gleichen Traditionslinie entfaltete gesellschaftliche und lebenspraktische Konkretisierung durch die *Bildungstheorie der europäischen Aufklärungsepoche*.[68] Vor diesem theoretischen Hintergrund wird deutlich, dass Autonomie für das Programmplanungshandeln der pädagogischen Mitarbeitenden konstitutiv ist, d.h. von ihnen notwendigerweise in Anspruch genommen und durch ein kooperatives Handeln umgesetzt wird. Diese *praktisch realisierte Autonomie* kann als kritisch-normativer Maßstab für zukünftige bildungspolitische und kirchliche (ekklesiologische) Diskussionen über die evangelische Erwachsenenbildung dienen, die sowohl theoriegeleitet erfolgen als auch von empirischen Forschungsergebnissen inspiriert werden könnten.

---

67 Der Begriff der „Kreativität des Handelns" ist von Hans Joas erstmalig in einer systematischen Auseinandersetzung mit soziologischen Theorien zweckrationalen Handelns und funktionalistischer Gesellschaftstheorien in seinem Buch „Die Kreativität des Handelns" (1992) entfaltet worden. Dabei ist entscheidend, dass das „kreative Handeln" nicht als ein spezieller Typus etwa neben dem „zweckrationalen" oder „normenorientierten" Handeln zu verstehen ist, sondern jedem Handeln eine irreduzible „Kreativität" eignet. Für den Zusammenhang der vorliegenden Studie ist von besonderer Relevanz die Betonung der Situation, des „situativen Kontexts" „ist doch der Begriff der ‚Situation' geeignet (…) an die Stelle des Zweck/Mittel-Schemas als erster Grundkategorie einer Handlungstheorie zu treten. Denn es ist die *jeweilige Situation des Handelns,* in der Wahrnehmungs- und Erkenntnisprozesse stattfinden, in der überhaupt erst Pläne und Zwecke entworfen werden, die dann immer wieder – wenn neue situative Deutungen auftauchen – modifiziert oder gar neu formuliert werden." Joas; Knöbl (2004), S. 712 [Hervorhebung im Original].

68 Mit dieser Überlegung wird zugleich auf die für die theoretische und institutionelle Begründung zentrale Differenz zwischen dem Erziehungs- und Bildungsbegriff verwiesen, weil – nach der präzisen Grenzziehung durch Schleiermacher – „die pädagogische Einwirkung" aufzuhören habe, wenn der Mensch mündig und das meint im idealistischen Diskurs autonom geworden ist.

Darüber hinaus erscheint aus dieser Perspektive die bisherige institutionelle Ausgestaltung der evangelischen Erwachsenenbildung als ein Erprobungs- und Übungsfeld dafür, wie innerhalb der verfassten Kirchen allgemein zugängliche und für die Öffentlichkeit transparent gestaltete Reflexions- und Erfahrungsräume institutionell abgesichert und weiterentwickelt werden können. Im Licht der kirchentheoretischen Diskussion der letzten beiden Jahrzehnte[69] und einer „Theologie der Öffentlichkeit"[70] betrachtet, können die Organisationsstrukturen und Handlungslogiken der evangelischen Erwachsenenbildung als Grundlagen für einen „Prototyp zivilgesellschaftlichen Handelns" interpretiert werden, der innerhalb der verfassten Kirche existiert (siehe auch Kap. 11.3).[71]

11.2 Anregungen für weitere Forschungsprojekte

Das Forschungsinteresse der Vertiefungsstudie bezog sich auf die institutionellen Merkmale der Einrichtungen und damit auf die Strukturbedingungen des erwachsenenpädagogischen Handelns und ihre Bedeutung für die an der Programmplanung beteiligten Akteure und ihre Aktivitäten. Das *individuell-berufliche Selbstverständnis* und damit die *grundlegende professionelle Orientierung* der Gesprächspartnerinnen und -partner an ihrer in den meisten Fällen deutlich gewordenen Doppelfunktion als pädagogisch Verantwortliche und Leitungspersonen war demgegenüber nicht Teil der Untersuchung, wenngleich in den Darstellungen die Schlüsselfunktion der Befragten für die Entstehung und das Zustandekommen des pädagogischen Programms deutlich geworden ist.

Es erscheint daher ein hermeneutisch-rekonstruierendes Forschungsprojekt sinnvoll, in dem das beruflich-professionelle Selbstverständnis der hauptamtlich verantwortlichen Akteure in der evangelischen Erwachsenenbildung und seine biografischen und intellektuellen Wissensgrundlagen im Kontext aktueller Diskussionen zur Professionalisierung der Erwachsenenbildung erhoben und systematisch beschrieben werden. Damit könnte zugleich an das erste, von 1988 bis 1992 durchgeführte wissenschaftliche Projekt der DEAE zur Professionalitätsentwicklung in der evangelischen Erwachsenenbildung angeknüpft werden[72] und die „Mitarbeitenden-Frage" in der evangelischen Erwachsenenbildung auf alle Formen der Mitarbeit ausgeweitet und in einer historisch-vergleichenden Entwicklungsperspektive beschrieben werden. Zu bedenken wäre auch, damit einrichtungsbezogene Untersuchungen zur sozialen und ökonomischen Situation des Personals zu verbinden,[73] da dazu die vorliegenden Daten höchstens indi-

---

69 Vgl. exemplarisch Huber (1998).
70 Vgl. exemplarisch: Bedford-Strohm (2012); Schlag (2017a).
71 Vgl. Evers (2014); darin besonders S. 105–143.
72 Vgl. Jütting (1992).
73 Vgl. Martin u.a. (2016).

rekte Schlüsse erlauben, die sich auf die Finanzdaten zur Ausgabenstruktur stützen müssten. Solche vertiefend angelegten Studien könnten auch dazu dienen, Angaben zur Finanzierung auf die Organisationstypen zu beziehen und könnten dadurch zur Transparenz der Finanzierungsstruktur der evangelischen Erwachsenenbildung beitragen.

Darüber hinaus hat die Vertiefungsstudie deutlich gemacht, dass die enge Vernetzung von evangelischer Erwachsenenbildung mit der Bildungsarbeit in den Kirchengemeinden ein wichtiges Strukturelement von evangelischer Bildungsarbeit darstellt. Über die Bildungsaktivitäten auf Ebene der Kirchengemeinden ist allerdings nach wie vor sehr wenig bekannt – auch da die hier untersuchte evangelische Kirchengemeinde zu Düren aufgrund ihrer Größe nur eingeschränkt als beispielgebend gelten kann. Von daher wären weitere Forschungsaktivitäten zur Bildungsarbeit auf Gemeindeebene zu begrüßen. Gleiches gilt für die Frage, inwieweit die in der vorliegenden Studie ermittelten organisatorischen Spezifika, die das Programmplanungshandeln im Feld der evangelischen Erwachsenenbildung charakterisieren, wie der Verbundcharakter der Einrichtungen und deren häufig zu beobachtende „doppelte Zuständigkeit" für die eigene Bildungsarbeit und die der strukturellen Kooperationspartner, auch für andere Institutionalformen gelten bzw. differenziert werden müssen (vgl. Bildungsbericht, Kap. 4.3.4). Von besonderem Interesse wäre dabei die Frage, wie sich die verbands- und bildungspolitischen Organisationsbedingungen und -formen der evangelischen Erwachsenenbildung in den Gliedkirchen der EKD auf das Programmplanungshandeln ihrer Einrichtungen auswirken bzw. wie sich solche strukturbedingten Einflüsse in einer spezifischen Weise aufzeigen lassen. Darüber hinaus könnten Programmanalysen in einer größeren Anzahl an Kirchenkreisen und Landeskirchen möglicherweise übergreifende Profilschwerpunkte sichtbar werden lassen. Dadurch ließen sich auch die in der DEAE-Statistik festgestellten Ost-West-Unterschiede in den Themenbereichen der Veranstaltungen überprüfen und weiter differenzieren (vgl. Bildungsbericht, Kap. 3.7).

Da sich die Auswahl der Einrichtungen in der Vertiefungsstudie auf solche mit der Hauptaufgabe Erwachsenenbildung beschränken musste, erscheint es zudem notwendig, vergleichbar angelegte Fallstudien für Einrichtungen mit Erwachsenenbildung als Nebenaufgabe durchzuführen. Diese Einrichtungen spielen mit über 30 % der Einrichtungen, die entsprechende Angaben an die DEAE-Statistik übermitteln, eine beträchtliche Rolle (vgl. Bildungsbericht, Kap. 3.5.2). Ein vollständigeres und angemesseneres Bild ergäbe sich daher erst dadurch, dass diese Einrichtungen mit ihrem schon in quantitativer Hinsicht beträchtlichen Gewicht in künftige qualitative Studien, wie sie hier begonnen wurden, einbezogen werden. In diesem Zusammenhang wären auch konfessionsübergreifende Untersuchungen sinnvoll, in denen Gemeinsamkeiten und Unterschiede zwischen Erwachsenenbildungseinrichtungen in evangelischer und katholischer

Trägerschaft untersucht und damit zugleich strukturelle Voraussetzungen für eventuelle ökumenisch verfasste Einrichtungsformen sondiert werden könnten.

Sowohl das handlungsleitende professionelle Selbstverständnis als auch die Wirksamkeit von spezifischen Verbundstrukturen, die für die evangelische Erwachsenenbildung charakteristisch sind, lassen sich jedoch erst angemessen beschreiben und begreifen, wenn sich die wissenschaftliche Analyse ihrer entscheidenden System- und Bestandsvoraussetzung zuwendet, die u.E. darin besteht, dass viele Einrichtungen der evangelischen Erwachsenenbildung als *rechtlich unselbstständige Einrichtungen* existieren. In der konkreten Ausgestaltung der Rechtsform der Einrichtungen zeigt sich, in welchem Verhältnis die formellen Macht- und Entscheidungskompetenzen und die professionelle pädagogische Autonomie zueinanderstehen. Im Anschluss an wegweisende Arbeiten von Karl E. Nipkow und Friedrich Schweitzer[74] könnte eine solche Forschungsperspektive das wechselseitige Unterscheidungs- und Bezugsverhältnis zwischen einer eigenständigen theologischen Reflexion und einer bildungswissenschaftlich begründeten Theorie der Erwachsenenbildung in ihren konkreten sozialen Organisationsformen sichtbar machen und analytisch aufschlüsseln. Solche empirische Untersuchungen zum *Verhältnis von institutioneller Rechtsträgerschaft und theoriegestützter erwachsenenpädagogischer Professionalität* könnten insbesondere auch dazu beitragen, Erwachsenenbildung als Beruf in einem grundlegenden allgemeinen Sinn und als einen für das Selbstverständnis der Kirche und ihr Handeln relevanten kirchlichen Beruf anzuerkennen.[75]

11.3 Anregungen für die Weiterentwicklung von evangelischem Bildungshandeln mit Erwachsenen

Die Beschreibung des Programmplanungshandelns hat die unterschiedlichen und komplexen beruflichen Anforderungen und Kompetenzen deutlich gemacht, die für das berufliche Handeln bestimmend sind bzw. über die pädagogische Mitarbeitende und insbesondere Leiterinnen und Leiter von evangelischen Erwachsenenbildungseinrichtungen verfügen müssen. In der vorliegenden Vertiefungsstudie werden in exemplarischer Weise die subjektiven Fähigkeiten und die objektiven Strukturbedingungen erwachsenenpädagogischen Handelns in evangelischen Einrichtungen in ihrem wechselseitigen Bedingungszusammenhang dargestellt. Damit wird empirisches Wissen verfügbar, das dazu genutzt werden

---

74 Nipkow (1998); ders. (2001); Schweitzer (2003).
75 Angesichts der pluralen Trägerstruktur der allgemeinen Erwachsenenbildung in Deutschland könnten solche Untersuchungen zur wissenschaftlichen Reputation und öffentlichen Anerkennung evangelischer Erwachsenenbildung beitragen und dies nicht zuletzt deshalb, weil dadurch vergleichbare Studien über Einrichtungen der Erwachsenenbildung in anderer Trägerschaft initiiert werden könnten.

11.3 Anregungen für die Weiterentwicklung von ev. Bildungshandeln mit Erwachsenen

könnte, ein umfassendes Berufsprofil der Erwachsenenbildnerinnen und -bildner im kirchlichen Dienst zu konzipieren.

Wie oben vor dem theoretischen Hintergrund der „öffentlichen Theologie"[76] dargelegt wurde, können die Ergebnisse der Vertiefungsstudie als Hinweis darauf interpretiert werden, dass die evangelische Erwachsenenbildung einen Prototypen einer „zivilgesellschaftlich verfassten Kirche" darstellt (vgl. Kap. 11.1). Dabei muss betont werden, dass der Begriff „zivilgesellschaftliche Kirche" einen Paradigmenwechsel in den kirchentheoretischen Diskussionen vollzieht. Dieser bedeutet nicht nur eine Abkehr von der früheren äußeren Zugehörigkeit der Kirche zur „Obrigkeit", die mit der verfassungsrechtlichen Trennung von Kirche und Staat aufgehoben worden ist, sondern bezieht sich auch und vor allem auf den gesellschaftlichen Status und die soziale Funktion der Kirche sowie auch – und darauf käme es besonders an – auf die organisatorische Verfassung und die erforderlichen Handlungskompetenzen der Mitarbeitenden. Die in der Vertiefungsstudie beschriebenen kommunikativen Handlungskompetenzen der Programmplanenden und die praktischen Organisationsmodelle der kooperativen Verbundstruktur der Erwachsenenbildung könnten daher in dem Transformationsprozess des kirchlichen Selbstverständnisses hin zu einem „zivilgesellschaftlichen Akteur" zum einen als eine theoretische Herausforderung der praktischen Theologie und insbesondere der Religionspädagogik verstanden werden.[77] Zum anderen könnten die in der evangelischen Erwachsenenbildung entwickelten Erfahrungs- und Wissenspotenziale als ein Inspirationsfundus für eine gesellschafts- und kirchentheoretisch informierte Strategieentwicklung einer „zivilgesellschaftlichen Kirche" genutzt werden.[78]

---

76 Im Paradigma der „öffentlichen Theologie" spielen Bildungsinstitutionen in öffentlicher Verantwortung eine herausragende Rolle. Vgl. Bedford-Strohm (2012), Fußnote 38, und Schlag (2017b).

77 Schweitzer hat im Kontext der Reformationsdekade als eine der drei zentralen Herausforderungen des „evangelischen Bildungshandelns" das „Erfordernis (genannt), das evangelische Bildungsdenken konsequent mit einer *Verankerung in der Zivilgesellschaft* zusammen zu denken." (Schweitzer 2014, hier S. 192 [Hervorhebung im Original]). Auch die beiden anderen von Schweitzer pointierten Herausforderungen sind hier von Interesse: das Verhältnis „evangelischen Bildungsdenkens" „*zur Erziehungswissenschaft*", die als autonome Pädagogik „auf die Unabhängigkeit der Erziehungswissenschaft von theologischen Voraussetzungen (zielt)", S. 192/S. 181, und die „*religiöse und weltanschauliche Pluralität*" S. 193 [Hervorhebung im Original].

78 Weitere praktische Implikationen könnten sich auch ergeben, wenn die Zugehörigkeit der evangelischen Erwachsenenbildung zur „öffentlich verantworteten Bildung" einerseits und andererseits als Verantwortungsbereich einer „Körperschaft des öffentlichen Rechts", also auch unter Aspekten des Staatskirchenrechts, betrachtet werden würde. Vgl. dazu Mückl (2013).

Vertiefungsstudie

Eine weitere Möglichkeit, das durch die Vertiefungsstudie gewonnene Wissen praktisch zu nutzen, bestünde darin, das in einem Kooperationsprojekt[79] von DEAE und KBE (heute KEB: Katholische Erwachsenenbildung Deutschland) entwickelte Modell für eine Berufseinführung in die Erwachsenenbildung wieder aufzunehmen und es um die Anforderungsdimensionen von komplexen Leitungsfunktionen zu erweitern, weil diese für viele hauptamtliche Mitarbeitende in Einrichtungen der evangelischen Erwachsenenbildung ein zentraler Bestandteil ihres Arbeitsfelds sind. Damit würde sich auch die Chance bieten, das theoretisch begründete Modell der Berufseinführung mit dem Kern der Programmplanung insbesondere auch im Kontext des Generationenwechsels in der evangelischen Erwachsenenbildung sowohl als Berufseinführungskonzept zu verwenden als auch für die Fort- und Weiterbildung von Mitarbeitenden, die als Pfarrerinnen und Pfarrer oder als Mitarbeitende in anderen kirchlichen Einrichtungen in die Erwachsenenbildung wechseln und damit vielfältige Leitungs- und Planungsaufgaben, wie sie in der Vertiefungsstudie beschrieben worden sind, wahrzunehmen haben.

Die Vertiefungsstudie hat die Schlüsselrolle der Gesprächspartnerinnen und -partner für eine gelingende Programmplanungspraxis aufgezeigt. Jedoch fehlen erstaunlicherweise in den Selbstbeschreibungen ihres programmplanerischen Handelns (mit einer Ausnahme) Hinweise auf methodische Instrumente der Bedarfserhebung und einer etwa durch die Milieuforschung[80] theoretisch angeleiteten Angebotsentwicklung. Zur Unterstützung ihrer Professionalität und ihrer besonderen Initiativfunktion wird daher angeregt, kollegiale Programmkonferenzen zu organisieren, in denen sich die pädagogisch Verantwortlichen über erfolgreiche Veranstaltungskonzepte austauschen sowie Praktiken einer methodisch angeleiteten Bedarfserhebung und Interpretation gesellschaftlicher Entwicklungen im Blick auf dadurch entstehende mögliche Bildungsbedarfe erproben können. Damit könnten auch Anregungen zu einer systematischen Reflexion der für sie leitenden Orientierungsprinzipien und der in ihrem Handeln wirksam werdenden Spannungsverhältnisse verbunden werden. Auch die systematisch initiierten Reflexionsprozesse von erwachsenenpädagogisch begründeten Konzepten des Qualitätsmanagements, das in allen hier beschriebenen Einrichtungen eingeführt worden ist, könnten dabei für die Stärkung des professionellen Selbstbewusstseins und der institutionellen Autonomie der Einrichtungen genutzt werden.

---

79 Vgl. Bergold; Gieseke; Hohmann; Seiverth (2000).
80 Vgl. Tippelt u. a. (2008).

Literatur

Bedford-Strohm, Heinrich (2012): Öffentliche Theologie als Theologie der Hoffnung. International Journal of Orthodox Theology 3 (1), S. 38–50. URL: http://orthodox-theology.com/media/PDF/IJOT1-2012/09-bedford-strohm-hoffnung.pdf [Zugriff: 09.10.2018].

Bergold, Ralph; Gieseke, Wiltrud; Hohmann, Reinhard; Seiverth, Andreas (Hrsg) (2000): Pädagogische Professionalität und Berufseinführung. Abschlussbericht zum Projekt „Entwicklung und Erprobung eines Berufseinführungskonzeptes für hauptberuflich pädagogische Erwachsenenbildner/innen". Recklinghausen: Bitter.

Crozier, Michel; Friedberg, Erhard (1979): Macht und Organisation – Die Zwänge kollektiven Handelns. Königstein/Ts.: Athenäum.

Deutsche Evangelische Arbeitsgemeinschaft für Erwachsenenbildung (DEAE) (2013): QVB bedeutet „Qualitätsentwicklung im Verbund". URL: http://www.deae.de/QVB/ [Zugriff: 25.10.2018].

Deutsches Institut für Erwachsenenbildung (DIE) (2018): Programmforschung. URL: https://www.die-bonn.de/institut/dienstleistungen/servicestellen/programmforschung/default.aspx [Zugriff: 25.10.2018].

Dollhausen, Karin (2008): Planungskulturen in der Weiterbildung. Angebotsplanungen zwischen wirtschaftlichen Erfordernissen und pädagogischem Anspruch (Theorie und Praxis der Erwachsenenbildung, herausgegeben vom DIE). Bielefeld: Bertelsmann Verlag.

Evangelisches Erwachsenenbildungswerk Nordrhein (o.J.): Gütesiegel Weiterbildung. URL: https://www.eeb-nordrhein.de/ueber-uns/qualitaetsmanagement.html [Zugriff: 25.10.2018].

Evangelische Familien-Bildungsstätte Wolfenbüttel (o.J.(a)): Über uns. URL: https://www.efb-wf.de/index.php?id=28 [Zugriff: 25.10.2018].

Evangelische Familien-Bildungsstätte Wolfenbüttel (o.J.(b)): Unser Leitbild. URL: https://www.efb-wf.de/index.php?id=41 [Zugriff: 25.10.2018].

Evangelisches Familienbildungswerk Moers (2018): Wir über uns. URL: https://www.familienbildung-moers.de/info/wir-ueber-uns/ [Zugriff: 25.10.2018].

Evers, Tilman (2014): Politik und Sinn. Ideen für eine zivilgesellschaftliche Erwachsenenbildung (Hrsg. von Andreas Seiverth). Münster: Waxmann.

Familien- und Erwachsenenbildungsstätte der Ev. Gemeinde zu Düren (2018a): Wir über uns. URL: https://www.bildung-bewegt-dueren.de/ueber-uns/wir-ueber-uns/ [Zugriff: 25.10.2018].

Familien- und Erwachsenenbildungsstätte der Ev. Gemeinde zu Düren (2018b): Forum Politik: URL: https://www.bildung-bewegt-dueren.de/info/forum-politik/ [Zugriff: 25.10.2018].

Fleige, Marion (2011): Lernkulturen in der öffentlichen Erwachsenenbildung. Theorieentwickelnde und empirische Betrachtungen am Beispiel evangelischer Träger. Münster: Waxmann.

Fleige, Marion (2016): Zum Zusammenhang von Lernkulturen, Programmen und Organisationen in der Erwachsenenbildung/Weiterbildung. Begriffsbestimmungen und Befunde. In: Dörner, Olaf u.a. (Hrsg.): Differente Lernkulturen – regional, national, transnational (Schriftenreihe der Sektion Erwachsenenbildung der Deutschen Gesellschaft für Erziehungswissenschaft). Leverkusen: Budrich, S. 293–305.

Fleige, Marion u.a. (2018): Programm- und Angebotsentwicklung in der Erwachsenenbildung. Stuttgart: UTB.

Foucault, Michel (2010): Kritik des Regierens: Schriften zur Politik. Ausgewählt und mit einem Nachwort von Ulrich Bröckling. Berlin: Suhrkamp.

Gieseke, Wiltrud (Hrsg.) (2000a): Programmplanung als Bildungsmanagement? Qualitative Studie in Perspektivverschränkung. Begleituntersuchung des Modellversuchs „Erprobung eines Berufseinführungskonzeptes für hauptberufliche pädagogische Mitarbeiter/innen in der konfessionellen Erwachsenenbildung". Recklinghausen: Bitter.

Gieseke, Wiltrud (2000b): Zusammenfassung: Programmplanung und Management. In: Dies. (Hrsg.): Programmplanung als Bildungsmanagement? Qualitative Studie in Perspektivverschränkung. Begleituntersuchung des Modellversuchs „Erprobung eines Berufseinführungskonzeptes für hauptberufliche pädagogische Mitarbeiter/innen in der konfessionellen Erwachsenenbildung". Recklinghausen: Bitter, S. 327–333.

Gieseke, Wiltrud (2000c): Konsequenzen und Empfehlungen, In: Dies. (Hrsg.): Programmplanung als Bildungsmanagement? Qualitative Studie in Perspektivverschränkung. Begleituntersuchung des Modellversuchs „Erprobung eines Berufseinführungskonzeptes für hauptberufliche pädagogische Mitarbeiter/innen in der konfessionellen Erwachsenenbildung". Recklinghausen: Bitter, S. 334–338.

Gieseke, Wiltrud; Gorecki, Claudia (2000): Programmplanung als Angleichungshandeln – Arbeitsplatzanalyse. In: Gieseke, Wiltrud (Hrsg.): Programmplanung als Bildungsmanagement? Qualitative Studie in Perspektivverschränkung. Begleituntersuchung des Modellversuchs „Erprobung eines Berufseinführungskonzeptes für hauptberufliche pädagogische Mitarbeiter/innen in der konfessionellen Erwachsenenbildung". Recklinghausen: Bitter, S. 59–114.

Gieseke, Wiltrud; Opelt, Karin (2005): Programmanalyse zur kulturellen Bildung in Berlin/Brandenburg. In: Gieseke, Wiltrud; Opelt, Karin; Stock, Helga; Börjesson, Inge: Kulturelle Erwachsenenbildung in Deutschland. Exemplarische Analyse Berlin/Brandenburg. Münster u.a.: Waxmann, S. 43–108.

Heuer, Ulrike; Robak, Steffi (2000): Programmstruktur in konfessioneller Trägerschaft – exemplarische Programmanalysen, in: Gieseke, Wiltrud (Hrsg.): Programmplanung als Bildungsmanagement? Qualitative Studie in Perspektivverschränkung. Begleituntersuchung des Modellversuchs „Erprobung eines Berufseinführungskonzeptes für hauptberufliche pädagogische Mitarbeiter/innen in der konfessionellen Erwachsenenbildung". Recklinghausen: Bitter, S. 115–209.

Hippel, Aiga von (2011): Programmplanungshandeln im Spannungsfeld heterogener Erwartungen – Ein Ansatz zur Differenzierung von Widerspruchskonstellationen und professionellen Antinomien. In: Report 34 (1), S. 45–57.

Hippel, Aiga von (2017): Theoretische Perspektiven auf Programmplanung in der Erwachsenenbildung. Eine Systematisierung von Programmplanungsmodellen für Forschung und Praxis, in: Zeitschrift für Weiterbildungsforschung 40, S. 199–209.

Hippel, Aiga von; Röbel, Tina (2016): Funktionen als akteursabhängige Zuschreibungen in der Programmplanung betrieblicher Weiterbildung. In: Zeitschrift für Weiterbildungsforschung 39 (1). URL: https://doi.org/10.1007/s40955-016-0053-1 [Zugriff: 25.10.2018].

Huber, Wolfgang (1998): Kirche in der Zeitenwende. Gesellschaftlicher Wandel und Erneuerung der Kirche. Gütersloh: Verlag Bertelsmann Stiftung.

Joas, Hans; Knöbl, Wolfgang (2004): Sozialtheorie. Zwanzig einführende Vorlesungen. Frankfurt am Main: Suhrkamp.

Jütting, Dieter H. (Hrsg.) (1992): Situation, Selbstverständnis, Qualifizierungsbedarf. Nicht-hauptberufliche MitarbeiterInnen in der Deutschen Evangelischen Arbeitsgemeinschaft für Erwachsenenbildung – Empirische Studie. Frankfurt: Peter Lang.

Käpplinger, Bernd (2008): Programmanalysen und ihre Bedeutung für pädagogische Forschung. In: Forum Qualitative Sozialforschung 9 (1). URL: http://www.qualitative-research.net/index.php/fqs/article/view/333/727 [Zugriff: 25.10.2018].

Käpplinger, Bernd (2011): Methodische Innovationen durch neue Nutzungen und Kombinationen einer alten Methode – Das Beispiel der Programmanalyse. In: Report 34 (1), S. 36–44.

Kuckartz, Udo (2016): Qualitative Inhaltsanalyse. Methoden, Praxis, Computerunterstützung. 3., überarbeitete Auflage. Weinheim; Basel: Beltz Juventa.

Martin, Andreas u.a. (2016): Das Personal in der Weiterbildung. Arbeits- und Beschäftigungsbedingungen, Qualifikationen, Einstellungen zu Arbeit und Beruf. Bielefeld: wbv.

Mückl, Stefan (2013) Aktuelle Herausforderungen für das Staatskirchenrecht. In: Aus Politik und Zeitgeschichte 24. Religion und Moderne. URL: http://www.bpb.de/apuz/162394/aktuelle-herausforderungen-fuer-das-staatskirchenrecht?p=all [Zugriff: 25.10.2018].

Nipkow, Karl E. (1998): Bildung in einer pluralen Welt. Bd. 1 Moralpädagogik im Pluralismus. Bd. 2 Religionspädagogik im Pluralismus. Gütersloh: Kaiser; Gütersloher Verlagshaus.

Nipkow, Karl E. (2001): Die Einbeziehung des Anderen. Protestantische Bildung unter den Bedingungen der Pluralität. In: Seiverth, Andreas (Hrsg.): Am Menschen orientiert. Re-Visionen evangelischer Erwachsenenbildung. Bielefeld: W. Bertelsmann Verlag, S. 528–544.

Nolda, Sigrid (2000): Paradoxa von Programmanalysen In: Gieseke, Wiltrud (Hrsg.): Institutionelle Innensichten der Weiterbildung, Bielefeld: W. Bertelsmann Verlag, S. 212–227.

Robak, Steffi (2003): Empirische Befunde zum Bildungsmanagement in Weiterbildungsinstitutionen, in: Gieseke, Wiltrud (Hrsg.): Institutionelle Innensichten in der Weiterbildung. Bielefeld: W. Bertelsmann Verlag, S. 129–138.

Robak, Steffi (2016): Aktuelle Herausforderungen in Weiterbildungsinstitutionen. In: Weiterbildung (6), S. 18–21.

Robak, Steffi; Rippien, Horst; Heidemann, Lena; Pohlmann, Claudia (Hrsg.) (2015): Bildungsurlaub – Planung, Programm und Partizipation. Eine Studie in Perspektivverschränkung. Frankfurt am Main u.a.: Peter Lang.

Schäffter, Ortfried (2010): Institutionalformen für das lebenslange Lernen. Eckpunkte eines erwachsenenpädagogischen Forschungsprogramms, in: Dollhausen, Karin; Feld, Timm C.; Seitter, Wolfgang (Hrsg.): Erwachsenenpädagogische Organisationsforschung. Mit einem Geleitwort von Harm Kuper. Wiesbaden: VS Verlag für Sozialwissenschaften, S. 293–316.

Schlag, Thomas (2017a): Vom Kopf auf die Füße. Öffentliche Theologie ist nicht nur etwas für Bischöfinnen und Bischöfe. In: Zeitzeichen 3, S. 16–18.

Schlag, Thomas (2017b): Realität, Herausforderungen und Potentiale einer Politischen Evangelischen Erwachsenenbildung. In: Forum Erwachsenenbildung. Die Zeitschrift für Bildung im Lebenslauf (2), S. 20–24.

Schreier, Margrit (2006): Qualitative Auswertungsverfahren, in: Groeben, Norbert; Hurrelmann, Bettina (Hrsg.): Empirische Unterrichtsforschung in der Literatur- und Lesedidaktik. Ein Weiterbildungsprogramm. Weinheim; München: Juventa Verlag, S. 421–441.

Schreier, Margrit (2012): Qualitative Content Analysis in Practice. Los Angeles u.a.: Sage.

Schweitzer, Friedrich (2003): Pädagogik und Religion. Eine Einführung (Grundriss der Pädagogik/Erziehungswissenschaft 19). Stuttgart: Kohlhammer.

Schweitzer, Friedrich (2014): Evangelische Impulse für das Bildungswesen – oder: Was bedeutet das reformatorische Bildungserbe heute? In: Spehr, Christopher (Hrsg.): Reformation heute. Bd. I: Protestantische Bildungsakzente. Leipzig: Evangelische Verlagsanstalt, S. 179–194.

Seitter, Wolfgang (2013): Profile konfessioneller Erwachsenenbildung in Hessen. Eine Programmanalyse. Wiesbaden: Springer VS.

Seiverth, Andreas (2018): Erwachsenenbildung in der Verantwortung religiöser Gemeinschaften. In: Aiga von Hippel/Rudolf Tippelt (Hrsg.): Handbuch Erwachsenenbildung/Weiterbildung. 6. überarb. u. aktual. Aufl., Wiesbaden: Springer Fachmedien, S. 785–810.

Steffens-Meiners, Carola (2017): Spielräume von Programmplanung am Beispiel der Evangelischen Erwachsenenbildung. Erwachsenenpädagogischer Report Band 52. Berlin: Humboldt-Universität zu Berlin.

Tippelt, Rudolf u.a. (2008): Weiterbildung und soziale Milieus in Deutschland. Bd. 3: Milieumarketing implementieren. URL: https://www.die-bonn.de/doks/2008-marketing-01.pdf [Zugriff: 25.10.2018].

Verzeichnis der Tabellen und Abbildungen

Tab. 1:	Gesprächspartnerinnen und -partner in den untersuchten Einrichtungen	207
Abb. 1:	Anzahl an Veranstaltungen der EEB Düren nach Themenbereichen (ohne Integrationskurse)	212
Abb. 2:	Anzahl an Veranstaltungen der EEB Düren im Themenbereich „Familie/Gender/Generationen"	213
Abb. 3:	Anzahl an Veranstaltungen des Familienbildungswerks Moers nach Themenbereichen	220
Abb. 4:	Anzahl an Veranstaltungen des Familienbildungswerks Moers im Themenbereich „Familie/Gender/Generationen"	221
Abb. 5:	Anzahl an Veranstaltungen der Familien-Bildungsstätte Wolfenbüttel nach Themenbereichen	227
Abb. 6:	Anzahl an Veranstaltungen der Familien-Bildungsstätte Wolfenbüttel im Themenbereich „Familie/Gender/Generationen"	228
Abb. 7:	Anzahl an Veranstaltungen der EEB Hannover nach Themenbereichen	234
Abb. 8:	Zielgruppen der Fortbildungen der EEB Hannover	235
Abb. 9:	Anzahl an Veranstaltungen der GuS des EEB Westfalen-Lippe nach Themenbereichen	242
Abb. 10:	Zielgruppen der Fortbildungen der GuS des EEB Westfalen-Lippe	243
Abb. 11:	Anzahl an Veranstaltungen der GuS des EEB Westfalen-Lippe im Themenbereich „Religion/Ethik"	244
Abb. 12:	Anzahl an Veranstaltungen der Stadtakademie „Meister Eckhart" nach Themenbereichen	249
Abb. 13:	Anzahl an Veranstaltungen der Stadtakademie „Meister Eckhart" im Themenbereich „Religion/Ethik"	250
Abb. 14:	Anzahl an Veranstaltungen des Augustinerklosters nach Themenbereichen	256

Anhang

Leitfaden für die Experteninterviews zum Programmplanungshandeln

1. Wie sind Sie zu Ihrer Tätigkeit in *(Name der Einrichtung)* gekommen?

2. Beschreiben Sie bitte, wie Sie und ggf. Ihre Kolleginnen und Kollegen bei der Planung des Programms des/der *(Name der Einrichtung)* üblicherweise vorgehen.

   Nachfragen (falls nicht spontan genannt):
   2.1. Wer ist an der Programmplanung beteiligt?
   2.2. Welche Herausforderungen sehen Sie bei der Programmplanung?
   2.3. Welche Ziele verfolgen Sie mit Ihrer Programmplanung?
   2.4. Wie bringen Sie die Interessen der Adressatinnen und Adressaten des Programms in Erfahrung?
   2.5. Welche Rolle spielen die Interessen der Adressatinnen und Adressaten bei der Programmplanung?
   2.6. Welche Rolle spielt das Interesse des Einrichtungsträgers bei der Programmplanung?

3. *Bei Regionalstellen:* Beschreiben Sie bitte, wie die Zusammenarbeit zwischen der Hauptstelle und den Regionalstellen Ihrer Einrichtung bei der Programmplanung üblicherweise abläuft.

4. Arbeiten Sie bei der Planung und Durchführung Ihrer Veranstaltungen mit Kooperationspartnern zusammen?

   Nachfragen (falls nicht spontan genannt):
   4.1. Was sind die wichtigsten Kooperationspartner Ihrer Einrichtung?
   4.2. Wie arbeiten Sie bei der Planung und Durchführung gemeinsamer Veranstaltungen zusammen?
   4.3. Welche Rolle spielen Ihre Kooperationspartner bei der Programmplanung?
   4.4. Welche positiven Auswirkungen hat die Zusammenarbeit mit Kooperationspartnern?
   4.5. Und welche Schwierigkeiten entstehen bei der Zusammenarbeit?

4.6. Wie werden die Stunden von gemeinsamen Veranstaltungen auf Ihre Einrichtung und die Kooperationspartner aufgeteilt?[1]

5. Welche Herausforderungen sehen Sie gegenwärtig allgemein für Ihre Einrichtung?

6. Wir sind jetzt am Ende des Interviews angelangt. Gibt es noch etwas, was wir in unserem Gespräch nicht angesprochen haben und was Sie hinzufügen möchten?

---

1 Erläuterung: Die finanzielle Förderung der Einrichtungen der Ev. Erwachsenenbildung hängt u.a. vom Stundenvolumen der Veranstaltungen ab. Von daher haben die Einrichtungen ein Interesse daran, möglichst viele Veranstaltungsstunden nachweisen zu können.

Kodierleitfaden für die Programmanalysen

Name der Kategorie	Definition	Zuordnungsregel	Beispiele
A. Programmbereiche		Programmbereiche schließen sich gegenseitig aus, d.h. jede Veranstaltung kann nur einem Bereich zugeordnet werden. In Zweifelsfällen wird die Veranstaltung dem Bereich zugeordnet, in dem sie (wahrscheinlich) schwerpunktmäßig angesiedelt ist. Berufliche Weiterbildungen werden mit der Kategorie A8 kodiert.	
A1. Politik/Gesellschaft	(Tages-)politische und gesellschaftliche Themen; historische und landeskundliche Themen; Verbraucherfragen; Werte und Menschenrechte; politische Institutionen und Prozesse (in Deutschland, in anderen Ländern, in der EU und weltweit); Konflikte und Frieden; Ökonomie; Migration und Integration; internationale Beziehungen; der europäische Integrationsprozess	Zu dieser Kategorie werden auch Veranstaltungen gezählt, die die politische Dimension anderer Programmbereiche thematisieren, also z.B. Veranstaltungen zur Religions-/Kirchenpolitik, Familien-, Gesundheits- oder Kulturpolitik.	„Beidseits von Auschwitz – Identitäten in Deutschland nach 1945", „Albanien – Spurensuche: Bildungs- und Begegnungsreise", „Globalisierung und Dritte Welt – der Weg unserer Nahrungsmittel und Gebrauchsgüter"
A1.1 Flucht und Fluchtursachen *(induktiv ergänzt)*	Veranstaltungen, die sich mit den Themen Flucht/Fluchtursachen beschäftigen		„Flucht und Migration: Einwanderung: Chance und Herausforderung"
A1.2 Demografischer Wandel *(induktiv ergänzt)*	Veranstaltungen, die sich mit dem demografischen Wandel beschäftigen		„Magdeburg im demografischen Wandel"
A1.3 Außenhandel/Globalisierung *(induktiv ergänzt)*	Veranstaltungen, die sich mit den Themen Außenhandel/Globalisierung beschäftigen		„Entwicklungsland Brandenburg? Fragen zu Globalisierung und Verantwortung"
A1.4 Kirche und Gesellschaft *(induktiv ergänzt)*	Veranstaltungen, die sich mit kirchenpolitischen Themen beschäftigen		„Quo vadis, Kirche? Was ist zu tun?, Forum Kirche und Gesellschaft"
A1.5 Landeskunde *(induktiv ergänzt)*	Veranstaltungen, die sich mit landeskundlichen Themen beschäftigen		„St. Petersburg – Fenster nach Europa"
A1.6 Sonstiges *(induktiv ergänzt)*	Veranstaltungen, die keiner der o.g. Kategorien zugeordnet werden können		„Gefühlte Wahrheit. Der politische Diskurs im postfaktischen Zeitalter"

Kodierleitfaden für die Programmanalysen

Name der Kategorie	Definition	Zuordnungsregel	Beispiele
A2. Familie/Gender/Generationen	Themen der Familienbildung, der Geschlechter- und Generationenbeziehungen; spezielle Angebote für Frauen, Männer, Kinder, Jugendliche und Ältere	Spezielle Angebote für Frauen, Männer etc. werden mit dieser Kategorie kodiert und nicht mit dem jeweiligen thematischen Programmbereich.	„Frauenmusikfest"; „Vorbereitung auf den Ruhestand"
A2.1 Schwangerschaft und Geburt (induktiv ergänzt)	Veranstaltungen zu Schwangerschaft und Geburt		Geburtsvorbereitungskurse
A2.2 Entwicklungsbegleitung (induktiv ergänzt)	Veranstaltungen, die sich an Eltern(-teile) und Kinder richten und die der Entwicklungsbegleitung des Kindes dienen	Bei diesen Veranstaltungen steht die Begleitung und Förderung des Kindes im Vordergrund.	Eltern-Kind-Gruppen; Spielgruppen; Babytreffs; DELFI; PEKiP; musikalische Früherziehung
A2.3 Freizeitgestaltung mit Kindern (induktiv ergänzt)	Veranstaltungen, die sich an Eltern(-teile) und Kinder richten und gemeinsame Erlebnisse ermöglichen	Bei diesen Veranstaltungen steht die gemeinsam verbrachte Zeit von Eltern(-teilen) und Kindern im Vordergrund.	Gemeinsame Besichtigungen; gemeinsame Wochenenden; Drachenbauen
A2.4 Angebote für Kinder/Jugendliche (induktiv ergänzt)	Veranstaltungen, die sich an Kinder bzw. Jugendliche ohne ihre Eltern(-teile) richten		Gitarrenkurse; Waldgruppen; Poetry Slam
A2.5 Erziehung/Förderung (induktiv ergänzt)	Veranstaltungen, die sich nur an Eltern(-teile) richten und Informationen zu Erziehungsfragen bzw. der adäquaten Förderung der Kinder bieten oder dem Austausch zwischen Eltern(-teilen) dienen		Eltern-Gesprächsgruppen; Informationsveranstaltungen zu gesunder Ernährung, zur Kommunikation mit Kindern
A2.6 Angebote für Frauen (induktiv ergänzt)	Veranstaltungen, die speziell für Frauen angeboten werden	Veranstaltungen, die sich an ältere Frauen/Seniorinnen und an Migrantinnen wenden, werden mit dieser Kategorie erfasst. Veranstaltungen, die sich an Frauen (Mütter) und ihre Kinder wenden, werden mit der Kategorie A2.2 oder A2.3 erfasst.	Frauen-Bibelkreise; Frauen-Gymnastikgruppen
A2.7 Angebote für Ältere (induktiv ergänzt)	Veranstaltungen, die speziell für Ältere angeboten werden: häufig für Seniorinnen und Senioren, teilweise aber auch für Personen, die zwischen 45 und 60 Jahre alt sind	Veranstaltungen, die sich speziell an ältere Frauen oder ältere Männer wenden, werden mit den Kategorien A2.6 bzw. A2.8 erfasst.	„Seniorennachmittag"; „Tanzen 50+"; „Schach für Ältere"

Vertiefungsstudie

Name der Kategorie	Definition	Zuordnungsregel	Beispiele
A2.8 Angebote für Männer (induktiv ergänzt)	Veranstaltungen, die speziell für Männer angeboten werden	Veranstaltungen, die sich speziell an ältere Männer/Senioren wenden, werden mit dieser Kategorie erfasst. Veranstaltungen, die sich an Männer (Väter) und ihre Kinder wenden, werden mit der Kategorie A2.2 oder A2.3 erfasst.	„Männerkochclub", „erfolgreiche Jobsuche für Männer"
A2.9 Sonstiges	Veranstaltungen, die keiner der o.g. Kategorien zugeordnet werden können.		„Hochsensibilität – Hochbegabung der sinnlichen Wahrnehmung"
A3. Religion/Ethik	Themen der religiösen Bildung und ethische Fragen: Glaubenskurse; Veranstaltungen zu christlichen/nicht christlichen Religionen; zum interreligiösen Dialog; zu ethischen Konflikten (z.B. bei der Sterbehilfe, beim Klonen)	Veranstaltungen, die religiöse Themen im Rahmen kultureller Veranstaltungen behandeln, werden mit dieser Kategorie erfasst.	„Religion – was soll das?", „Einführung in den Buddhismus", „Christentum und Weltreligionen – Vergleiche und Begegnungen"
A3.1 Fragen der Lebensführung	Ethische/theologische Fragen, die mit explizitem Bezug zur persönlichen Situation der Teilnehmenden bearbeitet werden		„Zu DIR nehme ich meine Zuflucht – Mut zum Leben gewinnen", „Warum glauben?"
A3.2 Fragen globaler ethischer Verantwortung	Ethische/theologische Fragen, die ohne expliziten Bezug zur persönlichen Situation der Teilnehmenden bearbeitet werden		„Philosophisches Cafe: Vom Enden-Können"
A3.3 Christentum	Aktuelle Situation, historische Entwicklung und Inhalte des Christentums/der Institution Kirche		„Das älteste Jesus-Buch – Einblicke in das Markus-Evangelium"
A3.4 Nicht christliche Religionen	Aktuelle Situation, historische Entwicklung und Inhalte nicht christlicher Religionen		"Kurdische nicht muslimische Glaubensgemeinschaft der Yeziden (Jesiden)"
A3.5 Interreligiöser Dialog	Themen des Austauschs/der Verständigung/des Vergleichs zwischen mindestens zwei Religionsgruppen	Mit dieser Kategorie werden auch Veranstaltungen kodiert, die das Zusammenleben von Menschen verschiedener Religionsgruppen behandeln.	„Dialog der Weltreligionen: Christentum und Islam - Islamismus - der Islam und die Gewalt", „Die Rolle der Frau – kulturelle und religiöse Einflüsse"
A3.6 Pilgern	Ein- oder mehrtägige Ausflüge, die explizit als Pilgertouren angekündigt werden		„Radpilgern am Niederrhein"

Kodierleitfaden für die Programmanalysen

Name der Kategorie	Definition	Zuordnungsregel	Beispiele
A3.7 Konfessionslosigkeit/Atheismus und/oder alternative Glaubensgemeinschaften	Veranstaltungen, die Konfessionslosigkeit, Atheismus und/oder alternative Glaubensgemeinschaften behandeln		„Entkirchlichung und Konfessionslosigkeit"; „Kirche, Freikirche, Sekte – Was ist das?"
A3.8 Sonstiges	Veranstaltungen, die keiner der o.g. Kategorien zugeordnet werden können.		„Himmel und Hölle – Poetry Slam und Science Slam"
A4. Kultur/Gestalten	Veranstaltungen zu unterschiedlichen Aspekten von „Kultur/Gestalten" auf Gebieten wie Literatur, Theater, Kunst- und Kulturgeschichte, bildende Kunst (Architektur, künstlerisches, kunsthandwerkliches und textiles Gestalten, Musik, Foto/Film/Medien und Tanz, Kochkurse	Auch Veranstaltungen, die praktisch-kreative kulturelle Tätigkeiten zu gesundheitlichen Zwecken einsetzen, werden mit dieser Kategorie kodiert. Veranstaltungen, die sich mit religiös geprägten Kulturgütern beschäftigen, werden mit den Kategorien A3.3 bis A3.5 kodiert.	Näh- und Handarbeitskreise; „Malerei der klassischen Moderne"; „Spiel mit der Ukulele"
A5. Umwelt	Themen der Natur- und Umweltbildung und der nachhaltigen Entwicklung		„Der Luchs im Nordharz"
A6. Gesundheit	Themen der Gesundheitsförderung: Ernährung; Gesundheits- und Krankenpflege/Erste Hilfe; Erkrankungen/Heilmethoden; Abhängigkeiten/Psychosomatik; Gymnastik/Bewegung/Körpererfahrung; autogenes Training/Yoga/Entspannung; Selbsterfahrung/Persönlichkeitsentwicklung		„Suchtfrei leben – Wege zu einem zufriedenen und abstinenten Leben"
A7. Sprachen	Veranstaltungen zum Spracherwerb: Fremdsprachen; berufsbezogene Sprachkurse; Deutsch als Fremdsprache; Sprachreisen	Alphabetisierungskurse werden mit Kategorie A9 kodiert.	„Five o clock tea – time for English conversation – Gesprächskurs"
A8. Arbeit/Beruf	Veranstaltungen zur beruflichen Weiterbildung: Grundlagenkurse und anwendungsbezogene Kurse, z.B. in den Bereichen (Religions-)Pädagogik, Theologie, Kommunikation, Büropraxis und Organisation/Management etc.		„'Hilf mir, es selbst zu tun'" – berufsbegleitende Weiterbildung für päd. Fachkräfte in Kindergarten und Schule"
A9. Grundbildung/Schulabschlüsse	Vorbereitungslehrgänge auf Schulabschlüsse; Alphabetisierungskurse		„Lesen und Schreiben von Anfang an"; „Tageslehrgänge Mittelschule (9. Klasse)"

| 285

Vertiefungsstudie

Name der Kategorie	Definition	Zuordnungsregel	Beispiele
A10. Geistliches Leben (induktiv ergänzt)	Veranstaltungen, die vor allem spirituelle Erfahrungen ermöglichen, die aber gleichzeitig mit reflexiven Lernprozessen verbunden sind		Gottesdienste; Einkehrtage; Exerzitien
A11. Kloster als Lernort (induktiv ergänzt)	Veranstaltungen, die das Augustinerkloster als Lernort thematisieren		„Ausstellung Bibel – Kloster – Luther"; „Schulprojekt: Lern- und Lebensort Augustinerkloster"
A12. Sonstiges	Veranstaltungen, der keiner der o.g. Kategorien zugeordnet werden können		„Farb- und Typberatung"; „Kinderkleiderbörse"
B Zielgruppe der Veranstaltung		Diese Kategorien schließen sich nicht wechselseitig aus, sondern es werden alle Zielgruppen kodiert, die in der Veranstaltung angesprochen werden. Bei Mischformen (z.B. geflüchtete Frauen) werden beide Kategorien vergeben.	
B1. Mitarbeitende allgemein	Veranstaltungen, für die nicht eindeutig formuliert wird, an welche Gruppe von Mitarbeitenden sie sich wenden		„Mitarbeitende der kirchlichen Jugendarbeit"
B2. Mitarbeitende der eigenen Einrichtung	Veranstaltungen mit der ausdrücklichen Nennung von Mitarbeitenden der eigenen Einrichtung als Zielgruppe		„Mitarbeitende der Familien-Bildungsstätte Wolfenbüttel"
B3. Berufliche Mitarbeitende	Veranstaltungen, die sich ausdrücklich an berufliche Mitarbeitende wenden		„Qualifizierung für pädagogische Fachkräfte"; „Fortbildung für Pastorinnen"
B4. Ehrenamtliche Mitarbeitende	Veranstaltungen, die sich ausdrücklich an ehrenamtliche Mitarbeitende wenden		„Fortbildung für Ehrenamtliche"
B5. Menschen mit Migrationshintergrund	Veranstaltungen, die sich ausdrücklich an Menschen mit Migrationshintergrund wenden		„Deutschkurs für Migrantinnen"
B6. Menschen mit Behinderung	Veranstaltungen, die sich ausdrücklich an Menschen mit Behinderung wenden		„Tanzvergnügen für Menschen mit und ohne Behinderungen"
B7. Frauen	Veranstaltungen, die sich ausdrücklich an Frauen wenden	Veranstaltungen für „Mütter" und „Großmütter" werden ebenfalls mit dieser Kategorie kodiert.	„Deutschkurs für Migrantinnen"; „Müttertreff"

Kodierleitfaden für die Programmanalysen

Name der Kategorie	Definition	Zuordnungsregel	Beispiele
B8. Männer	Veranstaltungen, die sich ausdrücklich an Männer wenden	„Veranstaltungen für „Väter" und „Großväter" werden ebenfalls mit dieser Kategorie kodiert.	„Informationsabend Vater-Kind-Wochenende"
B9. Ältere	Veranstaltungen, die sich ausdrücklich an ältere Menschen wenden	Veranstaltungen für Großeltern werden mit der Kategorie B13 kodiert.	„Seniorenrunde Düren-Mitte"; „Aktiv ins Alter – Aktiv im Alter"
B10. Kinder	Veranstaltungen, die sich ausdrücklich an Kinder wenden (d.h. an Personen, die jünger als 13 sind) bzw. die (auch) für Kinder konzipiert sind		„Waldforscher – Gruppe für Grundschüler"; Eltern-Kind-Gruppen; „Karate für Kinder von 8 bis 10 Jahren"
B11. Jugendliche	Veranstaltungen, die sich ausdrücklich an Jugendliche wenden (d.h. an Personen, die zwischen 13 und 18 sind) bzw. die (auch) für Jugendliche konzipiert sind		„Qualifizierung zum Babysitter für Jugendliche ab 16"; „Slam Theater für Jugendliche ab 13"
B12. Eltern	Veranstaltungen, die sich ausdrücklich an Eltern wenden		Eltern-Kind-Gruppen; „starke Eltern - starke Kinder"
B13. Großeltern	Veranstaltungen, die sich ausdrücklich an Großeltern wenden		„Spiel-Café für Kinder, Eltern und Großeltern"
B14. Keine spezielle Zielgruppe	Veranstaltungen, die keine Zielgruppe explizit nennen bzw. die sich an „alle Interessierten" etc. wenden		
B15. Sonstige	Veranstaltungen, die sich ausdrücklich an weitere Zielgruppen wenden		„Alleinerziehendentreff"; „ein Pilgerweg für Paare"

Mitglieder der Arbeitsgruppe

Dr. Melanie Beiner (bis Mai 2018) (Ev. Erwachsenenbildung Niedersachsen)
Günter Boden (Ev. Erwachsenenbildungswerk Westfalen-Lippe e.V.)
Dr. Marion Fleige (Deutsches Institut für Erwachsenenbildung)
Michael Glatz (Gast ab November 2017) (Deutsche Ev. Arbeitsgemeinschaft für Erwachsenenbildung)
Gerrit Heetderks (Ev. Erwachsenenbildungswerk Nordrhein)
Maike Kittelmann (bis November 2017) (Comenius-Institut)
Kai-Christian Kütemeyer (Mai – November 2018) (Bildungsabteilung im Landeskirchenamt Hannover)
Thomas Ritschel (Ev. Erwachsenenbildung Thüringen)

Mitglieder der Projektsteuerungsgruppe

OLKR'in Dr. Kerstin Gäfgen-Track (Bildungs-, Erziehungs- und Schulreferentenkonferenz, BESRK)
Michael Glatz (Deutsche Ev. Arbeitsgemeinschaft für Erwachsenenbildung)
OKR'in Martina Klein (BESRK)
OKR Dr. Friedhelm Kraft (BESRK)
OKR Sönke Krützfeld (bis Juni 2017) (BESRK)
OLKR'in Dr. Gudrun Neebe (ab Juni 2017) (BESRK)
Prof. Dr. Hartmut Rupp (BESRK)
Dr. Carsten Schlepper (Landesverband Ev. Tageseinrichtungen für Kinder in der Bremischen Evangelischen Kirche)
Prof. Dr. Henning Schluß (Vorstand des Comenius-Instituts)
OKR'in Dr. Birgit Sendler-Koschel (Bildungsabteilung der EKD; Geschäftsführung der Projektsteuerungsgruppe)
Ekkehard Weber (Gesamtverband für Kindergottesdienst in der EKD e.V.)

Ständige Gäste der Projektsteuerungsgruppe

Dr. Nicola Bücker (Projektleitung Evangelische Bildungsberichterstattung)
Dr. Peter Schreiner (Projektleitung Evangelische Bildungsberichterstattung)

Mitglieder des Wissenschaftlichen Beirats

Prof. Dr. Monika Fuchs (Leibniz Universität Hannover, Lehrstuhl für Ev. Theologie und Religionspädagogik)
Prof. Dr. Dr. h.c. mult. Ingrid Gogolin (Universität Hamburg, Lehrstuhl für Interkulturelle und International Vergleichende Erziehungswissenschaft)

Prof. Dr. Bernhard Kalicki (Deutsches Jugendinstitut München, Leiter der Abteilung Kinder und Kinderbetreuung)

Prof. Dr. Henning Schluß (Universität Wien, Lehrstuhl für empirische Bildungsforschung und Bildungstheorie; Vorstandsmitglied des Comenius-Instituts)

Prof. em. Dr. Rudolf Tippelt (Ludwig-Maximilians-Universität München, Lehrstuhl für Allgemeine Pädagogik und Bildungsforschung)

Prof. Dr. Michael Wermke (Friedrich-Schiller-Universität Jena, Lehrstuhl für Religionspädagogik)

OKR'in Dr. Birgit Sendler-Koschel (Bildungsabteilung der EKD; Geschäftsführung des Wissenschaftlichen Beirats)

Autorin und Autoren

Dr. Nicola Bücker (Wissenschaftliche Mitarbeiterin am Comenius-Institut)
Dr. Peter Schreiner (Direktor des Comenius-Instituts)
Andreas Seiverth (Bundesgeschäftsführer der DEAE und Wissenschaftlicher Mitarbeiter am Comenius-Institut bis 2016)

UNSERE BUCHEMPFEHLUNG

Comenius-Institut (Hrsg.)

Gottesdienstliche Angebote mit Kindern
Empirische Befunde und Perspektiven

Autorinnen: Nicola Bücker, Kirsti Greier
unter Mitwirkung von Peter Schreiner

Evangelische Bildungsberichterstattung, Band 1, 2018, 186 Seiten, br., 28,90 €, ISBN 978-3-8309-3839-2

Mit dieser Publikation wird zum ersten Mal ein Bildungsbericht zu gottesdienstlichen Angeboten mit Kindern vorgelegt, zu denen beispielsweise Kinder- und Krabbelgottesdienste oder Kinderbibeltage gehören. Der Bericht beruht auf EKD-weit erhobenen repräsentativen Daten und stellt umfassende Informationen zu Strukturen und Beteiligten sowie zur Gestaltung der Angebote bereit. Insbesondere wird die Situation von gottesdienstlichen Angeboten mit Kindern in Ost- und Westdeutschland, die Mitwirkung von ehrenamtlich und beruflich tätigen Mitarbeitenden sowie die Einbindung von Familien thematisiert.

Der Bildungsbericht verdeutlicht die Chancen und Herausforderungen, vor denen gottesdienstliche Angebote mit Kindern aktuell stehen. Er bietet eine empirisch fundierte Wissensgrundlage, die sowohl für die Weiterentwicklung der Angebote als auch für deren Darstellung im inner- und außerkirchlichen Kontext genutzt werden kann.

www.waxmann.com